黄河流域

HUANGHE LIUYU
FANZOUSI
NAXIE SHIR

反走私那些事儿

济南市打击走私综合治理办公室
全国反走私综合治理调查研究中心反走私文化研究基地

济南出版社

图书在版编目（CIP）数据

黄河流域反走私那些事儿 / 济南市打击走私综合治理办公室，全国反走私综合治理调查研究中心反走私文化研究基地编. -- 济南：济南出版社，2024.4
ISBN 978-7-5488-6086-0

Ⅰ. ①黄… Ⅱ. ①济… ②全… Ⅲ. ①黄河流域－缉私－工作概况 Ⅳ. ① D631 ② F752.57

中国国家版本馆 CIP 数据核字（2024）第 031897 号

黄河流域反走私那些事儿
HUANGHE LIUYU FANZOUSI NAXIE SHIR
济南市打击走私综合治理办公室
全国反走私综合治理调查研究中心反走私文化研究基地 编

出 版 人 谢金岭
责任编辑 李 敏 张冰心 孙梦岩
封面设计 张 倩 王 焱

出版发行 济南出版社
地　　址 山东省济南市二环南路 1 号（250002）
总 编 室 0531-86131715
印　　刷 济南鲁艺彩印有限公司
版　　次 2024 年 4 月第 1 版
印　　次 2024 年 4 月第 1 次印刷
开　　本 170mm × 240mm 16 开
印　　张 28.75
字　　数 407 千字
书　　号 ISBN 978-7-5488-6086-0
定　　价 98.00 元

如有印装质量问题 请与出版社出版部联系调换
电话：0531-86131736

《黄河流域反走私那些事儿》编纂委员会

陈晖 | 序

白日依山尽，黄河入海流。欲穷千里目，更上一层楼。

黄河远上白云间，一片孤城万仞山。羌笛何须怨杨柳，春风不度玉门关。

我从事海关研究和教育工作已多年，每每读到唐代大诗人王之涣这两首诗，总有一种开放、壮阔、大气磅礴之感。

黄河，中华民族的母亲河，一头连着大海，一头连着边关，孕育了古老而伟大的中华文明。早在上古时期，黄河流域就是华夏先民繁衍生息的重要家园。

“九曲黄河万里沙，浪淘风簸自天涯。”九曲黄河奔流入海，以百折不挠的磅礴气势塑造了中华民族自强不息的伟大品格，成为民族精神的重要象征。

新中国成立后，毛泽东同志于1952年发出“要把黄河的事情办好”的伟大号召。新时代，习近平总书记强调，推动黄河流域高质量发展，让黄河成为造福人民的幸福河。

中共中央、国务院印发的《黄河流域生态保护和高质量发展规划纲要》提出，加强黄河综合治理体系和能力建设，加快构建内外兼顾、陆海联动、东西互济、多向并进的黄河流域开放新格局，提升黄河流域高质量发展水平。

“管得住”才能“放得开”！黄河流域依托新亚欧大陆桥国际大通道，深度融入共建“一带一路”，参与国际经济分工，打造对外开放新高地，离不开“反走私综合治理”这一国家治理体系重要组成部分来营造良好环境。

走私与反走私是一个问题的两个方面，有着互相依存的因果关系。中华文明上下五千年，在长达3000多年的时间里，黄河流域一直是全国政治、经济、文化和对外开放的中心，以黄河流域为代表的我国古代发展水平长

期领先于世界。

从对外开放的角度研究黄河流域的反走私文化，再现走私与反走私之间的开放与管制、前进与倒退、利益与纠葛、斗争与妥协，以普通读者乐于接受的形式展现出来，既具有故事性、史话性，又最大限度地尊重历史真实，这本身就是一种创新。

由于走私活动具有一定的隐蔽性，通常不留蛛丝马迹，船过水无痕，加上中国古代重农抑商，以及开放与反走私的冷门性，所以搜集走私与反走私的史料相当不容易，但“越是艰难越向前”，更彰显出这项研究的价值与意义。

济南作为山东省的省会、黄河流域中心城市，海派文化与内陆文化在这里交织，东方文化与西洋文化在这里汇聚，2022 年率先开展济南反走私文化研究，并出版发行了全国反走私领域首部具有史话性质的地域性反走私通史——《济南反走私那些事儿》，可谓经验丰富。

2021 年 10 月，习近平总书记在济南主持召开深入推动黄河流域生态保护和高质量发展座谈会时强调，确保“十四五”时期黄河流域生态保护和高质量发展取得明显成效，为黄河永远造福中华民族而不懈奋斗。

2022 年 11 月，全国反走私综合治理调查研究中心批复同意在济南设立反走私文化研究基地。济南便秉持着“保护传承弘扬黄河文化、延续历史文脉和民族根脉、彰显中华文明、增进民族团结、增强文化自信”的历史使命感，团结沿黄 9 省（区）力量开展黄河流域反走私文化研究。

研究依托黄河流域文化遗产资源富集、传统文化根基深厚等优势，力求通过黄河文化的创造性转化和创新性发展，从反走私的角度充分展现中华优秀传统文化的独特魅力、革命文化的丰富内涵、社会主义先进文化的时代价值，增强黄河流域文化软实力和影响力，建设厚植家国情怀、传承道德观念、各民族同根共有的精神家园。

同时，本书不是为了研究而研究，而是更加注重现实应用，打造沟通历史与现实、拉近传统与现代的黄河开放文化、反走私文化，为黄河流域生态保护和高质量发展做出贡献。无论是普通读者还是反走私从业人员，都可以好好读一读，看一看。

（陈晖 中国海关管理干部学院党委书记、院长）

目录

第八章　清晚期"关权"旁落 / 245

第九章　民国时期的走私与反走私 / 271

第十章　中国共产党领导下的苏区、解放区反走私 / 303

第十一章　当代反走私“综合治理”　/ 335

概 览

漫话“关”的兴起、发展与反走私

海关历史悠久、源远流长，走私与反走私相伴而生、历久弥新。

位于河南荥阳黄河岸边的虎牢关遗址

黄河流域是中华文明的发祥地，随着政治、经济、社会、文化的发展，中国最早的海关雏形或者说是萌芽——关，就出现在这一流域，与“关”相伴而生的还有走私与反走私。

海关作为对进出境人员和货物进行监督管理的国家行政机关，是伴随着一个国家对（外）贸易实行管制、建立统一市场和打击走私而产生的。它起源于三千多年前西周时期的黄河流域，先后经历了先秦两汉至隋朝时期的陆地关阶段、唐宋元明时期的市舶制阶段、清朝初期的沿海四海关阶段、半殖民地半封建社会时期的外籍税务司阶段，以及新中国成立后的人民海关阶段等，可谓历史悠久，源远流长。

一、“关”的兴起

为什么要建立（海）关?

无论从历史维度还是从现实维度看，由于各国自然资源状况不同，经济发展水平不同，行业发展速度不同，如果完全实行自由贸易，那么不平衡的贸易状态就会对该国某个行业、某种经济形态，甚至整个国家经济安全造成伤害，有时甚至是致命性打击，这是自由贸易的缺陷和弊端。因此，自古至今，从国家诞生以来，没有哪个国家会搞真正意义上的自由贸易，而是纷纷出台以下限制措施，保护本国经济免受伤害，以获取最大经济利益。

一是维护国家安全。政府通过对外贸易调控，可以限制一些敏感产品出口，防止这些产品被用于军事目的，维护国家安全。

二是促进产业结构调整。政府可以通过对外贸易调控来引导企业向技术含量高、附加值高的产业领域发展，促进产业结构优化升级。

三是提高国际竞争力。政府可以通过对外贸易调控来提升国家的国际竞争力，加强对国际市场的掌控力，促进本国企业走向全球市场。

四是控制国际收支平衡。政府可以通过对外贸易调控来平衡国际收支，保持国际收支平衡，防止出现不可接受的贸易赤字。

五是保护国内市场。政府可以通过对外贸易调控来限制一些低价、低质的产品进口，保护国内市场，维护国内产业发展等。

根据传世典籍，公元前11世纪—公元前5世纪，随着政治、经济、社会、文化发展到一定程度，国家机器趋于完善，聪明的古人发现了自由贸易存在的缺陷和弊端。为了特定的经济和政治目的，他们通过国内立法和缔结国际条约以及采取各种政策手段，来调整贸易结构和规模，限制外国商品进口，并在一定程度上限制本国产品出口，帮助国家实现经济发展目标，增强国际竞争力，保障国家安全和国内市场稳定。因此，贸易管制成为国家宏观调控的重要手段之一。如何实施贸易管制呢？国家就建立了“关”这个机构，于是“关”应运而生，并在世界各地蓬勃兴起。

“关”可以说是国家实施贸易管制的结果，也是国家实施贸易管制的标志。总之，伴随着“关”的兴起，统一市场、征税、走私与反走私等几乎同时产生。

二、先秦两汉至隋朝时期的陆地关阶段与反走私

（一）先秦两汉至隋朝时期的陆地关阶段

殷商时期，国家机器趋于完善，有专家学者认为此时就已有海关，并进行了“关市之征”。这说明一些专家学者基于殷商时期发达的政治、经济和国家机器，推测中国在殷商时代就已发现自由贸易存在的缺陷和弊端，并建立了“关”这个机构，对物资和贸易实施管制，对走私行为进行稽查。但遗憾的是，至今未发现翔实的文字记载予以支持。

从历史文献上看，我国海关的起源可以远溯到距今约三千年前的西周时期，当时古籍中已有许多关于“关”和“关市之征”的记录(《礼记·王制》)。西周时期在边境及河津、陆路交通要道上设立关津，主要职能是戍边防守，抵御外族入侵；接待中外使者，保护进出境人员正常活动；稽查行旅货物，防止士卒、人犯逃亡，禁限重要物资出境；管理关市，监督边境贸易，对进出境人员及货物行李实行凭符传验核放行、复核查验。

“关市之征”，就是国家规定货物通过边境的“关”和国内的“市”，要进行检查和征收赋税。但同时国家也重视政治上的“守关”，并且有了执掌关市的专门机构和人员。《周礼》中已有“司关”及其职责的记载，

关卡设置司关、关尹、关吏等官职掌管具体事务。这是有文字记载的中国古代海关最早的起源。

春秋战国时期，随着生产力提高，人们的领土观念由点向面展开，各国间征伐战事频繁。各诸侯国在各自管辖区域边界及交通要道设立关津，承担“关市之征”等与现代海关相仿的职能，担负保护领土安全、稽查商旅和禁物、接待使节、征收税赋、查禁走私等责任。

秦统一六国后，建立了中央集权的国家机构，这时原诸侯国国界消失，有些关撤销或成为内地关，但陆地边境的“关”仍然存在，国家间对外贸易逐步产生并发展起来，管理对外贸易的官员和机构随之出现。秦朝一些边防城镇的郡守和边关的关都尉，负有军事防卫和管理贸易双重职能。

汉承秦制，“开关梁，弛山泽之禁”（《史记·货殖列传》），放宽路卡和渡口的管制，并增设关津，开展关市管理、边境贸易，商货通行无阻，但为防止匈奴入侵，严禁铜铁兵器出关，对商人和使节所带货物，均不征税。当时甘肃的玉门关、阳关都是著名的边关。西汉定都关中地区，四周为秦岭、黄土高原及黄河所环绕，北有萧关，西南有散关，东南有武关，东有函谷关等，“关中”因此得名。到了东汉末年，为了防范黄巾军，又新设和重修了函谷、太谷、广城、伊阙、孟津等诸关。早期关津是现代海关的萌芽。

魏晋南北朝至隋朝时期设“互市”，隋朝的时候设“交市监”（后更名为“互市监”），进行贸易监管，“讥察有方，行旅无壅”（《旧唐书·官职志》），兼具官营外贸与海关管理双重职能。

（二）先秦至隋朝时期的反走私

“走私”一词，伴随着我国古代“关”的兴起，也出现了。“关执禁以讥，禁异服，识异言”（《礼记·王制》），说的就是关的主要职能——稽查走私，反映了西周时就已开始打击走私行为。《周礼·地官·司关》中记载：“凡货不出于关者，举其货，罚其人。”这句话的意思就是，如果行为人携带货物时故意逃避关口检查，检查人员就可以对其所携带的货物予以没收，并且对其施以刑罚。

从目前文献资料记载来看，西周时期的走私主要分为以下两种类型：

一是逃避边关监管，私自携带货物、物品进出境；二是私贩行为，指的是行为人贩卖国家专营、专卖物品的非法经营行为。应当引起注意的是，我国历代王朝打击走私的范围与现代意义上的走私并不完全一致，因为那时走私的范围更广一些，还包括一些关系国计民生的重要物资和私人经营行为，因此无论是探索海关的源头，还是探索走私与反走私的源头，都需要从历史和现实两个维度来看，这样才能拨开时间的重重迷雾，看到事物兴起、发展、演化的真相。

到西周末期，反走私立法也开始进入萌芽时期。

1. 国家开始设立打击走私行为的专门监管部门。《周礼·地官·司门》中曾记载："司门掌授管键，以启闭国门。几出入不物者，正其货贿。"这句话的意思是，司门必须检查进入国境的货物，并对其征收关税；同时专门监管机构也必须对过关的货物发放已经缴纳税收的凭证。

2. 我国法律已经较早明确禁止走私行为。《周礼正义》引惠士奇云："自外入者征于关，关移之门，门移之市，所谓征于关者勿征于市也。"这句话表明，我国从西周时就已经开始对货物征收一定的关税，如果行为人逃避关税，将被认定为走私行为。

3. 法律已经明确规定对走私行为要予以严厉制裁。西周对"凡货不出于关者，举其货，罚其人"。秦律规定："客未布吏而与贾，赀一甲。"这句话的意思是，行为人如果要从事对外贸易的话，必须首先办理相关的通关凭证和手续，在办理完上述手续后，还要将这些凭证交给官府备案，才能从事正常的贸易活动，否则将会受到严厉处罚。

4. 实行外贸官营垄断，进出关凭"符""传"放行。汉朝实行外贸官营垄断，进出关凭"符""传"放行。没有"符""传"或擅自与外商交易货物，要受到处罚，最高可以处以死刑。汉文帝曾下令，匈奴不准入边塞，汉人不能出边塞，犯法者杀。相传一长安商人因擅自与来降的匈奴浑邪王交易，牵连问罪处死500余人。西汉刘向的《列女传》记载："二义者，珠崖令之后妻及前妻之女也。女名初，年十三，珠崖多珠，继母连大珠以为系臂。及令死，当送丧。法，内珠入于关者死。继母弃其系臂珠。其子男，年九岁，

好而取之，置之母镜奁中，皆莫之知，遂奉丧归。至海关，关侯士吏搜索，得珠十枚于继母镜奁中。”这段文字中最早出现了“海关”一词。

从整体上看，先秦至隋朝时期陆地关阶段的反走私以及相关立法还不成熟、不系统、不完备，这与当时经济环境、贸易发展以及（海）关尚处于萌芽、雏形状态是有很大关联的。

三、唐宋元明时期的市舶制阶段与反走私

（一）唐宋元明时期的市舶制阶段

唐朝时期，为了对进出口货物和人员进行管理，唐高宗下旨在广州特设市舶使，由岭南节度使兼任。

开元年间，唐玄宗又下旨，在广州设立管理进出境机构——市舶司，专司管理外国来华船队的贸易和迎送各国友好使节来往。那时，市舶司兼具今天的海关、外贸、外交等多重职能。同时，唐朝在内地设有26处关，并建立了陆关管理制度，但对陆关的绢马和茶马贸易均不征税，只是严禁兵器出关。

唐朝在沿海口岸设立市舶使（司），市舶使代表朝廷，总管东南海路的外交与外贸，以监管海上进出口货物和船舶，征收关税。凡海路来的外国使团进贡，必先在广州停留，使臣带两位随员进京，其余人员留在广州。市舶司负责登记外来商船货物，检查有无违禁品，征收税款。当时，进口关税为政府带来丰厚的财政收入，有记载说，每届船期可日进白银15万两。唐朝的时候，广州已成为全国海上贸易中心。

宋朝时期，海外贸易不断扩大，除在广州设立市舶机构外，先后在杭州、泉州、江阴、温州等地设置市舶司机构。宋、元、明各朝均沿袭了唐朝的市舶使制度，建立提举市舶司，除征收关税外，还直接管理对外贸易，其职能比较广泛。市舶使（司）已具有近代海关的特征。

元朝时期，至元十四年（1277），元军取得浙、闽等地，沿袭南宋制度，在泉州、庆元（今浙江宁波）、上海、澉浦四地设立市舶司。在征收关税方面，元朝沿袭南宋办法，规定细货十分取一，粗货十五分取一，漏税货物没收。

元朝除对货物抽税外，另征收一种“舶税钱”，类似明朝的“水饷”和后代的船钞、吨税。元朝初期，番货、土货征税规定相同。至元十七年（1280），元朝制定《市舶抽分则例》，实行土货单抽、番货双抽的关税制度，可以说是我国最早的较完备的海关法和海关税则，在中国古代海关史上具有重要意义，在世界古代海关史上也有较大影响。

明朝时期，在福建漳州月港设海防馆，管理私人海上贸易。万历二十一年（1593），改海防馆为督饷馆，其职能是发放出海贸易许可证、引票、征收饷税、检验和监督进出口商船等。督饷馆的设立，使对外贸易行政管理与经营管理分离。明朝还在运河、长江水运商道要地设征税关卡，对“舟船受雇装载者，计所载料多寡、路近远纳钞”（《明史》），故称“钞关”。明初还设抽分竹木局征竹、木、柴、炭等税。成化七年（1471），设芜湖、荆州、杭州三处抽分厂，由工部派员“专理抽分”。

清朝前期，因关卡分别隶属于户部和工部管辖，又称“户关”“工关”。朝廷颁发《商税则例》《海税禁约十七事》《东西洋水饷等第规则》《陆饷则例》等，建立了一套比较完整的制度。

位于河南黄河岸边的玉门古渡

市舶司制度延续了大约 1000 年，其始于广州、终于广州。市舶使、司的设置，标志着海关机构的初步形成，并成为清代海关制度的先声。

（二）唐宋元明时期的反走私

从史料记载来看，唐宋以前，我国的走私与反走私主要活跃在黄河流域，这是因为唐宋以前我国的政治、经济、文化中心主要在黄河流域。唐宋以后，随着政治、经济、文化等重心开始向长江流域和长江以南迁移，走私和反走私也开始在南方活跃起来。

早在唐朝时期，由于市舶使、司的设置，海关机构的初步形成，官方稽查、打击民间走私行为已经达到了较为高涨的阶段，主要表现在两个方面。一方面，唐朝时期的民间贸易活动发达，贸易手段更加丰富，国家对外经济交流也呈现出更加活跃的趋势。随着经济关系网络的扩大，货物和物品的交换愈来愈频繁，民间一些人为了获取高额利润猖獗走私。另一方面，唐朝立法整体水平已经比较高。《唐律疏议》中的《卫禁律》记载的“赍禁物私度关”条和“越度缘边关塞”条等内容已经充分表明：在唐朝时期，无论是反走私活动本身，还是反走私立法水平，都已经达到了一个全新的高度。而唐朝以后的各朝各代，对走私犯罪的规制基本上都是承袭唐律，即

在四川白马关上远眺，前面一马平川，这是古代进入成都平原的最后一道天然屏障

使个别朝代稍有改动，其主体部分仍然来源于唐律，具体说来，有以下特点。

一是把走私犯罪的行为具体分为“越度”“私度”。依照《唐律疏议》的解释，“越度”是指凡不经官府所设关卡大道而绕道出境者，类似于现代的绕关走私；“私度”是指凡是没有获得官方许可而企图通关者，类似于现代的通关走私。

二是对走私犯罪行为局限于运送禁物非法出境的行为。在当时，国家通常将私人不能拥有的物品规定为“禁物”。这些物品通常指的是兵器、珍珠、金、银、铁、棉、绢、丝、布、锦、绞、牦牛尾等。这些违禁物品被绝对禁止非法出境，事实上是为了防止上述物品流入邻国导致邻国实力增强，从而对本国的统治和国家安全构成威胁。不难看出，封建法制对走私行为的防范与处罚，仍然是以维护统治权力为核心的。

四、清朝初期的沿海四海关阶段与反走私

（一）清朝初期的沿海四海关阶段

清初实行海禁，三十年间片帆不准入海，违者处死。顺治十三年（1656），为防止郑成功等反清复明势力获得大陆的支持，清政府颁布“禁海令”，实行海禁政策。

康熙二十二年（1683），清军占领台湾后，清政府没了后顾之忧，康熙皇帝以国计民生为念，下旨解除海禁，开放对外贸易，虽设立了（海）关，但对海外贸易和国际交往加以限制，实行闭关政策。

康熙二十四年（1685），清政府在广州、漳州（厦门）、宁波、江南（上海）四处设立海关，正式称为“粤海关”“闽海关”“浙海关”“江海关”，并形成了一系列的海关管理制度。“海关”之称，从此开始。但从制度上看，它是市舶制度的继续，也是清初在内地所设“户关”“工关”的发展。

乾隆二十二年（1757），为防止洋商北上“移市入浙”，清政府下令“洋船只准在广州收泊交易”，江、闽、浙三海关仅办理本国商船运载进出口货物及东洋、南洋商船贸易手续，粤海关成为唯一监管西洋商船进出口贸易的海关。

清政府还实行行商垄断的对外贸易制度，规定外商只能与十三行进行贸易。鸦片战争前，广州成为世界贸易体系的中心城市和中外文化交流的桥梁、纽带，被称作清政府财源滚滚的“金山珠海、天子南库”。

（二）清朝初期的反走私

清朝统治者入关后，为防范郑成功等反清复明势力，清政府颁布“禁海令”，下达了迁海令，强迫沿海居民内迁三十至五十里，不准商船、渔船片帆出海，实行海禁政策。海禁和垄断虽严厉，但“其私自贸易者，何尝断绝”（《清实录·圣祖仁皇帝实录》），走私不但没有绝迹，反而更加广泛。周元暐在《泾林续记》中说：“闽广奸商，惯习通番，每一舶推豪富者为主，中载重货，余各以己资市物往，牟利恒百余倍。”这说明，清代前期社会经济得到发展，因而迫切需要扩大产品销售市场。但是，清朝的海禁政策严重阻碍了海外市场的进一步扩大和发展。

为了寻求更多的市场，一些商人不得不冲破封锁，冒死出海经商。李士桢在康熙二十一年（1682）的《禁奸漏税》文告中记载：“今访有不法奸徒乘驾大船，潜往十字门海洋与夷人私相交易。有由虎门东莞而偷运入省者，有由上罔者、秋风口、朗头以抵新会等处，而偷运回栅下、佛山者。”（《抚粤政略》）这种走私贸易反映出海禁政策同要求开展对外贸易的矛盾已达到十分尖锐的程度。尽管后来清政府的对外贸易政策随着形势的变化而不断变化，曾一度开海，但总的趋势是日益严厉，如严禁粮食、铁及铁器、硫黄等出口，禁止茶船出洋贸易，特别是不准商人贩运在海外畅销的丝和丝织品，对于违禁者还出台了严厉的惩罚办法。此外，清政府还禁止造大船出海贸易。这种闭关政策不仅是产生走私的重要原因，也是严重妨碍对外贸易发展和科技进步，导致国家逐渐落后的重要原因之一。

五、半殖民地半封建社会时期的外籍税务司阶段与反走私

（一）半殖民地半封建社会时期的外籍税务司阶段

1840年，英国借口清政府销毁鸦片，发动侵华战争，史称“第一次鸦片战争”。清政府战败，被迫与英国签订《南京条约》；此后，又被迫签

订一系列不平等条约，割地赔款，开放通商口岸，实行片面协定关税和领事报关制度等，逐渐丧失关税自主权、海关行政管理权和税款收支保管权。

1854年，江海关税务管理委员会成立，这是中国近代出现的第一个由外籍人士监管洋货、征收洋税的海关。

1858年，中英、中美、中法《通商章程善后条约：海关税则》签订，规定“任凭”清政府总理大臣邀请外人“帮办税务并严查偷漏”。其后，各开放口岸先后聘任洋人开设新式海关，洋人也从“帮办税务”逐步成为主管海关事务的实际领导者。

19世纪60年代，总税务司署成立后，形成了以外籍总税务司为核心的中国近代海关管理体系。总税务司作为西方列强在华利益代言人，依照不平等条约及《募用外人帮办税务章程》等规章，大量雇用洋员，占据洋关主要位置，致使中国近代海关名为中国政府机构，实则开始引进英国海关管理模式，先后设置征税部、船钞部、邮政官局、教育股、造册处等部门，负责征税、缉私、查验、统计、海务、检疫、邮政、同文馆等业务，开始了洋人把持中国近代海关、关税自主权和海关行政管理权长达90余年的历史，形成“新关”（俗称“洋关”）与“常关”并存的局面。

辛亥革命后，第三任总税务司安格联乘机攫取海关税款收支保管权，加强对中国财政金融的控制，先后经办商标注册、华工出洋、世博会等事务，甚至插手外交谈判、购置舰船、直接参与内外债发行和管理赔款等事务。

这一时期，中国政府和人民为收回关税自主权和海关行政管理权，进行了长期不懈的斗争。1906年，清政府设立关税处，意图限制、接管海关权力。民国时期，中国政府在巴黎和会、华盛顿会议等国际会议上提出关税自主的要求，均被列强以各种理由拒绝。

1928年，南京国民党政府发表《对外宣言》，要求废除不平等条约、实行关税自主。

1929年，国民政府颁布了第一部国定《海关进口税则》；同年，推行“海关改制”，限制洋员数量，改善华员待遇。

此后，海关华员也自发成立各种进步组织，开展争取改善华员待遇、

抗日救亡运动、保护关产、迎接解放等进步活动和革命斗争。

（二）半殖民地半封建社会时期的反走私

近代，特别是在鸦片战争至新中国成立以前，我国主权的独立性和完整性受到了极大削弱。前面讲到，关税主权的丧失致使反走私及其立法沦为一纸空文。当时中国海关已经形同虚设，走私活动异常猖獗，而鸦片走私在英美政府的包庇下以更大规模发展起来。“五口”开放以后，其他商品走私也迅速从广州扩大到其他口岸，并日益严重。当时在中国的外国商人几乎全部从事走私活动，走私方法多样，走私范围也扩大到尚未开放的口岸，极大影响了中国社会经济的发展。

辛亥革命后，南京国民政府建立伊始，匆匆宣布关税独立。第一次世界大战后，中国政府在巴黎和会、华盛顿会议等国际会议上提出关税自主的要求，均被列强拒绝。1929 年，国民政府颁布了第一部国定《海关进口税则》。但后来蒋介石叛变革命，为满足财政上的需要，税则一再修订，进口税率一再提高，走私进口不断增加。“华南以香港、澳门、台湾、广州湾等处，为私运渊薮。华北则以由关东各地及东北各省至渤海湾，以及山东东北部沿岸，为私运充斥之区。”〔《财政年鉴》（1935）〕走私物品以人造丝、砂糖、卷烟、洋酒、纸品、海产品等高税率产品为主。

日本侵华时期，日本帝国主义支持和怂恿日本浪人向我华北以至广东、

民国时期海关缉私舰艇上使用的铜钟

闽南进行大规模走私。他们或利用不平等协定，解除我海关缉私武装；或武装走私；或以军需为掩护，逃避检查；或持武器护卫，日本士兵押送；或遇到海关检查，武力相抗；或受到日本军政部门庇护。走私时间长、规模大、范围广，走私货物品种多、数量大、价值高，导致大量白银外流，日货充斥华北及内地市场，危及国家财政及经济安全。卢沟桥事变以后，海关缉私全面崩溃，走私日货泛滥成灾。据汉口的美国商会报告，武汉沦陷后一个月内抵汉口的日轮就达3000艘，走私的货物足够武汉三镇一年之用。在国统区，四大家族利用特权与日伪串通一气进行走私，国民党部队也武装包庇走私，竟呈现“故一面资日之物仍不免走漏出境，而一面日伪货物，亦源源输入未绝”的局面（《厉行制裁浙省经济走私》，《东南日报》1940年1月1日）。

二战后，日本侵华势力被逐出中国，美帝国主义势力乘虚侵入中国，美国军火、剩余物资充斥中国市场，中国对外贸易严重入超，外汇枯竭。国民党政府因此进行进出口统制，促使官僚资本、不法奸商变本加厉地从事走私，大批失业游民也进行走私，形成以走私为专业的“水客”群体。尽管国民党政府颁布《惩治走私条例》，加大处罚力度，但由于国民党政府的腐败，以及洋人把持中国海关是产生走私的根本原因，走私现象根本得不到有效控制。

六、新中国成立后的人民海关阶段与反走私

（一）新中国成立后的人民海关阶段

中国共产党成立以后，坚持关税自主和收回海关管理权的主张，先后在江西苏区、抗日根据地、解放区建立人民海关，施行独立关税政策。

随着全国逐步解放，各地军事管制委员会陆续接管旧海关。1949年10月25日，中华人民共和国中央人民政府海关总署成立，负责统一管理全国海关事务，调整各地海关设置。新中国海关依照“改造、利用”方针，辞退洋员、废除外籍税务司制度。

后来新中国海关领导体制随着国家政治与社会经济形态变化而几经调

整。1952 年 12 月，海关总署划归对外贸易部领导，各口岸对外贸易管理局与当地海关合并。1955 年，各地海关受对外贸易部和所在地省或直辖市人民委员会双重领导。1960 年 11 月，各地海关建制下放到地方，成为各地外贸局的组成部分，这一段时间海关职能受到严重削弱。

1980 年 2 月，国务院决定改革海关管理体制，成立中华人民共和国海关总署作为国务院直属机构，统一管理全国海关机构和人员编制及其业务。

1981 年 3 月 23 日，国务院打击走私领导小组成立。领导小组在公安部下设办公室（1988 年 11 月 7 日撤销）。1989 年 8 月 24 日，全国打击走私协调小组成立（1993 年 6 月 27 日改为全国打击走私领导小组）。领导小组办公室设在海关总署。1998 年 3 月 29 日，领导小组撤销，工作改由海关总署承担。

1999 年 1 月 5 日，为严厉打击走私违法犯罪活动，中共中央、国务院决定组建专司打击走私犯罪的执法队伍——海关缉私警察，并建立“联合缉私、统一处理、综合治理”的反走私工作新体制。缉私警察队伍组建后，始终保持打击走私高压态势，走私猖獗的严峻形势得到总体控制，反走私工作呈现新局面。

2001 年加入 WTO（世界贸易组织）后，我国快速融入世界经济发展大局，抓住经济全球化的机遇，进出口贸易额逐年大幅增长。

2018 年，出入境检验检疫管理职责和队伍划归海关总署。新海关机构设置更加科学、职能更加优化、权责更加协同、监管更加高效、队伍更加壮大，扎实推进关检全面深度融合，服务党和国家大局的能力更强、水平更高。同年 12 月，中办、国办印发《行业公安机关管理体制调整工作方案》，按照“警是警、政是政、企是企”的要求，海关缉私公安（缉私警察）实行双重垂直领导，以公安部领导为主。机构改革调整后，缉私警察也开始关注并办理“涉检”刑事案件。

总之，新中国成立以来，海关作为国家对外的窗口，经历和见证了我国经济、社会全面发展的历程，始终与国家同呼吸、共命运，用海关人自己的接力奋斗，成功阐释了“国盛则关兴”的深刻内涵。改革开放以来，特别

"时光之境"海关查验场景

是党的十八大以来，中国海关进一步提高政治站位，牢牢把握政治机关定位，以政治建设为统领，深入学习贯彻习近平新时代中国特色社会主义思想和党的十八大、十九大、二十大精神，树牢"四个意识"，坚定"四个自信"，做到"两个维护"，坚决贯彻落实中央各项决策部署，统筹推进"五位一体"总体布局，协调推进"四个全面"战略布局，全面加强海关系统党的建设，推进海关法治建设，擦亮准军事化海关纪律部队品牌，坚持新发展理念，大力推进全国通关一体化、"两步申报"等改革措施，加快自贸试验区海关监管制度创新复制推广、"互联网＋海关"建设等海关改革，服务开放型经济新体制建设。海关总署党委提出政治建关、改革强关、依法把关、科技兴关、从严治关，着力建设让党中央放心、让人民群众满意的中国特色社会主义新海关。

（二）新中国的反走私

新中国成立以后，我国反走私经历了不同历史发展时期，具有典型的阶段性特征。

1. 从20世纪50年代到70年代末这30年里，我国反走私经历了一个逐步发展的过程，特别是前十年先后出现过三次走私高峰。

第一次始于1950年，当时我国处于特殊的经济社会发展时期，国际敌对势力和国内反动残余势力的双重影响导致当时走私犯罪高发。

第二次出现在20世纪50年代中期，主要体现在西藏反动势力大肆实

施走私犯罪，并且当时香港、澳门边境也取消了入境审批制度，从而导致走私犯罪一度较为多发、高发。

第三次始于20世纪60年代初，当时国家经历了三年困难时期，经济陷入严重困境，国家不得已只能放宽对货物、物品的进出口管制，导致走私犯罪重新活跃起来。

造成这三次走私高发的主要原因是海关领导体制几经调整，缉私等职能受到严重削弱，加之我国还不存在统一的刑法典，有关走私犯罪的立法比较散乱，缺乏完整性、系统性。但是20世纪60年代中后期以后，为了加强对走私犯罪的打击和预防，国家颁布了一系列相关法规，动员起社会各方面力量，采取一系列措施惩治走私犯罪，取得了较好效果。

2. 从1980年到2001年的20多年间，我国反走私又有了新发展，归纳起来分为以下三个阶段。

第一阶段：1980—1983年。这一阶段，大规模走私的主力军是一些有走私传统的东南沿海地区的群众。其走私出境的物品主要有黄金、白银等；而走私入境的物品则集中为国内较为短缺的电子产品，如手机、计算器、收录机、黑白电视机等，且基本为中国香港、台湾等地生产或者组装的。当时沿海地区走私行为尤其严重，甚至出现了很多人集体到海上实施走私的情况，这无疑严重影响了国家正常经济活动的开展，也导致当地经济形势和治安状况恶化。

第二阶段：1984—1986年。这一阶段的走私物品发生了较大变化。涉税走私方面，彩电、汽车等机电产品成为走私进口的主要物品。更为突出的是，为了追求部门经济利益，一些国家机关、企事业单位也卷进了走私违法犯罪活动之中，影响极其恶劣，社会危害性也相对比较突出。在非涉税走私领域，犯罪分子走私文物、珍稀动物等行为日益严重；犯罪分子走私武器和毒品的行为也开始频频出现，对国家防范与打击走私行为带来了相当大的压力。

第三阶段：1987—2001年。这一阶段，走私犯罪开始从以个人走私行为为主转向单位走私甚至集团走私的阶段。单位走私、集团走私与个人犯罪相比，其犯罪手段更加多样化，组织形式更加严密，造成的损失也更加严重。

在这20多年时间里，随着我国外贸体制改革以及国家经济体制改革不断深化，走私货物的品种已经由平时的粮食、布匹等生活消费品，转向涉及国计民生的成品油、钢铁等生产性原材料，以及汽车、电子产品等高消费品，走私对国家经济的冲击逐渐加大；行为方式也开始逐渐复杂多变，呈现出隐秘化、智能化的趋势；同时，暴力抗法乃至武装押运等恶性、较大的行为多发，涉案金额也大幅攀升。从这一时期开始，国家改革海关管理体制，成立中华人民共和国海关总署统一管理全国海关机构和人员编制及其业务，海关缉私等职能得到强化，走私犯罪的立法和新的反走私体制机制开始逐步探索发展。其中，具有历史意义的是，1979年新中国第一部刑法典的颁布实行，结束了我国走私犯罪缺乏专门刑事立法的历史。1982年通过的《全国人民代表大会常务委员会关于严惩严重破坏经济的罪犯的决定》将走私犯罪的最高刑期提升到十年以上有期徒刑，如果情节极为严重的，甚至可以判处死刑。1987年1月22日全国人大常委会通过的《中华人民共和国海关法》，开创了将单位首次认定为走私犯罪主体的先河。1988年《全国人民代表大会常务委员会关于惩治走私罪的补充规定》吸收了上述立法成果，以16个条文对走私犯罪做出了全面系统的规定。1999年1月，缉私警察队伍和“联合缉私、统一处理、综合治理”反走私新的体制机制建立起来，反走私工作呈现新局面。

3. 2001年我国加入世界贸易组织后至今。

按照国际惯例，加入世界贸易组织后，我国将享有无条件的最惠国待遇。关税将有步骤、分类别降低，使国内与国外商品的差价逐步缩小，直到关税保护期结束。从长远发展来看，关税保护消失之后，涉税案件走私利润将非常低，走私活动将逐渐失去诱惑力，涉税走私活动将受到一定程度的抑制。但是由于世界各地自然条件不同、经济发展不均衡以及我国的关税总体水平仍然高于其他国家和地区，这客观上同样导致一定利润差额的存在。与此同时，受市场竞争激烈、境内对国际热点敏感商品的刚性需求大、企业诚信资质不高以及诚信体系不健全等因素影响，一些走私分子受利益

驱使，依然会铤而走险，通过走私获取高额利润。还有，走私分子苦心经营起来的走私链、走私网的投入非常之高，他们不会轻易地彻底放弃走私营生。只要存在利润空间，让走私行为真正从社会中消失，就不是短期内可以实现的事情。因此可以预见，由于上述多种阻力因素的存在，走私犯罪还将在我国乃至世界长期存在。

在这一时期，全国打私工作始终牢固树立总体国家安全观，坚持国家利益至上，坚持专项治理与源头治理、系统治理、依法治理、综合治理相结合，将反走私工作纳入社会治安综合治理统筹推进，打造共建、共治、共享的社会治理格局，有效打击了各类走私违法犯罪活动，特别是遏制了重点地区、重点渠道、重点商品等个别突出走私犯罪，防止了系统性危害国家安全事情的发生。全国建立了打击走私综合治理部际联席会议制度，全面落实中央决策部署，研究解决走私突出问题。国务院召开全国打私工作座谈会、部际联席会议，地方政府承担反走私综合治理主体责任，发挥地方政府打

海关缉私部门查获的走私象牙制品“群仙贺寿”

击走私基础作用，地方打击走私工作机制逐步形成，无走私村示范点建设、反走私“五进”活动持续深入，象牙、“洋垃圾”走私明显减少，成品油、“水客”走私得到有效遏制。同时，在反走私综合治理工作中，各级党委、政府紧紧抓住人民最关心、最直接、最现实的利益问题，聚焦人民群众反映最强烈的“洋垃圾”、象牙以及食糖、大米等农产品突出走私问题，坚决予以打击整治，将危害人民群众财产安全的有害物质拒之国门之外，更好地满足了人民群众对安全食品、清洁空气、绿色家园的期待。

这一时期也是反走私立法的发展成熟阶段，主要表现在刑法典对走私犯罪进行了细化与明确化。自 1979 年以来，走私犯罪在我国刑事立法上具有修改幅度最大、修改次数最多、立法形式最全、最先规定单位犯罪等立法特征。除立法活动之外，我国有关部门也积极跟进，出台了一系列关于走私犯罪的司法解释。海关总署还起草了《反走私工作条例（征求意见稿）》。2017 年 5 月 18 日，国务院法制办向全社会征求意见。2023 年，该项打击走私的专门立法（名称改为《国务院关于反走私综合治理的若干规定》）已进入立法程序的最后阶段。

从上述我国海关管理体制和全国反走私体制机制发展完善以及关于走私犯罪立法沿革的简要回顾可以看出，近年来，我国始终保持打击走私的高压态势，走私形势总体可控但依然严峻，走私高位运行的趋势值得我们高度关注。

七、结语

走私几乎是随着海关的兴起、发展而同时产生、演化的一种法定违法犯罪活动。近年来，随着我国缉私警察和“联合缉私、统一处理、综合治理”缉私体制的建立与落实，海关和地方党委、政府以及有关执法部门不断加大对走私犯罪活动的打击力度，目前已从总体上遏制住了大规模的走私犯罪活动。但是，随着世界进入百年未有之大变局，我国现阶段的基本国情没有变，中美贸易摩擦、俄乌冲突等影响在世界进一步加深和蔓延，一些重点地区、重点渠道、重点商品的走私活动仍然存在，有时甚至十分猖獗，

而且可以预计的是，在未来很长一段时间内，走私违法犯罪活动还将长期处于高位运行状态；同时，随着世界经济的加速发展，特别是当前我国加快经济结构调整和生产方式的转型升级，国内低端产业和企业面临着转型阵痛和生存压力，可能采取走私等非法手段谋取生机；境内外敌对势力加紧对我脱钩断链和进行围堵、渗透、破坏，跨国犯罪集团的走私及其他犯罪活动蠢蠢欲动；加之近年来走私犯罪的手段不断推陈出新，并且呈现出隐秘化、智能化、网络化的趋势，致使司法、执法实践中发现、查处、遏止、制裁走私犯罪的难度加大。基于此，从预防和打击走私违法犯罪活动发生的角度出发，我们有必要对海关兴起、发展及其职能、作用的演化，以及走私和反走私这一由来已久而又历久弥新的斗争进行系统性研究，并提出一些建设性意见，以期不断推进理论拓展和实践完善。

（张中涛 济南海关缉私局办公室副主任、三级高级警长）

参考资料

［1］陈晖：《从刑事一体化看党的十九大以来我国走私犯罪的刑事策略》，《海关法评论》第 11 卷，北京：法律出版社，2023 年。

［2］郭慧、王坤、阎丽、蔺剑、陈鹿林：《〈打击非设关地成品油走私专题研讨会会议纪要〉的理解与适用》，《刑事审判参考》总第 124 集，北京：法律出版社，2020 年。

［3］姚永超、王晓刚：《中国海关史十六讲》，上海：复旦大学出版社，2014 年。

［4］刘军：《走私犯罪的成因与对策》，《决策与信息·下旬刊》2012 年第 2 期。

［5］齐春风、张民：《失守的国门——近代以来中国反走私的经验教训》，《社会科学战线》2001 年第 6 期。

［6］陈磊：《商业瞒骗走私罪研究》，北京：中国海关出版社，2005 年。

［7］连心豪：《水客走水：近代中国沿海的走私与反走私》，南昌：江西高校出版社，2005 年。

[8] 张大春：《走私罪研究》，北京：中国海关出版社，2004年。

[9] 莫开勤、颜茂昆主编：《走私犯罪》，北京：中国人民公安大学出版社，2003年。

[10] 黄利红：《论走私犯罪的危害性及其对策》，《广西社会科学》2003年第7期。

[11] 赵星：《走私犯罪侦查》，北京：中国海关出版社，2002年。

[12] 陈晖：《走私犯罪论》，北京：法律出版社，2002年。

[13] 李文健等：《走私罪若干疑难问题的分析与研究》，姜伟主编，《刑事司法指南》2001年第1辑，北京：法律出版社，2001年。

[14] 黄利红：《走私犯罪的特点、成因和对策》，《公安大学学报》2000年第2期。

[15] 倪德锋、孟昊：《我国走私犯罪的现状分析与对策思考》，《政法学刊》1999年第2期。

[16] 张军强、蔺剑：《走私犯罪侦查》，北京：中国海关出版社，2005年。

[17] 张国贵主编：《走私犯罪的惩治与预防》，北京：西苑出版社，2003年。

[18] 广东人民检察院研究室：《当前放纵走私犯罪的现状及对策研究》，《中国刑事法杂志》2003年第3期。

[19] 胡成宏：《反走私，任重道远》，《经济论坛》1999年第1期。

[20] 王福明编著：《海关缉私》，北京：对外经济贸易大学出版社，1997年。

第一章

先秦“关执禁以讥”

人猿揖别，华夷交融，多元文化，融合激荡。

壶口瀑布

被低估的史前外贸与部落反走私

黄河流域最早的走私与反走私起于什么时候，众说纷纭，不一而足。比较一致的观点是，有了海关就有了走私与反走私。

那么，海关又起于什么时候呢？目前有“殷商说”“西周说”“战国说”“隋朝说”“唐朝说”“清朝说”等观点，各有各的道理和依据。

比如“殷商说”。商王朝对食盐、铸造青铜器的金属矿料需求量非常大。以后者为例，铜料或来自湖北大冶铜绿山，或来自江西铜陵，或来自云南永善金沙；锡料也多出自南方。为了控制这些资源，商王朝设立了很多军事据点，开展打私、反走私，以保障重要原材料供给，表现了殷商时期中央王朝对重要资源的极强控制力。

鲁方彝盖（现藏于陕西历史博物馆），上面刻有铭文，记载了一位名叫齐生鲁的商人做生意赚了钱，为纪念父亲乙公铸造了这件青铜器。这是金文中第一次出现“贾”的概念

不过，目前比较流行的观点是“西周说”。《礼记·王制》记载，西周时期，“关执禁以讥（讥即稽，滞留检查之意），禁异服，识异言”。这一时期，随着生产力水平提高和社会分工发展，剩余产品产生，私人交易出现，凌驾于社会之上的国家暴力机关设立。或许出于安全、经济利益考虑，统治者设立关卡，对行商等流动人口“执禁以讥”，方法是“禁异服，

识异言”。

从现代维度来讲，不同于普通的国内贸易，必须是跨境或对外贸易，逃避国家机器的监管，获取法律规定之外的利益才算是走私。

从这个意义来讲，走私的出现还必须依托于对外贸易的产生。那么，对外贸易又是怎么产生的呢？国家诞生以前的史前文明时期，有没有对外贸易呢？

在这里先普及一下什么叫中国的史前文明，考古学一般认为是商代盘庚迁殷之前，也就是甲骨文的殷墟年代之前；历史学所指的史前一般指中国历史最早的确切纪年——公元前841年之前，这一年，周厉王被赶出了王宫。

无论如何界定，史前文明时期都应该包括人们耳熟能详的有巢氏、燧人氏、伏羲氏、神农氏（炎帝）、轩辕氏（黄帝）、尧、舜、禹等时代，他们都生活在黄河流域。这一时期，产生了很多流传至今的传说故事，印证着这些先祖曾经的丰功伟绩，如建屋取火、八卦文字、部落婚嫁、百草五谷、豢养家禽、种地稼穑等。这一时期有和谐的协作共生，也有暴力的兵戎相见。《史记·五帝本纪》记载：“蚩尤作乱，不用帝命。于是黄帝乃征师诸侯，

甘肃省博物馆再现史前先民在黄河岸边的生活和劳作场景

与蚩尤战于涿鹿之野。”这场战争的结果尽人皆知，蚩尤战败“遂擒杀”。由于年代久远，司马迁并没有详细记录这场战争的过程，但只要是战争，金戈铁马、马革裹尸的背后必有经济战、贸易战，有封锁与反封锁、走私与反走私的较量。

在黄河流域，中国先祖们对外贸易的历史源远流长。大量的传世文献和最新的考古资料都指向这样一个事实：早在夏商以前，中原地区就已经与我国新疆以及中亚、西亚甚至南亚发生了经济文化上的往来，这条跨越千年的丝绸之路就已经存在了。

《庄子·天地》记载：“黄帝游乎赤水之北，登乎昆仑之丘。”贾谊在《新书》中写道，黄帝“涉流沙，登于昆仑”，尧“身涉流沙地”，会见西王母。《荀子·大略》记载，禹曾“学于西王国”。

陕西历史博物馆展出的115万年前的“蓝田人”雕像

《竹书纪年》记载：“帝舜有虞氏九年，西王母来朝。献白环玉玦。”说到尧时，说“渠搜氏来宾”。据考证，上述文献中昆仑山、流沙地、西王国均在今天新疆境内，渠搜为中亚古国（今乌兹别克斯坦境内的费尔干纳盆地）。

史前文明交通不便，交通方式也落后，克服千难万险、跨越千山万水、跋涉千里的对外交往，肯定不是你好我好大家好的简单来往，必然有着巨大的交往动力、大量的物质利益交换。

一般认为，只要是两个利益群体进行贸易，无论是以货币为媒介还是简单的物物交换，必然存在着个体徇私的蠢蠢欲动，走私行为就有可能产生。为了防止这种行为产生，反走私防范措施也是必需的。只是目前还没有实际证据证明史前文明有走私的存在。

（侯林）

海平面升降让先民“水上能力不次于陆地”

中国川原以百数，莫著于四渎，而河为宗。

《汉书·沟洫志》中的这段记载，坐实了黄河作为中华民族母亲河的崇高地位。

“四渎”即黄河、长江、淮河和济水，古代四条独流入海的大河。在古人心目中，黄河尤为神圣，故被列为“四渎”之宗、百水之首。

对于华夏儿女而言，黄河不仅是一条地理的河，而且是一条文化的河、精神的河，是中华民族的根和魂，史前的先祖大多与这条河有不解之缘。

据史学家考证，伏羲氏、轩辕黄帝以及后来的大舜，甚至周人、秦人都是山东人或起源于山东，他们沿黄河西去，各自创立了一番彪炳史册的伟业。

位于兰州市区黄河岸边的《黄河母亲》雕塑，游客慕名而来，留影纪念

从这个意义来讲，史前反走私保障下的黄河流域各区域之间的经贸交往应该还是相对比较密切的，并不像我们揣测的，生产力水平落后，古人安土重迁，鸡犬之声相闻，老死不相往来。

如今我们落实《黄河流域生态保护和高质量发展规划纲要》，提高沿黄各省区经济联系度，提升区域分工协作意识，实现高效协同发展，增强对外开放度，还是有依据的。

此时，我们不得不佩服黑格尔，作为人类伟大哲学家的眼光之尖锐，他在《历史哲学》中写道："尽管中国靠海，尽管中国古代有着发达的远航，但中国没有分享海洋所赋予的文明，海洋没有影响他们的文化。"

我们是否可以这样理解，中国有过发达的海洋文明、高强的水上活动能力，在反走私保障下与异族沟通和对外开放的意识和愿望极高，只是后来被有意无意地淹没了。

看看有文字记载的史前先祖们的水上活动能力吧！古代地理类名著《山海经》中有这样一段描述："大人之国，坐而削船。"据古籍学者考证，"大人"指东夷人，居住在山东一带。

《物原》记载："燧人氏以匏济水，伏羲氏始乘桴。"《周易·系辞下》记载，黄帝、尧、舜"刳木为舟，剡木为楫，舟楫之利，以济不通，致远以利天下"。

史前先民们制造好舟船之后，不但沿黄河西行，还跨海远行，到达了辽东半岛。一个有力的证据是，在辽东半岛发现了山东先民所特有的大汶口文化遗存。

相传陆地上广泛使用的车是由黄帝发明的，而当时舟也被广泛使用，这就说明至少在黄帝时代，陆上文明和水上文明是并驾齐驱的。黄帝能制造车和舟，与他相处的人也能学来，如果这个人私心太重，就有可能利用车和舟进行违背群体利益的走私。

人们可能会有这样的疑问，生活在陆地上的人类何以对水上行动，尤其是风险度极高的海上航行如此痴迷？这就得讲点地理环境决定论了。

据考证，距今 1.5 万年前，末次冰期影响极大，海平面大幅下降，我国东部海岸线比今天还要往东移几百公里。古黄河入海口就到了今天的朝鲜半岛南端。

后来气温回升，海平面持续上涨，海岸线最高涨到了太行山脚下。此时，人类开始往高处迁移，山东半岛的一些高山便成为临时寄居之所。

大海阻断了各山头之间的陆路联系，但阻碍不了先民们相互了解、互通有无的心，巨大的物质交换动力促使他们想尽办法克服自然界的阻碍，以实现更加美好的生活，舟的发明也就在情理之中了。

后来到了大汶口文化时期，也就是伏羲氏、轩辕黄帝生活的年代，造船就被记入了传世典籍之中。人们愿意克服自然障碍去交换利益，自然也愿意克服人为障碍实现自己的私利，走私与反走私也就诞生了。

再后来海平面又下降，到了龙山文化时期，先民们利用自己制造的先进航运工具，在水上进行了更遥远、范围更大的水上探险航行活动。

从全国出土的龙山文化文物来看，龙山人的活动足迹北起今长城一线，南到淮河流域，西到今西安、宝鸡，东到大海。

轩辕黄帝塑像

可以想象一下，龙山人借大河（黄河）、济水（后称“大清河”，今山东段黄河）、汾水等大河，乘船逆流而上，到达今河南、山西和陕西，沿汶水、泗水顺流而下，到达淮河流域，在反走私保障下实现更为广泛的物质交换。

其实，先民们的航行远不止这些，在辽东半岛以及东北其他地方，甚至北美洲，都有龙山文化的文物出土，文化以自觉或不自觉的方式传播。

这当中部落、族群之间是否穿插着走私与反走私的较量，由于没有文字记载，只能靠后人想象了。但有一点可以肯定，在生产力水平极端低下的远古时代，抱团取暖、维护集体利益和生存是每个部落首领所必须坚持的，任何危害集体利益的行为必会遭到孤立和打击。

（吉蕾）

沿黄河西巡第一人的陆上丝路反走私探索

黄河是中华民族的母亲河，孕育了古老而伟大的中华文明。早在上古时期，黄河流域就是华夏先民繁衍生息的重要家园。这是学术界的共识，虽然很多观点还存在争论，争论的却是黄河流域东西南北交流的一些细节史实。

透过这些细节人们会发现，黄河流域的中华儿女活动能力、对外交往能力远超乎我们现代人的想象。近些年热播的系列电视剧《大秦帝国》，让人们了解到黄河流域秦国经变法由弱转强，东出与六国争霸进而一统天下的艰辛历程。

甘肃礼县大堡子山遗址出土的金饰片（现藏于甘肃省博物馆）。20 世纪 90 年代该遗址遭盗掘，一批珍贵文物被非法走私到海外。2015 年，国家文物局将原藏于法国吉美国立亚洲艺术博物馆的全部 56 件大堡子山流失金饰片划拨给甘肃省博物馆，这对研究秦人、秦族、秦国早期历史具有重要意义

然而你可知道，如果再往前追溯，秦人起源于东方，秦人自称为帝高阳颛顼之后，并祭祀少昊。少昊是东夷民族的祖先。《史记·秦本纪》记载："秦之先，帝颛顼之苗裔，孙曰女脩。女脩织，玄鸟陨卵，女脩吞之，生子大业。大业取少典之子，曰女华。女华生大费，与禹平水土。"

起源于黄河流域东部，而后到西部崛起东进并建立崭新王朝的不仅有秦人，还有周人。如今很多学者研究《国语·周语》《史记·周本纪》等传世典籍认为，夏商 1000 多年的历史中，周人一直活动在山东或山西（学术界尚有争论）境内，直至商朝末期才开始西迁，之后崛起灭掉商，

才有了 800 余年的统治。

学术界认为，周易、周礼是中华文明的思想源头和硕果，奠定了中华民族的基本思想体系；而周王朝奠定了中华文明、中国文化的发展方向，确立了中华民族形成的文化基础。而在反走私领域，周王室与诸侯国之间建立了管理陆路进出境事务的海关机构——关。

根据《仪礼》《礼记》《月令章句》等史料，这种“关”设立在周王畿（周王室直辖领地）与诸侯国，以及诸侯国与诸侯国之间，是管辖权的象征，以监察出入、防御外敌来犯为主要目的。《周礼》在《地官》篇中记载了司关职责主要有许可证管理、货物监管、征税、查禁与缉私等。

不过，这些关与当今海关主要管货物、物品有所不同，他们除了管现代海关要管的，还要管“人”，防止异族、异地奸细混入或逃匿，这就是所谓的“关执禁以讥，禁异服，识异言”，“关，讥而不征”，只对进出境人员实施检查，却不征税。

除了在内部各诸侯国之间设关，周王朝在边界是否也设关稽查呢？这有待进一步挖掘研究，但一个不容争辩的事实是，周王朝与周边文明交往的

玉柄铁剑（现藏于河南博物院），西周晚期器物，距今 2800 年，出土于河南三门峡市虢国墓，打破了秦国铜柄铁剑 2600 年的中国最古老冶炼铁器记录，把中国铁器冶炼纪录提前了 200 年

广度和范围远超我们现代人想象。这里就要讲一下“西巡第一人”周穆王了。

“究天人之际，通古今之变，成一家之言”的《史记》称张骞通西域为“凿空”，后世常以汉代张骞开辟西域丝绸之路作为中国陆路对外贸易开始的标志。殊不知，早在周王朝时期，中原就与西域有着非常密切的来往了。

周穆王是西周第五代君主，他在位时周游天下，极为浪漫，亦真亦幻，极富传奇色彩，被世人称为“中国历史上最富有神话色彩的君王”。他执政时期，西戎（犬戎）势力日渐强大，阻碍了周朝和西北许多国家、部落的往来。

周穆王致力于向西方发展，在反走私保障下两征西戎，获其五王，扫除了通往西域的障碍，开辟了周人和西北地区友好联系的新篇章。《穆天子传》记载，他喜好游历，曾经驾八骏之乘，驱驰万里，西行至“飞鸟之所解羽”的昆仑之丘，观黄帝之宫，宴会瑶池，与西王母作歌相和，互诉衷情。

在一路西去的过程中，周穆王沿途每到一处都向当地部落酋长馈赠丝绸、铜器、贝币等礼品，各地酋长也回赠了大量马、牛、羊及各种土特产。这有点像后世的朝贡贸易，也需要防止随行人员的走私行为。据考证，周穆王西行的大致路线为：自山西出发，入河南，经山西、内蒙古，溯黄河过宁夏、甘肃，经过青海后再越过昆仑山进入新疆，然后翻越帕米尔高原，最后到达伊朗高原。

还有一种说法更为神奇，说周穆王西行最远到达了埃及，理由是《穆

出土于山东滕州的汉画像石，记录了周穆王拜见西王母的情景

天子传》记载，周穆王西巡天下，行程三万五千里。《春秋穀梁传》记载："古者，三百步一里。"现代学者推算，周穆王西行 3.5 万里，大约等于现在的 1.45 万公里，与中国到埃及的距离大致相等。

这种推算也得到了考古的印证：20 世纪 90 年代，在古埃及第二十一王朝时期的女性木乃伊头上，西方学者发现了些布块，经过技术鉴定确认是丝绸，距今 3000 余年。众所周知，丝绸始于中国，长期以来一直是中国独有的产品，3000 年前古埃及出现中国丝绸，说明当时中西方已有经贸文化联系。

正因如此，不少人相信周穆王西征的终点是古埃及，所谓"西王母之邦"是古埃及，西王母则是这位埃及女法老！这些资料至少可以表明，早在殷商时代，从中原起始，途经今天的新疆，再到中亚，就已经有路可通了。

周穆王西行成功，如果他是"第一个吃螃蟹的凿空者"，后来肯定有人跟随重复走这条路，进行万里之遥的对外贸易。对外贸易要想稳定发展，必须辅之以严格的规章制度，进行反走私，否则难以长久。如果周穆王不是凿空者，先前必然已经存在这条民间的贸易之路，周穆王西行后，必然会纳入管理，开展反走私。

《黄河流域生态保护和高质量发展规划纲要》提出，要讲好新时代黄河故事，支持黄河流域与共建"一带一路"国家深入开展多种形式人文合作，促进民心相通和文化认同；加强同尼罗河、多瑙河、莱茵河、伏尔加河等流域的交流合作，推动文明交流互鉴。

一系列的考古和历史新发现让人们意识到，至少在商周时期，沿黄河流域、两河流域、印度河流域和尼罗河流域，就同时存在着一条或多条不直接连贯的中短距离贸易路线，它们像接力一样，连接起东亚、中亚、南亚、西亚和欧洲、非洲，这就是反走私保障下最早的丝绸之路的雏形。

（岳明）

《周礼》中司关制度的反走私

黄河中下游地区是中华文明发源地之一，史前文明发达，为礼仪文化起源提供了深厚的文化土壤。孔子曰："不学礼，无以立。"这里的"礼"一般被认为是《周礼》，孔子一生都在推崇周礼，希望通过周礼来"医治"他生活的那个"礼崩乐坏"的社会。

后来，孔子的儒家思想成为中国封建社会的正统思想，礼的思想在社会治理的各个方面都起到了非常重要的作用。那么最初的《周礼》在反走私综合治理中是怎么规定的呢?《周礼》相传为周公旦所作，由孔子整理成书，共分六篇，其中关于反走私、关政管理的内容主要见于《地官司徒》篇中。

周王朝在周王畿（周王室直辖领地）与诸侯国、诸侯国与诸侯国之间设置了管理陆路进出境事务的机构——关，"关执禁以讥"，关键是怎么稽查反走私的呢?《周礼》为此设置了"司关"和"掌节"。"司关"是主管"关"的官职，负责查验出入关门的许可证件"节"；"掌节"是主管"节"的发放与应用的官职。

两种官职相互配合，就可以管好出入境事务，更好地防止试图逃避管制的走私了。《周礼·地官·掌节》记载："凡通达于天下者，必有节，以传辅之。"在周王朝，凡是通过关进出界的人，司关授以"节"，辅之以"传"；凡有人不通过关而擅自进出界的，也就是现在的非设关地走私，就要处罚当事人，一般采用"挞"的方式，即用鞭、棍等打人。

不同的人到达不同的地方所使用的"节""传"不一样。《周礼·秋官·小行人》记载："达天下之六节：山国用虎节，土国用人节，泽国用龙节，皆以金为之；道路用旌节，门关用符节，都鄙用管节，皆以竹为之。"由此可知，作为通行证明的"节"分为两种，一种为铜质，一种为竹质。

石刻拓片中的周礼

春秋战国以前称铜为金，故《周礼》中所谓“以金为之”，实为铜节，虎节、人节、龙节皆为铜节。周人反走私制度的细致程度，由此可窥一斑。

《周礼·地官·掌节》要求“掌节掌守邦节而辨其用……”《周礼·地官·司关》记载:“凡四方之宾客叩关，则为之告。有外内之送令，则以节传出内之。”即外内臣民因公事需要出入门关的，由司关发给他们旌节与传，让他们通行。

古代人一般很少旅行，旅行的人多是有要事的信使和使节，他们一定要随身携带符节作为身份证明。后来商业逐渐发展，商人在诸侯国之间往来越发频繁，统治者便颁发符节作为其通行凭证，并开始征税，改变了过去“关，讥而不征”的历史。

《周礼·地官·司市》记载：“凡通货贿，以玺节出入之。”《周礼·地官·司门》记载：“凡出入不物者，正其货贿。凡财物犯禁者举之。”《周礼·地官·司关》云：“司关掌国货之节，以联门、市。司货贿之出入者，掌其治禁与其征、廛。凡货不出于关者，举其货，罚其人。”

由此可见，从诸侯国国内市场到边关，统治者对商贾所运的货物层层管理，处处稽查，防止走私，唯有持节者方可通行。《周礼·地官·司救》记载：“凡岁时有天患民病，则以节巡国中及郊野，而以王命施惠。” 如果遇到战争或灾祸之年，就不征关税，但仍要对出入关的货物和人进行验行与稽查，

鄂君启节（此为复制品，现藏于中国海关博物馆），出土于安徽寿县，是战国中期楚怀王发给鄂地（今湖北鄂城）封君启的通关免税凭证，是我国现存最早的通关凭证

开展反走私。

周王朝的司关制度完备，“司关掌国货之节，以联门、市。司货贿之出入者，掌其治禁与其征、廛”，这反映出当时“关”已明确具备并履行了检查、征税、查禁、放行及迎送使者等职能，并形成了以“节”“传”等重要证件的分类、使用期限为基础，严格发放、查验、传递、返核等程序规定的管理制度，具有一定的科学性和严密性，对后世各朝的海关管理反走私产生了深远的影响。

有学者认为，在司关制度保障下的西周分封制奠定了中国古代藩属体制的雏形。为了管理不同地区间的交往，中国古代王朝在地区水陆关津要地、中原和边疆交往要道、古代中国和周边国家之间关隘之处，设立过多种类型的关组织，都是为了查缉走私，维护正常合法贸易。

后来随着商品经济发展，关津的政治、军事色彩日趋淡薄，原先设险守固的禁防，逐渐演变成朝廷垂直课收商利的税关，财政经济开始居重，即所谓“凡天下水陆衢会，舟车之所辐辏，商旅之所聚集，设关置尹，掌其治禁，以安行旅，以通货贿”，打击走私、反走私功能也被强化。

（赵伟强）

赵惠文王反走私保障下的玉石胡犬贸易

秦以三郡攻王之上党，羊肠之西，句注之南，非王有已。逾句注，斩常山而守之，三百里而通于燕，代马胡犬不东下，昆山之玉不出，此三宝者亦非王有已。王久伐齐，从强秦攻韩，其祸必至于此。

这是《史记·赵世家》中记载的，战国时期著名谋士苏厉替齐王送给赵惠文王的书信中的一句话。彼时，秦国联合赵国意欲攻打齐国，齐国危矣，便让苏厉给赵国送了一封信，信中讲了一通利害得失，尤其是反走私保障下的对外贸易，最终赵国同意不再攻齐。

这里的胡犬，产自中亚、西亚；玉产自昆仑山，今新疆。战国时期，诸侯割据争霸，道路受阻，秦国和赵国由于靠近西域，可以直接通过反走私加持下的对外贸易，获得中原人非常喜欢的胡犬、昆仑玉，从而赚取巨

内蒙古巴彦淖尔市乌拉特前旗的秦长城及秦直道遗址

额利润。而一旦走私盛行，必定会影响统治者的财政收入，削弱本国实力。

试想一下，如果赵国攻打齐国，秦国趁此机会攻打赵国，拿下了赵国连通西域的区域，赵国就不能通过对外贸易获取利润了，这样损失是非常大的，而这也是赵惠文王最终罢兵的重要原因之一。

当然，赵惠文王也可以不听苏厉的建议，结果就是失掉赵国连通西域的区域，以后要想再获取玉石贸易的利益，只能以诸侯国之力，绕开秦国的反走私监管，进行走私，这当然是得不偿失的。

通过这则故事，人们不难发现，战国时期，赵国有一条经内蒙古、宁夏、甘肃联系西域的通道。这与秦国通过陕西进入甘肃，再经河西走廊与西域发生交往的路径截然不同。这两条路都是外贸之路、利益之路，也是反走私之路。

这至少说明，在西汉张骞出使西域打通丝绸之路以前，已经有一条丝绸之路运转多年了，这已经得到考古界的多次印证。1976 年，河南安阳发掘了商王武丁的夫人墓——妇好墓，出土了大量玉器，经化学成分分析，这些玉器与新疆和田玉成分一致。

这说明早在公元前 13 世纪，中原就已开始和西域乃至更远的地区有商贸往来。这也说明，中国玉石文化源远流长，玉器在史前时期是地位和财富的象征，传说大禹就是为了寻玉石而至昆山的。

不仅仅是玉，产自今阿富汗巴达克山的青金石，早在公元前 31 世纪就开始在中国、印度、埃及出现。这意味着中亚地区的商旅贸易开始的时间要比这一地区部分国家的诞生还要早些。

各地对玉石有如此大的市场需求，因此无论是玉的产地，还是玉石交易的过道，自然要保护、利用好，实现自身利益的最大化，设关征税，实现在大争之世的富民强国，反走私制度完善、执行到位是必需的前提。

如今，“一带一路”为黄河流域高质量发展注入强劲动力，亚欧大陆桥、中欧班列一路向西，沿线城市如济南、郑州、西安、兰州等都得益于此。抚今追昔，我们现在走的路又何尝不是先人的继承与发扬呢?

全球化并不是什么新鲜事物，早在五六千年前，人类的祖先就曾竭尽全力收集各地信息，并派遣出各种使者和代表，探索哪里是世界上最佳的市场，探索如何跨越沙漠、山脉，到达更远的地方。一些寻求更大利益的个人或团体，总会试图越过各国设置的关隘税收机构，开展走私行动。

在某种意义上，可以说，对外贸易之路的形成并不是以人们主观意愿为转移的，它在很大程度上是世界各国、各民族基于多种因素在漫长的时间里共同努力的结果。

中国先民在往西探索的同时，西方人也在尝试往东靠拢、接触。公元前6世纪，波斯人从今天伊朗南部的家园迅速扩张，将势力延伸到爱琴海岸，征服埃及后又一路向东，直抵喜马拉雅山脚下。

希腊历史学家希罗多德认为，波斯人的成功很大程度上要归功于他们开放的态度。他曾说，波斯人十分乐意接受外来的风俗习惯。如果他们觉得某被征服者的服装样式更好，就会放弃自己原来的服饰。

波斯人善于变通，会做生意，古丝绸之路上不知发生过多少走私与反走私的较量。在帕米尔以东中国境内，春秋时期，日益强大的秦国不断向

河北博物院《慷慨悲歌——赵国故事》浮雕。《史记·赵世家》记载："（赵惠文王）十四年（前285），相国乐毅将赵、秦、韩、魏、燕攻齐，取灵丘。与秦会中阳。十五年（前284），燕昭王来见。赵与韩、魏、秦共击齐，齐王败走，燕独深入，取临菑。"

外征伐，先后征服秦西北即今陕西、甘肃、青海、宁夏一带分布着的诸多西戎小国。

到战国时期，西戎诸国均被秦吞并，中原至河西的交通因此畅通。在西戎以西，汉代以前，我国一些古老的民族，如塞人、月氏人、乌孙人等，都曾游牧于河西走廊一带，之后陆续迁徙到新疆及帕米尔以西地区，直接促进了河西至新疆、中国至中亚交通道路的形成。

由此可见，汉代以前，东西方交通路线已经形成，丝绸、玉石贸易也在辗转进行。只不过这时的中外贸易更多地表现出民间性、不经常性、边境辗转性等特点，统治者即使参与也相对较少，留下来的反走私事迹记载也相对较少。

（吴迪）

孟尝君“死里逃生”的闯关

二百四十载，海内何纷纷。

六国兵同合，七雄势未分。

从成拒秦帝，策决问苏君。

鸡鸣将狗盗，论德不论勋。

这是唐代诗人宋之问的五言律诗《过函谷关》，其中提到了“鸡鸣狗盗”这一成语，并得出结论：论德不论勋。这里面蕴藏着一件走私与反走私的闯关故事。

“鸡鸣狗盗”出自《史记·孟尝君列传》，说的是齐国名士孟尝君出使秦国，被拜为相。此时，秦国臣僚劝秦王：“孟尝君的确贤能，但他是齐王宗室之人，任秦国相，谋划事情必定是先替齐国打算，而后才考虑秦国，秦国可要危险了。”

于是秦昭王就罢免了孟尝君的丞相职务，并将其囚禁起来，图谋杀掉。孟尝君为了离开秦国，可谓不择手段。他喜欢招纳各种人做门客，号称“门客三千”。他对宾客来者不拒，有才能的让他们各尽其能，没有才能的也提供食宿。

如今，孟尝君遇到困难，一位擅长偷盗的门客自告奋勇，像狗一样潜入秦营中，偷来一件白色狐皮裘，献给秦昭王之妾，以求说情，放孟尝君回齐国。秦昭王耳根子软，便答应了。

孟尝君怕夜长梦多，秦昭王反悔，便立即要求门客们收拾行李及重要物资动身逃往齐国，甚至伪造了通关许可证。伪造通行许可证，又带着这么多人和物资，显然是要闯关走私啊！

途中，秦王果然反悔了，派兵追来。此时，孟尝君已经达到函谷关，但

位于河南省灵宝市的秦函谷关

按照守关规定，要等鸡叫才能开门放行。于是，他便请另外一名门客学鸡叫，引起众多鸡一起鸣叫，骗开城门，逃回齐国。

孟尝君是“战国四公子”之一，才能出众，他逃回齐国后，被拜为宰相。

公元前298年，孟尝君发动齐、韩、魏三国之兵合纵攻秦，攻入函谷关，到了盐氏，直逼咸阳。秦国求和，把山西临汾之西南的武遂还给韩国，把如今的风陵渡所在之地封陵还给魏国。

然而，由于孟尝君做事不光明磊落，行鸡鸣狗盗之事，后世对他评价不高，也正应了宋之问那两句诗：“鸡鸣将狗盗，论德不论勋。”可见，走私闯关行为在先秦时期也不受认可。

通过这则故事，人们不难发现，先秦时期尤其是周朝的关，主要是在陆地诸侯国边界或易守难攻的交通要道建立起来的，不像现在的海关，很多都沿海、沿边、沿河、临空。

同时，周王朝的关职责范围比较宽，既查货反走私，又查人防偷渡。据考证，西周时期产生了管理陆路进出境事务的海关机构——关。殷商时代虽有甲骨文，但没有关的记载，只有“门”字。

后来产生了很多叙述夏商及以前时期的历史文献，比如《尚书》《诗经》

河南出土的殷商时期的精美青铜器（现藏于河南博物院）

《左传》《史记》等，都没有夏商时期已经设立或建立出入境管理机构及制度的记载。

不过，“关”和“门”有相通性。《说文解字》载：“关，以木横持门户也，从门。”至于“关”的收税功能，直到春秋时期以后，关卡逐渐增多，并开始征收关税。

关于“关”的位置和性质，传世典籍中有不少解释。如《仪礼·聘礼》郑玄注：“古者境上为关。”《礼记·王制》注：“关，界上门。”《吕氏春秋·仲夏纪》注：“关，要塞也。”

再后来，一些古籍中就有了“关市之征”的记录。《管子·问》记载：“关者，诸侯之陬隧（指位于边境的要道）也，而外财之门户也，万人之道行也。明道以重告之：征于关者，勿征于市；征于市者，勿征于关；虚车勿索，徒负勿入，以来远人，十六道同。”

《周礼·天官·大府》记载：“关市之赋，以待王之膳服。”当时，周天子征收九种税赋，关市税便是其中一种，收入直接归王室使用。

“关”既需要稽查人员，保障国家安全，又要收税，保障国家财源，非常重要，因此必须做好反走私工作，大量设置人员是必需的。《周礼·地

河南博物院展出的“关”字瓦当（此为复制品，原件现藏于洛阳博物馆），是西汉时函谷关门楼所用的瓦当。函谷关是古代丝绸之路东起点的第一道门户

官》中记载了主管“关”的职位——司关的职责：“掌国货之节，以联门、市。司货贿之出入者，掌其治禁与其征、廛。凡货不出于关者，举（没收）其货，罚其人。”

据史书记载，周朝在“地官”（类似于后来之户部）之下设“司关”，并明确规定其编制为：“上士二人，中士四人，府二人，史四人，胥八人，徒八十人。”

在“司关”之下，每关设“下士（称司关下士或关令、关尹）二人，府一人，史二人，徒四人”。士是官员，府、史是管理征税、文书的吏员，胥、徒是工役。

可见，我国设关反走私的历史悠久，一般“境上为关”，“讥而不征”，重视检查，执行禁令，实施轻税政策，“关市省征”。

（王文硕）

中国历史最早海战背后的“反走私”爱恨情仇

如今，很多走私案件都发生在海上。一般认为，大河文明建立了大陆秩序和陆权时代，海洋文明建立了海洋秩序和海权时代，二者构成了历史和现代世界秩序的底层逻辑和结构。

黄河文化、中华文明是大河文明的代表。不过，面对茫茫大海，黄河流域的先祖们不但没有畏惧过，反而有着强烈的好奇心，远涉重洋去探险，而且由于海上运输的便利性，海上活动十分频繁。

据史学家考证，早在原始社会时期，古人便可以从今蓬莱出发，到达辽东半岛。《竹书纪年》记载，夏朝时期，帝芒就曾经“东狩于海，获大鱼”。

《晏子春秋》记载，春秋时期，齐景公想循海东游，观于转附（山名，今烟台的芝罘山）、朝舞（今山东荣成成山头），遵海而南，至于琅琊（今青岛西海岸新区西南）。

史书记载，齐景公在海上生活得很惬意。《书苑》记载：“齐景公游于海上而乐之，六月不归。”

《越绝书》记载，公元前472年，越国从会稽（今浙江绍兴）迁都到了琅琊，“使楼船卒二千八百人，伐松柏以为桴”，同时配备“死士八千人，戈船三百艘”（《吴越秋水》）。

一万多人的海上迁移活动，如此规模庞大的船队，即使放到现在，也少见啊！试问一下，为什么越国人迁都不走陆路呢？重要原因之一是海上航运更经济便捷。

齐国、越国均有如此强的海上航行能力，经贸往来并不少，走私与反走私的斗争自然也少不了。众所周知，春秋战国是一个逐鹿中原、群雄争霸的年代，各诸侯国都出台了很多反走私措施，以增加财政税收，支撑军

事支出。

黄河流域的齐国便是典型代表。西周时期，周武王分封姜太公吕尚于齐。《史记》记载，姜太公刚到齐国时，东边还有莱人建立的莱国，他们与姜太公争夺土地。好在姜太公“通商工之业，便鱼盐之利”，使齐国渐渐强大。

到了齐桓公时期，重用管仲，实施反走私保障下的盐铁专卖制度，使之一跃成为“春秋五霸”之首。《汉书》记载，齐国“东有琅邪、即墨之饶，南有泰山之固，西有浊河之限，北有渤海之利，地方二千里，持戟百万”，是“海之王国”。

在军事上，《战国策·齐策一》记载，齐国“南有太山，东有琅邪，西有清河，北有渤海”，是固若金汤之国。齐国以南的吴国“不能一日而废舟楫之用”，建立了强大的海军，两强相争，战争便爆发了。

公元前485年，吴国从海上进攻齐国，齐国凭借主场作战的优势、钩拒等武器的加持，以及丰富的海战经验，最终取得战争的胜利。这场战争史称琅琊海战，是中国历史上有明确记载的最早的一次海战。

现代人制作的齐国、吴国海战中使用的战船

齐国的北边是燕国。春秋时期，燕国比较弱小，常常遭受北方游牧民族的攻击，齐国经常从海上和陆上给予其军事援助。战国时期，燕国渐渐由弱变强，反走私加持下的富饶齐国也很强，两强相争，战争又来了。

燕昭王时期，乐毅伐齐，曾一举攻占齐国七十余城，连都城临淄都被占领，齐国只剩下即墨和莒两座城池，以及宣布中立的孟尝君的封地薛城。幸而楚国出兵援齐，并从长江口出发，通过海路运送物资到即墨城，齐国才能坚持抗战六年并一举复国。

这个故事也证明，当时的远距离海上运输似乎已经不是问题。这时，黄河流域的沿海港口彰显出巨大功能，齐桓公涉海援燕，齐宣王遣五都之兵攻燕，甚至燕国乐毅伐齐，转附都有可能是海上用兵的起点和终点。

其实，齐国造船业发达，海上活动能力强，与陆地相比，海上走私又难以监管，从某种角度来讲，对齐国也不利。春秋战国时期的齐国一直是一个走私非常猖獗的诸侯国。

战国末期，秦统一六国时，最后攻打齐国，齐国几乎没有军事抵抗就投降了。这让秦王嬴政非常不解，因为他的先祖曾不止一次地告诫他，齐国是东方大国，不可小觑。

而实际上，齐国重商，加之反走私制度执行不严，导致民富国穷。齐国商人走私早就严重掏空了齐桓公建立的“春秋首霸”。秦国灭齐时，基本上没有发生什么大的战事，因为走私使齐、秦两国地主阶级的利益一致，不需要再打仗了。

另外，由于山东半岛北部沿海在交通运输和海防军事上都处于战略要冲之地，所以转附以及后来兴起的古登州港、古莱州港，在历史上都是著名的军港，也是贸易港。

山东半岛南部的琅琊港，扼南北海道之要冲，地理位置优越，春秋时期就是齐国重要海港。日本学者藤田丰八在其《中国南海古代交通丛考》中称：“为海港而载于史乘者，以琅琊为始。”

（张岩）

第二章
秦时明月汉时关

秦皇汉武，驼马声传玉门渡，雄关漫道影不孤。

驼铃声声

秦朝兴衰与关卡反走私

咸阳宫阙郁嵯峨，六国楼台艳绮罗。

自是当时天帝醉，不关秦地有山河。

这是唐代大诗人李商隐的诗作《咸阳》，意思是说，秦国咸阳的宫殿高峻巍峨，坐落重重，仿作的六国亭台楼阁比绮罗还要艳丽华美；秦能一统天下，只因为当初天帝喝醉了胡乱把秦地赐给了穆公，并不是由于它据有险固山河。这是李商隐对秦统一六国的理解。

秦兼诸侯山东三十余郡，缮津关，据险塞，修甲兵而守之。然陈涉以戍卒散乱之众数百，奋臂大呼，不用弓戟之兵，钼櫌白梃，望屋而食，横行天下。秦人阻险不守，关梁不阖，长戟不刺，强弩不射。楚师深入，战于鸿门，曾无藩篱之难。

这是贾谊《过秦论》中的一段，分析了秦朝短命、二世而亡的过程。秦兼并六国诸侯，修筑了关隘，占据险要地势，派精兵强将守护着这些地方。然而，陈涉凭着几百名散乱的戍卒，振臂大呼，不用弓箭矛戟等武器，光靠锄柄和木棍，只要看到有人家住的房屋就能吃上饭，就这样横行天下。秦朝险阻之地防守不住了，关卡、桥梁封锁不住了，长戟刺不了，强弩射不了。陈涉的军队很快深入境内，鸿门一战，竟然连篱笆一样的阻拦都没有遇到。

按理讲，“秦并海内，兼诸侯，南面称帝，以养四海，天下之士斐然乡风”，况且“秦地被山带河以为固，四塞之国也”，何以灭亡得这么快？

贾谊在《过秦论》中分析原因，直击要害：“繁刑严诛，吏治刻深；赏罚不当，赋敛无度，天下多事，吏弗能纪，百姓困穷而主弗收恤。然后奸伪并起，而上下相遁，蒙罪者众，刑戮相望于道，而天下苦之。”

的确，公元前221年，秦灭六国，统一全国后，加强中央集权，统一货币和度量衡；外修长城，抵御外部入侵；内修驰道，四通八达，可以快速通达帝国各个角落，以加强管理。

秦朝时期的铁权（现藏于内蒙古博物院），出土于内蒙古鄂尔多斯准格尔旗秦广衍城遗址

然而，这也带来一个问题，大一统之后诸侯国之间的国界逐渐消失，有些原来可以收税、增加财政收入的关，或撤销，或改为内地关，比如函谷关就变成内地关。这直接导致可收税的关大量减少，这一点从前后对比中就可窥一斑。

公元前 11 世纪，周武王灭商，实行分封诸侯制。周王室先后开辟都城镐京（今陕西西安西南）、陪都成周（今河南洛阳）连贯各诸侯国的通道，在距镐京 500 里的京畿边境置关设卡。如在京畿以西，设萧关（今宁夏境内）、陇关（今甘肃境内）；在京畿以东设函谷关（今河南灵宝），还设孟津关、韶关、穆陵关等。据史书记载，当时大多数关卡只负责稽查货物及人员，并不征收过往税赋，只是在关市贸易中稽征税赋，即关市之赋。

后来到了春秋战国时期，诸侯争雄称霸，相互征战，为解决军费支出，各诸侯国在领域边界、交通要道上纷纷设置关卡，据史学家不完全统计，多达百余个。

比较著名的关卡有：秦国秦献公年间于咸阳东（今河南灵宝）设函谷关，于临洮（今陕西陇县）设陇关，于咸阳西北（今宁夏固原东南）设萧关，于丹水中游北岸（今陕西商南东南）设武关等。

燕国则在居庸塞设居庸关，在芦沟渡（今北京昌平）设芦关等；晋国设壶关（今山西境内）、井陉关等；郑国设虎牢关（今河南荥阳）等；楚国设昭关（今安徽含山）、扞关（今湖北宜昌）、无假关（今安徽含山）、木关（今湖北境内）等。

鲁国设阳关（今山东西北）等 6 关；齐国设穆陵关、壶口关（今山东境内）等；赵国设博关、挺关（今陕西榆林）等；魏国设临晋关（今河南境内）等。

另外，韩、越、卫、宋、陈、曹、蔡、吴等诸侯国亦分别设立关卡。

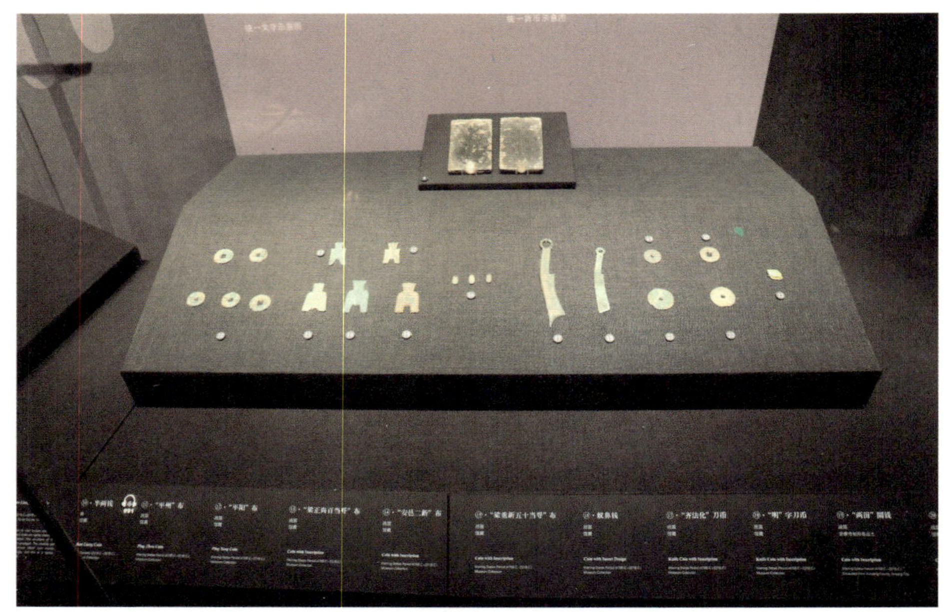

战国时期各诸侯国的货币（现藏于陕西历史博物馆）

各国所设关卡多为陆地关，战时封闭成为军事要塞；和平时期各关卡要塞开设 4 至 12 个不同朝向的关门，对过往货物及行旅人员进行稽查、收税，以弥补财政和军费不足等问题。

战国后期，由于关卡太多，税赋太高，“百家争鸣”的很多思想家都出来反对苛政。如孟子主张“关，讥（稽查）而不征”，同时他还抨击设关收税。他说：“古之为关也，将以御暴；今之为关也，将以为暴。”荀况则主张“轻田野之税，平关市之征”。

到了秦统一六国，随着秦朝继续征战与开疆拓土，设了越来越多的陆地边境关，据马非百《秦集史》辑录，秦代关的设置遍及全国，京城有湖关，北有抵御匈奴南征的关隘，西有陇关、散关、榆中关，东有函谷关、临晋关、龙门关、合河关，南有晓关、武关、楠关，西南有扞关、江关、零关，岭南（为防范越人北上）有横蒲关、阳山关、湟溪关、严关。

但由于秦朝与少数民族交往较少，也就收不了多少税，因此就提高田野之税的税赋标准来增加收入，引起民怨沸腾。陈涉一把火，引燃了秦末

秦直道遗迹

农民起义。

其实，后来秦朝也意识到这一问题，公元前214年，即秦始皇三十三年，先后修筑了从都城通往东南、西北、西南和岭南的陆路通道，且在各处通道及边界等地统一设置津关30余处，以增加关税收入。

税赋与走私是正相关的关系，关税高了，走私就可以获取更大利益，走私行为就会增多。为了防止走私、增加税源，秦朝还建立了相对比较完备的津关管理体系。

据秦律及其他史籍记载，秦王朝创置了主管关务的专职官员——关都尉。据历代官制、兵制记载，关都尉之职自战国始置，是比将军级别略低的武官。

秦朝边境各关的关都尉，其职责既包括军事防卫，同时又包括征收货物税、稽查行旅往来。秦朝的关都尉直属于秦朝廷，分管接待少数民族等外交商务事宜的官员——典客，所征之税归入“掌山海池泽之税”“以养天子”的“少府”。

后来司马迁在《史记·货殖列传》中说："汉兴，海内为一，开关梁，弛山泽之禁，是以富商大贾周流天下，交易之物莫不通，得其所欲……""开关梁，弛山泽之禁"的意思是开放关卡要道，解除开采山泽的禁令。

降低关税甚至零关税，又何尝不是一种反走私的手段呢？这也充分说明汉初为恢复经济降低了秦朝时期的关税标准。

（周雯菲）

东方海上丝绸之路“怪力乱神”掩饰下的走私

《论语·述而》记载：“子不语怪，力，乱，神。”意思是说，孔子从来不谈论怪异、勇力、叛乱、鬼神。究其原因，《论语·先进》也给出了解释：“子曰：‘未能事人，焉能事鬼？’”意思是说，连人都侍奉不好，还谈什么侍奉鬼神？

孔子还在《论语·先进》中说：“未知生，焉知死？”意思是说，生的事情都没弄明白，怎么能够懂得死？《论语·雍也》记载，孔子“敬鬼神而远之”。意思是说，严肃地对待鬼神，但并不接近他。

孔子被誉为“至圣先师”，对鬼神有着清醒的认识。而有着“千古一帝”之称的秦始皇嬴政就不一样了，公元前221年，他统一六国之后，便想着长生不老的事儿。此时，一度因为统一而结束敌对状态的黄河流域各海港也变得活跃起来，这与军事、贸易无关，与神仙有关，这背后隐藏着走私的故事。

据统计，秦始皇在短短12年间曾组织5次大规模的巡行活动，其中3次与山东半岛有关。究其目的，秦二世曾言：“先帝巡幸郡县，以示强，威服海内。”不过《史记·封禅书》记载：“始皇遂东游海上，行礼祠名山大川及八神，求仙人羡门之属。八神将自古而有之，或曰太公以来作之。”显然，秦始皇巡幸山东半岛还有一层目的：祭天地、入海求仙。

人一旦对一件事情走火入魔，就容易上当受骗，秦始皇也不例外。听说秦始皇想长生不老，很多方士便蜂拥而来。公元前219年，秦始皇初次巡视山东半岛，《史记·封禅书》记载：“至海上，则方士言之不可胜数。”其中，徐福的上书引起了秦始皇的注意，徐福说：“海中有三神山，名曰蓬莱、方丈、瀛洲，仙人居之。请得斋戒，与童男女求之。”

黄河营古港遗址，相传这里是徐福东渡入海处

面对茫茫大海，在航海技术并不是非常发达的秦汉时期，徐福敢于涉海远行，为秦始皇求仙，这本身就是一种忠诚。于是，秦始皇便“遣徐市（福）发童男女数千人，入海求仙人”，结果无功而返。秦始皇认为，“徐市（福）等费以巨万计，终不得药，徒奸利相告日闻”（《史记·秦始皇本纪》）。然而，徐福也振振有词，公元前210年，他趁秦始皇再次巡幸山东，解释说：“蓬莱药可得，然常为大鲛鱼所苦，故不得至。愿请善射与俱，见则以连弩射之。”

秦始皇太想长生不老了，再次相信了徐福的话，不仅没有降罪，还亲自在烟台芝罘射杀了一条大鱼，并增派童男童女及工匠、技师等，令徐福再度出海。只是这次，秦始皇再也等不到徐福的音讯了，徐福去了日本，传说成为第一代神武天皇。

有学者认为，徐福东渡日本，促成了一代“弥生文化”的诞生。那时，日本还没有文字，也没有农耕。徐福给日本带去了文字、农耕和医药技术。为此，徐福自然成了日本人民心目中的“农神”和“医神”。而这对于秦始皇而言，则是一次堂而皇之的走私行为，徐福把秦朝最为先进的生产力都带到了当时相对落后的日本。目前，日本学界、考古界公认弥生文化源于中国北方沿海文化。

日本和歌山县新宫市“秦徐福上陆之地”

综上所述，现在看来，徐福为秦始皇入海求仙，也许就是一次精心策划的走私行动。徐福利用秦始皇求仙的心理，欺骗秦始皇从而获得大量物资和人员，从此东渡入海“求仙”，一去不复返。

徐福偷渡日本的航线为我们打开了一条秦汉时期的东方海上丝绸之路：从我国东北部沿海出发，经渤海或黄海、东海到达朝鲜，再渡过朝鲜海峡，最终抵达日本。而这条航线经历了黄河流域先民的不断开拓。

话说残暴的商纣王有个叫箕子的叔叔，为人正直善良，数次冒死进谏，终不得用。周武王灭商之后，并没有因为箕子是前朝旧臣而难为他，反而准备重用他。只是箕子内心始终难消亡国之痛，便不告而别，悄然东行，来到了朝鲜半岛，建立了史书记载的“箕子朝鲜”。约1000年后，黄河流域的秦国扫六合，统一了天下，燕国官员卫满率领败军东渡朝鲜，一举消灭了箕子的后裔，占领了朝鲜半岛，史称“卫氏朝鲜”。他们将更先进的文化和技术带到朝鲜，人们还从这里的古代遗迹中挖掘出了大量燕国货币。

而汉朝曾与日本30余个部落有通使往来，日本西南海岸曾出土不少汉代墓葬及铜镜、玉、璧等文物，在小富士村的海边遗址中还发现了王莽时期的货币。到了东汉时期，光武帝刘秀曾将一枚黄金印章赏赐给倭奴王，作为两国友好的象征。公元1784年，在日本九州的一个小渔村中便出土了这枚金印，上面篆刻着“汉委奴国王”五个大字。

《中国对外贸易通史》这样写道：“东汉时期，我国的丝绸及养蚕缫丝技术、五铢钱、铁器、漆器及铜镜等相继传到朝鲜半岛；公元199年，中

国的养蚕技术也经朝鲜半岛传入日本。”而在汉朝，铁器尤其是养蚕缫丝技术是严格保密、禁止外传的。

《中国海关通志》这样写道：“汉律规定，粮食、弓弩、铁器、铜钱、壮马、蚕种禁止出境，若商人以金银、丝绸与蕃商私家交易马匹、珠宝，或私自携带珠宝出入境的，则处以死刑。”

（杨天一）

汉初防御匈奴的反走私“经济战”

秦末农民起义、连年的战争导致汉朝建立之初民生凋敝，国力空虚。公元前200年，汉高祖刘邦亲率30万大军御驾亲征，也没打得过强悍的匈奴，有了“白登之围”。

为了恢复国力，汉初采取了老子的无为之术，重农抑商。《史记·平准书》记载，刘邦“乃令贾人不得衣丝乘车，重租税以困辱之”。孝惠帝、高后时，还规定“为天下初定，复弛商贾之律，然市井之子孙亦不得仕宦为吏”。

然而，对匈奴的贸易，汉王朝却网开一面。《汉书·匈奴传》记载：“（匈奴）往往入盗于边，不可胜数。然匈奴贪，尚乐关市，耆汉财物，汉亦通关市不绝以中之。”

这可以理解，匈奴之所以频频南下，觊觎的是汉朝的丝绸等财物，你不让他通过对外贸易获取，那他可就采用直截了当的方法南下抢劫了，这是汉王朝最受不了的。

不过，汉王朝对对外贸易的管理相当严格，汉高后二年（前186），汉朝颁布了我国现存最早的通关管理法规——《津关令》。20世纪80年代初，在江陵张家山汉墓便出土了《津关令》1篇，共37枚竹简。

所谓“津”，一般指渡口。《津关令》记载，汉代津、关一般设于水陆交通要塞，设关都尉等负责津关的日常管理，在检查行人和违禁物品、征收关税、缉拿罪犯、军事防御等方面起着重要作用。

汉代实行严格的通关管理制度，吏民出入津关必须携带“符”“传”等有效证件，否则不予放行；对阑（指“走私”）出入关塞，诈伪“符”“传”，偷运马匹、黄金、铜铁等禁限物品予以相应刑罚。

作为出入境的合法凭证，西汉的“符”“传”有两种材质，分别是木头、

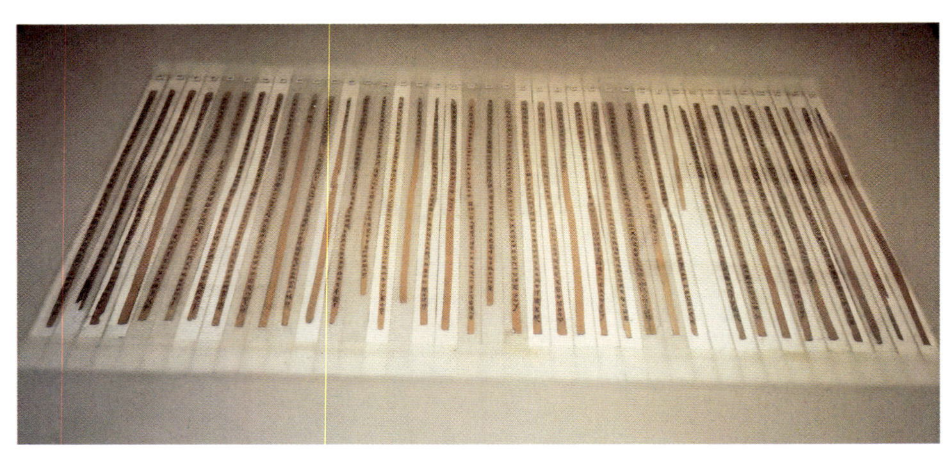

张家山汉简《津关令》

丝帛，上面写有相关文字说明，分成两半，一半由关吏保管，另一半由出入关的人拿着。

当人们想出入关时，必须两半合二为一，才可通行，返程时仍须经过复核程序。汉朝边关除稽查货物出入境，严禁兵器、铁器、铜钱、壮马、蚕种等物品输出境外，还禁止汉朝商人以金银、丝绸与境外番商私下交易马匹、珠宝。

马匹作为当时战争必需物资，被严格管控，显然与防御匈奴密切相关。从朝廷到边关，汉朝统治者均设立了相应官职和机构，来管理对外贸易。朝廷设有大鸿胪，属汉九卿之一。

据《汉书·百官公卿表》记载，汉时在边关设关都尉。据《后汉书》记载，汉灵帝时曾设八关都尉，下辖侯官、侯长、燧长等分卡关吏，诸关及侯、燧各设有关卒，卒数十至数百人不等。

比如“羌笛何须怨杨柳，春风不度玉门关”中的玉门关，关都尉下设四侯、十五燧，共设官员吏属50余人、士卒数百人，足可印证汉朝关都尉兼具军事、经济双重职能，且有一定的权力。

关都尉执法很严，汉代许多著名的酷吏曾担任过此职。汉武帝时有一个名叫宁成的关都尉，因凶狠残暴“名垂千史”，载入《史记·酷吏列传》，当时的人说："宁愿碰见母老虎，不愿碰见宁成发怒。"

在汉朝，走私被称为"阑"，意思是"擅自闯入"。如果有人"阑"就要受到惩罚，处罚等级从稽留至死刑不等。汉文帝曾下诏，匈奴不准入边塞，汉人不能出边塞，犯法者杀之。法律如此严厉，军事意味十足。

"汉并天下"瓦当（现藏于陕西历史博物馆）

受利益等多重因素驱使，西北边塞常有"阑"逃亡者。汉朝严令查禁，除惩处"阑"者外，还要追究主管官吏的失职罪。但是，各地吏民"阑"出关门事件仍然层出不穷，尤其是四川巴蜀的商贾，经常"窃出"关塞，将禁物卖给夷族和滇越居民。

据《后汉书》记载，为了逃避严酷的刑罚，有些"阑"者刻制假的"符""传"出入诸关，甚至出现了制作与购买"符""传"的经济行为与现象，而且不在少数。

马踏匈奴石雕（现藏于陕西历史博物馆）

汉朝重点通过武关、函谷关、临晋关等关隘，以及沿黄河渡口等，构筑起由南而北的军事屏障，拱卫关中地区，确保长安作为全国政治、经济、军事中心的安全。

结合汉初社会经济形势，不难看出，吕雉（也称吕后、高后）颁布《津关令》的直接目的在于控制人口走私来维护统治，以黄金为抓手来稳定经济秩序，以马匹、铜铁为突破口来整顿军备。

而做这一切的原因，除了通常认为的以“强本弱末之术”防备原关东诸国旧贵族势力卷土重来之外，更有为防备匈奴做军事准备的考量。汉初军事上打不过匈奴，但可以通过反走私保障下的“经济战”，削弱匈奴实力，使其无力南下。

（于茜）

汉文帝废关反走私的尝试

公元前168年，汉文帝下了一道朝廷命令："除关无用传。"意思是进出关不需要出示相关证件。此后，汉代出现了"汉兴，海内为一，开关梁，弛山泽之禁，是以富商大贾周流天下，交易之物莫不通，得其所欲"（司马迁《史记·货殖列传》）的局面。

看到这里，很多人可能就不明白了：这汉文帝时期是进入大同社会了吗？国家消失了吗？因为一般认为，关是国家发展到一定时期的产物，走私行为的产生也是因为国家制定了一些贸易管制措施，不法分子为了利益绕关走私。未来如果国家消失了，关也会随之退出历史舞台。

汉文帝处于封建社会初期，国家机关不可能没了，那传世典籍中记载的"除关无用传"是什么意思呢？张家山汉简《二年律令》使人们明白，这里的"关"单指环绕关中（都城长安所在地）的五关，即扜关、陨关、函谷关、武关、临晋关，以及"诸塞之河津"，即关中与关外的水路交通要津。

看到这里，很多人可能明白了，这里的"关"属于典型的内地关。西汉初期，实行郡国并行制，即在推行郡县制的同时，又采取分封制，分封诸侯国，朝廷与诸侯国及诸侯国之间也设关，也可以征税缉私等。

根据《二年律令》，关中人员、物资、马匹等出入关津，要严格登记审查，严禁关中人、财、物流入诸侯国；在汉朝廷与诸侯国的边境上设亭障，驻士卒，严防死守，防止诸侯国侵犯汉王朝边境以及汉人外逃，禁止诸侯国男子娶关中女子为妻，严防诸侯国间谍。

显然，在西汉初期，朝廷与诸侯国之间存在着某种相对独立又有敌对性质的关系。不过，这些内地关和汉王朝与匈奴等少数民族政权之间的边境关有着很大区别。

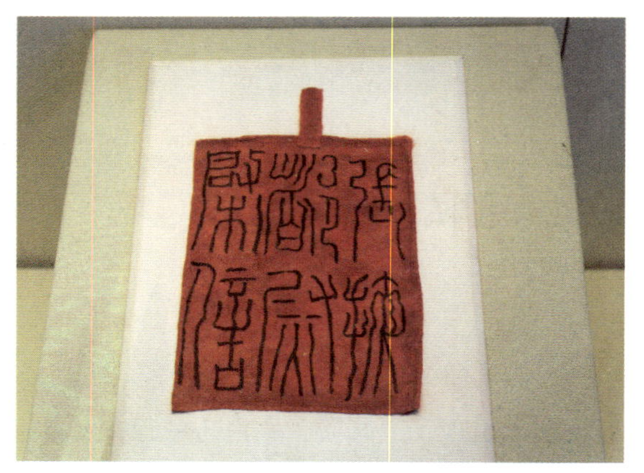

张掖都尉棨信（此为复制品，现藏于兰州海关关史展览馆），1973年出土于甘肃居延肩水金关遗址。棨，出入边境的特别通行证。汉代关防印信主要有符、传、过、所、棨、节等

看到这里，很多人便明白了，古代所谓的关与现代社会的海关有着很大区别。当今海关处理国与国之间的贸易，而古代的关不仅要处理国家之间的贸易，还要处理内部的关系。

在我国古代，统治者不仅设边境关、内地关，还在河流渡口设津关，即水陆要冲之处所设的关口。尤其在京杭大运河上，明清时期还设有钞关，主要是收税的。目前，这条大运河上唯一遗存的古代钞关在山东临清。

古今关的意思不同，也带来古今走私含义的差异。古代和近代所说的走私，不仅仅是在国境线两边开展的违法进出口贸易，还包括不依法令规定纳税或不遵守政府管制物资规定的行为。

因此，从历史维度搞清走私是怎么回事，有利于拓展黄河流域内陆地区开展走私与反走私历史文化研究的思路和视野，避免钻入只有在沿海、沿边等有利于开展进出口贸易的地区才有走私和反走私的“牛角尖”“死胡同”。

言归正传，汉文帝时期取消了部分内地关，原来的部分禁令废除了，走私行为也就少了，这在推动区域经济交流发展的同时，也助长了诸侯国势力的膨胀。司马迁在《史记·货殖列传》中记载：“徙豪杰诸侯强族于京师。”

后来终于在汉景帝时期发生了著名的“七国之乱”，诸侯国公然以武力挑战汉朝廷的权威。汉景帝意识到，关的存在是有必要的，至少在国家消失之前，必须有关，进行查缉、收税、反走私，维护政权稳定。

于是在景帝四年（前153），汉景帝下旨整理关防，复置诸关，稽查进出人员及物品，须凭传进出关卡。显然，西汉前期朝廷与诸侯国的关系经历了制度控制—道德感召—制度控制的转变。

汉文帝即位之前，朝廷与诸侯国之间有严格的关禁制度。文帝被称为“史上最仁慈的皇帝”，即位以后优容诸侯王，力图以“仁义恩厚”的方式实现“天下同姓一家”，“除关无用传”。

然而，“理想很丰满，现实很骨感”，诸侯国并没有像汉文帝一样仁慈，而是发动了“七国之乱”。景帝四年（前 153），“复置诸关用传出入”，朝廷与诸侯国的关系在制度建设上进入一个新阶段。

当然，废关消除禁令也有好结果，汉朝与南越国（今广东、广西一带，又名南粤，古越族的一支，以赵佗为王）的关系便说明了这一点。汉高祖刘邦称帝后，与南越国开展互市，这是我国历史上最早的关市。

刘邦死后，吕后禁止对南越输出金、铁农具，优种马、牛、羊及丝绸，引起南越的强烈不满。汉文帝即位后恢复和睦政策，武帝时废除汉越贸易所有禁令，自此，汉与西南夷越各族的关市贸易顺利发展。

（严颜）

汉朝西域“益厌汉币”与走私贸易

北道酒泉抵大夏，使者既多，而外国益厌汉币（汉朝的布帛、财物），不贵其物。

这是《史记·大宛列传》中的一段话，说的是汉朝与西域贸易频繁，以致那里的人不再看重汉朝的布帛、财物了。

按理讲，西北部自然条件恶劣，到西域开展对外贸易，需要经过河西走廊，冒着匈奴侵扰的风险；还得跨过千里戈壁沙漠，一次贸易可能就是九死一生，一般人不愿意从事这个行当，那么为什么会出现上述情况呢？

司马迁在《史记·大宛列传》中也坦言：西域“为其绝远，非人所乐往”。然而，“自博望侯开外国道以尊贵，其后从吏卒皆争上书言外国奇怪利害，

阳关遗址，汉元封四年（前107）左右建立，是通往西域的门户

求使”。也就是说，自从张骞“凿空”西域，全国上下及外国都上书要求派遣使节，开展交流。

没办法，双方太需要互通有无、开展对外贸易了。汉初，经过休养生息、文景之治，经济社会快速恢复发展，经济作物专业化生产规模日渐扩大。

《史记·货殖列传》记载：“安邑千树枣；燕、秦千树栗；蜀、汉、江陵千树橘；淮北、常山以南，河济之间千树萩；陈、夏千亩漆；齐、鲁千亩桑麻；渭川千亩竹……”

这些经济作物产量上升，带来手工业快速发展，《史记》记载，当时临淄的官营丝织作坊“作工各数千人，一岁费数钜万”。除了丝绸，汉朝漆器产量也很大，《汉书·地理志》如淳注：“河内怀、蜀郡成都、广汉皆有工官。工官，主作漆器物者也。”

还有战争、农业生产所需要的铁器，从河南、河北、陕西、山西、山东、内蒙古等地出土的汉代冶铁遗址来看，当时水利鼓风机已经大量使用，冶铁时用煤炭作燃料，用石灰石当溶剂，可以脱碳铸铁、将生铁炼成钢。

这些物资都是西域各国所大量需要的，于是天子“听其言，予节，募吏民毋问所从来，为具备人众遣之，以广其道”（《史记·大宛列传》）。也就是说，从汉武帝开始，汉朝公开招募使臣，与西域开展官方贸易。

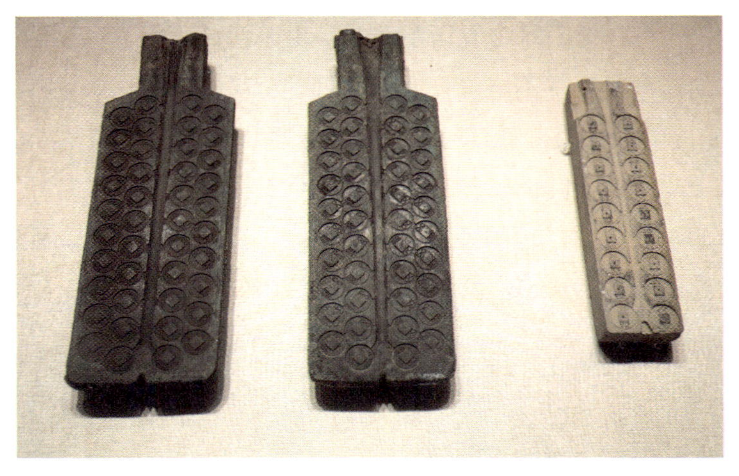

汉代铸币的范（现藏于陕西历史博物馆），也就是铸钱的模具，相当于印钞机

这些招募的使臣携带着丝绸、漆器、铁器等物资，与西域各国开展贸易，同时购买回来汉政权所需要的汗血宝马等物资。官方交易背后也有私下交易，《中国对外贸易通史》这样写道："这些使臣利用其官方身份，大谋私利。"

史书记载，汉朝每年派出10多批使臣，每批人数从百余人到数百人不等，每次出使的时间长达一年或数年，往返的使臣甚至能在茫茫的戈壁沙漠中相遇。

《史记·大宛列传》中记载："来还不能毋侵盗币物，及使失指，天子为其习之，辄覆案致重罪，以激怒令赎，复求使。使端无穷，而轻犯法。其吏卒亦辄复盛推外国所有，言大者予节，言小者为副，故妄言无行之徒皆争效之。"

《史记·大宛列传》还分析了原因及后果："其使皆贫人子，私县官赍物，欲贱市以私其利。外国亦厌汉使人人有言轻重，度汉兵远不能至，而禁其食物以苦汉使。汉使乏绝积怨，至相攻击。而楼兰、姑师小国耳，当空道，攻劫汉使王恢等尤甚。"

可见，当时汉朝派遣至西域的使者大多是无以谋生的贫家子弟，他们出国虽然是办公事，但主要目的依然是谋私利，甚至汉朝送给西域各国政府的礼物都会被这些使者当作私货牟利。这样，汉朝就难以达到派遣他们联络西域各国的预期效果。

同时，"将在外，君命有所不受"，由于西域"绝远"，汉王朝对使者在西域的违法行为并不能施行有效的管理。汉王朝对这些顽劣的使者也没有办法，毕竟受过良好教育的人大多不愿意去苦寒之地。

有鉴于此，汉朝制定了严格的《津关令》，开展反走私行动，对这些触犯法律的汉使处以严厉的惩罚。史书记载，公元前107年，杜恬因随便出关而被处以死刑；长安商贾擅自与来降的匈奴浑邪王交易，牵连问罪处死者达500余人。

（赵玉娟）

丝绸蚕种的走私与外传

公元 14 年，罗马元老院颁布了一条禁令：禁止男性穿丝绸服装，女性穿丝绸服装也有一定数量的限制……罗马帝国管控人们穿什么衣服，这件在今天看来不可思议的事情，却真的发生了。

只是，这种禁令的效果并不理想，罗马帝国上层依然对丝绸趋之若鹜。于是，统治者便把矛头指向了女性，大力宣扬“穿丝绸的女人不守妇道”。他们请哲学家长篇累牍地论述：“丝绸不能遮掩人的身体，这也能叫衣服？”

罗马帝国这一“异常”举动的背后是，丝绸的泛滥会影响到国家的财政收入和长治久安。普林尼在公元 1 世纪写道：“丝绸在罗马的销售价格竟是它在汉王朝生产成本的 1000 倍。罗马每年花在丝绸上的资金，竟接近

甘肃省博物馆再现汉代丝绸之路的繁荣景象

帝国年造币总量的一半。”

请注意，这个数字并不夸张。史学家研究表明，当时罗马的丝绸十分昂贵，1 磅丝绸价值 1 磅黄金，甚至更多。人们对丝绸的偏爱造成罗马帝国黄金的大量外流，而他们又没有产出相应的产品出口到汉王朝，把流失的金币再赚回来。

怎么办？罗马帝国想出的办法是砍掉中间环节，直接与汉王朝通商，并派出使团东进，不让安息人在中间赚差价。此时，汉王朝意识到西方有个名叫大秦的帝国（即罗马帝国），对丝绸需求量极大，也派出使团西行。显然，这是一种“双向奔赴”。

只是，司马迁笔下善于经商的安息帝国（位于罗马帝国与汉王朝之间的丝绸之路上，成为东、西方贸易的商贸中心）也不是吃素的，他们想尽办法不让双方直接接触，以维持其在丝绸之路上的贸易垄断地位，赚取超额利润。

一个典型的例子发生在公元 97 年，此时正值东汉和帝永元九年，时任西域长史的班超派部下甘英出使大秦，甘英经中亚到达安息西部边界波斯湾。面对茫茫大海，甘英并没有畏惧，意欲乘舟继续西行。这时，安息人不乐意了，他们极力夸大继续西行的危险性。

最终，甘英一行畏难而退，东、西方两大帝国的握手没有实现。公元 166 年，一个罗马使团被派往东方朝见汉恒帝，最终也没有达成。难以直接接触，又想降低丝绸的价格，一些歪门邪招就出现了。

史学家研究表明，大约在汉代时，我国中原地区的养蚕缫丝技术就已经传到了新疆地区，唐代高僧玄奘在其《大唐西域记》中记载了一个关于蚕种西传的故事。

根据该书记载，古于阗国原来没有养蚕缫丝业，后来听说其东方邻国有桑蚕，就派使臣前去求取，结果被拒绝。这一举动也提醒了这个东方邻国，必须保护养蚕缫丝技术不外传，才能继续维持丝绸的高额利润，于是他们下令，边关严防蚕种被人携带出境。

直接索要得不到，普通人走私又过不了边关，古于阗国王便想了个办

唐代木版画《传丝公主》记录了蚕种外传过程，据说，画中人物手指头顶表明头上藏有蚕种

法——向东方邻国求婚，东方邻国的国王还真就答应了。在迎娶东方邻国公主当天，古于阗国派去的使臣对公主说："我国历来没有制造丝绸的能力，希望你把蚕种带过来，方便自己做衣服。"

这位公主也知道，私带蚕种出关是违法的，于是，她想了个办法。她将蚕种放入帽絮中，当他们抵达边关时，守卫关卡的官员仔细检查了所有物品，只有公主的帽子依制没有被检查。从此，古于阗国便有了制造丝绸的能力。

得到了养蚕缫丝业的核心技术，古于阗国也知道要保护它，从而赚取超额利润，于是令人刻石立碑规定："严格保护桑蚕，不得随意杀伤，违者处以严厉的刑罚。"此故事还见于藏文的《于阗国授记》。公元 1900 年，英国考古学家斯坦因在丹丹乌里克遗址中发现了一块木质彩画，该画生动地描绘了上述故事。

至于丝绸技术的继续西传，史书记载，东罗马帝国的富家妇女以中国丝绸为时尚，故罗马哲斯丁皇帝曾密遣波斯僧人二名，从东方窃取蚕种，携入君士坦丁堡。相传，原产于中国的蚕种是藏在竹杖中，从西域丝绸之路走私到欧洲去的；还有一说是藏在头发里，夹带到欧洲。

汉代中原的养蚕缫丝技术除沿陆路丝绸之路向西传播外，还沿海路传入朝鲜、日本及越南等地。《齐民要术》记载："（汉代）日南（今越南中部地区）蚕八熟。"

汉律规定，粮食、弓弩、铁器、铜钱、壮马、蚕种禁止出境，以金银、丝绸与番商私自交易马匹、珠宝，或私自携带珠宝出入境的商人，处以死刑。

然而，正如《资本论》中所载："一旦有适当的利润，资本就胆大起来。

如果有10%的利润，它就保证到处被使用；有20%的利润，它就活跃起来；有50%的利润，它就铤而走险；为了100%的利润，它就敢践踏一切人间法律；有300%的利润，它就敢犯任何罪行，甚至冒绞首的危险。”

更何况，当时走私蚕种何止300%的利润！于是，便有人敢于冒着杀头的危险参与走私了。这就是所谓的“海水不干、走私不止”，只要有利差，走私分子的欲望就足以被撬动，走私与反走私的斗争就会长期存在。

（张文倩）

汉武帝严查马匹走私

提起文物“马踏飞燕”，很多人都不陌生。一匹躯体庞大的马，踏在一只疾驰的飞燕背上；马昂首嘶鸣，躯干壮实而四肢修长，腿蹄轻捷，三足腾空，飞驰向前；飞燕吃惊地回过头观望。它表现了骏马凌空飞腾、疾速奔跑的雄姿。它是东汉的青铜器，1969 年 9 月出土于甘肃武威雷台一东汉将军墓中。

人们惊讶于“马踏飞燕”制造者高超的观察能力和写实能力，然而你可知道，“马踏飞燕”所表现的马和文物本身，与走私、反走私有着不解之缘。

查阅描写汉朝时期的传世典籍不难发现，马匹在当时属于战略物资，拥有数量的多少是一个政权军事实力的体现。西汉初期，反走私法律《津关令》就把马匹与丝绸、铁器等都归于严禁出境的商品。

西汉不准马匹出境，却允许入境。原因很简单，汉朝要想消除西北方向匈奴人的威胁，就必须饲养更多精良的马匹，以提升汉士兵的战斗力。

甘肃省博物馆的镇馆之宝“马踏飞燕”

让人遗憾的是，汉朝所在区域产不出好的马匹，得从西域购买，然而中间隔着匈奴。

匈奴是个游牧民族，据记载，公元前2世纪时，汉朝成千上万头牲口都购自这个草原民族。

汉人十分需要马匹，却经常得不到满足，便不惜重金高价购买。来自西域的马匹最为珍贵，部落酋长可以从马匹贸易中赚到大笔的钱。有一次，一位月氏国首领用马匹换取了一批货物，然后将货物转手卖掉，他的财富一下子多了十倍。

最著名、最值钱的一个马种繁殖于帕米尔高原的山地边缘地区，跨越今天的塔吉克斯坦东部和阿富汗东北部。这种马的耐力令人赞叹，据《汉书》记载，张骞出使西域回来后告诉汉武帝，西域有一种马，就算是龙族也要敬它们三分。因其会排出红色的汗水，人们便将其称作“汗血宝马”。

于是，汉武帝便派人出使大宛，带着两千两黄金以及用黄金铸成的金

敦煌莫高窟壁画《张骞出使西域辞别汉武帝图》

马去交换“汗血宝马”。然而大宛贵族不肯，认为国宝不能轻易送出，而且他们并不担心汉朝派兵攻打，因为路途遥远、缺水少粮，汉朝人根本不可能打过来。

然而，汉武帝为了得到宝马，甚至不惜两度动兵攻打大宛国。同时，他还命令手下用匈奴优良的马种与汉朝的马杂交，改良马种质量；并下令严查各地边关的马匹走私行为，禁止优良马种流入匈奴人手中。

秦汉时期的大商人乌氏倮，贩运中原的丝绸至西域，回来时再把西域的马、牛带到中原贩卖，从而暴富。《史记·货殖列传》记载：“乌氏倮畜牧，及众，斥卖，求奇绘物，间献遗戎王。戎王什倍其偿，与之畜，畜至用谷量马牛。秦始皇帝令倮比封君，以时与列臣朝请。”

看到这里，大家或许能够明白，为什么甘肃武威雷台的这位将军用“马踏飞燕”陪葬了。其实，挖掘“马踏飞燕”的过程险象环生。1969年9月10日，甘肃武威新鲜人民公社新鲜大队第13生产队的村民挖防空洞，无意间发现一座有大量青铜俑的古墓。

消息迅速传开，盗墓贼便潜入古墓中挖掘文物。或许是由于“马踏飞燕”太大、太重（高34.5厘米，长45厘米，宽13.1厘米，重7.3千克），盗墓贼不方便拿取，扔到了一边。村民捡到后，准备当废品处理。

但很快，新鲜公社的书记了解到此事，他知道文物的重要性，及时阻止了变卖和毁坏文物的行为，并向上级政府汇报。紧接着，上级政府派民兵控制了现场，并追缴失散的文物。

1969年12月，甘肃省有关部门决定，将雷台出土的文物全部上调甘肃省博物馆保存。1971年9月19日，著名历史学家郭沫若参观了甘肃省博物馆，仔细查看了雷台汉墓出土的这批青铜俑，当他看到“马踏飞燕”后，发出了“天马行空，独来独往，就是拿到世界上去，都是一流的艺术珍品”的赞叹。

郭沫若回到北京后，立即向时任国家文物局局长王冶秋详细介绍了这批青铜俑，尤其是“马踏飞燕”的情况，并当场商定，马上将这批文物调京，充实当时北京故宫正在举办的全国出土文物展。

“马踏飞燕”在京展览后，震动了史学界和考古界，在国内外都引起了强烈的反响。一些专家纷纷在有影响的报刊上发表评赏文章，评价“马踏飞燕”是“无价之宝”。1983年，“马踏飞燕”被当时的国家旅游局确定为中国旅游标志；1986年，被国家文物局专家组鉴定为国宝级文物；2002年，被国家文物局列入首批禁止出国展览的珍贵文物。

显然，这是担心国宝出境后会被损坏或走私，这一决定对“马踏飞燕”是一种保护。

（杜进娟）

汉匈“和战相济”下的关市交易

历史上有一个人，他说，鸦片“迨流毒于天下，则为害甚巨，法当从严，若犹泄泄视之，是使数十年后，中原几无可以御敌之兵，且无可以充饷之银”。

他的伟大之处在于，明知从鸦片走私中贪污受贿的利益集团十分强大，他却仍然义无反顾地为国家、为民族斗争。

“苟利国家生死以，岂因祸福避趋之”的名言，体现了他的高尚品德。他说的“鸦片之为害，甚于洪水猛兽”，成为世界禁毒史上的至理名言。

这个人是谁？可能很多人会脱口而出：林则徐。很多人接触走私与反走私，可能就是从历史上的虎门销烟开始的。直到今天，人们一提起走私，

内蒙古博物院展出的居延障城模型。居延卡在汉朝与西域、匈奴与羌人的中间，是匈奴南下河西走廊的必经之地

一般都会与利益和偷、逃税关联起来。

那么，秦汉时期的走私与关税的关系有多大呢？儒学典籍《周礼》，在“天官·大宰”这一条目中记载了朝廷的九项税收，称为“九赋”，前六项均属于农业税，第七项才是“关市之赋”。

据海关史研究专家姚梅琳考证，“关市”一词最早见于秦汉以前的各朝典籍，一般在关于经济国策的部分出现，是关（卡）与市（都邑中特定的商业区）的合称，与征收赋税紧密相关。

所谓“关市之赋”即关赋和市赋，也就是关税与市税。关税由司关、司门征收，市税由司市负责，具体由司市属官廛人、肆长征收。“关市之赋”在“九赋”中排名第七，可见它在封建社会初期朝廷财政收入中并不十分重要。

《管子》一书中记载，管仲高度评价齐国边境关在齐国与其他诸侯国经贸往来中的财政税收价值，为了培养更多税源，采取2%的低税率，也即“涉关市之征，五十而取一”，并把涉外自由贸易与轻税政策视为重要国策之一。这与当前我国减税降费政策有异曲同工之处。

汉王朝建立以后，“关市”的含义变为设在边境关门的汉王朝与周边各方国、部落交流物资的市集，这些在《史记》《汉书》中都有详细记载。后来在《后汉书》《三国志》等传世典籍中，又出现了“胡市”“合市”“交市”等称谓。

汉朝时，黄河流域尤其是中原地区先进而富庶，丝绸、铁器等对周边尚处于游牧、渔猎状态的部落或政权而言，相当于宝物、珍品，而这些地区的马匹等物，也是汉朝官民急需的，因此，关市贸易就成为双方“均有无、通万物”的共同选择。

西汉初期，汉高祖刘邦对北部、西北部的关市一般征收关市税，而对西南等新归附的地区实行免税政策。吕后时期，汉王朝与南越交恶，禁止输出金、铁农具，优种马、牛、羊及丝绸，引起南越的强烈不满。汉文帝即位后恢复汉越和睦政策，武帝时废除汉越贸易的所有禁令。

由此可见，关市收不收税、收税多少，哪些物品可以用于交易、哪些不能，都是统治者结合当时形势决策的结果，税收多寡并不见得是制定政策的决定性因素，这一点在《中国海关通志》中也有记载。

汉朝常与周边少数民族政权产生摩擦或军事战争，边境关市时开时闭。由于匈奴、鲜卑、乌桓等周边政权对中原经济依赖度极高，所以经常在关市关闭时，鼓励、纵容边境走私，走私的物品主要有铁器、铜、弓箭、黄金等。

当然，汉王朝也制定了非常严苛的反走私法规，比如初期，对无“符传”私自出入边关或私自交易的视为违法，汉律中称之为“阑”，出边关者情节严重的，最高可判死刑。

汉景帝中元二年（前 148），汉朝规定，凡将粮食、兵器、弓弩、铁器、铜钱、马匹、蚕种私自偷运出境的，处以死刑。与此同时，如果擅自从塞外走私违禁物资入境，也会受到处罚。

显然，汉朝的走私和反走私，与税收、经济利益有关系，但关系不是很大，更多是为了适应当时复杂的外交局面及战和情况，关市起着“和战相济”的特殊作用。公元前 198 年，汉高祖派娄敬与匈奴结兄弟之约，和亲、通关市，开始了汉王朝最重要、最长久，也是最敏感的政治外贸。

汉文帝、汉景帝接续汉高祖的政策，均对关市予以鼓励。汉武帝即位初期，也实行“厚遇关市”的优惠政策，后因匈奴长期攻扰北方郡县，破坏生产，遂发动了三次对匈奴的大规模战争，关市一度中断。

至汉宣帝、昭帝时，汉匈之间的贸易已有安定祥和的外部环境。东汉王朝建立后，与匈奴的关市继续发展，并由双方派遣官吏进行贸易，规模与贸易额明显大于前朝。

（王嘉祥）

靠胡汉走私生意发达的西凉王董卓

黄河是中华民族的母亲河，也是中华文明的摇篮。在漫长的历史进程中，黄河流域不仅孕育了丰富的物质和精神文化，也见证了中华民族多元一体的历史演进。在这一过程中，走私现象一直存在，严重的会使市场失序、财政危荡、国本动摇，给国家和民族造成巨大而深重的灾难。

汉代，随着经济发展和人口增长，走私活动也日益猖獗。因此，汉朝为打击走私气焰，保护国家财政收入、规范市场秩序，以及维护边境安宁，制定律条，任命官员，增设关卡，多措并举。除了制定威慑走私的律条，在行政上，汉朝还设立了专门的机构和人员来监督和查处走私行为。这些官员的职责就是管理国家垄断的盐铁、酒等商品的生产、运输、销售环节，防止民间出现囤积、偷盗、贩卖、侵占等行为。同时，汉朝还设置了专门的检查站和关卡，在重要的交通要道上进行严格的检查和审查，阻止走私货物流通和转移。

董卓，字仲颖，凉州陇西临洮人。他是东汉末年的一位权臣，以残暴和奢侈闻名于世。他的财富和权力是如何积累起来的呢？让我们以史实为依据，拨开历史的迷雾，揭露董卓不为人知的秘密：他从事了一项非法的胡汉生意。这里的胡汉生意就是指在汉朝和北方游牧民族之间进行的走私贸易，这种贸易是违反当时的朝廷法令的。

少年时的董卓游历边塞，与羌胡豪帅交好。他生来就有着过人的力量和胆识，能够在马上左右开弓，性格粗猛，有谋略。他初从军于陇西太守府，后随张奂、段颎等将领征讨羌胡，屡立战功，威名赫赫，羌人甚是畏惧。《后汉书·董卓传》记载：“卓膂力过人，双带两鞬，左右驰射，为羌胡所畏！”

《后汉书·董卓传》记载：“桓帝末，以六郡良家子为羽林郎，（卓）

从中郎将张奂为军司马。”彼时，在朝廷内部，董卓名声已起。

董卓为了笼络朝廷权贵，争取更多支持，便开始寻找更快速、更丰厚的财富来源。当时，中原和北方有着繁忙的贸易往来。胡人有许多汉朝所缺乏的珍贵物品，如马、毛皮、药材等，而汉朝有许多胡人所需求的物品，如丝绸、茶叶、盐铁、酒等。然而，由于政治和经济原因，一些商品被朝廷禁止进出口，尤其是盐铁等重要物资，国家的垄断经营和高额税收，导致民间的需求与供给之间出现巨大差距，所以这种贸易一直存在着巨大的利润空间。

董卓就是利用了这一点，他不顾朝廷禁令，在河西走廊建立了一个以西凉董家为核心，利益涉及胡汉两大群体的庞大的非法走私体系。他利用自己在朝廷和军队中的影响力和在边疆的势力，大肆贩卖盐铁、马匹、丝绸、茶叶、酒等物品，从中牟取暴利。他还收买了许多朝廷派驻到当地专门监督和查处走私行为的官吏和将领，使他们放纵或参与他的胡汉生意；他还雇用了一些侠士和武士，作为他的护卫和打手，保护他的货物和利益。他甚至还和一些胡人首领建立了亲密关系，通过送礼或结亲，使他们成为他的合作伙伴或傀儡。《后汉书·董卓传》记载："诸豪帅有来从之者，卓为杀耕牛，与共宴乐，豪帅感其意，归相敛得杂畜千余头以遗之，由是以健侠知名。"

董卓通过这种方式，不仅赚取了巨额的财富，还买通了大批权贵官员和朝中重臣，如朝廷新贵大将军何进、司徒袁隗、太尉黄琬等人，使他们对自己感恩戴德并有所顾忌，并以此为政治本钱，利用这些人脉在朝廷中为他说好话或打压反对者。他因此平步青云，节节升迁，受封副中郎将，领破虏将军。中平元年（184），董卓升为并州刺史、河东太守、中郎将。《后汉书·董卓传》记载："众军败退，唯卓全师而还，屯于扶风，封藜乡侯，邑千户。"

《后汉书·董卓传》又记载："卓于望垣北为羌胡所围，粮食乏绝，进退逼急。乃于所度水中伪立鄣，以为捕鱼，而潜从鄣下过军。比贼追之，决水已深，不得度。"全军被围却能筑坝、渡河甩开敌人。羌胡能眼见筑坝却不阻挠吗？董卓无疑与羌胡暗通款曲，存在着巨大的利益关联，才能在被羌胡所围、粮食乏绝时，却依旧如指臂使。经此一役，董卓不仅获得

图中展品（现藏于甘肃省博物馆），11 号为悬泉置封检、12 号为甲渠候官检、13 号为肩水金关检，均为汉朝管理边关所用

了大汉军功的至高荣耀，而且在汉军其他部队尽皆溃败的三辅讨羌前线中，快速完成了对其他胡汉乱兵的招抚和整编。此时的董卓，已经成为三辅地区事实上的“军事主宰”。至此，西凉王董卓横空出世。

董卓的走私行为引起了凉州刺史成就的注意。成就是一位清廉正直的官员，他对董卓的所作所为深恶痛绝，多次上书弹劾董卓。然而，由于董卓在朝中有人庇护，成就的奏章都被压下来了。成就气愤不已，决定亲自前往并州查办此事。他带了一支精兵，沿着黄河向东而行。董卓得知成就前来查案，心中惊恐。他知道自己的罪行不可轻易洗清，如果成就发现了自己的走私窝点，那么自己必将身败名裂。他决定出其不意地对成就发动突袭，把他灭口。成就率军行至黄河边时，突然遭到了董卓的伏击。董卓的骑兵如狼似虎地扑向成就的部队，将他们团团包围。成就虽然勇敢抵抗，但是双方力量悬殊，成就很快就陷入了绝境。最后，在一片箭雨中，成就被射死在马上。

董卓见成就已死，便命人将成就的首级割下来，并送到洛阳给何进。何进收到了董卓送来的成就首级和一封书信。书信上写着，董卓以为成就是受了韩遂、边章等羌军首领的唆使，来到并州图谋不轨，所以他为了保卫国家安全，不得已出兵将成就击杀。在大将军何进和司徒袁隗等人的庇护下，董卓躲过了朝廷的追究。

在这种情况下，朝廷内外纷纷议论董卓的举动。张让、赵忠等当时的宦官掌握着大权，却眼睁睁看着董卓的势力迅速扩大，割据一方。他们内心不安，感受到了威胁。于是，他们商议阴谋，拟刺杀董卓。但董卓心机老辣，巧妙地将这些阴谋识破，免于被杀。此时，朝廷已经陷入一片混乱：经济衰退，民生困苦，中原与西北少数民族之间的贸易与货物走私活动愈发猖獗。胡汉走私贩运的商品充斥市面，导致物价猛涨，民不聊生。董卓的势力逐渐把持了汉朝朝政，尽管愿意为国守节的忠良之臣陆续揭露董卓的种种恶行，但由于董卓已经掌握了实权，所以根本无法论罪。

东汉末年，诸侯割据，权贵纷争，战乱不断。《后汉书·董卓传》记载：“臣（卓）既无老谋，又无壮事……乞将之北州，效力边垂。”当时，作为外戚势力“代言人”的何进与作为关东士族代表的袁绍，竟然在汉灵帝刘宏驾崩、中枢权力空虚之际，共邀董卓入京。于是，在袁绍的建议和大将军何进的邀请下，董卓带了三千名西凉骑兵就奔向了洛阳。董卓趁汉

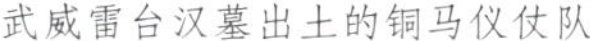
武威雷台汉墓出土的铜马仪仗队

灵帝驾崩之机发动政变，废黜了刘辩，拥立刘协为帝，并彻底控制了朝政，造成了祸乱天下的根源。

暮年的董卓迫害忠良、杀害群臣，横征暴敛，荒淫无度，使天下大乱，直接导致了走私活动的骤增。更为严重的是，在他的影响下，走私已经融入当时的社会生活之中，不仅影响了百姓生活，还极大地损害了国家利益，更严重地削弱了朝廷的统治之本。

董卓通过胡汉走私攀登到权力顶峰之后，将古老的中国带向了深渊。历史的长河中充满了这样的故事，但愿如同董卓这样的不忠之人，终究为天道所治，善恶有报。

（郭树杰）

第三章

魏晋南北朝“关津所以通商旅”

融合冲突中，胡人有妇解汉音，汉女亦解调胡琴。

魏晋时期的骆驼俑和胡人俑（现藏于陕西历史博物馆），再现丝绸之路民族融合之景

敦煌太守发放“过所”载史册

欲诣洛者，为封过所，欲从郡还者，官为平取，辄以府见物与共交市，使吏民护送道路，由是民夷翕然称其德惠……

这是西晋陈寿所著《三国志·魏书·仓慈传》中的一段，说的是敦煌太守仓慈治理有方，凡是要去洛阳的，就为他们出具过关的凭证——过所，并封盖官印；想从敦煌郡返回西域的，官府给他们公平换取钱物。

此外，仓慈还常常用官府现成的财物和他们交易，派官吏和百姓在路上护送他们。因此，老百姓和各族胡人一起称赞他的品德和恩惠。

显然，作为敦煌太守，仓慈只是做了他应该做的：给过关人员发放通关许可证，使其通关而不被认定为走私，从而维护丝绸之路正常运转。这却成了他载入史册的历史功绩，可见当时通关是多么不方便。

这一点，陈寿在《三国志》中也有记载：“（敦煌）郡在西陲，以丧

河仓城遗址，俗称大方盘城，位于敦煌西北60公里处的戈壁滩中，建于西汉，是长城边防重要的军需仓库

乱隔绝。旷无太守二十岁，大姓雄张，遂以为俗。前太守尹奉等，循故而已，无所匡革。”

这段话的意思是，敦煌郡在西部边陲，因战乱与内地隔绝，太守职务曾空缺二十余年，因此，当地豪门大户强横自大，成为习俗。前任太守官员遵守奉行旧制，没有改变这种日渐变化的习俗。

三国时期，曹魏与西域的关系，正如陈寿在《三国志·乌丸鲜卑东夷传》里所言：“略如汉氏故事。”这说明二者的关系与汉朝时期既有相似性，又有差异性，所以用了“略如”二字。

以反走私的重要制度过所制为例，汉代刘熙《释名·释书契》载：“过所，至关津以示之也。”吏民持过所度关津时，要接受关吏的检查。

一般来说，汉朝时，关吏要核验过关者的面貌特征、身份，如果携带了牲畜，则会检查它们的口齿等。与过所不合者，就会被判为私度关罪，私度者将判以徒刑。

魏晋南北朝时期，各政权分裂割据，过所制度进一步发展。按照规定，不论是内地行旅还是外地胡商，凡是过关津者必须出示过所。如果没有过所，就过不了关。

看到这里，大家也许就能明白，仓慈任敦煌太守时给胡商发过所，这

北朝时期，太行山与黄河之间的山西晋阳商贸繁荣，活跃着许多沿丝绸之路入华的胡商。图为当地出土的骆驼俑（现藏于山西博物院）

对于其畅通无阻地到中原地区做生意是多么重要。如果没有过所，任何一个关津都可以认定其为走私。

因此，《三国志·魏书·仓慈传》中记载："数年卒官，吏民悲感如丧亲戚，图画其形，思其遗像。及西域诸胡闻慈死，悉共会聚于戊己校尉及长吏治下发哀，或有以刀画面，以明血诚，又为立祠，遥共祠之。"

这段话的意思是，几年后，仓慈在官任上去世了，郡里的官吏和百姓听说后，悲伤痛苦至极，好像是自己的亲属去世了。人们画出记忆中仓慈的形象，怀念他生前的容貌。西域各族胡人听说仓慈去世后，纷纷不约而同地聚集在主管西域的将军戊己校尉和当地官长的驻地，举行吊唁活动，有的用刀划破面容，以表明发自内心的诚意。他们还为仓慈建立祠堂，在遥远的西域共同祭祀他。

严格来讲，过所诞生于东汉时期，但它真正开始广泛使用，是在魏晋南北朝时期。《太平御览·文部·过所》这样记载："《晋令》曰：诸渡关及乘舡筏上下经津者，皆有过所，写一通，付关吏。" 两晋时，以法令的形式明确规定了凭过所过关津的制度。

（方黎明）

曹丕颁布《除禁轻税令》反走私

关津所以通商旅，池苑所以御灾荒，设禁重税，非所以便民；其除池籞之禁，轻关津之税，皆复什一。

这是裴松之对《三国志·文帝纪》作的注，说的是公元220年，即延康元年，魏文帝曹丕践祚后，发布的除禁轻税令。

这段话的意思是，关津是用来通商旅、发展贸易的，帝王的游猎之所是用来抵御灾荒之年的，禁止人们耕种、收取重税，并不是便民的政策；现在要解除池苑的禁令，老百姓可以耕种，降低关津的赋税，恢复到10%。

这一事件是《中国海关通志》大事记中的第二件：对过往关卡货物，一律从价计征，十分取一。一般认为，走私产生的重要原因之一是关税太高。关税低了，走私只能获得微利，走私行为就会减少。显然，曹丕这一降税政策，也是反走私的手段之一。

只是三国鼎立之时，胜负未决，需增加财政收入，以便在争霸中获胜，况且吴蜀两国也在整军备战，曹丕何以如此另类“佛系”，敢于学习汉文帝，减税降费？有史学家认为，这其实是“放水养鱼”、增强国力的大计，后来的事实也证明了这一点。

魏国通过推行屯田制，招募无地或无牲畜的农民，统一耕种官田；减少关税征取标准，实现了与周边少数民族政权正常的商贸往来。这样魏国不但增强了实力，统一了北方，还奠定了统一南方的经济基础。

其实，曹丕的降税政策也是一种回归。汉朝时，对人员、货物出入境，一般都有严格的管理，不允许的坚决查处，犯了法就要严惩，但只要是政府允许、合法进出的，在边关均不征收关税，这一政策宣扬国威、怀柔远人。在《史记》中的《司马相如列传》和《南越列传》中，均有“除边关”的记载。

武关遗址

至于内地关津，汉王朝有时征税，有时免税，变动较多。西汉初期约一百年是免税的，汉武帝太初四年（前 101）以后，为了增加收入、打击匈奴，开始在内地部分关卡征收关税。这一年，汉武帝“徙弘农都尉治武关，税出入者，以给关吏卒食”，即对出入武关的商旅征税，为关卡的吏卒提供生活费。

到了东汉末年，黄巾起义，政局动乱，十八路诸侯讨伐董卓，战乱纷起，各割据势力均在重要水陆交通要道设置关津，稽查来往行人和货物，并征收关税，税率超过 10%，甚至达到 20%。于是，便有了曹丕上台后的降税政策。

南朝时，宋、齐、梁、陈各朝均在领地边界设有互市，“与夷狄交易，致其物产也”。南齐永明十一年（493），齐武帝诏令：“关市征赋，务从优减。”梁天监十五年（516），梁武帝下诏减免关市之赋，以减轻商民负担。

北朝方面，北魏孝文帝于太和七年（483）下诏开放关口，任由商民自由来往贸易，商货无须缴纳过关税费。过宽的政策其实也有一些弊端，比如南陈太建十一年（579），关卡税吏肆意私自收税，导致营私舞弊案时有发生。陈宣帝因此诏令详细制定关卡征税制度，并在各关卡张榜公告。

总体而言，魏晋南北朝时期，国家分裂，各割据政权的关卡出入境政策主要服从于政治军事需要；但其与远方各国的交往，大致继承了汉朝时期的鼓励政策，对边境关市的绢马贸易免征关税。

不过，这一时期战乱频繁，铜、铁、丝绸、兵器都是紧缺物资，走私不断，各割据政权设的关津兼有查禁、防控走私的功能，但依旧“关塞不严、禁网多漏”，“精金良铁”常走私境外。

至于中外使节所谓的“聘使贸易”，以及达官富豪、边境将吏的大宗买卖或公开走私，互市官员及边境关卡则很难进行管理和征收关税。

（刘晓琴）

行路杖中的蚕种走私与对抗

波斯人某，曾居赛里斯国。归国时，藏蚕子于行路杖中，后携至拜占庭。春初之际，置蚕卵于桑叶上，盖此叶为其最佳之食也。后出虫，饲叶而长大，生两翼可飞……

这是公元6世纪末，拜占庭史学家梯俄方内斯记录的一段中国丝绸、缫丝技术外传的故事，这里的“赛里斯国”意为“丝国”，是古代希腊人和罗马人对中国的称谓。

显然，这是一次蚕种走私行为，而这一行为则是精心策划的。东罗马帝国（又称“拜占庭帝国”）史学家普罗柯比阿斯在其所著的《哥特战记》中，也有类似的记载。

当时，一名印度国僧人抵达了东罗马帝国的首都——君士坦丁堡，他听说帝国皇帝查士丁尼迫切地想摆脱波斯人对丝绸贸易的垄断，自己生产东罗马人十分喜爱的丝绸。

这里要插播一段历史背景。汉朝时期，我国的丝绸技术传播到西域（今我国新疆地区）后，再往西传播，就变得异常缓慢。原因是波斯人几乎垄断了从此往西至罗马帝国的贸易通道。

晋代，郭璞在其《玄中记》中记载：“汉人曰：‘吾国有虫，大如小指，名为蚕，食桑叶，为人吐丝。’外国人不复信有蚕也。”到公元4世纪，中国的养蚕缫丝技术传入波斯。

为了获取高额垄断利润，波斯采取了较为严格的反走私措施，阻碍了技术继续西传。从一些古罗马诗歌中可以了解到他们对中国丝绸工艺的好奇与猜测。古罗马诗人维吉尔在《田园诗》发出了这样的疑问：“爱底奥比亚人的丛林里怎么会产生细软洁白的羊毛？赛里斯人怎么会从他们的树

叶中抽出纤细的线？”

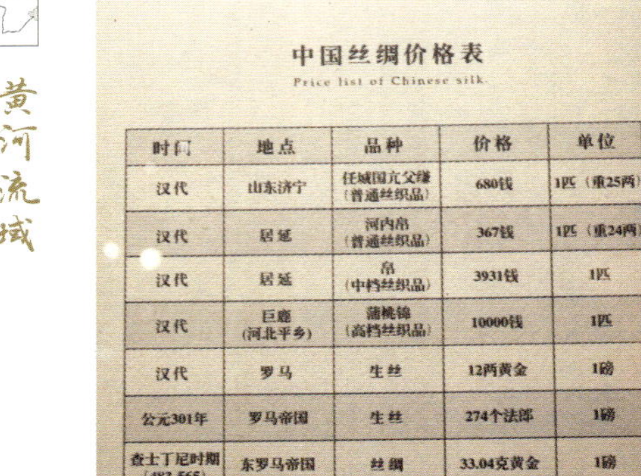

中国丝绸价格表

Price list of Chinese silk

时间	地点	品种	价格	单位
汉代	山东济宁	任城国亢父缣（普通丝织品）	680钱	1匹（重25两）
汉代	居延	河内帛（普通丝织品）	367钱	1匹（重24两）
汉代	居延	帛（中档丝织品）	3931钱	1匹
汉代	巨鹿（河北平乡）	蒲桃锦（高档丝织品）	10000钱	1匹
汉代	罗马	生丝	12两黄金	1磅
公元301年	罗马帝国	生丝	274个法郎	1磅
查士丁尼时期（483-565）	东罗马帝国	丝绸	33.04克黄金	1磅
狄西奥多拉执政时期（6世纪）	东罗马帝国	丝绸	297.36克黄金	1磅

汉朝时中国丝绸价格表（展于甘肃省博物馆）

古罗马诗人普罗佩塞在《哀歌》中说：“赛里斯织物和绚丽的罗绮怎能抚慰他们的忧伤？”古罗马诗人西流士·伊塔利库斯在《惩罚战争》中写道：“晨曦照耀中的赛里斯人，前往小树林中采摘枝条上的绒毛。”

古罗马作家普林尼在《自然史》中这样写道：“人们在那里遇到的第一批人是赛里斯人，这一民族以他们森林里所产的羊毛（即丝）而闻名遐迩。他们向树木喷水而冲刷下树叶上的白色绒毛，然后再由他们的妻室来完成纺线和织布这两道工序。由于在遥远的地区有人完成了如此复杂的劳动，罗马的贵妇人们才能够穿上透明的衣衫出现在大庭广众之中。”

古罗马人非常喜欢中国的丝绸，贵族们争相抢购，进一步推高了丝绸价格。据记载，在东罗马，十二两黄金只能买到九两丝绸，所以说丝绸是软黄金，一点儿都不为过。为了降低丝绸的价格，东罗马帝国便走海路，砍掉中间环节，直接与中国取得联系。

公元226年，罗马商人来到东吴政权，见到了三国时期的孙权，申明了愿与中国直接通商的意愿，孙权也表达了积极态度。但是，远水解不了近渴，毕竟当时航海技术有限，贸易量也有限，罗马人还得从波斯人手中购买高价丝绸。

于是，查士丁尼就对波斯发动了战争，结果战争打了3年，东罗马被波斯“完虐”，最后不得不与波斯签订停战协定，每年继续以高价购买中国的丝绸。

言归正传，那位印度国僧人了解到这一背景后，就向查士丁尼献计。他说，可以不费一兵一卒，使东罗马从此不再从波斯人手中购买丝绸。

这位印度国僧人说：“我曾经在中国居住多年，深得养蚕缫丝之法，

山西晋阳出土的北朝时期的胡人牵驼俑（现藏于山西博物院）

可将这些方法传到拜占庭。” 查士丁尼听后，果然大喜，于是就有了文章开头所讲的蚕种走私行为。

由此可以推测，东罗马的养蚕缫丝技术是由长期生活在中国、掌握了中国养蚕缫丝技术的波斯人或印度僧侣以秘密的方式引入的。自从东罗马掌握了蚕丝生产技术，拜占庭就出现了庞大的皇家丝织工场，有大批女工从事丝绸生产。

东罗马所产丝绸除供自己消费外，还被运往欧洲各地销售。东罗马对养蚕缫丝技术也采取垄断政策，因此，丝绸生产技术直到公元 12 世纪才传入南意大利。又过了一百年，才传入西欧各国。

（张烨）

《驿使图》中的反走私元素“传”

折花逢驿使，寄与陇头人。

江南无所有，聊赠一枝春。

这首五言古诗《赠范晔》，是南北朝时期北魏的陆凯在率兵南征过梅岭时所作。

这位文武双全的诗人在戎马倥偬中登上梅岭，正值梅花怒放之时，他立马于万花丛中，回首北望，想起了在陇头的好友范晔，恰好碰上北去的驿使，就出现了折梅赋诗赠友人的一幕。

“驿使”在历史上一直是一种独特的存在，说到驿使，人们会思乡念旧，伤离惜别，再加上西风、斜阳、征雁、昏鸦、残月、孤馆、青灯这些代表荒寂的元素，便使人感到离情更苦、别绪更黯，落寞惆怅，悱恻缠绵，别有一番滋味漾上心头。

古代的驿使就相当于现在的快递员，在邮政领域斩断走私通道对反走私来讲非常重要，中国邮政的“形象大使”、甘肃省博物馆镇馆之宝《驿使图》便生动地说明了这一点。

20 世纪 70 年代，一位牧羊人无意间发现地面上有个窟窿，后经过深入挖掘，揭开了嘉峪关新城古墓群的神秘面纱。此古墓群出土 660 块壁画砖，壁画笔法简练，形象生动，系统反映了魏晋时期的生活百态。

其中，《驿使图》更是其中的精品，它长 35 厘米，宽 17 厘米，米色底，黑色轮廓线。寥寥几笔，画师使用写实与写意相结合的方式，生动、准确、形象地展现出了古代驿递过程中的一个瞬间。

图中驿使头戴黑帻，身穿皂缘领袖中衣，左手持棨传文书，跃马疾驰。棨传为通过关卡、驿站时的信物。驿马四蹄腾空，奔驰在戈壁绿洲的道路上。

《驿使图》（现藏于甘肃省博物馆）

这块写实砖画，在我国邮政史上具有重大意义。

奔马迅疾的身姿，显示出驿递任务的重大和紧迫；骑使所举传符，乃通过关门哨卡的凭证，飞驰中仍需手持擎示，是为了不因关卡验符而减速。如果没有这个传符，那就是走私了，肯定过不了关。

最有意思的是，画中头戴黑帽、身着短衫的驿使面部没有嘴，寓意守口如瓶，显示出驿使保密的重要性。

邮驿系统在我国古代相当重要，有一片商王武丁时期的甲骨文记载，一位年迈的信使在路上走了 26 天，差不多 600 里路，结果还没达到目的地就“过劳死”了。

西周时，全国有一套相当完整的邮驿通信职官系统。战国时期，单骑通信和接力传递已经存在。秦始皇统一六国后，还颁布了我国最早的一部邮政法——《行书律》。

驿使再紧急，过关同样需要出示凭证，这也体现出关津稽查反走私的重要性，这种传统由来已久。在居延及敦煌汉简中，有很多关于“客”的记载，如“远客”“有客从远所来”“东方来客”等。据史学家考证，这是指生活在西北边塞的“东方人”。

汉简中还有很多关于“亡人”的记载，一般指内地逃往匈奴居地的人。西汉时，“亡人越塞”的现象非常普遍。同样，汉帝国也往往“得匈奴降者”，

“胡巫”“胡贾”“胡骑”在中原也有活跃表现。

“客”“亡人”和“匈奴降者”都是汉朝北方人员经贸往来的活跃因子。然而，当时汉匈对峙，人口就是生产力、战斗力，因此双方对人口流动都有严格限制。

从出土的河西汉简中可以看出，汉廷为了达到“内外皆防”的目的，严格限制和约束“亡人”的行动。追捕文书中对“亡人”的体貌特征和生活背景都有详细描述，还将追捕文书逐级下达，并对怀疑对象逐个查验。

为了防范“亡人越塞”现象出现，汉廷要求出入关津需凭“传”，并设置“天田”追查亡人的痕迹，命令边塞戍卒发现“亡人越塞”要及时通缉追捕，并对“亡人”处以严刑，若追捕未果则重罚相关单位。

魏晋南北朝时期，这种严格、严密的管理措施被继承了下来，于是就有了《驿使图》中驿使高高举起的“传”。

（文舸）

第四章

隋唐“当时无外守，方物四夷通”

盛唐气象，九天阊阖开宫殿，万国衣冠拜冕旒。

《步辇图》（唐　阎立本）

隋炀帝外贸垂直监管反走私

方其为储贰，用智固已谲。

及夫据大器，为谋抑何逆。

龙舟及凤艒，无岁不游适。

离宫与别殿，快意事淫佚。

置酒燕要荒，会者三十国。

紫舌与黄支，无所不臣服。

亲驾两征辽，方且肆穷黩。

群盗遂蜂起，土地日紧蹙。

愎犹不知悟，愎谏辄诛戮。

肘腋俄变生，兵刃交于目。

不肖孰甚焉，身亡而国覆。

这是宋代诗人写的一首《隋炀帝》，记录他的斑斑劣迹。隋朝二世而亡，让人叹息与深思，为什么大一统之后，多是二世而亡，之后才是长久的统一，秦朝、汉朝如此，隋朝、唐朝亦是如此。

残暴与荒淫，这是人们最容易记住的杨广的特征，也是当今许多文艺作品中经常描述的。殊不知，隋炀帝杨广还有雄才大略的一面和文采飞扬的一面，比如他的《野望》："寒鸦飞数点，流水绕孤村。斜阳欲落处，一望黯消魂。"

又比如他的《春江花月夜》："暮江平不动，春花满正开。流波将月去，潮水带星来。夜露含花气，春潭漾月晖。汉水逢游女，湘川值二妃。"后人研究认为，唐朝诗人张若虚的《春江花月夜》就受了杨广的启发。

除了文采，隋炀帝在反走私上也有一些建树，而这一建树还要从他的父亲、西方学术界认为中国历史上最有影响力的皇帝——隋文帝杨坚说起。

阎立本画的隋炀帝杨广

公元581年，杨坚代周建立隋朝，对北周及以前的严苛刑罚很不满意。古代的刑法，动辄就要残害人的肢体甚至生命，比如死刑，北周就有五种。隋文帝施行仁政，多次下令修改旧法律，制定了影响千年的《开皇律》。

比如现在人们仍然使用的“十恶不赦”一词，就出自《开皇律》，它把北齐的十条重罪改为“十恶”（谋反、谋大逆、谋叛、恶逆、不道、大不敬、不孝、不睦、不义、内乱），被后代王朝持续沿用，并成为其法典中的基本制度，直到清朝末年修订《大清新刑律》时才正式废除。

《开皇律》把犯罪分为公罪与私罪两种，因公事而犯罪叫作公罪，因私事而犯罪称为私罪，公罪从轻，私罪从重。走私是为谋取自己的私利，属于私罪，要“罪加一等”。

公元604年，隋炀帝杨广当上皇帝，就准备制定新的法律，他对制定新法律的具体执行者牛弘说：“‘十恶不赦’之罪太过严苛，最好的办法就是直接取消，至于其中的条款，可以修改之后并入《大业律》。”

可见，隋炀帝虽然有残暴的一面，但并不像如今很多文艺作品中所描述的那样昏庸。有学者甚至认为，隋炀帝是失败的李世民，而唐太宗是成功的杨广，隋炀帝在位期间还是做了很多利在千秋的事情。

《大业律》对犯罪和刑罚进行了重新规定。比如当时中原冶铁技术非常先进，北方草原游牧民族却不精通铁器工艺，为了维持在军事上的优势，

元代画家笔下的《隋炀帝夜游图》

隋朝规定，不允许走私铁器，实施配额管理；私铸钱财更是抄家灭门的大罪。在反走私法律法规和实践的保障下，隋朝开始了四面开花式的对外交往和贸易。公元589年，隋朝统一全国，便迫不及待地开拓边境贸易。东北的契丹、室韦、靺鞨，北方的突厥，西北的吐谷浑、高昌、龟兹、焉耆、于阗等少数民族政权，都与隋朝进行着“朝贡贸易”。

隋炀帝先后派遣侍御史韦节、司隶从事杜行满出使西域各国，在丝路要冲设郡屯田；遣云骑尉李昱出使波斯，文林郎裴清出使倭国。于是，《隋书》上有了海外10余国、西域30多国回访与贸易的记载。

为了保持丝绸古道畅通，公元588年，隋文帝在河西走廊各郡创设“缘边交市监”，设正监（从八品）、副监（参军，从九品）各一人，开展对外贸易，管理中外商使，兼领与边境少数民族政权交换马匹等任务，具有边境防守和官营外贸双重职能。

隋炀帝即位后，在京都设立了直属于鸿胪寺的“四方馆”，专司外交、外贸，下设东夷、南蛮、西戎、北狄四使者各一人，每一使者下辖典护、录事、叙职、叙仪、监府、监置、正副交市监及参军各一人。据《隋书·百官志》所载，这些属官中，直接管理或从事中外贸易的是监府（主管贡物、财货）、正副交市监（掌管互市）、参军（开展交易），从而完善了直属中央、独立于地方行政机构之外、融外交与外贸管理职能为一体的垂直体系，这在中国外贸管理史上是一大创举。

（周瑜）

宇文化及兄弟走私差点丢性命

万艘龙舸绿丝间，载到扬州尽不还。

应是天教开汴水，一千余里地无山。

尽道隋亡为此河，至今千里赖通波。

若无水殿龙舟事，共禹论功不较多。

这是唐朝文学家皮日休的《汴河怀古二首》，其中“尽道隋亡为此河，至今千里赖通波”一句，分析了隋朝二世而亡的原因：都说隋朝亡国是因为这条河，但是到现在它还在流淌不息，南北舟楫因此畅通无阻（所以隋亡并不是仅因开凿大运河）。

“若无水殿龙舟事，共禹论功不较多”，如果不是有修龙舟巡幸江都这些事情，隋炀帝的功绩可以和大禹平分秋色。这是皮日休的假设，也道出了他的观点，隋炀帝杨广不是一无是处的暴君，他也有很多功绩。

只是，隋朝短暂而亡却是不争的事实，而且亡在了杨广手中。无论怎么讲，他都有不可推卸的责任。其实，从隋炀帝时期一个载入传世典籍的走私案件的处理方式中，也可以窥见隋朝必亡的原因。

《资治通鉴》中记载：“冬，十月，己丑，许恭公宇文述卒。初，述子化及、智及皆无赖。化及事帝于东宫，帝宠昵之，及即位，以为太仆少卿。帝幸榆林，化及、智及冒禁与突厥交市，帝怒，将斩之，已解衣辫发，既而释之，赐述为奴。智及弟士及，以尚主之故，常轻智及，惟化及与之亲昵。述卒，帝复以化及为右屯卫将军，智及为将作少监。”

隋朝名将宇文述是隋炀帝的宠臣，他有三个儿子，分别为长子宇文化及，次子宇文智及，三子宇文士及。司马光对这三个儿子的评价是：宇文化及、宇文智及都是无赖。究其原因，咱们接着往下看。

宇文化及年轻的时候，在东宫侍奉杨广，杨广非常喜欢他，等到杨广即位当皇帝，宇文化及便成为太仆少卿，这是一个正四品的官职。大业三年（607），隋炀帝杨广巡幸到陕西榆林，宇文化及、宇文智及兄弟二人竟然凭借着皇帝的宠幸，知法犯法，公然违反朝廷禁令，私自与突厥“交市”。

这一年正是隋炀帝精心制定的《大业律》颁布实施之年，也是增强新法律严肃性、权威性、震慑力立威之时，两兄弟公然违法，杨广震怒，将之囚禁数月，准备按照法律规定杀掉他俩。回京城后，将二人押至青门外，“欲斩之而后入”。

这时，具体负责执行的人有了私心杂念，他不喜欢宇文智及，偏爱宇文化及，于是“独证智及罪恶，而为化及请命”。隋炀帝也有私念，忘却了父亲隋文帝的谆谆教诲：“人生子孙，谁不爱念，既为天下，事须割情。”

隋炀帝的女儿南阳公主嫁给了二人之弟宇文士及，这可都是亲戚啊，最后杨广大事化小、小事化了，将两人赐予他们俩的父亲宇文述为奴。可是想一想，父亲怎会真以自己的儿子为奴呢？

宇文述去世后，隋炀帝又把宇文化及提拔为右屯卫将军，把宇文智及提拔为将作少监。这样的荒唐事，隋炀帝都能做得出来，注定了《大业律》难以贯彻执行。隋文帝制定的《开皇律》又被废止，隋末法律执行越来越混乱。

最终，隋炀帝姑息养奸搬起石头砸了自己的脚。隋末农民起义中，群雄并起，隋炀帝被宇文化及杀害，隋朝灭亡。可见，反走私不仅要有严格的法律，更要有严格的执行才能奏效，否则适得其反，进而影响经济、社会大局。

这一点在隋朝体现得尤为明显。隋唐时期，经历魏晋南北朝近四百年的民族大融合，中华民族汇入了大量新鲜血液，焕发出勃勃生机。公元581年，隋朝建立，之后南征北战，

山西太原出土的胡人吃饼骑驼俑（现藏于山西博物院）

实现大一统，出现了“男子相助耕耘，妇人相从纺绩”的“开皇之治”局面。

在对外贸易方面，隋朝恩威并施，畅通了魏晋南北朝时期因分裂割据而阻断的丝绸之路，比如大业五年（609），隋炀帝派兵击溃吐谷浑，从而解除了其对河西的威胁；并在丝路要冲之地设立鄯善、且末和伊吾等郡，开展屯田活动，使过往丝路的行旅有供给上的保障。

同时，隋炀帝还派人出使西域各国，先后到达中亚的安国、史国等地，《隋书》记载，在安国“得五色盐而返”，在史国“得十舞女、狮子皮、火鼠毛而还”。

隋朝时，甘肃张掖是河西走廊上朝廷与西域商人贸易的重要口岸。隋朝以前，这种口岸的贸易一般由地方行政或军事机构兼管；隋炀帝时，派吏部侍郎裴矩担任交市监，到张掖专门管理中外交易，可见隋炀帝的重视程度。

公元605年，裴矩赴任，在河西采取了一系列优待和招徕外商的政策措施，如提供沿途食宿、免费运送货物等，并积极鼓励外商前往中原地区开展贸易。

不过隋朝法律明确规定，禁止官员经商，与民争利。宇文化及兄弟与隋炀帝到榆林会见突厥使者，隋炀帝欲向突厥夸富示强，宇文化及兄弟私

敦煌壁画中展示的“万国博览会”场景

下贸易，炀帝认为是很丢面子的事，故欲诛之，后又碍于重臣与公主的关系，不了了之。本案上文曾有详细叙述。

公元609年，隋炀帝还亲自出巡张掖，登焉支山，并举办了大型国际民族交易会，史称“万国博览会”。西域27国的国王、使臣在裴矩的导引下，由敦煌前往张掖朝见隋炀帝。为显示隋朝的繁荣富足，隋炀帝命令武威、张掖各地百姓盛装出门游玩，衣服、车马不华丽的，由郡县负责筹换，结果出来观看的百姓车马首尾长达数里，场面极为壮观。

第二年，隋炀帝还应胡商请求，批准在洛阳举办了一场中外商品交易会，广邀外商使节，免费提供食宿，时间从正月十五一直持续到月底。《资治通鉴》隋炀帝大业六年（610）正月条记载：“诸蕃酋长毕集洛阳，丁丑，于端门街盛陈百戏，戏场周围五千步，执丝竹者万八千人，声闻数十里，自昏至旦，灯火光烛天地；终月而罢，所费巨万。自是岁以为常。”

又有记载：“诸蕃请入丰都市交易，帝许之。先命整饰店肆，檐宇如一，盛设帷帐，珍货充积，人物华盛，卖菜者亦藉以龙须席。胡客或过酒食店，悉令邀延就座，醉饱而散，不取其直，绐之曰：‘中国丰饶，酒食例不取直。’胡客皆惊叹。其黠者颇觉之，见以缯帛缠树，曰：‘中国亦有贫者，衣不盖形，何如以此物与之，缠树何为？’市人惭不能答。”

（王欢）

玄奘私渡玉门关

黄河远上白云间，一片孤城万仞山。

羌笛何须怨杨柳，春风不度玉门关。

唐代诗人王之涣的这首《凉州词二首·其一》，是边塞诗的代表。此诗以一种特殊视角描绘了远眺黄河的特殊感受，展示了边塞地区壮阔、荒凉的景色，一股慷慨之气喷薄而出。边塞的酷寒映衬出戍边将士回不了故乡的哀怨，但这种哀怨不消沉，反而壮烈而广阔，这是特有的大唐气象。

《凉州词二首·其二》是这样写的：“单于北望拂云堆，杀马登坛祭几回。汉家天子今神武，不肯和亲归去来。”写的是一位北方胡人首领到唐朝来求和亲，而未能如愿。本诗通过描写其行动与心理，从侧面烘托唐朝国势的强盛。

唐诗中描写玉门关的诗还有很多，比如王昌龄的《从军行七首·其四》：“青海长云暗雪山，孤城遥望玉门关。黄沙百战穿金甲，不破楼兰终不还。”

玉门关遗址，“丝绸之路”通往西域的重要门户

唐代潼关古城遗址。古代关卡除具有军事防卫作用外，还具有稽查行人及是否携带违禁物品、征收货物税等职能

还有戴叔伦的《塞上曲二首·其二》："汉家旌帜满阴山，不遣胡儿匹马还。愿得此身长报国，何须生入玉门关。"

每每读到"关"字，总有一种苍凉之感涌上心头。自从张骞通西域开通丝绸之路，汉武帝为确保边塞安全，下令修建玉门关，"关"在古人心中便是一种特殊的存在。胡三省注《资治通鉴》："关，往来必由之要处；津，济度必由之要处。"关津之地，历来都是走私、反走私激烈对抗之地。

魏晋南北朝时期，战乱纷起，各割据政权或为军事目的，或为经济战税收目的，关津废置频繁。隋朝结束分裂局面，先后在边界和水陆交汇要道设立关津49处。守关者在战时就负责守卫边境。而关口除了在边境设置之外，在不同省份或大城市之间也会设置，用于控制人口流动。

隋末农民起义，群雄并起，各割据政权设立关津150余处，严重制约了人员物资交流；唐贞观元年，也即公元627年，唐太宗诏令"废关撤津"，关津减至26处，主要设在沿边诸州及内地江、河、湖泊等交通渡口上，由尚书省统一掌管，各关津官吏亦由朝廷直接任命。

《旧唐书·职官志》记载："凡关二十有六，为上中下之差。京城四面关有驿道者，为上关。余关有驿道及四面无驿道者，为中关。他皆为下关。"关的任务是"限中外，隔华夷，设险作固，闲邪（约束坏人）正禁（制止坏事）

者也”。显然，关打击走私、反走私的意味明显。

据《中国海关通志》考证，唐朝初期的这26个关分别为上关6个（京兆府的蓝田关，华州的潼关，同州的蒲津关，岐州的散关，陇州的大震关，原州的陇山关），中关13个（京兆府的子午关、路谷关和库谷关，同州的龙门关，会州的会宁关，原州的木峡关，石州的孟门关，岚州的合河关，雅州的邛崃关，彭州的蚕崖关，安西府的铁门关，兴州的兴城关和渭津关），下关7个（凉州的甘亭关和百牢关，河州的凤林关，利州的石门关，延州的永和关，绵州的松岭关，龙州的涪水关）。

唐朝自贞观四年（630）起，平息西北边地与吐谷浑、高昌、薛延陀等战事后，增设关防。贞观七年（633），在绛州太平县设置太平关，在胜州河滨县设置河滨关。贞观十二年（638）、十三年（639），又分别在金州及胜州榆林县设置方山关与榆林关。

公元8世纪初，由于北方边地少数民族叛乱的事件屡有发生，唐朝边境局势日趋紧张，开元二年（714），唐玄宗诏令禁止与诸蕃互市，加强边关防务。至天宝年间，社会经济繁荣，关防稳定，唐朝又缩减关津设置；同时要求关津“讥察有方，行旅无壅”（《旧唐书》）。

据中国海关史研究专家蔡渭洲考证，唐代设关的地方，有传世典籍可查的约为50个，前后累计150余个，包括著名的玉门关、阳关、铁门关、萧关、居庸关、临榆关、潼关、蓝田关、武关、散关、雁门关等。

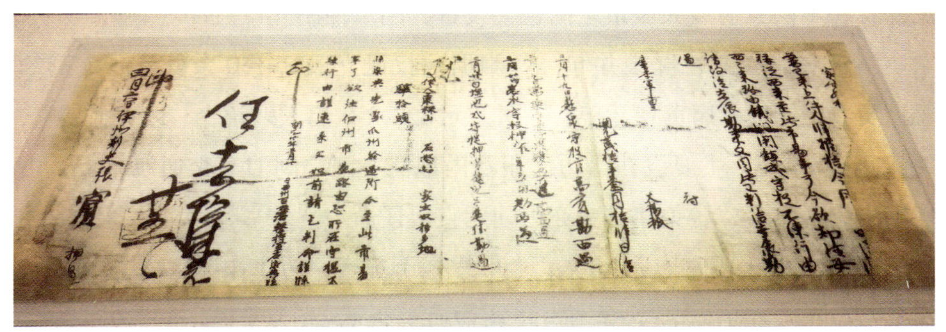

石染典过所，1959年出土于新疆吐鲁番，唐开元二十年（732）出具，是为通过各种关卡向官府申领的通行证，此件为石染典从瓜州到沙州经过铁门关领取的过所

敦煌壁画中的玄奘取经“西游记”

铁门关在今新疆和硕县南面，早在西汉时已是军事要地，从唐代至民国时期，均在此设关检查行旅。唐代的关设关令、关丞，下有录事、府、史、典事、津吏（或称津主）等员役。全国各关归中央政府尚书省刑部的“司门”管辖，但实际多由地方官兼管。

唐朝时，关的管理制度非常严格，人员货物出入境均须经过批准。《唐六典》记载：“凡行人车马出入往来，必据过所以勘之。”“过所”就是通行证，或者护照，由唐代中央的刑部司门管理发给。

唐律对偷渡关津等违制行为有严厉处罚的规定：一般判处一至二年的徒刑，最严重的可处死刑。但为了鼓励中外交往、方便合法进出，唐代统治者同时规定：“蕃客往来，阅其装重，入一关者，余关不讥。”要求各关做到“讥察有方，行旅无壅”。对于故意刁难客商军旅的关津官吏，依唐律要受笞杖。

关于偷渡者，这里有一个故事，是关于玄奘的。玄奘（《西游记》中唐僧的原型）幼年出家，对佛学研究有很深的造诣，想赴天竺国（今印度）

求取真经。但当时出国必须先向官府申请关防凭证，即“过所”，关塞守卫检查核对后放行，否则会受刑罚。

西去必经之道玉门关外设置五处烽火台，相隔百里，驻有官兵，遥相呼应；烽火台之间，没有草木，无处隐藏。在无法得到朝廷准许的情况下，玄奘一人前往，路上找了一个胡人当向导，准备偷渡。

快到玉门关时，胡人害怕了，劝玄奘打消西去的念头，玄奘不为所动，胡人趁夜逃走，玄奘只好独自前往。刚到第一烽，玄奘就被发现，差点被守兵乱箭射杀。

被抓后，守兵校尉王祥审问他时，玄奘声泪俱下，说明偷渡原委，也是佛教徒的王祥深为感动，没有治他的罪，还派人护送他一路出关，帮助玄奘完成了取经伟业。

《大慈恩寺三藏法师传》记录了玄奘这段偷渡玉门关的经历。

（金少红）

冲击大唐统治的钱走私

“今宜使天下输税课者皆用谷、帛，广铸钱而禁滞积及出塞者，则钱日滋矣。”朝廷从之，始令两税皆输布、丝、纩；独盐、酒课用钱。

这是《资治通鉴·唐纪》中的一段话，说的是唐长庆元年（821），户部尚书杨於陵建议，全国纳税人交税都用粮食和布帛，增加铸钱数量，同时禁止蓄积以及钱走私流出塞外。

“如果这样，钱就会逐渐多起来。”杨於陵说。最后，唐王朝采纳他的建议，下令以后交税都交纳布、丝和丝绵；唯独盐、酒专卖仍然用钱；同时在边境设立关卡，查缉丝绸、金银、铁器、铜钱等走私出境。

采取这一措施的背景是，唐朝后期出现了严重的通货紧缩，影响政权稳定。这一点，《资治通鉴·唐纪》中也有记载：“自定两税以来，钱日重，物日轻，民所输三倍其初。”

我国从秦汉时期就形成了以铜钱为本位币的制度。唐朝时期，取消租庸调和其他一切杂税，改用两税法，按资产征收户税，按田亩征收地税，全部用铜钱缴纳。从历史上看，唐朝实行两税法，由人头税部分转向财产税，

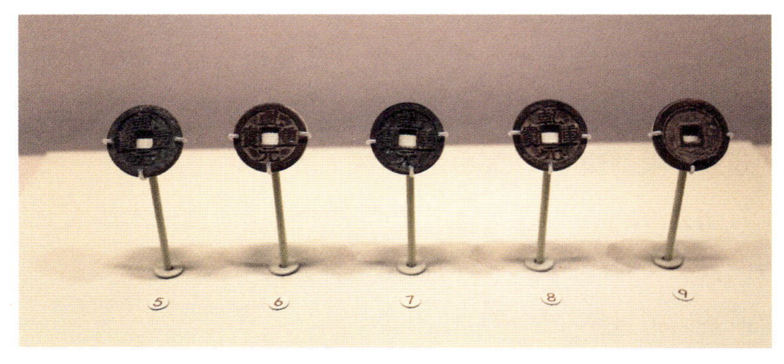

唐代铸币“开元通宝”等（现藏于山西博物院）

缓解农民对土地的人身依附关系，有利于解放生产力，同时也便于政府收税，是一种进步。

然而，铜产量有限，造币数量普遍不足。同时，据《资治通鉴·唐纪》记载，杨於陵认为："今税百姓钱藏之公府……又积于商贾之室及流入四夷……如此，则钱焉得不重，物焉得不轻！"

通货紧缩直接损害了农民利益。两税法实施之初，仅需要二匹半布帛换取铜币，就够交税了；然而到了长庆元年（821），货币升值了三倍多，农民需要更多粮食和布帛才能换取同样多的铜币。

显然，在当时通货紧缩的情况下，这是对农民进行公开、合法的经济掠夺，对生活本来就很艰难的农民来说，无疑是雪上加霜。杨於陵认为，"钱者所以权百货，贸迁有无，所宜流散，不应蓄聚"，更不应走私。

其实，唐朝不仅在后期为维持统治禁止钱走私，在初期也制定了很多反走私的法律法规和操作规程，以保障对外贸易顺利进行。比如《唐律疏议》记载："锦、绫、罗、縠、紬、绵、绢、丝、布、牦牛尾、真珠、金、银、铁，并不得度西边、北边诸关，及至缘边诸州兴易。"

唐武德元年（618），在沿边诸州设置通市监（又称"互市监"），管理与突厥、回鹘、西域、吐蕃、羌、党项、南诏、奚、契丹、渤海等部族的互市及夷商贸易。

当时，唐朝主要进口商品有龙脑香、秘药、胡药等药物，宝带、青黛、金锁、赤玻璃、琥珀、玛瑙瓶等工艺品，葡萄酒、桃、盐等食品，金线织袍、波斯锦等纺织品。

唐朝主要出口商品有丝、茶、瓷器以及其他土特产品。唐律还规定，禁止兵器出口。大中五年（851）发布敕令，责令边境关津严加查禁兵器走私；除进奉朝廷外，限制珠宝、犀象、香料等入境。

为了打击走私行为，唐朝制定了严密的管理措施，比如在通往西域诸番的边境设置一一对应的雌、雄两种铜鱼符，其中，雄铜鱼放置在关卡内，雌铜鱼由西番诸国贡使在朝贡时使用。

若关卡关吏勘验雌、雄铜鱼相吻合，则准其通行；若不符，则上报朝廷。

咸阳市渭城区唐杨全节墓出土的左内率铜鱼符

番客领取皇帝的赏赐物品离境时，主客司核发番客离京的“过所”，关吏凭“过所”验放。

马匹在中国古代是重要的军事战略物资，唐朝设置互市监，管理与周围少数民族交换马匹等货物的事务；唐玄宗时还在北方的朔方军、西受降城（均在今包头附近）等处设马市，以金银、丝绸、盐茶等产品交换少数民族的马匹。

唐互市监对边境贸易管理严格，交易牛马均须做好记录，上申朝廷，上等的输送至京师。走私者一旦被抓住，处罚也非常严厉。唐律规定，违禁私度关者、私与外番交易丝绸达一尺者，均判处徒刑两年。

如果走私军事战略物资，处罚更严格。唐律规定，私下交易牛马三匹者徒刑加等，十五匹以上者徒刑外加苦役、流放；私下交易兵器者，处绞刑；官吏借公使之利私下交易贪赃者，流放三千里。

（王莎莎）

一个工部尚书落魄时的走私发迹

徙北庭。货殖五年，致资财数千万。伷先贤相之侄，往来河西，所在交二千石。

这是我国古代第一部文言纪实小说总集——《太平广记》中的一句话，记载了唐朝武则天称帝时期，政治斗争交错背景下的边境走私与反走私故事。

故事的主人公是工部尚书裴伷先，他 11 岁时任太仆寺丞。他的伯父是相国，叫裴炎，被陷害而死。裴伷先也被废官为平民，贬迁到岭外居住。裴伷先性格刚直，认为伯父无罪被害，就上书面陈已称帝的武则天，出言不逊，天后怒曰：“何物小子，敢发此言！”

结果可想而知，裴伷先在大庭广众之下被杖刑一百，流放到瀼州做奴隶。在这里，裴伷先娶了一个同样被流放的卢家女儿为妻，生了一个男孩叫愿。卢氏死后，他便带着愿，偷偷回到家乡，几年后被发现，又被责令杖刑一百，流放迁居到北庭。

北庭地处新疆北部，设有唐朝管辖西域地区的最高军政机构之一北庭都护府。在北庭都护府城周边，有众多少数民族部落，帐篷达到上万个，裴伷先便投靠了这些部落。

裴伷先毕竟是名门之后，做事等各方面都比较得体，得到了部落首领的器重，首领把唯一的女儿嫁给了他。在北庭，裴伷先做了五年买卖，往来于河西地界，家产达到几千万，每年都向当地官府上缴二千石。

这么快速地致富，一方面与裴伷先深谙唐朝边境贸易法规，善于走私有关，另一方面也与唐朝鼓励、宽待从事对外贸易的商人有关。唐朝中前期，对外商实行“超国民待遇”，在长安设礼宾院（隶属于鸿胪寺），专门负责接待外宾，免食宿、发路费。

敦煌莫高窟中，盛唐第 45 窟中的《胡商遇盗图》

唐朝还在西域设置安西都护府和北庭都护府管理和保护丝路贸易，并对外商有特殊照顾，使外商获取暴利。比如《旧唐书·回纥传》记载，回纥商人“以马一匹易绢四十匹，动至数万马”，这种不等价交换，于唐不利。当时朝堂上还有过争论，讨论唐与回纥的绢马贸易有没有必要。

在征收关税方面，唐朝前期一百多年，边关和内地关市都不征关税，只查违禁物品交易。如武则天的丈夫唐高宗李治时颁行的唐律中，尽管有涉及关津制度的七条律文，却完全没有提及逃税欠税问题。

武则天时，朝廷财政日渐吃紧，《旧唐书·崔融传》记载，有关机构曾建议开征“关市税”，凤阁舍人崔融提出六条反驳意见，终使朝廷否决了“税关市”的建议，但加强了边境违禁物品交易的缉私管控。

言归正传。富起来的裴伷先产生了更强的政治诉求，他门下有数千名食客，从北庭到京师，他在每条道路上都安排了食客，用来探听消息，朝廷里有什么动静，几天以后裴伷先一定会知道。

武则天当政期间，李唐势力一直伺机夺回权力，斗争不断，很多人被

流放。当时有句流行语“代武者刘”，“刘”即“流”，意思是讨伐武则天建立的武周政权的必然是这些流民，他们怨气太重了。

于是，武则天便密派十个特使到十个道，安慰被流放的人，其实是要全部杀掉这些人。此时，裴伷先的那些食客起到了作用，他提前知道了消息，准备抓紧逃跑。

《太平广记》记载：“日晚，舍于城外，因装。时有铁骑果毅二人，勇而有力，以罪流。伷先善待之。及行，使将马，装橐驼八十头，尽金帛。宾客家僮从之者三百余人……”

当天晚上，裴伷先住在城外，化了装，当时有两个铁骑，勇猛而又有力气，因犯罪被流放。伷先对他们很好，要出发时，命令他们率领八十匹驮着财物的骆驼，口袋箱子里全是金银玉帛等，随从宾客家僮等三百多人，准备逃跑。

按照唐律规定，马匹、金银、玉帛等，未经允许，都是禁止私自带出境的，裴伷先这一番逃命的操作，显然是在走私。更何况，裴伷先还备有铁甲、兵车，还有拿着兵器的随从，私自出关，这是在造反啊！

裴伷先和妻子各骑着一匹千里马，按照推算，天亮时就能逃出唐朝辖地。只可惜，人算不如天算，他们在逃跑途中迷路了，跑了一晚上才离开始发

陕西出土的胡人头像瓷器（现藏于陕西历史博物馆）

地 30 多里地。

一场殊死搏斗上演，裴伷先和妻子最终寡不敌众而被捕，被绑在口袋里，带到都护府，戴上手铐、脚镣放到一个大坑里。《太平广记》记载："待报而使者至，召流人数百，皆害之。伷先以未报故免。"

几百个流人都被杀害了，由于没有上报，裴伷先没在处死名单里，得以幸免。后来武则天退位，唐室再兴，他的伯父裴炎平反，裴伷先又被启用，一年中四次升迁，直到做了秦州都督，又统管桂广两地，在任工部尚书东京留守时死去，享年 86 岁。

到了唐玄宗天宝"安史之乱"（755）后，宦官擅权，藩镇割据，社会矛盾激化，需要增加财政收入，原有的免税制度已难维持，各地纷纷开征关税。

《旧唐书·德宗纪》记载，到德宗建中三年（782），朝廷正式规定："于诸道津要置吏税商货，每贯税二十文……"即对过关商货要征收百分之二的关税。

这里需要指出的是，当时边境关卡的主要任务仍是检查，征税工作是由稍处内地的关（市、津）和互市监等机构来完成的。因此，历史上的陆地关"关税"，特别是出口税，实际都带有"市税"的性质。

随着商品经济发展，中唐以后开征的关市税，以后各王朝均继续征收，成为我国封建社会"商税"的主要部分。税制变化频繁，也变得复杂，这种情况，一直维持到清朝前期。

（金雅琪）

唐朝海上丝绸之路的走私与反走私

身著日本裘，昂藏出风尘。

这句诗出自李白的《送王屋山人魏万还王屋·并序》，李白自注：“裘则朝卿所赠，日本布为之。”用现在的话来说：“魏万身上穿着日本料子做的皮衣（朝卿赠予的），情绪高昂，气宇不凡，风度翩翩，超凡脱俗。”

这里的朝卿便是晁衡，即唐朝时期为中日文化交流做出巨大贡献的日本人阿倍仲麻吕，他也是李白的朋友。晁衡有一次乘船回国遭遇大浪，当时误传他死于非命，李白百感交集，当即写下了一首诗《哭晁卿衡》：“日本晁卿辞帝都，征帆一片绕蓬壶。明月不归沉碧海，白云愁色满苍梧。”

晁衡福大命大，没有死于海难，还回到了长安，听说好友李白为他赋诗，一时痛哭流涕，百感交集，为此写下了著名诗篇《望乡》：“卅年长安住，

抵达唐朝港口的日本遣唐使船（《东征传绘卷》第四卷）

归不到蓬壶。一片望乡情，尽付水天处。魂兮归来了，感君痛苦吾。我更为君哭，不得长安住。”

唐朝时中日友好传佳话的还有鉴真和尚，他不畏艰险，五次东渡日本失败，第六次终于成功，在当地讲授佛学，传播博大精深的中国文化，促进了日本佛学、医学、建筑及雕塑水平的提高。李白在《赠僧崖公》一诗中便赞扬了鉴真乘船东渡弘扬佛法，最后发出“何日更携手，乘杯向蓬瀛”的感慨。

晁衡与鉴真这“一来一去”正说明，原来唐朝时期的丝绸之路不仅包括长安以西，经河西走廊到中亚、西亚甚至欧洲；还包括长安以东，顺黄河东流，至洛阳，再分别通向幽州、营州、辽东的陆上贸易文化通道，以及通向登州、明州、海东的海上文化贸易通道。

这一通道实实在在存在，且有实物为证。在今天的乌兹别克斯坦境内，撒马尔罕阿夫拉西阿卜保存着粟特国王大使厅的壁画，西墙上描摹有诸国使节的国际聚会场景，其中出现了两位戴鸟羽冠的人物。学界一般将其视为来自东方的使者。

撒马尔罕大使厅壁画中的鸟羽使者

这至少说明，从今日本、朝鲜半岛一直到中亚，海上丝绸之路与陆上丝绸之路是连在一起的，是相通的。史学家研究表明，唐朝中后期，这是主要的丝绸之路。公元7—9世纪，欧亚大陆上并立着多个世界史上著名的古代帝国，自东向西依次是：东亚的大唐帝国、西亚北非的阿拉伯帝国、地中海北部的拜占庭帝国、欧洲中央的加洛林帝国。

8世纪时，阿拉伯帝国兴起并扩张，遭遇了同样强大的大唐帝国。公元751年，双方军队在中亚怛逻斯发生激战，史称怛罗斯战役。由于中亚葛逻禄部临时倒戈，唐军惨败，大批士兵被俘，唐朝在中亚的优势开始丧失。之后安史之乱（755—763）爆发，唐朝由盛转衰，从中亚撤回军队，从此失去对中亚的控制。中亚各民族又争斗不止，西向的丝绸之路受阻，唐王朝对外贸易重心开始逐渐由陆路转移到海路。

在这一背景下，唐朝与朝鲜半岛新罗的贸易关系最为密切，主要分为朝贡贸易和官商贸易两种，朝贡贸易长期占主要地位，后来随着双方联系日趋紧密，非朝贡贸易也发展起来。统计数据显示，唐朝289年间，新罗以朝贡、献方物、贺正、表谢等名义，共向唐朝派出使节126次，唐朝以册封、答赍等名义共向新罗派出使节34次，双方使节往来总计达160次。

尤其是在唐朝帮助下，新罗统一朝鲜半岛后，两国交往更加紧密，交往主题更多地转移到经济、文化方面，礼品交换逐渐演变成正常性的官方贸易，交换的种类和数量也大大增加。王小甫的《唐朝与新罗关系史论——兼论统一新罗在东亚世界中的地位》认为，除了奢侈品交换，政府间也有一些对平民生活产生影响的物品交换。

比如朝鲜现存最早的纪传体史书《三国史记》记载，新罗兴德王三年（828），“入唐回使大廉持茶种子来，王使植地理山。茶自善德王时有之，至于此盛焉”。韩国学者全海宗认为，茶种并非通过贸易而得，因为唐朝中晚期统治者为增加财政收入，已经将茶叶列入专卖范围，私茶是被严厉打击的，更何况带到境外去，更是严厉禁止的。

公元9世纪，由于唐与新罗两国中央集权衰落，双方官方贸易也逐渐衰落，原来由政府控制的贸易也逐渐转到了私人手里。两国民间贸易性质也是以物易物，且主要由新罗商人进行。唐朝考虑到中央财政收入，曾于建中元年（780）下令禁止这类私人贸易。

唐朝与日本的关系和上述关系不太一样，日本表现出更强烈的独立意识。公元663年白江口之战以前，日本更多寻求与唐对等外交；白江口之战后，日本意识到与唐朝的巨大差距，开始全面学习，醉心于盛唐文化。双方开展遣唐使贸易：日本派出赴唐朝的遣唐使代表团，携带贡物，换回唐朝更高价值的回赐品。

除此之外，遣唐使团成员，从大使到水手，还随身携带物品，数量甚至比贡品还多，导致回国时载货量骤增。唐商品在宫廷贵族及大臣间进行交易之后，有一部分流入京城市场。与此同时，遣唐使团成员以及水手所带回的个人商品，也都进入京城市场，这其实也是一种走私行为。

（易秀琴）

唐玄宗设市舶使管外贸反走私

求珠驾沧海，采玉上荆衡。北买党项马，西擒吐蕃鹦。
炎洲布火浣，蜀地锦织成。越婢脂肉滑，奚僮眉眼明。
通算衣食费，不计远近程。经游天下遍，却到长安城。
城中东西市，闻客次第迎。迎客兼说客，多财为势倾。

这是唐代诗人元稹名作《相和歌辞·估客乐》中的一段，描写了长安城东西市贸易尤其是对外贸易之繁荣。

忆昔开元全盛日，小邑犹藏万家室。
稻米流脂粟米白，公私仓廪俱丰实。

这是诗圣杜甫名作《忆昔二首·其二》中的一句话，写于唐广德二年（764），也就是安史之乱后的第二年，题目虽曰忆昔，其实是讽今。

安史之乱是唐朝由盛转衰的转折点，又何尝不是我国经济重心转移的转折点？中唐以前，我国经济重心在北方，陆上丝绸之路的繁荣进一步强化了北方经济优势。

中唐以后，安史之乱，加之吐蕃崛起、怛罗斯战役使唐朝丧失在中亚的优势，陆上丝绸之路受阻，我国经济重心南移，对外贸易重心也逐步从陆路转向了海路。

大文学家韩愈生活在唐朝中后期，他在其《送陆歙州诗序》中写道：“当今赋出于天下，江南居十九。”由此可见当时江南地区在唐朝经济中的地位。

著名史学家范文澜认为：“自隋唐时起，航海技术进步，海上贸易比陆上贸易更为有利，加强了中国与外国间的交换关系。”

有一种对外贸易商品可以证明这一历史性的双重变化，这便是瓷器。唐朝时，北方产的白瓷“类银类雪”，南方产的青瓷“类玉类冰”，一经

乾陵章怀太子墓壁画《客使图》，描绘了唐朝主管外交事务的鸿胪寺官员接待东罗马、新罗使节的情景

出口便在海外很受欢迎。

然而，瓷器易碎，且重量较大，不可压缩、折叠，如果走传统的西北方向陆上丝绸之路，需要翻越崇山峻岭，骆驼运力毕竟有限，实在无法满足瓷器出口需求。海路却可以克服这些困难。

典籍中记载，唐开元二年（714），周庆立以右威卫中郎将的身份出任岭南市舶使，在广州广泛搜集珍奇异宝，准备进献给皇帝以讨其欢心。

研究对外贸易的史学家们注意到，“市舶使”这一职务在《旧唐书》《新唐书》《唐会要》等史籍中频繁出现。后经史学家考证，在唐朝，管理陆上边境贸易和海上贸易的机构是分开的，前者称“互市监”，后者称“市舶司”。

市舶使的主要任务是管理海上进出口贸易，比如登记造册进口货物、征税、管理奢侈品交易等，这其中就包含反走私。据记载，市舶管理不是市舶使一个人说了算的，每次上船查验货物，需要地方长官、市舶使、番商首领共同参与。

《唐律疏议》记载：“锦、绫、罗、縠、紬、绵、绢、丝、布、牦牛尾、真珠、金、银、铁，并不得度西边、北边诸关，及至缘边诸州兴易。”如果私自与外人交易要处以徒刑，特别是兵器，严禁私相交易，违者处死刑。

南方探索出了管理海外贸易、反走私的先进方法，自然要全国推广。《新唐书·地理志》记载，唐朝对外贸易主要有七条通道，五条陆路、两条海路，两条海路分别是“广州通海夷道”和“登州入高丽渤海道”。

这里的登州即黄河流域山东蓬莱一带，还有扬州等港口，也都设立了市舶司。隋朝与唐朝，都发生了几次与朝鲜半岛政权及日本的战争，大多是从登州启航，为了战争胜利，反走私监管自然也更为严格。

公元663年，唐朝与日本的白江口之战后，日本失败，开始全面向唐朝学习。再以瓷器为例，唐朝时大量出口日本，目前日本已经发掘出唐三彩、越窑青瓷、邢窑白瓷、长沙窑瓷等。

纵观唐朝历史，大多数时候都采取比较开明的对外贸易政策，即所谓“君临区宇，深根固本，人逸兵强，九州殷富，四夷自服”。当时长安、洛阳、凉州（武威）、敦煌号称“四大贸易城市”。

《资治通鉴》记载，唐玄宗时曾准备派人到海外购买奇珍异宝，随即有大臣提出，此举“市舶与商贾争利，殆非王者之体”，玄宗动议由此作罢。

阿拉伯商人在《中国印度见闻录》中记载：“海员从海上来到他们的国土，中国人便把商品存入货栈，保管六个月，直到最后一船海商到达时为止。他们提取十分之三的货物，把其余的十分之七交还商人。”

要注意，这里的“提取十分之三”可不是无偿的，而是朝廷以高于市场价购买，外商获得超额利润。因此《旧唐书》记载，回纥商人“以马一匹易绢四十匹，动至数万马”。这样做的目的是维护唐朝“天朝上国”的国际威望，但显然于唐朝不利，也曾遭到一些朝臣反对。

外贸利润大，掌管外贸的官员也会贪赃枉法。《中国印度见闻录》记载，一位阿拉伯商人携带大量货物到了沿海港口，负责为皇帝选购进口奢侈品的宦官采用强买手段，拿走了部分货物。

这位阿拉伯商人很生气，就到长安告御状，皇帝派人查实后，没收了宦官财产，还处罚了宦官。唐玄宗也曾因官员敲诈勒索外商，处罚了多任南海太守，将之或流放或处以死刑。

（陈静）

唐朝时铁器“管得住才能放得开”

当时无外守，方物四夷通。列土金河北，朝天玉塞东。

自将荆璞比，不与郑环同。正朔虽传汉，衣冠尚带戎。

幸承提佩宠，多愧琢磨功。绝域知文教，争趋上国风。

唐朝诗人张惟俭的这首《赋得西戎献白玉环》，写尽了唐朝的强大与繁盛、包容与开放。一个开放的王朝成就了王维诗中的“九天阊阖开宫殿，万国衣冠拜冕旒”。

唐朝开放的胸襟让英国艺术史学者贡布里希为之感叹，他曾说：“论地理，欧洲跟中国遥相睽隔，然而艺术史家和文明史家知道，这地域的悬隔未尝阻碍东西方之间所建立的必不可少的相互接触。”

跟今天相比，大概古人比我们还要坚毅、大胆。商人、工匠、民间歌手或木偶戏班在某天决定动身启程，就会加入商旅队伍，漫游“丝绸之路”。

这些人会骑马或步行走上数月，甚至数年之久，穿过草原和沙漠、高山和峻岭，寻找工作或获利的机会。这不正是“争趋上国风”最形象的注释吗？

唐朝开放政策的大胆程度让人惊讶。自从春秋时管仲制定了盐铁专营制度，后世无不效仿。铁事关农业国本、兵器国安，当时的确需要专营。

在唐朝，金属冶炼业同样发达，中央设有少府监，下设冶署，负责官营“熔铸铜铁器物之事”；但据《唐六典》记载，同时也允许民间经营冶铸业，凡天下诸州出铜铁之所，听人私采，官收其税。

正所谓“管得住才能放得开”，唐朝对内部铁的生产经营放得很开，但对运出境去却管得很严格。《唐律疏议》中规定：“私与禁兵器者，绞。”如果私自与外人交易，特别是交易兵器，会被处以死刑。

唐大中五年（851）发布敕令，责令边境关津严加查禁兵器走私，对缉

拿到的走私兵器者处以极刑。显然，唐朝后期，为了维护统治稳定，必须加大对铁走私行为的打击，因为铁可以制作兵器。

唐朝还在沿海港口派驻市舶使管理海上对外贸易，兼具查缉海路走私职能。唐律规定："诸关私度关者，徒一年。越度者，加一等。"严禁民间私自造船或者出海。

唐朝对本国人尤其是民间私自开展对外贸易有诸多限制，但对外国人士来唐从事商业，却提供了各种优惠政策。首先，在自然人流动方面，外国工商业者进入唐朝较为自由。

在经营方面，无论是经营方式、经营内容还是货币政策，对外国人士都较为宽松，所承担的赋税也少。唐高祖武德七年（624）颁布《武德令》规定："蕃胡内附者，上户丁税钱十文，次户五文，下户免之。"

这样的赋税标准要比本朝人从事对外贸易低得多。唐德宗建中三年（782），户部侍郎赵赞上言："诸道津要都会之所，皆置吏，阅商人财货。计钱每贯税二十。"《旧唐书·食货志》即对过关商货要征收百分之二的关税。

值得一提的是，当时边境关卡主要任务还是检查，征税主要由内地关津和互市监来完成，因此唐朝的陆地关"关税"特别是出口税，实际上都带有"市税"性质。

唐朝统治者为了保证在对外贸易中的经济利益和安全，也会严格禁止走私。私人出入边境做生意，也需要事先经过官府批准，否则将会被处以判刑、流放、劳作等相应处罚。

唐朝不仅严格限制民间人员和货物往来，中外互派的公使也不得顺带从事贸易活动，否则就会被以"准盗罪"论处，并且会被处以流放等刑罚。

按照《唐律疏议》规定："若共化外蕃人私相交易，谓市买博易，或取蕃人之物及将物与蕃人，计赃一尺徒二年半，三疋加一等，十五疋加役流……共为婚姻者，流二千里。未入、未成者，各减三等。"

（卢梦）

唐朝“榷茶”反走私的成与败

江淮富家大户，纳利殊少，影庇至多，私贩茶盐，颇扰文法，州县之弊，莫甚于斯。

这是《全唐文》中记载的一句话，再现了唐文宗时期江淮富家大户明明已经很富有了，但依然贪得无厌，利用自己的特权，通过私贩茶、盐获利。

贩私盐，大家很容易理解，自从春秋时期齐国管仲设立盐专卖制度，一直是被严厉打击的。而唐文宗还提到了贩私茶，难道现在司空见惯、完全市场化经营的茶叶，在唐朝也是专卖的？据史学家考证，的确如此，当时还有茶税与榷茶的争论与更迭。

众所周知，唐王朝是一个开放的国度，不仅优待外来商人，国内政策也相当开明，初期很长一段时间里，甚至对历代重要财政来源的盐、铁、

河南博物院再现唐代京杭大运河的繁华景象

木等山泽之利，也采取了相当宽松的政策，对待茶类生产更是听之任之，放任私营自由发展，这也为茶业发展创造了良好环境。

我国饮茶习惯最早始于秦汉之际，但主要集中在西南区域。唐朝中前期，国家统一，社会安定，京杭大运河又沟通南北，商贸活跃，茶叶北上，喝茶成为全唐人的共同习惯。《新唐书》记载："茶为食物，无异米盐。"陆羽还编写了世界上最早的茶叶专著——《茶经》。

文人骚客也作诗咏茶，比如李白的"茗生此中石，玉泉流不歇"，白居易的"蜀茶寄到但惊新，渭水煎来始觉珍"，都流露出诗人对茶的喜爱。盛唐之时，财政来源广泛，不需要收茶税补充国库，但安史之乱后，各方面都需要钱，日渐流行的茶便入了统治者的法眼。

唐朝史学家杜佑在其编撰的中国第一部典志体史书——《通典》中记载："其后诸道节度使、观察使多率税商贾，以充军资杂用。或于津济要路及市肆间交易之处，计钱一千以上，皆以分数税之。"当时，地方官吏为解决安史之乱造成的军政财政困难，已在交通要道和贸易场所对包括茶叶在内的各类商品征收赋税。

唐德宗时，户部侍郎赵赞主张对竹木茶漆等一类商品，均征收百分之十的税，这是我国历史上中央政府首次开征茶税。当时，茶税还不是专税，

甘肃省档案馆再现唐朝时西域贸易情景

而是跟其他类商品一起征。到了唐贞元九年（793），德宗才下诏，把茶税课征当作单一税种。

这一系列转变说明，茶税在财政收入中的重要性越来越大。尽管征税，但好在初期税率不高，茶叶生产贸易持续发展。据《册府元龟》记载，唐文宗时，“江淮人什二三以茶为业”；唐武宗时，盐铁司曾上奏说，“江南百姓，营生多以种茶为业”。

欲望的闸门一旦被打开，往往会不断膨胀。唐朝后期财政不断趋紧，茶税不断提升。据《旧唐书》记载，穆宗长庆年间，茶税加征50%，由过去的每千钱征收百文钱，提高到一百五十文钱；开成年间，朝廷征课的矿冶税甚至还不如江西饶州浮梁一个县的茶税。

唐朝末年，为了继续增加财政收入，统治者干脆直接实行榷茶制，也就是茶叶专卖制度，连利带税一块据为己有。唐代崔致远上表说：“西川富强，祇因北路商旅，托其茶利，赡彼军储。”巴蜀之地产生的茶叶利润，足以弥补唐廷巨大的军费开支。

赋税越高，越实行榷茶制，走私获利便会越多，相当于变相鼓励走私。唐朝中后期，私茶盛行严重影响正常交易秩序，使茶利大量流失，还威胁边关稳定。于是，统治者便采取各种手段严厉打击茶叶贸易中的走私行为。

陕西历史博物馆展出的唐三彩骆驼，再现丝绸之路对外贸易之繁荣

为了确保榷茶实施，自唐武宗起开始禁缉私茶，颁布严酷的茶法，制定了严密的处罚措施，严厉打击走私，这说明当时茶叶私卖行为十分严重。

盐铁使所奏的《禁园户盗卖私茶奏》规定“纳钱决杖之法”，园户私卖茶叶给茶商十斤以上就要受到处罚，犯法三次以上就由地方政府收管，加重徭役。然而，虽然茶法严酷，但茶叶私卖之风并未停止。

唐开成五年（840），盐铁司奏文《禁商人盗贩私茶奏》称，私贩茶叶者组成团体，人数众多，很多与官吏相勾结，从中谋取高额利润。原来颁布的茶法虽然处罚很严厉，但是成效较小。于是，朝廷又加重了处罚措施。

茶叶走私抢夺了正当茶商的大量利润，朝廷派能干的官吏在产茶区抓捕走私者。同时，加强对合法购茶商人的保护，由政府给予这些官茶批发商人“陈首帖子”作为通行证，规定地方政府不许对这些商人进行苛夺。

然而，中央财政紧，地方财政也日趋紧张，地方官吏为了增加财政收入，巧立名目对贩茶商人征税，正税之外，又加苛税，甚至抢夺茶商的茶叶，导致贩私茶等行为越来越多。

私茶贩子采取各种斗争手段，茶叶走私的队伍不断壮大，后来甚至发展成为武装军事集团，结党营私，以武力与朝廷缉私武装相抗，地方政府没有办法禁止。

（范开云）

假如杨贵妃私渡日本

翠华摇摇行复止，西出都门百余里。六军不发无奈何，宛转蛾眉马前死。

明眸皓齿今何在？血污游魂归不得。清渭东流剑阁深，去住彼此无消息。

玄宗回马杨妃死，云雨难忘日月新。终是圣明天子事，景阳宫井又何人。

这三段诗句分别是唐代诗人白居易、杜甫和郑畋在其代表作《长恨歌》《哀江头》《马嵬坡》中的经典名句，描写的都是一个主题——杨贵妃之死。

唐天宝十四年（755），安禄山反叛，安史之乱爆发，兵锋直指长安。次年，唐玄宗带着杨贵妃逃往蜀中（今四川成都），途经马嵬驿（今陕西兴平市西）时，发生兵变。他只得赐死杨贵妃，以稳军心。

白居易的“六军不发无奈何，宛转蛾眉马前死”，杜甫的“明眸皓齿今何在？血污游魂归不得”，都表达了对杨贵妃横死的怜悯之情，以及今昔对比的感慨。

无论是正史《旧唐书》《新唐书》，还是民间野史，都记载了杨贵妃死在马嵬坡的历史事实。《资治通鉴》更是详细描述了杨贵妃被迫自缢及死后验尸的全过程。

然而，大概出于后人的美好愿望，还有一种说法是，杨贵妃根本没死，而是被“调包”了，死的是一个侍女，她本人则通过走私途径，私渡到了日本。

这一说法的理由似乎也很充分，白居易在《长恨歌》中也写道：“马嵬坡下泥土中，不见玉颜空死处。”据说杨贵妃缢死后，潦草葬于马嵬驿内庭中，但一年后迁葬时人们却发现，墓穴之中根本没有杨贵妃的尸体，只有一只鞋和一个香囊。

唐玄宗在安史之乱平定后回宫，曾派人去寻找杨贵妃的遗体，但未寻得。当然，没找到也并不意味着没死。兵荒马乱的年代，正如杜甫在《无

家别》中所写的："寂寞天宝后，园庐但蒿藜。我里百余家，世乱各东西。存者无消息，死者为尘泥。贱子因阵败，归来寻旧蹊。"人死了，化为尘泥，找不到尸首也是很正常的事。

不过，毕竟走私、私渡都是见不得人的事，秘密进行的走私活动，尤其是统治者最高层的走私活动，也不见得就能见于正史。

在陕西省兴平市马嵬坡，也就是正史中记载的杨贵妃死去的地方，有座杨贵妃墓（如今是省级重点文物保护单位），据说是安史之乱平息后，唐玄宗秘密将杨贵妃迁葬所建。

说来也奇怪，在日本也有两座杨贵妃墓，京都等古城还有她的塑像。我国著名红学家俞平伯以及学者周作人曾考证说，杨贵妃可能没有死在马嵬坡，而是通过日本的遣唐使东渡大海，辗转到了日本山口县。

日本学者渡边龙策在《杨贵妃复活秘史》一文中考证说，杨贵妃从马嵬坡逃脱后，辗转到了扬州，之后出海，于公元757年在日本久津登陆。

我们在这里不讨论当年杨贵妃是真死了还是东渡到了日本，只想论证，如果她真的私渡日本，触犯了当时哪些法律、需要经过哪些"坎儿"。先从出海说起，唐开元二年（714），朝廷派遣市舶使负责监管由海路进出境的船只、货物和人员。

唐朝制定《卫禁律》《津关令》等监管条例，对进出商旅、货物、运输货物等进行管理，各关津对过往行人、商民、车马等，凭"符""过所""公验"（各类通行凭证）等验放。

"过所""公验"内需要详细登记持有者的姓名、年龄、随从、所带之物、从何处来、前往何方、所行目的地等内容，一式两份：一份由官府加盖官印后发给申请人用于通行；另一份由主判官、复审官签名，留作刑部门司保存。

唐律规定，如果行客没有"过所"私渡、越渡、冒渡关津，或者携带违禁物品私渡关津，则依其情节量刑定罪。私自出海不容易，从深处内陆的马嵬坡走到沿海港口城市，也不容易。

公元8世纪初，由于北方少数民族叛乱屡有发生，以及西北势力不断骚扰，吐蕃强大，唐朝边境局势日益紧张，唐玄宗一改唐朝初期减少关津的政策，开始增设内地及沿边、沿河、沿海关津。

《中国海关通志》记载，安史之乱爆发前后，唐朝在剑南复置清溪关，在单于大都护府金河复置云伽关，在关内原州境内设置石门、驿藏、制胜、石峡、木靖和木峡六关。

唐朝关津设置遍及全境的水陆交通要道和陆地边境，在关内、河南、河东、河北、山南、淮南、江南、陇右、岭南、剑南等地设置关津，多时达百余处。

白居易在《长恨歌》中写道："杨家有女初长成，养在深闺人未识。天生丽质难自弃，一朝选在君王侧。回眸一笑百媚生，六宫粉黛无颜色。春寒赐浴华清池，温泉水滑洗凝脂。"

养尊处优惯了的杨贵妃如果真要私渡日本，能否受得了层层过关排查的苦呢？她即使到了沿海，跨海东渡，限于当时的航海条件，可能也是九死一生。

据史料记载，日本遣唐使团不管是从日本前往唐朝，还是从唐朝回到日本，路途上都要经历许多艰难。日本 12 次派出使团，在途中遭遇风浪而沉没的船只居然多达 10 艘。

公元 734 年，日本第十次派遣的遣唐使返回日本，规模不算很大，出海的有 4 艘大船，没多久就遭遇了大风浪，第一艘船被吹得偏离航向，到达了种子岛；第二艘被直接吹回了唐朝海岸；第三艘被吹到了昆仑国，船上的人员几乎全部被杀；第四艘船一直下落不明。

很多人仍然相信杨贵妃到了日本，如今，日本还存在一些自称为杨贵妃后代的家族。杨贵妃当年究竟是死是活，恐怕只能成为一个千古谜题了。

（范晨鹏）

唐刘晏盐法改革对私盐的打击

唐刘晏，方七岁。举神童，作正字。彼虽幼，身已仕。

这是启蒙读物《三字经》中的一句话。刘晏作为通过勤奋努力早早走上仕途的典范，几乎人人皆知。人们大多知道其做过唐朝的宰相，殊不知他还是中国古代杰出的经济改革家和理财家，其盐法改革对后世影响深远。

刘晏主持唐朝财政事务的时代，正值唐王朝由盛而衰的转折时期。持续八年的安史之乱给北方的社会生产和整个社会经济造成了严重破坏，国家财源因之枯竭。唐朝财政面临崩溃的危险。刘晏就是在这种情况下开始参与唐朝财政事务的。他掌管财赋以后，革故鼎新，兴利除弊，其“民不加赋而国丰饶”的经济改革获得了极大的成功，被誉为“管（仲）萧（何）之亚”。在刘晏的经济改革活动中，最重要的就是盐法改革。

宁夏博物馆再现唐代制盐场景

盐是人们日常生活的必需品，历代王朝都非常重视，多实行专卖。唐代最初并未实行榷盐，为时长达百年。后来随着财政开支不断扩大，才有人提出榷盐，但直到安史之乱前，只是实行了盐、铁收税，并未实行禁榷。安史之乱后，整个国家财政陷于崩溃的境地，榷盐制应运而生。

乾元元年（758），第五琦被任命为诸州榷盐铁使，大变盐法，尽榷天下之盐。首先，在产盐之地设置监院，负责榷盐事务；其次，设立盐籍，建立特许生产制度，规定产盐者为亭户，免除各种杂徭；再次，亭户所煮之盐要悉数交付监院，再由盐官每斗加百钱出售；最后，设立盐禁制度，规定盗煮及私售者都要依法治罪。第五琦盐法的核心是官产、官销，如马端临《文献通考》卷一五《征榷考二》所言，“夺灶户之利而官自煮之，甚则夺商贩之利而官自卖之”。

单纯从国家财政的角度考虑，第五琦的盐法是卓有成效的，但也存在不少弊端。其最大的弊病在于，几乎一切事务都需官方办理，以国家有限的人力，难以将手续烦琐的官盐销售遍及社会的各个角落，有的地方买不到盐，有的地方食盐又滞销。这在很大程度上限制了官盐的覆盖面，盐官见盐卖不出去便硬性按人头摊派，导致民怨沸腾。从中央到地方广设盐官，机构臃肿，大大增加了运营成本，降低了利润。如何解决这些问题，通过盐法改革使之更适合国家财政的需要，这项工作最终落到了刘晏头上。

永泰二年（766）正月，唐政府实行财赋分区管理，刘晏以户部尚书身份出任都畿、河南、淮南、江南、湖南、荆南、山南东道盐铁使，使他有权力、有时间从组织和制度上对食盐专卖进行改革。《新唐书·食货志》全面记载了刘晏的新盐法，大致包括以下内容。

第一，改官收、官运、官销为官收、商运、商销。刘晏认为，过去盐法之所以出现种种弊端，与官收、官运、官销的体制有关，官府垄断一切势必导致官府机构冗杂，盐官和盐吏充斥扰民。所以他从改革榷盐体制入手，将商人和商业机制引入榷盐法，改官收、官运、官销为官收、商运、商销。具体做法就是国家只于产盐之地设置盐官，收负责收购盐户所煮之盐，然后将盐转卖给商人，任由其选择地方出售。国家只掌握食盐生产和总批发

两个环节，将榷税寓于批发价格之中。商人从盐司购得食盐后，有充分的销售权力。这种商运商销的办法改变了过去由官府独家垄断专卖的地位，允许商人参与其中，不仅可以节省官府的财政开支，还可以提高和刺激商人的积极性，使盐商成为国家榷盐制度的有力推行者。

刘晏为了确保其盐法的推行，还采取了一些对盐商的保护性政策。原来商人过境，各级地方政府都要额外加税。刘晏废止了各地的过税，减轻了商人的运输成本，加快了食盐的流通。

第二，严惩不法私盐与盐商。刘晏设立专门的盐籍，将盐商从市籍中划入盐籍，只有入盐籍的人才能从国家获取食盐，进行贩运，并给予“居无征徭，行无榷税”的优越条件。不在盐籍者贩运即为私盐。另外，国家对亭户收盐的价格过低，有的亭户便私卖盐给盐商，盐商买盐后私自贩卖，这都形成私盐。刘晏除了严格控制私盐产生的源头，尽量以合理价格完全收购亭户之盐外，还创设了严密的缉私制度。刘晏在盐场以外，选择了一些重要的交通枢纽设立巡院，缉捕贩私盐者。他在淮北、岭南、江南等地，共设立了扬州、陈许、汴州、庐寿、白沙、淮西、甬桥、浙西、宋州、泗州、岭南、兖郓、郑滑等13处巡院，负责巡查盐商是否带售私盐。这有效地打击了私盐，《新唐书》卷五四《食货志四》称“奸盗为之衰息”，既使合法盐商的利益得到保护，也可保证国家专卖收入的征收。

第三，注重对食盐市场的宏观调控。刘晏盐法改革的一个特点是把国家对盐的垄断价格变为竞争价格，利用商人的竞争使盐价保持相对低廉、稳定的水平。为了确保这一目标的实现，刘晏也采取了一些防范调控措施。值得注意的是，刘晏完全是通过对市场的宏观调控来调节盐价，运用经济手段而不是通过行政或其他手段。刘晏在变革盐法之初，就在吴、越、扬、楚等地设立数千盐仓，积盐两万余石，使国家始终保有一部分食盐储备，可以随时调适。

一些距产盐地比较遥远的边荒地区，因交通不便，运输成本高，商人不愿前往售盐，最终容易造成较高的垄断价格。为防止这种情况，刘晏还创立了常平盐制度，就是由国家运一部分盐到这些地区，作为调控盐价的手段。

当某地商人哄抬盐价时，官府就发卖常平盐平抑盐价，一旦商人竞相降价，官府就可乘机收购藏于常平仓。总之，刘晏在实行商运商销政策的同时，仍保留了国营商业对稳定市场价格和调剂物资余缺的职能。

总体而言，刘晏的盐法改革是放松商业垄断的，不单纯地追求增加财政收入，而是注意利用市场规律来管理盐政。他既重视官商的作用，又注意运用民间商人的力量来搞活食盐流通；既注意发挥商人的积极性，又注意限制其消极作用。他的盐法改革最终取得了巨大成功，给唐王朝带来了巨额的财政收入。《旧唐书·刘晏传》言："初，岁入钱六十万贯，季年所入逾十倍，而人无厌苦。大历末，通计一岁征赋所入总一千二百万贯，而盐利且过半。"

刘晏的经济改革与此前一切改革不同的最大特点是，以商品经济原则为出发点，以提高经济效益为中心。他对利用商品经济流通来引导生产、发展经济非常重视。对商品流通作用的高度重视势必伴随着对私营工商业者的高度重视。刘晏理财的目的是"食货之重轻，尽权在掌握"（《旧唐书·刘晏传》），但他要掌握的轻重之权不是通过高度的防范和压制来达到，而是通过充分发挥私营工商业者的作用来实现。在盐政改革中，刘晏没有像其前任第五琦那样完全剥夺商人的经营权，而是采取与商人合作共利的态度，充分发挥商人在商品流通中的作用，将食盐的运输销售权完全放给商人，使其自主经营，从而达到官商两利的效果。

刘晏改变了此前把商人当作打击对象的做法，转而在一定程度上把商人变成推行国家政策的助手，辅以对私盐的严厉打击，极大地减少了走私犯罪的产生。他推行的盐法改革适应了唐中叶以后社会经济发展的新趋势，尤其是"官商分利"的禁榷制度对后世的禁榷制度和工商业政策产生了巨大和深远的影响，"官商分利"的模式成为后世官工商业经营的基本模式。刘晏的一些重要做法和思路不断为后人所继承和仿效。直到鸦片战争前，包世臣、魏源等人在改革漕运和榷盐制度时，还屡屡提到刘晏的经验。

（谭景玉）

第五章

两宋“居民生资惟榷场”

八荒争凑，万国咸通。集四海之珍奇，皆归市易。

《清明上河图》所绘城门内设收税机构

五代十国重拳出击打击走私

四十年来家国，三千里地山河。凤阁龙楼连霄汉，玉树琼枝作烟萝，几曾识干戈？

一旦归为臣虏，沈腰潘鬓消磨。最是仓皇辞庙日，教坊犹奏别离歌，垂泪对宫娥。

这是南唐后主李煜的一首《破阵子》，道出了那个年代的繁盛之乐和亡国之痛。公元907—979年，是我国历史上一段大分裂时期——五代十国时期。

这一时期，无论南方还是北方黄河流域，各方割据，军阀混战，政权更迭频繁，民不聊生。轮番登场的统治者们的政策往往朝令夕改，但是对打击走私有着惊人的一致态度。

《中国海关通志》记载：“从五代十国起，随着铜钱、兵器等物资在各政权管辖区域间走私频繁，封建割据政权颁布查禁铜钱、兵器敕令。”

比如《旧五代史》记载，租庸使孔谦上奏：“诸道纲运客旅，多于私路苟免商税，请令所在关防严加捉搦。”后唐同光二年（924），庄宗皇帝下诏，责令沿边州镇官吏设法堵截铜钱走私出境。

同样是《旧五代史》记载，后汉时期，刘知远继位，推行牛皮法，不准私自买卖牛皮。结果上党这个地方有20余人触犯了牛皮法，按照律条，都应该斩首。后周广顺三年（953），禁止沿边民众将兵器走私出境。

五代十国时期，政权更迭频繁，为了维护统治，均严厉打击走私，尤其是与军事兵器有关的走私。从现实来讲，这是维护政权稳定的有效手段；而从历史来讲，也是汲取唐王朝灭亡的教训。

众所周知，安史之乱结束了大唐盛世，为了平息叛乱，统治者甚至不

山西博物院展出的古代制盐场景

惜从西域少数民族政权借兵，或者允许地方发展武装力量，这为后期藩镇割据以及唐朝灭亡后的分裂局面埋下了隐患。

安史之乱平定初期，中央集权尚能震慑住各地方节度使，还能延续上百年的统治；而到了后期，各类走私横行，尤其是盐走私、茶走私等屡禁不止，削弱中央财政实力的同时，也助长了反叛势力。

压倒唐朝统治的最后一根稻草——唐末农民起义的一些领袖，如王仙芝、黄巢等，相传都曾经是在山东走私过盐的贩子。提起黄巢，很多人首先想到的是他的著名诗句："他年我若为青帝，报与桃花一处开。"可见其志向不小。相传黄巢家因从事食盐贩运生意颇有家资，也受过良好教育。这一点从他的著名诗句中可窥一斑："待到秋来九月八，我花开后百花杀。冲天香阵透长安，满城尽带黄金甲。"这是黄巢进京赶考落榜后写的，故名为《不第后赋菊》。一般人落榜都是落寞愁怨，而黄巢落榜的诗句，辞采壮伟，设喻新颖，想象奇特，意境瑰丽，气魄雄伟。这种大气磅礴则源自他不同于一般学子的特殊经历。

在中国古代，食盐一直为官府专营，是政府财政收入的重要来源。唐朝末年，藩镇割据，中央政府财政紧张，盐税更是高得离谱。尤其是在内陆不产食盐的地区，政府不仅收税，还加价销售，赚取利润。

利润越高，盐贩走私盐的动力就会越大，政府若不能采取恰当的措施，食盐反走私自然会适得其反。史学家研究表明，唐朝后期私盐横行，与其失败的食盐专卖制度有关，还与其为增加财政收入而设立的茶税、榷茶制度反复无常有关。

唐朝初年，统治者对于茶叶贸易基本处于一种完全放任自流的状态。到了中唐以后，随着茶叶贸易规模扩大，统治者逐渐认识到，茶叶贸易不仅能够获得丰厚的利润，还能对缺少茶的少数民族起到约束和控制作用。

于是，统治者开始对茶叶贸易横加干涉。到了五代十国时期，南方各割据政权无不以牟取茶利作为其财政收入的支柱，除了在自己控制的地域内垄断茶利，还通过与中原地区开展茶叶贸易获得巨额利润。江南茶商大规模的茶叶贸易使北方铜钱大量南流。

为了遏制这种贸易逆差，《资治通鉴·后梁纪》记载，河北卢龙节度使刘仁恭为了制止铜钱外流，曾下令："禁江南茶商无得入境，自采山中草木为茶，鬻之。"刘仁恭禁止江南的茶商贩卖茶叶。

由于五代十国处于分裂割据状态，各政权军费开支极大，所以均重视茶税征收补贴军费开支。产茶各政权茶政也不尽相同。北方政权基本上在境内茶叶集散地设场院征税。

比如《旧五代史》记载，后梁龙德元年（921），盐铁转运使敬翔奏："请于雍州、河阳、徐州三处重置场院税茶。"当时产茶最多的南唐和后蜀则将茶叶贸易作为重要的财政支柱。其中后蜀在四川地区实行茶叶专卖政策，统治者垄断全部茶叶贸易，严禁私贩。

唐宋八大家之一、苏轼的弟弟苏辙在《论蜀茶五害状》中写道："五代之际，孟氏窃据蜀土，国用偏狭，始有榷茶之法。"南唐也规定："官市茶十之八，余二分复税其什一，然后给符，听其货鬻。"

也就是说，别看南唐后主李煜文采很好，但在利用茶收税上一点也不手软，不仅控制了 80% 的茶叶销售，剩下的 20% 还要在收取 10% 的税之后颁发凭证，才允许自由交易。

税茶往往与走私相伴，榷茶更是如此。茶叶贸易的利润越大，茶法越严厉，走私越盛。私茶盛行严重影响正常交易秩序，使茶利大量流失，还威胁边关稳定。于是，统治者都采取各种手段严厉打击茶叶贸易中的走私行为。

《全唐文》记载，唐文宗曾指出："江淮富家大户，纳利殊少，影庇至多，私贩茶盐，颇挠文法，州县之弊，莫甚于斯。"这些富商大贾与官吏勾结，从中获取大量利润。

《禁园户盗卖私茶奏》记载："其园户私卖茶犯十斤至一百斤，征钱一百文，决脊杖二十。至三百斤，决脊杖（三）十，征钱如上。累犯累科，三犯已后，委本州上历收管，重加徭役，以戒乡闾。"

《新唐书·食货志》记载："私鬻三犯皆三百斤，乃论死；长行群旅，茶虽少皆死；雇载三犯至五百斤，居舍侩保四犯至千斤者，皆死；园户私鬻百斤以上，杖背，三犯，加重徭；伐园失业者，刺史、县令以纵私盐论。"

走私茶叶，动辄就是死罪，可见处罚有多严厉。五代十国时期，很多统治者在上位之前，或多或少参与过走私，但他们深刻意识到，走私问题处理不好，会影响统治，于是在上台之后打击走私，保障财政收入。

（王文哲）

“犯私牛皮一寸抵死”引发的争议

汉法，犯私牛皮一寸抵死……

这是《资治通鉴》中的一句话，意思是五代时期的后汉，老百姓如果私自买卖牛皮，即使一寸，也要判死刑。当时打击走私的严刑峻法，由此可窥一斑。

宋代张齐贤撰写的历史笔记《洛阳搢绅旧闻记》记载了这样一个故事，上党二十余人触犯了牛皮法，按律当斩，引发争议。

原文是这样说的：“至汉祖既即位之初，（张燦）为上党戎判。汉祖在北京时，大聚甲兵，禁牛皮不得私货易（原注：别本作‘不得私卖’）及民间盗用之。如有牛死，即时官纳其皮。其有犯者甚众。”

这段话的意思是说，后汉创立者刘知远在还没有夺取政权之前，在北京积蓄战时物资，最大限度保障军事需要，就颁布了牛皮法，禁止民间私自交易牛皮，牛死了，牛皮必须要交给官府。《洛阳搢绅旧闻记》接着记载：“（刘知远）及即大位，三司举行请禁天下牛皮。其立法与河东时同，天下苦之。会上党民犯牛皮者二十余人，狱成，罪俱当死。”

宋代李唐的名画《牧牛图》

这样严酷的刑法引发争议，“大监（指张燦）时为判官，独执曰：‘主上钦明，三司不合如此起请，二十来人死尚间，况天下犯者皆衔冤而死乎？且主上在河东，大聚甲兵，须藉牛皮，严禁之可也。今为天下君，何少牛皮，立法至于此乎？’”

这段话的意思是说，刘知远在夺取政权以前，制定严格打击走私的法律，是军事上的需要；如今已经夺取政权，牛皮已经不缺了，没必要再严格执行这样的法律。刘知远一开始不同意，怒曰：“昭义一判官是何人，为作敢如是。其犯牛皮者，依敕俱死。大监（指张燦）以其非毁诏敕，亦死。”也就是说，不仅这二十余人要处死，上书谏言的张燦也要处死。

后来，五代时期因“立世四朝十帝”而成为传奇的冯道出面劝解，本当处死的二十余人最终得以“贷命放之”。这当然是一个极端案例，但也体现出当时统治者对牛皮反走私的重视。

五代时期，牛皮为制造衣甲的主要材料，各朝都严禁民间私自买卖牛皮，并强行征收牛皮税。宋代王溥的《五代会要》记载：后梁乾化二年（912）四月敕“禁断屠宰”，要求在某一特定时段内禁止屠宰渔猎等活动。

后唐天成二年（927）三月敕令：“访闻京城坊市军营，有故犯条流，杀牛卖肉者，仰府县军巡严加纠察，如得所犯人，准条科断。如自死牛，即令货卖，每斤不得过五文。乡村死牛，但报本村节级，然后准例纳皮，晓示天下，以此处分。”

可见，五代时期，牛皮是军用物资，全部为军营所垄断，严禁民间私自买卖。百姓即使有死牛也要上报，并将牛皮交给官府。不仅如此，这一时期，为了筹措军饷，还加征了“牛皮税”作为田赋附加税。后周太祖广顺二年（952）规定：牛皮税按田亩摊派，凡种庄稼之地，每十顷要交纳连牛角在内的牛皮一张。该税法一直延续至宋代，被称为“牛革筋角作税”。

后周初年，统治者鼓励揭发犯牛革法的人和事，并给予举报人以丰厚的赏钱。李剑农的《中国古代经济史稿》载：“牛革筋角税：五代时以牛羊筋角为制改衣甲军器所需要，皆严禁出境。农民牛死，非经官验视，不得解剥，其皮革筋角皆输于官。其初尚由官收买，周广顺中（951—953）遂令以牛革筋角作税，随两税输纳，每田十顷纳牛革筋角一付。”

（殷红燕）

北宋“榷场”走私的罪与罚

迄今井邑犹荒凉，居民生资惟榷场。

马军步军自来往，南客北客相经商。

这是两宋时期金朝诗人刘迎的代表作《淮安行》中的一段，尤其是“居民生资惟榷场”这句，彰显了榷场之于普通居民生活的重要性。那么，什么是榷场？在自给自足的封建社会，尤其是大分裂时期，何以如此重要？

“榷场者，与敌国互市之所也，皆设场官，严厉禁，广屋宇，以通二国之货，岁之所获，亦大有助于经用焉。”这是《金史·食货志》中的一段，不仅解释了什么是“榷场”，还强调了它的重要性，“亦大有助于经用焉”。

“榷”的本义是一种外形似鹤颈的城门吊桥，亦有专营、专卖的意思。两宋时期，尽管处于分裂状态，政权对立，但随着民族融合、经济进一步发展，相互之间依存度越来越高，统治者便在边境地区设立榷场，互通有无。

宁夏博物馆展出的现代画家王晓呈绘制的《榷场图》，引来众人品鉴

公元960年，陈桥兵变，宋太祖赵匡胤黄袍加身，北宋建立，定都开封。当时百废待兴，宋太祖便颁布了商税条例，过关货物每千钱税二十，如果违反这些条例，逃税漏税，便会被公告于官署墙壁，以儆效尤。

中国海关史研究专家蔡渭洲认为，这一时期，尽管由于分裂等原因，陆路贸易已退居次要地位，但因陆路边关与边防关系密切，故仍为封建统治者所重视，北宋、南宋和辽、金、西夏之间均互设“榷场”，执行现代意义上的海关监管及缉私等任务。

北宋时期，宋朝与西夏、辽、金等政权在榷场开展盐、茶叶、马匹、布匹、木料以及其他日常生活用品的边关互市贸易。乾德二年（964）八月，宋朝专设榷易院掌管榷务，主管舶货专卖、互市贸易及征收税费等事宜。

宋朝除在西北边境设置边关守护边防外，还在建安、汉阳、敬口等地设立榷署管理边关贸易。宋太宗太平兴国二年（977），先后在镇州、易州、雄州、霸州、沧州等榷场设立榷署，派驻榷务官吏，管理与辽的边界互市贸易。

值得一提的是，这个时期的边界互市贸易随时局变化而时断时续，且具有浓厚的军事色彩，如遇双方征战，边界互市榷场关闭，停办榷务，战事消停后则继续开办。

比如宋真宗景德元年（1004），宋辽大战。第二年，双方缔结“澶渊之盟”，互为兄弟之国，基本上维持了军事力量上的均衡，为双方和平交往设置榷场创造了有利条件。

这时，辽首先在涿州新城（今河北涿州市）置榷场。翌年，《宋史·食货志》记载，宋真宗也令“雄（瓦桥关）、霸州（益津关）、安肃军置三榷场”，“又于广信军置场”。这就是历史上有名的“河北四榷场”，存在了约一百年，双方始终“互市不绝”。

同时，《辽史·食货志》记载，宋辽又在“振武军（今内蒙古和林格尔县）及保州（今河北保定）并置榷场”，天德、云内也开设榷场，此外还有一些短期或临时设立的榷场。

榷场的任务首先是管理双方商人的经济、文化交往。宋主要输出茶叶、香药、帛、粮食、铜、锡、书籍等，辽主要输出羊、马、银钱、布等，双

方年贸易额一般在百万贯钱以上。除宋辽间的直接贸易外，还有西北、东北各族与宋辽间的转口贸易，这进一步促进了榷场的繁荣。

此外，榷场也是双方聘使往来的合法通道。据《中国史研究》统计，北宋时，仅宋辽之间各种使臣往还达一千六百多人，每一使臣均带有大批随从、众多的馈赠物品和一些供私下交易的货物。

走私自然会损害双方利益，因此宋辽双方对各自的榷场都有严格的管理制度。北宋于景德二年（1005）设置榷署，内设提领、措置、提点、立管、押发等官职，管理边境互市贸易。

宋律规定，进出境运输工具须凭官府发放的券、公据通行；商货进入榷场互市，须以官府发放的公据、关引为凭；钱、粮、茶、盐、铜、书、牲畜、兵器及制造兵器所用皮革、硫黄等不得出口。

为了防止走私，统治者制定了严格的法律法规。北宋初期颁布诏令、律例，严厉惩处走私者。乾德二年（964）规定，走私贩卖茶叶者，视情节轻重，分别处以杖刑、役刑、流刑或死刑。

雍熙四年（987），宋太宗诏令，如将粮食走私入北界（北方境外），不论多少，均治罪；若巡检守把人员、县镇城寨巡检人员纵容放过，与犯人同罪。

咸平二年（999），宋朝严惩走私贩卖马匹者，规定凡私贩马一匹杖责一百，十匹判处徒刑一年，二十匹处罚加一等，达到三十匹以上奏请朝廷裁处，所贩卖之马没收入官。

天禧三年（1019）六月，宋真宗下诏，凡到契丹边界私自贩卖货物，贩卖货物者和引诱他人私贩的头领均处以死刑；对尚未过北界者，则处以杖刑、刺面或发配到淮南州军牢城。

熙宁九年（1076），宋朝制定《与化外人私贸易罪赏法》，规定凡与境外私自交易者及引领他人交易者，均流放到邻近州军，情节严重者流放千里；知情并代为搬运装载货物者，亦流放邻州编管；有关官司和巡察人员透露消息者，也要受到相应的处罚。

辽对违禁走私和偷渡者的处罚也十分严厉，《续资治通鉴长编》记载：

“（辽）每擒获鬻马出界人，皆戮之，远配其家。”但实际上，双方商民越界贸易（走私）者甚众，加上地方将吏受贿放纵，以致《宋会要辑稿·刑法二》记载：“容纵客旅公然贩运违禁物色……虽设禁置，仅成空文。”

（杨晓燕）

北宋荣諲对私矾的打压

矾在宋代被广泛应用，导致社会对矾的需求急剧增加，被宋代统治者列为禁榷物品，与盐、茶、酒同等待遇。

晋州是宋代重要的矾产地之一。官府在此设有场务煎炼生矾，最初确定的年额钱是十六万余贯，历来都是允许商人向官府缴纳䌷绢、丝、绵、见钱、茶叶等，换取生矾，然后将之运送到京城，组织人将其煎炼成熟矾，然后再将熟矾转卖给其他商人运送到各地货卖。景祐四年（1037），掌管国家财政的最高机构三司因为客商不向官府交纳银、绢和见钱，只是交纳茶叶，于是将业务交由商人杜昪、李庆等六户承包，每年于晋州折博务入纳茶10万斤，于在京榷货务入纳见钱5万贯，然后算请生矾到京城重煎货卖。到了庆历元年（1041），河东都转运司在晋州由官府设置锅镬，自行煎炼熟矾，一面要求杜昪等六户依旧缴纳年额钱、茶换取生矾，一面将官府自行煎炼所得熟矾另行招募商人出卖。这直接影响了杜昪等六户所煎炼熟矾的销路，导致了其矾货大量积压。杜昪等六户因此连年拖欠课利，但官府不断催督，杜昪等六户只得不断向官府提起诉讼。

对于这种情况，官方有两种意见。持第一种意见的以当时任晋州通判的荣諲为代表。

荣諲（1007—1071），字仲思，济州任城（今山东济宁）人，举进士。历任盐铁判官、广东转运使、开封府判官、知澶州、京东转运使等职，又使成都府路，召为户部副使，以集贤殿修撰出知洪州。神宗熙宁四年（1071），徙知舒州，未至而卒，享年65岁。

荣諲认为由官府自煎自卖为好。他将庆历元年官煎前后的情况做了比较，参见表1。

表 1　庆历元年官煎前后矾产量及国家收入表

年代	矾产量	国家收入
景祐四年（1037）	生矾 557000 余斤	茶 10 万斤、见钱 50000 贯
宝元元年（1038）	生矾 722000 余斤	茶 10 万斤、见钱 50000 贯
宝元二年（1039）	生矾 351000 余斤	茶 10 万斤、见钱 50000 贯
康定元年（1040）	生矾 365000 余斤	茶 10 万斤、见钱 50000 贯
庆历元年（1041）	生熟矾 849000 余斤	174600 余贯
庆历二年（1042）	生熟矾 855000 余斤	190500 余贯
庆历三年（1043）	生熟矾 1046000 余斤	205000 余贯

荣諲认为，自从晋州自行设置炼矾务后，官府收入比原来所定额度都有增长，由此矾应该完全由官府生产，只能允许晋州炼矾务一家煎炼，并召集各地客商或在京城榷货务投状，交纳见钱，或在晋州、潞州等地向官府交纳茶货、金银、钱帛、丝布、粮食等，不限人数、姓名、斤两多少，按照规定从晋州炼矾务换取熟矾出售。他还要求各煎矾户将煎炼器具交给官府，从此不再私下煎炼熟矾。

另一种意见由并州通判张日用提出。他将晋州煎矾务的矾利收入和杜昇等六户在京缴纳的课税进行了比较，参见表 2。

表 2　晋州炼矾务收入和杜昇等六户缴纳课税比较表

年代	晋州炼矾务收入	六户缴纳课税
庆历元年（1041）	57823 贯 830 文	116838 贯 850 文
庆历二年（1042）	42018 贯 110 文	148486 贯 50 文
庆历三年（1043）	47233 贯 755 文	158345 贯 350 文

根据这一比较，张日用认为，炼矾务自行出卖所得利润要比杜昇等六户交纳课税少，如果只允许官府自行出卖，每年收入必定大减，所以应当

废罢晋州炼矾务，仍然允许在京六户承包年额钱、茶。总之，张日用主张继续采用在京六户承包矾税的方式经营。

面对这两种对立的意见，朝廷派欧阳修前往河东考察，结果欧阳修支持张日用的意见，认为河东都转运司自行炼矾出卖，改变矾法，是只见一时之小利，时间一长肯定难以维持。他也主张废罢晋州炼矾务，仍然允许在京六户承包年额钱、茶十五万之数，并且强调如果官府停罢自煎自卖，虽每年或许会减少三五万贯自卖之利，但可保证钱、茶十五万旧额，不至亏损。

平心而论，荣諲虽然考察了生熟矾的增长，但没有将生矾和熟矾各自增长的情况区分开来，从而掩蔽了官产和六户生产的具体情况。张日用区分了晋州矾务收入和六户在京缴纳的课利，一个“常少”，一个“常多”，反映了两种生产形式的差别。课利税收的增减一般取决于生产情况的好坏，只有采用张日用的意见，即扩大六户承包制或者说买扑制，才有利于矾的生产进一步发展。然而奇怪的是，宋政府最终所采纳的不是张日用的建议，而是荣諲的建议。之所以如此，是因为这样官府可以控制矾的价格，从而获得更大利润。晋州从产矾户手中收购矾每斤不到 43 文，而批发给商人是每斤 153 文，因此在采纳了荣諲的建议后，国家财政收入是以前的四倍。

有学者认为，宋政府最终采纳了荣諲的建议，是用全面取缔私营的方式实现了官营垄断。国家的课利收入或许没有损失，但却封杀了从商业资本转化来的私营生产资本的继续发展。（参见李晓《论宋代民间资本的流向》，《文史哲》2000 年第 5 期）但首先需要指出的是，所谓“全面取缔私营”只是取消了在京六户通过承包参与部分生产环节，并没有完全禁止商人参与矾的运销。荣諲并不主张完全的官产官卖，仍然主张实行“通商”，允许商人交纳现钱或物资换取熟四处贩卖。与主张完全的官产官销相比，荣諲的这种对于禁榷物品实行“通商”的主张对于商业和商人发展的积极作用是明显的，但也有不小的局限性，因为这只是在以国家财政为主导的禁榷制度下对于商人的一种让步。

（谭景玉）

宋朝国际货币走私闹出“钱荒”

履响春城玉笛催，花旗商贾为何来？
谁家广告高三丈，古佛无言樱自开。
饮露餐风不记年，越南烽火又春天。
人间多少不平事，尽扫群魔胜入禅。
十丈庄严百炼身，几朝劫火泪成尘。
东方今日东风起，谁道樱花无主人。

这是我国现代著名文学家老舍的一首诗，名叫《镰仓大佛》，是老舍在日本参观这尊大佛时，感慨于大佛的坎坷经历写就的。这尊连台座高达13.35米、重约121吨的大佛始建于日本历仁元年（1238），已有近千年的历史。

后世科学家在研究这尊大佛后得出一个非常轰动的结论：它的建造极有可能使用了从中国宋朝进口的（铜）钱币作为原料，理由是镰仓大佛与当时宋朝的钱币具有非常相似的合金成分。日本学者还研究了大佛的铅同位素数据，发现其与日本铅矿资源并不匹配，反而跟中国铅矿吻合。

用钱币铸造佛像，尤其是用外国的铜币作为原材料，当时的日本得“土豪”到什么程度？时至今日，一个国家的货币要进出境，都有数量上的严格限制，当时的日本怎么会有这么多的宋朝铜币用于铸造佛像？

这就得说说宋朝前后的历史了。大唐盛世对周边经济文化影响力极大，以圆形方孔铜钱为代表的中国货币，便日渐成为国际贸易的“硬通货”；到了五代十国及两宋时期，更是成为辽、金、西夏和海外地区的流通货币。

究其原因，说来也不难理解，两宋时期商品经济高度发展，极大地刺激了社会对货币的需求，为满足这种需求，宋代统治者大量铸造钱币，数量堪为历代之最。

西夏王陵景区再现当时贸易、民族融合场景

根据传世典籍记载，唐朝时期，年铸币量最高也不过32万多贯；而到了北宋时期，一般年份铸币量都远远超过百万贯，神宗元丰元年（1078）更是创下了年产506万贯的最高纪录。

铸币除了满足自己需求，还得供应境外。这一时期，宋周边少数民族地区政权和周边国家的商品经济已有一定发展，对货币需求量不断增加。然而，由于自身条件所限，这些政权或国家货币铸造量或少，或质量差，难以满足商品流通的需要，不得不引进宋朝铜钱为其所用。

《宋会要辑稿》记载："得中国钱，分库藏贮，以为镇国之宝。故入蕃者非铜钱不往，而蕃货亦非铜钱不售。"宋朝铜钱在海外贸易中的受欢迎程度由此可窥一斑。

宋铜钱币值稳定、信用良好，这是当时宋境外各国所不具备的；再加上宋铜钱在境外购买力大于境内，可以获取高额利润，商人们便不顾一切地冲破宋朝的官方法禁，致使宋铜钱外流到境外周边国家。

既然铜钱受欢迎，自然要加大供应量，当宋朝统治者力所不能及的时候，私铸币便会盛行。北宋宋仁宗时期大臣梅尧臣的诗作《送施屯田提点铜场兼相度岭外盐入虔吉》，便简明扼要地指出“铜私铸器盐夺商”，即奸商和某些官府人员勾结，私下铸造钱币，贩卖私盐，拉帮结伙抢掠地方。

这首诗的前半部分写道：“江西采铜山未竭，南越熬波海将结。主人贪利不畏刑，白日持兵逾盗窃。铜私铸器盐夺商，死共吏争蛇斗穴。奸豪乘势倚蛮陬，劫掠聚徒成蚁垤。”

从文献记载来看，宋朝铜钱外流主要有三种方式。一是赏赐，一般指朝贡贸易。朝贡贸易初期数量还可以，有时可达上万缗，后来宋朝逐步积贫积弱，苏轼就指出“馆待赐予之费不可胜数……朝廷无丝毫之益，而夷虏获不赀之利”，于是开始严格限制朝贡贸易，规定各国朝贡的人数和规模，以减少回赐的数量。

二是贸易，也造成了一定数量的铜钱外流。例如辽朝在与宋朝的贸易中，以羊、马之属，“皆私易以中国之实钱”，并且有目的地规定，铜钱只许流入而不许流出。越南“贸易金香，必以小平钱为约，而又下令其国，小平钱许入而不许出”。

第三就是走私。在贸易活动中，宋朝廷是主体，因而贸易中的铜钱外流较能受到政府控制；而唯一让宋朝束手无策的就是铜钱走私，这也是铜钱外流最多、最重要的方式。《续资治通鉴长编》记载：“泄中国之钱于北者，

宋朝钱币（现藏于河南博物院）

岁不知几何。”

传世典籍中还记载了宋朝时期的走私方法。一是潜藏于船底，“检空官一过其上，一望而退，岂尝知其内之所藏为数浩瀚”，其实“船底莫非钱也”。二是事先“积得现钱，或寄之海中人家，或埋之海山险处，或预以小舟搬载，前去州岸已五七十里，候检空讫，然后到前洋各处，逐旋搬入船内，安然而去”。三是“其归船撑去隔二三十里所，差官检空不及”。四是在境内将铜钱熔铸成铜器，再运到海外。五是“或作随身衣装”，藏于衣服中带出境外。

为了打击铜钱走私，应对日益严重的“钱荒”，统治者可谓殚精竭虑，好多方法都用了。五代十国时期，针对铜钱在各政权间走私频繁，后唐庄宗皇帝下诏，责令延边州镇官吏设法堵截铜钱走私出境。

北宋建立伊始，统治者便已感受到铜钱外流所带来的社会经济运行上的不便。建隆三年（962）宋太祖敕令，凡铜钱走私出界，数量达十贯以上者，处以死刑。

开宝元年（968），宋太祖下诏：“旧禁铜钱无出化外，乃闻沿边纵弛，不复检察。自今五贯以下者，抵罪有差；五贯以上，其罪死。”宋太祖将携带铜钱出境的死刑标准定为五贯，不可谓不严苛。

然而仅仅六年之后，宋太祖再次下令“禁铜钱不得入蕃界及越江海至化外”。可见将铜钱带出外界的现象依然存在，即使是在死刑的威慑下，将带铜钱出界的现象仍没有得到根本的遏制。

太平兴国三年（978）二月，太宗皇帝下诏，规定官吏、民众等若偷带铜钱超过一百贯以上者，治罪并服劳役。庆历元年（1041），宋朝规定，若将铜钱偷带出外界，重者处死，轻者发配。

严刑峻法作用不明显，那么反其道行之如何呢？宋神宗熙宁七年（1074），王安石变法，不仅废除了禁止百姓挟钱出境的法令，而且还废除了禁止百姓毁钱造器的法令，结果造成流通中铜钱总量大幅度减少，加剧了“钱荒”。于是，元丰八年（1085），宋朝统治者又禁止铜钱出口。

其实，宋朝时期钱币流往异国，也不全是作货币使用，毕竟铜钱具有货币和商品的双重属性，其所含有的青铜是红铜和锡、铅的合金，具有熔点低、硬度大、可塑性强、耐磨耐腐蚀、色泽光亮等特点，重熔之后可以作为制作兵器、生活用品和宗教用品的重要原材料。

《续资治通鉴长编》记载："戎人得铜钱，悉销铸为器，郡国岁铸钱不能充其用。""广南商舶多毁钱以铸铜器。"

直到14世纪，马六甲海峡的印度、波斯、亚齐、暹罗、阿拉伯商人及本土商人，都大量收购中国铜钱，拿来熔化制作各种厨房用具，如锅、罐、盘、碗或装饰品。

（王娟）

宋朝的书禁与苏辙笔下的走私

本朝民间开版印行文字，臣等窃料北界无所不有。臣等初至燕京，副留守邢希古相接送，令引接殿侍元辛传语臣辙云：“令兄内翰（谓臣兄轼）《眉山集》已到此多时，内翰何不印行文集，亦使流传至此？”

及至中京，度支使郑颛押宴，为臣辙言先臣洵所为文字中事迹，颇能尽其委曲。及至帐前，馆伴王师儒谓臣辙：“闻常服茯苓，欲乞其方。”盖臣辙尝作《服茯苓赋》，必此赋亦已到北界故也。

臣等因此料本朝印本文字多已流传在彼，其间臣僚章疏及士子策论，言朝廷得失，军国利害，盖不为少。兼小民愚陋，惟利是视，印行戏亵之语，无所不至。

若使尽得流传北界，上则泄漏机密，下则取笑夷狄，皆极不便。访闻此等文字贩入虏中，其利十倍。人情嗜利，虽重为赏罚，亦不能禁。

这是唐宋八大家之一苏辙《栾城集》中的一段文字，说的是元祐四年（1089），身为翰林学士的苏辙代表北宋到北方的辽国出访，祝贺其国主生日，第二年回来后写下了所见所闻，呈送给朝廷。

这段文字透露出这次出访给苏辙带来的传统认知上的巨大改变。出访以前，他认为辽国地处北方偏远之地，在文化教育上与北宋还存在很大差距，实则并非如此。

这段文字说得通俗一点便是：“我到了燕京，没想到那边啥书都有。迎接我的辽国官员居然张口就说，‘你大哥苏东坡的《眉山集》已经成书，怎么不赶紧出版，让我们学习学习？’”

苏辙接着说：“我到了中京（今内蒙古宁城县），那边的官员请我吃饭，提起了我爸苏洵文章中的很多细节，都能说得很具体。我住的辽国客栈里，

内蒙古博物馆大辽契丹专题展的藏品。辽政权推出了“以国制治契丹，以汉制治汉人”的“因俗而治”政策

分配给我的助理都问我，经常听人说常服茯苓，有没有这个方子？我估计咱们的《服茯苓赋》也已经流传过去了。”

最后这位苏大使的结论是，当时私下走私书籍已相当严重，必须要严管，否则可能泄露机密，危及统治安全，并把这篇文章的题目定为《论北朝所见于朝廷不便事》。

通过这篇文章，我们不难发现，北宋时期，书籍进出境是被严格管控的，但依然管不住，走私现象非常严重。两宋时期，无论是宋朝还是辽、金，出于国家安全等考虑，都以各种方式严禁本朝书籍外流。

比如《续资治通鉴长编》记载，景德三年（1006），真宗诏曰：“民以书籍赴缘边榷场博易者，自非九经书疏，悉禁之。违者案罪，其书没官。”也就是说，凡商人违禁将“九经”以外的书籍运至沿边榷场交易者，一律治罪，其所贩卖之书没收入官。

宋朝统治者认为，“九经”具有教化功能，传之四方，有利于自身统治；其他与朝政、经济、军情等有关的书籍，如阴阳、卜筮、历算、术数、兵书、

敕令、时务、边机、地理等，可能会泄密，增强敌方实力，不利于己。

比如现在被视为经典的《资治通鉴》，讲述了各朝代由兴盛到衰败的沧桑巨变，后世执政者可以从中总结出历史发展规律，对其颇有裨益。然而正是由于该书有价值、有借鉴意义的“干货”太多，以至于朝廷有人认为不适合广泛传播，被列为禁书，甚至销毁。

好在宋神宗眼光比较深远，他看到了这本书的巨大价值，就把书保留了下来，不过不允许流传在民间，只能供自己人参阅。然而，没有不透风的墙，终究还是让高丽人和日本人知道了，他们通过各种渠道获得此书。

为了打击书籍走私，元丰四年（1081），宋朝重申凡在榷场贩卖“九经”以外书籍给境外者，处三年徒刑；对招引者减一等处罚，流放到邻近州军，情节严重者流放千里。

然而随着雕版印刷术广泛流行，以及活字印刷术在北宋问世，书籍传播越来越方便，再加上巨大的利润空间，所以这些禁令也未能完全阻止宋朝的书籍走私。

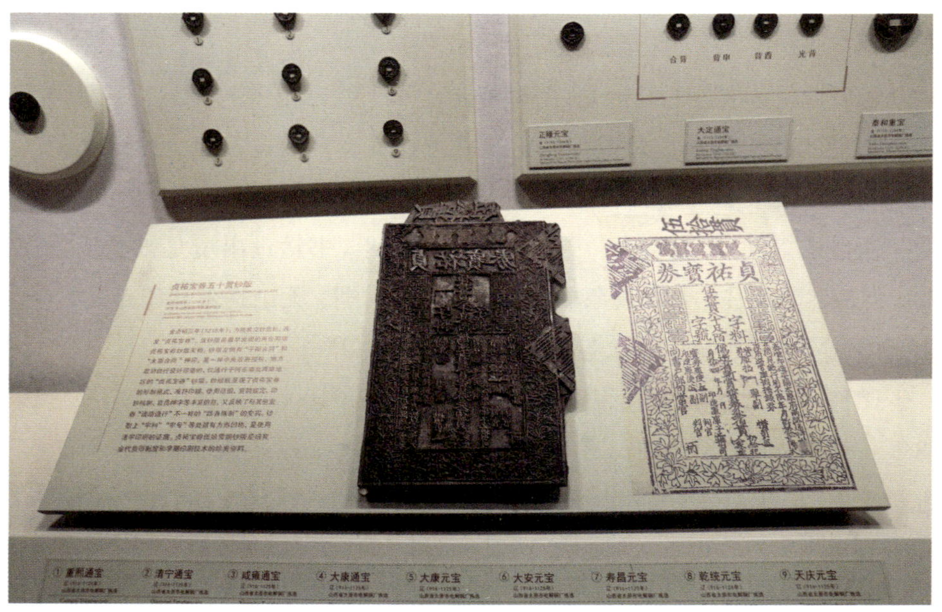

金贞祐宝券五十贯钞版（现藏于山西博物院）是研究金代货币制度和印刷技术的珍贵资料，出土于山西新绛县

比如，北宋欧阳修编的《新五代史》，完成之后很快就传到了辽国。辽人看到《新五代史》把契丹写进“四夷传”，大为恼火，向宋朝抗议“宋欧阳修编《五代史》，附我朝于四夷”。

因为“澶渊之盟”明确宋辽是兄弟之国，彼此是对等关系；而且辽国自认为武力比宋朝还要强大，可是宋人居然把他们视为夷狄，当然也就不可接受了。

当时，宋朝文化发达，特别是医书，广受周边政权欢迎，书籍走私已经远远不能满足需求，商人们干脆直接把印刷书籍用的雕版也走私到了宋朝境外。

辽国的官刻、私刻都非常发达，大量刻印各种书籍，包括史书、儒经、宋人文集以及佛经等，而且还把大量的汉籍翻译成契丹文印刷。

金朝印刷的汉籍就更多了。金朝灭北宋后，从开封获得了大量宋朝雕版，把这些雕版运回金朝进行印刷。金朝的官刻、私刻、坊刻非常兴盛，将大量汉籍翻译为女真文并印刷。

由此可见，一个政权的文化安全和整体安全密切相关，互为依存关系。宋朝禁止书籍流入周边政权，反之亦然。沈括曾于熙宁八年（1075）出使辽国，他在《梦溪笔谈》中记载：“契丹书禁甚严，传入中国者法皆死。”

（孙晓）

丝路萧关道 薪火永流传

“天下黄河富宁夏”，宁夏回族自治区是沿黄唯一全境属于黄河流域的省区。这里边贸往来历史悠久，是古代丝绸之路东段北道上必经驿站。早在秦朝时，这里就设立了陆路边境关卡——萧关。萧关位于宁夏回族自治区固原市六盘山地区，是历史上的著名关隘，为秦汉时期四大名关之一。“东函谷、南武关、西散关、北萧关”四关之中被称为“关中”，也是中华民族较早的生存繁衍地之一。可以说，萧关内外的历史是黄河流域中华民族几千年来不断融合多元文明、寻求各民族和谐共生、探索各民族共同发展的一个历史缩影。

“东尽黄河，西界玉门，南接萧关，北控大漠”，这句话说的正是古西

萧关

夏的疆域。古时候，宋夏之间一定程度上长期存在着走私贸易，主要集中在以横山为界的宋夏边界。《宋会要辑稿》记载：“枢密院累降约束，河东、陕西诸路经略司，严行禁断沿边蕃、汉人户，不得与西贼私相交易。访闻尚不尊禀，可重立赏格告捕。自今有违，经略司并所管官吏，当刻罪重断。”这里的“西贼”指的就是西夏，私相交易的商品主要是西夏所产的青白盐。

当时走私者包括商人，西夏的外交官员，宋朝的沿边官吏、边防士兵、沿边属户等；走私商品包括马匹、食盐、武器、货币、人口等。走私的主要原因在于西夏经济欠发达，对宋朝的经济依赖性很强；宋朝关闭榷场等正常贸易的渠道，无形中推动走私活动的盛行；自隋唐以来，南北经济互相交通，逐渐成为一个整体，政治上人为的分割并不能切断南北之间经济上的联系，“边关重车而出，海舶饱载而回”，足见宋钱通过各种贸易渠道流入西夏的事实。

北宋政府对走私的量刑采取轻罪重刑的原则，西夏对危及自身统治安全以及财政利益的走私行为也同样予以严厉打击。《天盛旧改新定律令》规定：“一等牛、骆驼、马不论大小及铠甲、军披等到敌人中去卖时，庶人造意斩，从犯当得无期、长期徒刑，有官当以官品当。”按西夏法律私造曲量刑最重者，二十缗以上主犯处以无期徒刑，从犯处十二年徒刑。

在历史的长河中，反走私斗争从未停止。

卢照邻有诗，“回中道路险，萧关烽堠多”；王维诗云，“萧关逢候骑，都护在燕然”；杜甫写道，“萧关陇水入官军，青海黄河卷塞云”；岑参感慨，“凉秋八月萧关道，北风吹断天山草”；贾岛吟叹，“萧关分碛路，嘶马背寒鸿”。萧关作为通往河西及西域的便捷之道，是边塞苦寒、征人难归，甚至行旅艰险、白骨萧瑟的象征。如今，萧关已成为一个重要的文化符号，萧关遗址文化园于2010年在汉代萧关城遗址上重新建设。在这片土地上，既留下了人类艰难跋涉的足迹，也弥漫过铁血厮杀的战争风云，还有着无数牵动情肠的故事。

（王潇）

西夏与宋的反走私贸易较量

塞下秋来风景异，衡阳雁去无留意。四面边声连角起。千嶂里，长烟落日孤城闭。

浊酒一杯家万里，燕然未勒归无计。羌管悠悠霜满地。人不寐，将军白发征夫泪。

这是北宋大文学家范仲淹的《渔家傲·秋思》，写于北宋与西夏对战时期。在深秋之际，战争仍未结束，作为戍边西北的执行者，他望着南飞的大雁，心中思念远方的亲人，又望着苦苦作战的将士们，心中充满壮志难酬之感，于是慷慨地写下了这首词。

范仲淹的这种心态像极了当时北宋与西夏的对峙形势。与辽国军事上实在打不过相比，北宋与西夏的关系有些微妙。北宋初期，李继迁虽然割

宁夏出土的陶驮马（现藏于宁夏博物馆），这是贸易丝路的象征

据自立，但对北宋还是俯首称臣的；而到了宝元元年（1038），党项首领李元昊称帝，建立西夏，此时北宋不淡定了，认定其为叛乱，出兵讨伐。

然而，连续的战败让北宋不得不承认西夏的独立。军事上打不过，北宋便想利用其在经济上的优势制衡西夏，与其开展经济上的对峙。政策变动频繁，走私与反走私的较量无时无刻不在上演，这一点形象地体现在西夏建立前后。

从真宗景德三年（1006）至宝元元年（1038），即李元昊称帝前的30多年间，宋夏交往相对和平，双方贸易繁荣。尤其是宋夏订立景德和约，“非官市者听与民交易，入贡至京者纵其为市”，双方出现了“自与通好，略无猜情，门市不讥，商贩如织”的景况。

李元昊称帝后，宋神宗、徽宗对西夏时战时和，双方政治交往的断续，使榷场在漫长的边境线上除了作为双方贸易交往的平台，还被赋予了更多的政治色彩。北宋希望通过开关榷场迫使西夏屈服。然而，自隋唐以来建立的中原与西北的贸易通道，怎会因一时政策改变而完全隔断？

双方以横山为界，东起麟府，西尽秦陇，形成了长约两千多里的边界线。西夏又处在中原与中亚、欧洲各国交往的必经之地上，北宋从自身利益出发，也需要开展贸易，于是在保安军（今陕西志丹）、镇戎军（今甘肃镇原）等地设置榷场，管理与西夏之间的进出境业务和经西夏的转口贸易。

根据传世典籍记载，凡宋经西夏前往中亚、欧洲各国，或者回鹘、吐蕃通过西夏运入宋、辽、金的转口货物，西夏边境的榷场均要征收10%的过境税。

宁夏大学辛婉怡、高石钢在其学术论文《浅析北宋与西夏间贸易走私原因》中指出，北宋出于自身利益考虑，设置榷场数量有限，交易物品种类也不丰富，不能满足双方需要，二者经济交往只有通过走私贸易进行。宋夏间走私贸易持续时间长，交易量大，成为双方经济交流的主要方式。比如生活中必不可少的食盐，在中国古代一直为统治者直接管理，是其财政收入的主要来源。北宋时期，西北边民所食池盐价格高，口感欠佳。

而西夏盛产青盐，不但品质上乘而且价格低廉。《宋史》记载：“西

戎之盐，味胜解池所出，而其产无穷。”党项人将所产青白盐运往关中地区，供应当地百姓所需，再换回所需日用品，一时难以禁绝。

《宋会要辑稿》记载：“淳化四年八月，诏：‘陕西诸州，先禁戎人贩青白盐，许商人通行解盐，以济民食。’诏令既下，而犯法者众，宜除之，悉仍旧贯。”《续资治通鉴长编》记载：“自来属户贩青白盐以求厚利，今一切禁绝之，欲以困贼，然绝属户之利，无以资其生。”

北宋向西夏走私的货物多为榷场贸易禁止的和获利丰厚的物品，如茶等。饮茶之风，宋朝盛行。西北少数民族长期以畜牧业为主，日常以牛、羊等肉制品为食物，饮食结构中富含蛋白质和脂肪，而茶叶因具有助消化、分解过多脂肪等功效，深受西夏人喜爱。

正所谓“嗜好之切，无异于盐米”，而西夏又不产茶，只能从宋朝进口，宋朝统治者发现奇货可居，还能以此制衡西夏，便推行垄断经营，禁止私人交易。然而巨大的利润甚至诱使越来越多的官员涉足茶叶私贩，或坐视纵容部下私贩，或挪用公款作为贩茶资本，或“往往窥弄法意，自为商贩”。

为了打击走私，大中祥符八年（1015）宋朝规定，凡西夏贡使使用的马匹等运输工具，一律禁止在边境买卖。元丰元年（1078）规定，凡入贡者，

银川黄河岸边的黄沙古渡

其所用驴、马等牲口不得超过 50 匹。

元祐年间，宋朝修订互市法条例，规定凡陕西、河东边界与西夏私自交易额达到一钱以上者，均处以流放江淮州军入监服刑，情节严重者处以斩刑，其妻儿遣送至江淮州军编管；相关官吏如若放纵，知情不查，也将受到处罚。

虽然处罚很严厉，但北宋与西夏间的走私活动依然不绝。这让人们意识到，自隋唐以来，我国东西、南北经济依赖性强，全国市场差不多构成一体；在短暂的分裂时期，统治者为了自身利益从政治上割断这种经济流通与互补，短期可能奏效，长期则行不通。

榷场业务繁荣并经久不衰再一次证明，政治上的暂时分裂不能割断我国各民族、各地区之间经济、文化的紧密联系；虽然榷场管理周密，且辅以严刑峻法，但榷场之外有大量私市交易。

这从一个方面说明，各地区间的经济、文化交流，仅靠行政手段是难以限制的，必须因势利导，适当运用经济手段，才能维护国家权益，促进对外交往。

（冯强）

北宋漕运反走私“两禁两弛”

夫见利而不动者，伯夷、叔齐之事也；穷困而不为不义者，颜渊之事也。以伯夷、叔齐、颜渊之事而求之无知之民，亦已过矣。故夫廷尉、大农之所患者，非民之罪也，非兵之罪也，上之人之过也。

这是苏轼策论《关陇游民私铸钱与江淮漕卒为盗之由》中的一段，背景是北宋元丰、元祐年间，朝廷加强了对漕运中走私货品的管理，不仅禁止漕船私载，还出台了严厉的处罚规定。

漕运是封建统治者为了调集物资，方便供给，利用水路而进行的一种有组织的经济活动。漕运早在秦朝时期就有了；到了北宋时期，形成了以都城汴京为中心的放射型漕运网。

《宋史》记载：“宋都大梁，有四河以通漕运：曰汴河，曰黄河，曰惠民河，曰广济河，而汴河所漕为多。”汴河是流经汴梁的第一大河，惠民河为第二大河，与金水河、广济河互通漕运，史称“漕运四河”。

漕运之于北宋统治有多重要，看看其建立初年的定都之争便知道了。建隆元年（960），赵匡胤黄袍加身，篡周称帝，本想迁都长安或者洛阳，总之不能再在后周都城汴梁了。

赵匡胤的理由很充分：长安易守难攻，洛阳有崤函之险，可保太平、统治长远。不过大臣们认为，此一时彼一时也，“东京（汴梁）有汴渠之漕，岁致江淮米数百万斛，都下兵数十万人咸仰给焉。陛下居此，将安取之？且府库重兵，皆在大梁，根本安固已久，不可动摇。”（《续资治通鉴长编》）

最后的结果，大家也都知道，赵匡胤没有迁都成功，漕运之于国本稳固的重要性由此可窥一斑。再回到苏轼的这篇策论，他竟公然为漕运中走私的人辩护，认为不是所有的人都是伯夷、叔齐、颜渊，求私利是人之常情。

《清明上河图》中的漕运场景

这样的观点显然颠覆了人们对这位文学大家的传统认知。一般认为，苏轼一生为官清廉、刚正不阿、不畏权势、执法严明，素有君子之风，对走私等龌龊之事，应该是嗤之以鼻、极力反对的。

事实上，苏轼这一观点有其特殊的历史背景，也与北宋时期反走私政策阶段性剧烈变动有关。这一时期，全国大规模的物资调运、流动，基本上都走水路，也即内河航运，漕运亦是如此。

以漕粮为例，《文献通考》记载，太平兴国六年（981），汴河“岁运江淮米三百万石、菽一百万石”，至道初，“运米至五百八十万石”；《宋会要辑稿》记载，“大中祥符初七百万石，此最登之数也”。

这只是汴河一条河的漕粮运输数量，如果加上其他河流，据史学家考证，北宋时期年漕运粮食在七百万石左右，高峰时期可达近千万石。而在唐朝，《唐会要》记载，“往者贞观、永徽之际，禄廪数少，每年转运不过一二十万石，所用便足”，即使在开元盛世，三年漕运数量也不过七百万石。

北宋时期如此大规模的漕运，催生了庞大的漕运群体，里面既有押运官吏，也有梢工、纤夫等船舶驾驶人员。官吏一般都有俸禄，而受前朝徭役制度影响，梢工、纤夫一般都是强征民夫运漕，无任何报酬。

于是，一些人便利用自身职业便利，以及漕船免检等条件，在漕船中

夹带自己的货物，或者替商人运送货物，逃避税收，以贩运获利。同时，运河沿线城市兴起，人口聚集，也为漕运私货提供了市场需求。

针对这一情况，宋太祖赵匡胤没有从人的实际需求出发，而是明令禁止夹带私货，于开宝三年（970）下诏："访闻押纲使臣并随船人兵，多冒带物货、私盐及影庇贩鬻，所过不输税算。自今四川等处水陆纲运，每纲具官物数目给引，付主吏沿路验认，如有引外之物，悉没官。"（《宋会要辑稿》）

然而，违背市场规律的事，注定不能长久。为了稳定新兴的漕运局面，宋太宗继位后对大臣说："幸门如鼠穴，何可塞之！但去其甚者，斯可矣。近来纲运之上，舟人水工有少贩鬻，但不妨公，一切不问，却须官物至京无侵损尔。"（《续资治通鉴长编》）

也就是说，梢工、纤夫偶尔带点私货，只要不妨碍公事，就不要过问了。然而口子一开，走私行为便会增多。宋仁宗天圣年间，益州路转运司上言："纲官、梢工、水手、士兵等多是沿路住滞，买卖兴贩。"

有些人甚至向官员行贿，《宋史·食货志》记载："操舟者赇诸吏，得诣富饶郡市贱贸贵，以趋京师。"通过贩运私货，漕运参与者获得额外收入，大部分人可以维持基本生活，甚至因此过上较为富足的生活。

走私盛行，损失的可是朝廷的财政收入啊！于是，到了北宋元丰、元祐年间，统治者又开始整治漕运私货，"汴河纲船久例附载商货入京，致重船留阻，兼私载物重四百斤以上，已抵重刑。……官置场堆垛，不许诸纲附载，本司（都大提举导洛通汴司）置船运至京，令输船脚钱"（《续资治通鉴长编》）。

除了下令禁止漕船私载，严"堵"，统治者还用"疏"的方式，组织1500多艘船往返于京师和江南之间，专门承运商人的货物。这无疑损害了漕运者的利益。上有政策，下有对策，于是，"漕运者多侵盗官米，折卖舡板，虽加刀锯，亦不能禁其攘窃"（《苏轼文集》）。

苏轼在策论中说："漕卒之愆，生于穷乏而无告，家乎舟楫之上，长子孙乎江淮之间，布褐不完，藜藿不给，大冬积雪，水之至涸，而龟手烂足者，累岁不得代，不为盗贼，无所逞志。"

怎么办？北宋朝廷采纳了苏轼在策论中的建议：“稍优其给而代其劳，宜亦衰息耳。”规定漕运者最多可以留十分之二的漕船运力装载私物，同时也可以用来装载粮食，朝廷会按价支付。

如此一来，漕运者的利益得到保障，同时也有益于漕粮运输。可见，北宋漕运反走私，经历了“从禁到弛、再禁再弛”的不断博弈。这也告诉世人，反走私绝不能一刀切，单纯一禁了之，还得要因势利导，按规律办事。

（张艳华）

苏轼在山东反走私的深谋远虑

老夫聊发少年狂，左牵黄，右擎苍，锦帽貂裘，千骑卷平冈。为报倾城随太守，亲射虎，看孙郎。

酒酣胸胆尚开张，鬓微霜，又何妨？持节云中，何日遣冯唐？会挽雕弓如满月，西北望，射天狼。

这是宋代文学家苏轼的词作《江城子·密州出猎》，创作于宋神宗熙宁八年（1075）知密州任上，表达了他强国抗敌的政治主张，抒发了他渴望报效朝廷的慷慨意气和壮志豪情。

尤其是这首词的结尾句，“会挽雕弓如满月，西北望，射天狼”，直抒胸臆，抒发其杀敌报国的豪迈气概。其实，此时的苏轼并不得志。宋神宗熙宁七年（1074），为避免加剧与当时宰相王安石的政治冲突，他才来到了密州。

当时的山东密州包括今诸城、高密、黄岛等地，是北宋五大港口之一，也是北方港口的唯一代表、南北物资交流的中转港。《续资治通鉴长编》记载：“（密州）辖下板桥镇隶高密县，正居大海之滨。其人烟市井交易繁伙，商贾所聚，东则二广、福建、淮、浙之人，西则京东、河北三路之众，络绎往来。”

东南沿海的船舶货物北运到密州，再通过水路、陆路，分流到当时的东京、河北和河东三路，即北方的广大内地；北方各地的土产也沿着这条通道，经密州中转，运送到南方各港口，如明州、杭州、泉州、广州等。

密州不仅有北宋的商船，还有许多高丽、日本的商船。《续资治通鉴长编》记载：“然海商至者，类不过数月即谋还归，而其物货间有未售，则富家大姓往往乘其急而以贱价买之。在海商者十止得其四五之直，而富姓乃居积，俟时以邀倍称之利。”

尽管与都城开封的繁华相比，密州差得远，但苏轼依然把满腔的爱国之情付诸实践。他发现来密州贸易的商船中有很多高丽船，而根据大宋律令，这是不允许的，显然属于走私，这些走私船在躲躲闪闪中时常发生沉船事故。

苏轼作为朝廷下派官员，本可以机械执行规定、一律查处，但他知道，因势利导才是解决走私问题的关键。因为无论是秦汉时期还是隋唐时期，这里都是与高丽、日本交流的重要港口，北宋因为与北方辽国对峙，为保障军事安全，才临时禁止外国商船停靠。

于是，苏轼作为有担当的官员，本着维护本朝沿海航路畅通、贸易发展、两国友好交往和高丽人生命财产安全的考虑，主动向朝廷写了奏折，请求适当放宽外国商船入宋的规定，尤其是入密州贸易的条件，并对高丽船只进行质量勘察，提供保养服务。

后来的事实证明，苏轼的做法是正确的，也具有前瞻性。元祐二年（1087），北宋正式同意在密州板桥镇设立主管海上对外贸易的市舶司，次年该市舶司正式设立。从此以后的胶州湾海面上，中外船舶进进出出，千帆竞发，呈现出前所未有的繁荣景象。

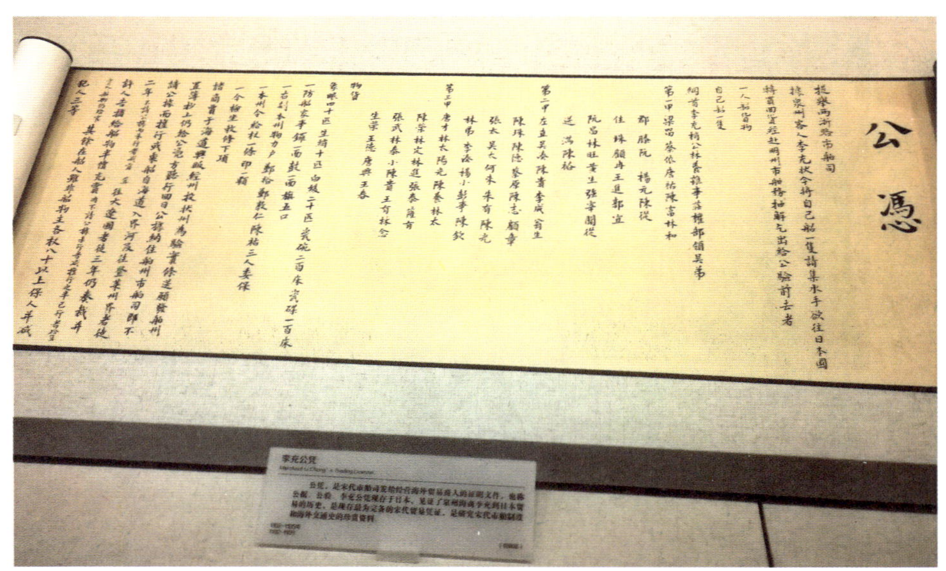

李充公凭，为李充到日本贸易的证明文件。公凭是宋代市舶司发给从事海外贸易商人的证明文件，也称公据、公验

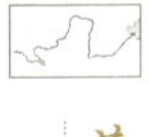

北宋神宗元丰八年（1085），苏轼被调至山东登州任知军州事，治所在蓬莱，他调查民情，发现登州靠海，有渔盐之便，民众多以海水煮盐、贩盐为业。

北宋实行“榷盐”（盐业专卖制度），但也有官商勾结、私盐泛滥、走私猖獗等弊端。当时，登州煮盐业户所制之盐只能卖给官方，价钱不及市价的三分之一，但百姓买盐又要花高价，造成了制盐之人吃不起盐的怪现象。

同时，官方收储的盐因价格过高而出现“商贾不来，盐积不散，有入无出”等情况，导致“官舍皆满，至于露积”。积存日久自然有损耗，政策规定损耗由主管囤盐的官吏赔偿。这就出现了政府无利、百姓无盐、盐官无心等“多输”的最糟结果。

于是，苏轼上奏《乞罢登莱榷盐状》，请求朝廷废除登州“榷盐”制度，建议采取将煮盐业户所制之盐卖于百姓、政府从中收税之策，如此皆获其便。

朝廷准其所奏，在登州、莱州两地废除实行了几十年的“榷盐”政策，实行单独的盐业政策。此项政策被历代承袭，直至清末，两地受惠千年。清代盐政碑载：“苏文忠公莅任五日即上盐书，为民图休息。士人至今

烟台蓬莱海市公园中的苏轼雕塑

祀之。”

值得一提的是，北宋时，山东半岛传统的大港登州和莱州，因为距离宋辽边界太近而被迫关闭。苏轼在《登州召还议水军状》中说：“登州地近北虏，号为极边，虏中山川，隐约可见，便风一帆，奄至城下。自国朝以来，常屯重兵，教习水战，旦暮传烽，以通警急。”

黄河流域的登、莱两港历来都在军事上占有重要地位，并且其军事功能远大于经济贸易功能，所以宋辽对峙时，这两个港口首先也以军用为主，作为抗辽的海防要塞使用。

为防止军事泄密，以及有人借经商之名，行通辽之实，北宋历代统治者对于登州和莱州界都实行严格管制。也正是因为登、莱闭港，前面所说的密州才在宋朝有了发展的机会。

《庆历编敕》载：“客旅于海路商贩者，不得往高丽、新罗及登、莱州界。”《熙宁编敕》载：“自海道入界河，及往北界高丽、新罗并登、莱界商贩者，各徒二年。”

《元丰编敕》载：“诸商贾由海道贩诸蕃，惟不得至大辽国及登、莱州。”《元祐编敕》载：“或乘船自海道入界河，及往新罗、登、莱州界者，徒二年，五百里编管。”

苏轼不仅在山东反走私，到浙江任职时也反走私，还与密州有关。公元 1089 至 1091 年，苏轼再赴杭州任知府，除了大兴水利以抗旱涝灾害外，还一直高度关注海上对外通航问题。

1089 年，他上奏宋哲宗《论高丽进奉状》，又于 1090 年再上奏《乞禁商旅过外国状》，均与高丽交通有关。他在奏本中还具体列举了两起走私案，涉案者都是泉州海商，即徐戬和王应升等 20 人。

苏轼在奏状中写道：“杭州市舶司准密州关报，据临海军状申，准高丽国礼宾院牒，据泉州纲首徐成状称，有商客王应升等，冒认往高丽国公凭，却发船入辽国买卖，寻捉到王应升等二十人，及船中行货……”

泉州海商之所以纷纷来杭州，皆因朝廷为统一管理，于 1080 年明令去日本和高丽者，只能到广州和明州（今宁波）这两地的市舶司领取公凭，

方能出海。

泉州海船技术先进，不仅航速快、更安全，而且装载量大，这就为藏匿走私创造了条件。苏轼重视宋与高丽的友好关系，但为了保护珍贵文物不走私海外，他亲带市舶司的“不干碍官”上船检查。

苏轼一行在官府鸣锣开道的排场下登上泉州海船，进行安全检查。他们要求全体船员登陆等待，船上只留下苏轼一行，查巡客舱和船下部的水密隔舱，查看是否夹藏走私物品。

通过登船检查，苏轼阻止了《华严经》二千九百余片价值连城的雕版国宝从泉商徐戬手上流失，还因船中未上报的银丝、钱财等走私物，拘捕了泉商王应升等20人，为保护国家财产不流失到海外做出了贡献。

苏轼的“忠爱根于生性”还体现在书籍反走私上。元祐八年（1093），高丽使臣进入宋境，请求购买《册府元龟》、历代史、太学敕式等书。宋哲宗诏令：“所买书籍曾经收买者，许依例。”

也就是说，皇帝已经答应了，时任礼部尚书的苏轼却在二月间连上三道奏折，奏请朝廷全面禁止高丽使臣购买书籍，“不可假以书籍”，理由是：“臣闻河北榷场禁出文书，其法甚严，徒以契丹故也，今高丽与契丹何异？”

当时，北宋与辽国对立，高丽成为双方拉拢的对象，宋朝执行“联丽制辽”的策略，因此高丽一般有什么要求，北宋都会答应。但苏轼认为，高丽已成为辽的藩属国，使用辽国年号，把书籍给高丽，无异于间接给了头号大敌辽国。

当时，宋朝在政策上只允许能教化“蛮夷”的儒经和佛经外流，其他书籍基本上是被禁止流出的，特别是那些涉及国家机密的邸报、兵书、地理书、文集、阴阳历算等。

这便是苏轼，一位政治家，一生沉浮，一直兢兢业业；一位文学家，一生豁达，一蓑烟雨任平生；一个普通人，一生奔波，一生曲折，一生几度秋凉……

（宋楠）

宋“市舶之利最厚”下的反走私

黄田港北水如天，万里风樯看贾船。

苍官影里三洲路，涨海声中万国商。

日边市舶程途远，水外亭台景象昏。

这些带“万”含“天”的豪情诗句，分别出自王安石、李邴和陶弼之手，读着就让人兴奋，让人不由得浮想联翩。宋朝军事力量虽不强，但是其商业、海上贸易是何等繁荣！

宋朝是一个务实的朝代，周边少数民族政权林立，哪个都不好惹，哪个都惹不起，打赢了要赔钱，打输了也要赔钱，还得养兵、养官、养贵族，增加财政收入是当务之急、重中之重。

宋朝海上贸易情景再现

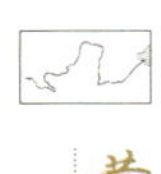

然而，宋朝面积有限，税源也有定数；西北方向的传统陆路贸易通道又被西夏、吐蕃等阻断，难以获得理想的收益。他们只能面对茫茫大海，向海而生。于是，一些在封建社会看来不可思议的事情发生了。

商鞅变法以后，千百年形成的“重农抑商”在宋朝发生了改变，文人经商蔚然成风；甚至可以彰显大国实力的朝贡贸易，也退居次要位置，被更务实的民间市舶贸易所部分取代。

遥想大唐盛世，“九天阊阖开宫殿，万国衣冠拜冕旒”的朝贡贸易，哪个统治者不喜欢？然而到了宋朝，统治者开始算经济账，认为“怀柔远人、厚往薄来”的朝贡贸易不划算，他们的政治虚荣心没那么值钱。

用苏轼的话来说，“朝廷无丝毫之益，而远人获不赀之财”，实在是得不偿失。于是，他们开始抑制朝贡贸易，真宗大中祥符九年（1016），立法限制各国朝贡使团规模。

《宋会要辑稿》记载：“每国使、副、判官各一人，其防援官，大食、注辇、三佛齐、阇婆等国，勿过二十人；占城、丹流眉、渤尼、古逻、摩迦等国，勿过十人。并来往给券（通行证）、料（物资）。”

南宋时，高宗下令商船不得“擅载外国入贡者”，否则将处以“徒二年，财物没官”的惩罚。他们知道，这些来朝贡的人，除了表达尊重，还为利而来。这些人携带走私物品，损害了宋朝的利益。

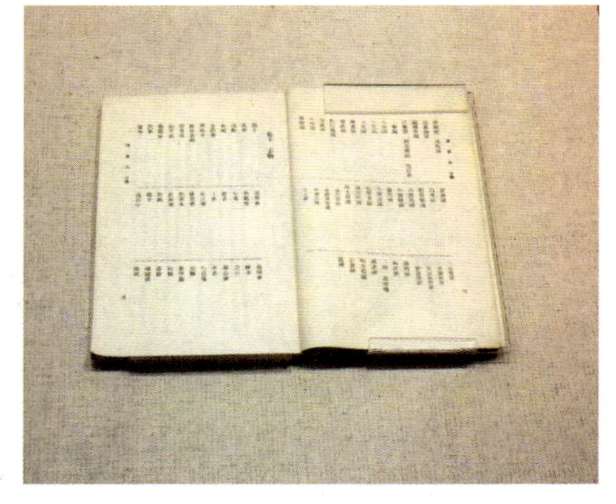

南宋赵汝适《诸蕃志》。他在市舶司任上广泛收集资料编纂而成，记载海国范围东起日本，西至意大利西西里岛，对北非、东非也有记载，是中国与非洲悠久交往史的佐证

朝贡贸易下行，民间市舶贸易则上行。宋朝君主们相信：“市舶之利最厚，若措置合宜，所得动以百万（贯）计，岂不胜取之于民？朕所以留意于此，庶几可以少宽民力尔。”

于是，宋朝对大海的恐惧慢慢变轻，进而拥抱大海，放松对海外贸易的限制。太平兴国七年（982），诏令仅珠贝、牙犀、乳香等八种为禁榷物，由朝廷专营，其余均为放通行物，由民间自由经营。

宋王朝还推出了很多招徕、优待外商的政策，比如雍熙四年（987）派出使团赴东南亚招商；免除日商的黄金进口税，“倭船到岸，免抽博金子。如岁额不可阙，则当以最高年分所抽博之数，本司代为偿纳”。

宋朝有一种“全民皆商”的社会氛围，不同社会群体竞相投身于商业，诗人释智愚在《颂古一百首·其一》中写道：“短袴长衫白苎巾，咿咿月下急推轮。洛阳路上相逢著，尽是经商买卖人。”

按宋朝立法，任何平民都可以从事商业，唯宗室贵族、官僚不允许经商，因为他们都是食禄之人，经商即是与民争利：“今朝廷所以条约官户，如租佃田宅，断卖坊场，废举货财，与众争利，比于平民，皆有常禁。”

但事实上，禁约沦为一纸空文，许多宋朝官员都加入商人之列。生活在北宋中叶的王安石发现，“今官大者，往往交赂遗，营资产，以负贪污之毁；官小者，贩鬻乞丐，无所不为”。“管得住，才能放得开”，为了管理好海外贸易，防止因走私严重带来财税外流等问题，宋朝开始了大胆创新。

先来说说我国古代管理海外贸易的机构市舶司。早在唐玄宗时期，就设置了市舶使这一职位，但一般由地方节度使兼任。后来，市舶使收税越来越多，财政日渐紧张的朝廷便派专人兼任，但由地方节度使分管。

但这一体制显然不利于分配税收，终于在广德元年（763）发生了广州市舶使吕太一驱逐广南节度使、纵兵掠夺事件。到了北宋，统治者汲取唐朝教训，朝廷直派市舶使，独立于地方之外，并设置了专门的市舶司。

随着海外贸易规模扩大，宋朝也逐渐加强了对海外贸易的管理，各主要港口均设置市舶司，专门掌管海外贸易事宜，《宋会要辑稿》载，“置来远驿，与应用家事什物等，并定犒设馈送则例，及以置使臣一员，监市舶务门，兼充接引干当来远驿”，负责外商接待。

只有机构还不行，王安石认为：“聚天下之众者莫如财，治天下之财者莫如法，守天下之法者莫如吏。”经过多年筹划详议，宋朝终于在神宗元丰三年（1080）颁布了《市舶法》。

这是世界历史上第一部对外贸易法，规定了对外贸易的管理经营主体——朝廷，始置“提举市舶司”，管理市舶事务；走私罪被判一年者，领州编管；判二年者，五百里编管；重判者，发配海岛或处死。

尽管处罚很严厉，但宋朝走私依然难以禁绝，盐民“私煎私卖”，贩盐事业做到境外。元丰七年（1084），宋朝又颁布了《透漏法》，之后又陆续颁布《漏舶法》《关防约束》《与化外人私交易罪赏法》等多部反走私或带有反走私内容的法令。

（周丽）

《清明上河图》中的开放与管制

一部小说成就一门学问的，似乎唯有清代曹雪芹的《红楼梦》，是为“红学”。一幅画卷成就一门学问的，似乎唯有北宋张择端的《清明上河图》，是为“清明上河学”。

因为有了《清明上河图》，今天的人们不用再依靠诗词、传世典籍来想象汴京的繁华，直接看图就可以了，非常适合互联网时代的阅读习惯。正所谓“一千个读者就会有一千个哈姆雷特”，今天我们以开放和反走私的角度看这幅图，也会有不同收获。

这幅旷世奇作自诞生以来，后世临摹、仿作、衍生品不计其数，比较出名的有两个版本：一个是存于北京故宫博物院的正版——张择端版本，描绘了原汁原味的北宋风貌；另一个是明朝绘画大师仇英版本，描绘的实际上是明朝后期苏州市井的样子。

这两幅画虽然都叫《清明上河图》，整体样子也差不多，但在一些细节处理上，差别还是很大的，反映了宋、明两代在城市管理上的巨大差距。先来看城门，或者城防。在我国古代，一座城有一座城的城防；一个王朝，并不是只在边境有边关、边防，在内地也有很多内地关，起到维护安全、管理内外贸易等作用。

张择端画笔下的北宋汴梁城相当开放，大有“夜不闭户，路不拾遗”的意思。在他的画中，城门基本上不设防，不见有一名士兵把守，城墙上也找不到什么防御工事。进城之后，也没有什么城防管理机构驻扎，一段城墙坏了、坍塌了，也没有修整好。

这哪里是张择端精心绘制送给皇帝的画，分明是没有任何修饰的实景照片啊！写实主义画风体现得淋漓尽致，甚至登峰造极。这让很多研究者

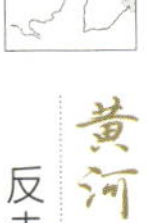

深感不可思议，因为以宋朝的军事实力、屡战屡败的战绩，以及周边辽、金、西夏等强敌环伺的安全形势，一般认为应该加强军事防御才对。

反观明朝仇英笔下的苏州城，既不是都城，也远离北方强敌，却城墙高耸，上面设有箭垛，防备强敌来袭；城外设有栅栏，城门内设有瓮城，再往里走还有城防机关、军人巡逻，锋利的武器随处可见，起到震慑作用。

虽然城关安全不重要，但张择端笔下的汴京城却对设卡收税异常重视，在《清明上河图》中，一进城门，首先看到的便是设在大街主干道边上的商税所，门前商贩众多，他们拖着沉重的物资，排队依法纳税，收税人员正襟危坐，身前有桌子，桌子上有纸，可以记录谁已经交税，发放已经纳税的凭证。

公元960年，建隆元年，赵匡胤建立北宋之初就颁布《商税则例》规定："商税，凡周县皆置务，关镇亦或有之，大则专置官监临，小则令、佐兼领；诸州仍令都监、监押同掌。行者赍货，谓之'过税'，每千钱算二十；居者市鬻，谓之'住税'，每千钱算三十。"

宋朝的商税分住税和过税。住税，即对开设店铺出售货物的商人所征

河南博物院再现宋代《清明上河图》中城关门口收税场景

收的落地税，税率为3%；过税，即对行商所课征的通过税，税率为2%。两者加在一起就是5%，看似不高，但在实际操作过程中，地方税务林立，反复征税，税率就可能到10%、20%，甚至30%了。

当然，也有学者认为，宋朝依然恪守“征于关者，勿征于市；征于市者，勿征于关。虚车勿索，徒负勿入，以来远人”（《管子·问》）的历代成例，不重复征税。但事实上，宋朝是我国封建社会商税收入占比最高的，甚至超过了传统的农业税。

税率越高，走私获益便会越大，越会刺激走私，这一点在张择端的《清明上河图》中也有体现。有学者认为，图中看似热闹非凡，实则危机四伏，比如兵营改作饭铺，军用设施用来转运酒水，更严重的是，作为王朝命脉的漕运居然也管理懈怠，汴河上粮食走私猖獗。

细品画卷不难发现，图中漕船无一名官兵值守，说明这是私家漕船。而在北宋，无论是郭忠恕的《雪霁江行图》还是卫贤的《闸口盘车图》，均描绘了运粮场景，画中无一例外都有押运官，体现着朝廷对漕粮的掌控力。而《清明上河图》中所描绘的11条私人运粮漕船，背后所折射的正是当时社会潜在的私粮冲击下的官粮危机。

张择端的《清明上河图》中还有一艘逆流而上的船欲穿越虹桥，却在急流中失控，引发重大险情。美术史家曹星原认为，画家似别有用意。这是不是因为里面有走私物品怕被查缉就不得而知了。现实中，宋朝为了维持高额的商税税收来源，对走私偷漏税行为打击是毫不手软。

《商税则例》规定，如果有隐瞒不报、偷逃税款的货物，一旦被查获，将没收其货物的三分之一；如果有商贩不走官府规定的线路，也要受到惩罚。有罚必有奖，北宋规定，对罚没的走私物品，除上缴公库外，还要留下一部分充作赏金，奖励给告发者和查私有功人员。

建隆三年（962），宋太祖下诏，对举报铜钱走私者给予奖赏；雍熙四年（987），宋朝规定，举报粮食、香药、茶叶走私入北界者可到官库支钱百千充赏；咸平二年（999），又规定对举报走私贩马者，以马匹的半价作为赏金赏给举报者。

庆历元年（1041），宋仁宗下诏，准许诸色人举报铜、铁、钱走私，对举报者赏给所告之物。庆历五年（1045），对告发粮、草走私者，“告人每一抄，赏钱五千，以犯人家财充”。元祐五年（1090），北宋规定，凡举报私自到高丽、新罗，以及山东的登州、莱州贸易者，以没收走私船只货物的一半赏给告发人。

既加强反走私，又保持一种开放的心态，让宋朝的城市文明、商品经济、对外开放达到了一个新的高度。哈佛大学教授费正清认为，两宋是中国古代史上最为辉煌的时期，可视为近代早期。日本史学家内藤湖南在 19 世纪末提出，唐代是中世纪的结束，宋代则是近代的开始。

宋代具备很多近代城市文明的特征，平民化、世俗化、人文化趋势明显，通过偃武兴文、科举制度建立的文官体系，士大夫阶层出现，“寒俊”崛起，成为文明扩散的重要一环。正如陈寅恪先生所说：“华夏民族之文化，历数千载之演进，造极于赵宋之世。”

（朱艳丽）

“酒朝”榷酒制下的反走私

“明月几时有，把酒问青天。”这是苏轼在《水调歌头》中的开篇之问，寥寥几笔，一个人独自饮酒的孤独之感跃然纸上，感染力极强，不仅让人感到孤独的苦楚，更让人体会到孤独的恐惧和无助。

“浊酒一杯家万里，燕然未勒归无计。”这是范仲淹在《渔家傲·秋思》中的矛盾内心，作为边塞军人，秋天思乡乃人之常情，然而军功未立，边患未除，何以归家，人不寐，唯有“将军白发征夫泪”。

不仅是诗词，在反映宋朝社会百态的小说《水浒传》中，梁山好汉几乎个个嗜酒如命，兄弟们见面要喝酒，打仗了要喝酒，甚至闹矛盾也要喝酒。

“百货随潮船入市，万家沽酒户垂帘”，诗人龙昌期的这首《三山即事》写尽了宋朝酒的流行，后世称宋朝为“酒朝”，实至名归。当时酒的生产成本低，销售利润高，一直饱受财政危机困扰的宋朝廷自然看在眼里，实行榷酒制。

榷即“专卖”，榷酒制就是朝廷严格限制民间私酿自卖酒类，由朝廷推行专营制度。这一制度最初在汉武帝时期，由桑弘羊倡导实行；到了宋朝，榷酒制“登峰造极”，是我国历史上唯一自始至终实行榷酒制的封建王朝。

《宋史·食货志》中记载：“建隆二年（公元 961 年，北宋建立后的第二年），以周法太峻，犯私曲至十五斤、以私酒入城至三斗者始处极刑，余论罪有差；私市酒、曲者，减造人罪之半。三年再下酒、曲之禁。”

也就是说，在北宋初期，私造私卖酒、曲数量到十五斤，以私造酒进入城市达到三斗的，处以极刑；其余按照轻重，处以不同的刑罚；私卖酒、曲的比私造人减罪一半。三年后再次颁布有关酒、曲的禁令，凡私造分别按照不同情况定罪，规定极其详尽。

《清明上河图》中的酒楼

宋太宗淳化五年（994），朝廷“诏征天下酒榷”，于宋真宗景德四年（1007）开始全面实施。在榷酒制下，“正店”和“脚店”应运而生。“正店”是指有酿酒权的商铺，“脚店”则无酿酒权，所售酒都从“正店”批发。

实行榷酒制度后，宋朝对酒的生产和销售管理十分严格。除京城外，其他城市实行官府统一酿酒、统一发卖；各地酒务、酒坊、酒库等，或由官府或军队经营，或由民间向官府承包经营，严格销售区域，不得越境串货。

尽管管理很严格，法律也很完备，但由于走私存在巨大利润，有些人就铤而走险了。有学者在仔细研究张择端绘制的《清明上河图》后发现，在都城汴京，军用设施甚至可以用来转运酒水。

北宋建立之初，为了防止与民争利，赵匡胤指示刑部，严禁官员经商，“违者论如律”，如果卖酒，最重的要处以流刑。比如宋神宗时期，国子博士裴士尧“独有带沽耗酒私罪徒一年，贷所监临坐赃论笞二十”。

为了赚取更多专卖收入，宋朝统治者不仅不控制饮酒，反而还倡导群饮，而且法定节假日特别多，人们动不动就下馆子喝酒。餐馆经营不好就会影响卖酒，进而影响朝廷收入，这时朝廷就会插手干预，开展微观调控。

据宋朝档案记载，北宋有个豪华酒楼，唤作“樊楼”，可以说是汴京城的龙头餐饮企业，每天上缴官府的酒税就达两千钱，每年销售官酒竟至五万斤。后来老板转手，酒楼新主“大亏本钱，继日积欠，以至荡破家产”。

这本是一家经营不善的私营企业，与朝廷无关，本可以不闻不问，但由于国库缺了一大笔酒税，宋仁宗还是十分在意。天圣五年（1027），财政部门收到一道诏令，大意是说，谁愿意承包樊楼年销五万斤的酒税额，就可以给他划拨三千家京城的小酒店，作为酒楼专卖的连锁店。

从皇帝亲自过问这件事上，也可见樊楼在都城酒楼中的龙头地位，更可见酒税之于朝廷的重要性。宋代有一句俚语：“欲得官，杀人放火受招安；欲得富，赶着行在卖酒醋。”

根据后世研究者测算，宋朝官酒坊平均利润率为55%，榷酒的抽成超过50%。《宋史》记载：“太宗即位，以赦复授旧官。时初榷酒，以承恭监西京酒曲，岁增课六千万。”

宋朝的榷酒收入直接拨充军费，因此是支撑边境军费的重要来源。根据《宋会要辑稿》，从宋朝建立以来，宋朝的酒税在财政收入中占比一直很高，天禧末年（1021）超过了1000万贯，占财政收入的比例达16%。后来即使南宋丢掉了北方的大部分领土，宋高宗时期的酒税仍有1300万贯，占财政收入的比重达24%。

无论是宋朝大诗人梅尧臣还是张方平，都曾写过送好友去外地做酒税监管官员的诗句。“熙宁有苏子，曾此监酒税”，“香袅袅，能消国力，酒税同颁”，“山飞海立吾何忧，祇莫官家增酒税”，“一官监酒税，千古建香祠”，“用榷酒税盐以终官局，天如可问，此材沉没我安归”……有关酒税的诗句非常多。

（牛聪）

第六章

元明“之万里者如出邻家”

诸关讥不严，受财故纵者，罪之。

“天下第一雄关”嘉峪关

元朝市舶司趁货未进港“出海缉私”

若元则起朔漠，并西域，平西夏，灭女真，臣高丽，定南诏，遂下江南，而天下为一……故其地北逾阴山，西极流沙，东尽辽左，南越海表……元东南所至不下汉唐，而西北则过之，有难以里数限者矣。(《元史·地理志》)

能一统者，秦汉晋隋唐而已。西至乎玉关，东至于辽水。北至于幽陵，南至于交趾。得从者失横，有此者无彼。大哉天朝，万古一时。渌江成血，唐不能师，今我吏之，辽阳高丽。银城如铁，宋不能窥，今我臣之，回鹘河西。汉立铜柱，马无南蹄，今我置府，交占云黎。秦筑长城，土止北陲，今我故境，阴山仇池。駃舌螺发，黧面雕题，献獒效马，贡象进犀。络绎乎国门之道，不出户而八蛮九夷……圣皇之德，日盛日隆，前乎百世不得轧其步，后乎百世不得踵其踪。惟其有大德之大，故能成大元之功。惟其有大元之大，故能成大都之雄！（黄文仲《大都赋》）

以上两段文字，字里行间流露着作者对元朝疆土之大的自豪感和对元朝实力之强的优越感，远非秦汉、晋、隋唐时期所能比，正所谓“惜秦皇汉武，略输文采；唐宗宋祖，稍逊风骚”。

这个发迹于朔漠、崛起于黄河流域的庞大王朝，终于在公元 1279 年消灭南宋，结束了唐末以来近 400 年的分裂局面，中华民族再次实现大一统，民族融合快速推进。

面对近乎“空前绝后”的疆域面积，“前不见古人，后不见来者”，元朝统治者采取了史无前例的管理措施，维持了近百年的统治，其中关于外贸、反走私，其一改历代“陆严海宽”的政策，向大海要财政收入。

有一个事例体现出了元朝统治者的博大胸襟和“不拘一格降人才”，这便是大胆任命并重用投诚而来的中国历史上第一位外籍市舶使——阿拉伯商人蒲寿庚。

现代人为蒲寿庚做的塑像

从这个意义上来讲，近代执掌清朝海关总税务司45年的英国人罗伯特·赫德，还不是中国第一个外籍海关“掌门人”呢。当然，蒲寿庚与罗伯特·赫德有着本质的不同，因为前者任市舶使时海关主权还掌握在我们自己手里，而后者任海关总税务司时，海关主权已经旁落，罗伯特·赫德只是帝国主义列强在华的代理人。

言归正传，作为中国古代主管海上贸易的朝廷直属机构市舶司，自唐朝时诞生以来，就迅速发展壮大；到了南宋，市舶司的管理机构和管理体制已经非常完善，通商国家达50余个，进口货物200多种。

作为现代学者普遍认可的当时的世界海上贸易强国，南宋的用人机制也相当灵活。蒲寿庚少年时随父来到泉州，当时海盗猖獗，劫掠商船，袭击内港，他积极协助地方官府多次击退海盗，屡立战功。

于是，南宋朝廷便破天荒地封蒲寿庚为沿海都制置使兼泉州提举市舶。宋德祐二年（1276），元中书左丞相伯颜率兵攻陷南宋都城临安，宋恭帝投降，南宋大臣张世杰等携端宗赵昰进入福建。

伯颜知道，蒲寿庚在福建海上有强大势力，于是派人潜入泉州招降。蒲寿庚认为南宋大势已去，无力抵御元军，为保全实力，他向元军暗中输诚，并将城内三千多皇亲国戚杀死。

元世祖以蒲寿庚守城有功，加封他为昭勇大将军、闽广大都督、兵马招讨使兼领提举市舶。史学家认为，蒲寿庚弃宋降元，从而使泉州港免遭战火，海外贸易得以继续发展，为泉州港在元朝成为世界最大的商港奠定了基础。

在市舶使任上，蒲寿庚以其丰富的经营管理经验以及在海外诸国中的威望，帮助元朝发展海外贸易，先后在沿海港口设置了7个市舶司，颁布《市

舶则法》，规定对货物抽税，细货十分取一，粗货十五分取一，漏税货物没收。

元朝还征收“舶税钱”，类似后代的“船钞”“吨税”。元初，番货、土货征税规定相同，从至元十七年（1280）起，实行土货单抽、番货双抽的关税制度，这在中国关税史上具有重要意义，在世界海关史上也有较大影响。

也许是由于疆域更大、军事实力更强等，相对于宋朝，元朝统治者胸怀更宽广，海上贸易政策也更灵活，他们取消了宋朝以来对“赔本赚吆喝以展现大国实力”的朝贡贸易的限制，万国来朝局面初显。

元朝还允许各种形式的私商贸易，甚至官员也可以经商，但需要按规定交税。据史料记载，当时有个商人，靠海运发了家，后来因触犯了法律被判死刑，此时有官员公然为其求情，理由竟是他们的货还在海上，等货回来了再问斩也不迟。

对色目人开展海上贸易，元朝还给予优惠。色目人是唐朝以来阿拉伯商人的后裔，或者元朝时来的西域人、外国人，他们的眼睛颜色各异，因此被称为“色目人”，在元朝时是仅次于蒙古人的“二等人”。

元朝还实行“官本船”制度，即官方出船出钱，委托海商经营外贸，利润按照官七商三分成。然而“理想很丰满，现实很骨感”，海商不满足于三成的分成，背地里开展夹带走私贸易，开着官船出海，运自己的货。比如元朝时期，金、银、铜钱、铁货、丝绸、米粮、盐、兵器走私比较严重，民间百姓纷纷将窖藏钱宝走私贩卖给下海商船，出海的官吏、商人也常常将马匹、弓箭、军器等走私出海。

于是，元朝至元年间颁布《市舶则法》，规定舶商每年下海贸易前须向市舶司申请，并由“牙行”为其担保，待市舶官员登船检查后方准出洋；次年返回时，所在市舶司须严密查验，防止走私漏税。船只到岸后，不得在口外州县久留，以防梢碇、水手、搭客等人乘机夹带贵重物品上岸交易。出海人员离船上岸，身上不得携带任何未税货品。

然而，这些措施都不能完全管住走私。元贞元年（1295），新登基的元成宗创立了“就海中逆而阅之”的缉私新手段，即市舶官员出海迎截进出境船舶，就地查验，稽查货物。

根据史料记载，一些沿海城市的市舶司官员由于所辖的进出船舶国别多、航向广，经常受命出海远行，甚至到了其他城市的海面上履行查堵征税反走私职责，以达到防范海外舶商隐匿瞒报，制止走私、逃税、奸细外逃和巩固海防的目的。

（郑淼）

反走私下的元朝陆上丝绸之路勃兴

13世纪末与14世纪初时，传来了另一串发明：火药、丝绸机械、机械钟和弧形拱桥……世界受惠于东亚，特别是受惠于中国的整个情况正在非常清楚地显现出来。

这是世界著名科技史专家李约瑟在其著述中对元朝时期陆上丝绸之路具有历史意义的评价。这些发明不仅彰显着独特的东方智慧，还间接播下地理大发现与近代革命的种子，影响着世界历史的发展进程。

传统观点认为，在宋朝之后，我国对外贸易方式便从陆路转向了海路，元朝更是以海上贸易称雄。殊不知，元朝疆域辽阔，改变了辽宋夏金对峙以来陆上丝绸之路长期受阻的局面。

身处元末明初的危素在其《危太朴集》中说，陆路交通恢复使中西陆路贸易再度活跃起来，“四方之士，远者万里，近者数百里，航川舆陆，自东西南北而至者，莫有为之限隔”。

元朝建立后，由于特殊的政治关系，其与四大汗国保持着非常密切的贸易往来，有多条陆路通往西方，比如汉代以来形成的传统陆上丝绸之路主干线；以成都为起点，自灵关道、五尺道、永昌道三条线路向西、向南直达印度和缅甸的南部干线等。

同时，元朝为了加强统治，还修建了覆盖全国的陆路交通网和前往西域、欧洲的驰马驿路，正所谓“适千里者如在户庭，之万里者如出邻家”，“元有天下，薄海内外，人迹所及，皆置驿传，使驿往来，如行国中”。

路打通了，元朝还重视日常性维护，在所有驿道上，每隔固定的一段距离就打井，提供水源，并在沿途驿站均提供马匹、牲畜、粮食和其他物资。此外，还在沿途植树，“远处可以望见，俾行人日夜不致迷途”。

除物质保障外，驿站服务也极为周到。据《伊本·白图泰游记》记载，当时的商人可将财物寄存在沿途旅馆或驿站，走时取回，如有损失，驿站必须如数赔偿。此外，驿站还对寄宿商人予以登记，并于翌日派官吏将录事送往下一站。

中统元年（1260），元朝在涟水、颍州、光化军等地开设互市；至元十四年（1277），在碉门、黎州等处设置榷场，与吐蕃开展边境贸易。

在反走私政策保障下，元朝时期出现了陆上丝路贸易的第三次高峰（第一次在汉朝，第二次在唐朝）。据《中国海关通志》记载，元朝在驿路上设置关卡，验凭驿券、制书等，严禁沿边军民和商人私自越境贸易。

这里的“验凭驿券、制书”便是元朝建立的“牌符”制度，为的是加强对商旅身份及地位的管理和核查，类似于当今的护照制度，可以凭借牌符的材质对商旅身份等级做出明确的区分。

西方学者曾细致地记述了元朝“牌符”制度：“如果旅行者想使用蒙古帝国的驿站服务，需要佩戴‘牌子’作为官方凭证，它和护照作用相似。这些牌符通常挂在旅行者的脖颈上，由木、铜、银、金等不同材料制成。”

正如《资本论》所言：“正好与城市发展及其条件相反，对那些没有定居的游牧民族来说，商业精神和商业资本的发展，却往往是他们固有的

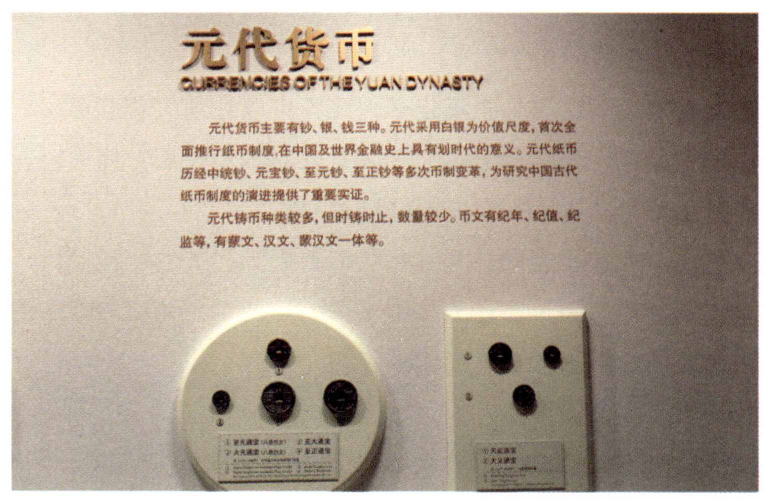

山西博物院展出的元代货币

特征。”元朝是中国历史上罕见的重商王朝，实行轻税政策，制定的税率只有三十分之一。

虽然商税税率低，但当时仍有铜钱、兵器、马匹等货品不断走私出境。元世祖至元二十三年（1286），元朝下令禁止铜钱、兵器、马匹出境，禁止商人使用铜钱交易，并在驿路设置关卡稽查违禁货品。

《元史·刑法志》记载：“诸关讥不严，受财故纵者，罪之。”《大元圣政国朝典章·台纲》记载：“沿边应禁物货无得私相贸易，及奸细人等不致透漏过界，如所在官司防禁不严，仰究治施行。其关津因而故将行旅刁蹬阻滞，亦仰究治。”

元世祖至元十三年（1276），元朝规定，若无公凭或夹带其他货物，按走私论，犯人处一百杖刑，船及所载货物没收入官；若货物申报不实，财物亦没收入官。

元世祖至元二十三年（1286），元朝规定，凡将铜钱偷运至海外者，处一百零七杖刑；守口官兵与外国商人勾结走私货物者，也要受到相应惩处。

对举报和查处走私者，元朝初期沿袭了宋朝的奖赏制。元世祖至元五年（1268），元朝规定，官府将所没收的贩卖私盐者财产的一半赏给告发人。

元世祖至元十三年（1276），又规定私货全部没官，将其一半赏给告发人。至元三十年（1293），元朝规定，官方处理走私案件时，将“船物没官，于没官物内以三分之一充赏”。

优惠的税率政策，再加上反走私保障，可以让商人获利更多，从而大大延长了商贸距离，直接刺激了元朝陆上丝路贸易发展，使横跨亚欧大陆的长途贸易在元朝大一统格局下真正达到顶峰。

元朝官商关系紧密互动，尤其优待以斡脱为代表的西域商人，许多富商做高官、掌国政，地位高于大多数平民。正所谓“胸蟠万卷不疗饥，孰谓工商为末艺”。

（李刚）

朱元璋“治罪”走私的驸马爷

或万有一敢拒逆，尔时麾兵试一击。

丑类骈首歼锋镝，遂致天威震蛮貊。

这是明朝宣德五年（1430），郑和第七次统舟师下西洋时，明宣宗朱瞻基撰写的七言诗，主要赞扬郑和统兵作战的卓越军事指挥才能。

为了壮我国威，带着金银财宝和稀缺物品，郑和七下西洋，自然会引起海盗等图谋不轨者“惦记”。史料记载，郑和经历三次海战，全部胜利，其中一次还活捉了一位国王，带回大明。

众所周知，郑和下西洋是赔本的买卖，只为体现明朝的大国气度、国

位于兰州的黄河第一桥，始建于明洪武年间，初为军队西征用的浮桥，名为镇远浮桥，后成为沟通中原与大西北经贸往来的交通要道。清光绪三十三年（1907），德国人将其改建成铁桥

富民强，宣扬国威，一般遵循“厚往薄来”原则，对朝贡国家的回赠远超过贡品价值。

虽然在海上贸易方面，明朝推行赔本的朝贡贸易，但在陆上边境贸易方面，管理还是非常严格的，希望通过边贸实现顺差赚钱，方式便是茶马贸易。

明朝建立初期，统治不稳固，西北有元朝遗族企图卷土重来，东南有倭寇不断袭扰，武力抵抗和镇压都需要大量马匹，而中原又不是优质马匹的主产区，只能大量进口。

巧合的是，西北少数民族也需要大量中原出产的茶叶，因为他们过着逐水草而居的游牧生活，以牛羊肉为主食，肉吃多了，便需要喝茶来帮助消化，因此每年对茶的需求量很大。

虽然双方都有需求，但明朝统治者认为在这场博弈中自己更占上风，便要拿捏一把，于洪武初年制定了严格的榷茶制度，也就是专卖制度。

《明史》记载：“初，太祖（朱元璋）令商人于产茶地买茶，纳钱请引……无由、引及茶、引相离者，人得告捕；置茶局批验所，称较茶引不相当，即为私茶。凡犯私茶者，与私盐同罪。私茶出境，与关隘不讥者，并论死。”

《明会典》记载：“官给茶引，付产茶府、州、县。凡商人买茶，具数赴官，纳钱给引，方许出境货卖。”

为了防止茶走私，明朝在长城等西北、西南商旅必经险峻之地设关，查缉茶走私。如明朝于洪武五年（1372），在嘉峪山下设置军事重镇嘉峪关；弘治年间，在西出蒙古的贺兰山南麓隘口设置胜金关；万历年间，在云南腾越（今腾冲）边界设置铜壁关、万仞关、虎踞关等“八关九隘”。

朱元璋在四川、青海、甘肃、陕西等地设置茶马司，掌管以茶易马事宜。《明史·食货志》中记载，明朝规定了茶马比价：80斤茶换一匹上马，60斤茶换一匹中马，40斤茶换一匹下马……

尽管《明律》规定“私茶出境，与关隘不讥者，并论死”，但总有人以身试法。《明史》中记载了一段皇亲国戚参与走私贩卖茶叶的故事，让人们领教了什么叫“王子犯法，与庶民同罪”。

原文是这样表述的：“安庆公主，下嫁欧阳伦。伦颇不法。洪武末，茶禁方严，数遣私人贩茶出境，所至绎骚，虽大吏不敢问。有家奴周保者尤横，辄呼有司科民车至数十辆。过河桥巡检司，擅捶辱司吏。吏不堪，以闻。帝大怒，赐伦死，保等皆伏诛。”

安庆公主是朱元璋与皇后的二女儿，是嫡女，嫁给了进士出身的欧阳伦。欧阳伦虽然是平民出身，但胃口极大，喜欢钱财。有一年，他奉命到陕西、四川等地巡查边境。

这本应是一次再正常不过的公差，但当欧阳伦看到走私茶叶的暴利后，便萌生了坏心思。一般人走私茶叶，都是偷偷摸摸的。毕竟走私茶叶，在明朝抓到了可是要被凌迟处死的。

可欧阳伦“不信这个邪”，他大概觉得自己是当朝驸马爷，便在洪武三十年（1397）春，让管家周宝收购了大量茶叶，并命令陕西布政使发文，让下属的州县派出车辆去甘肃给自己运送茶叶，装了满满 50 辆车。

当运送私茶的队伍浩浩荡荡走到兰县，也就是如今的甘肃兰州时，基层小官吏可能不认识什么驸马爷，便依法秉公办事，奈何一言不合，一向

位于甘肃省兰州市黄河北岸的金城关，名字源于汉武帝时设立的金城津，明朝时成为“茶马互市”和茶叶贸易通道上的重要关城。清朝人张澍在诗中说：“倚岩百尺峙雄关，西域咽喉在此间。”

仗势欺人、飞扬跋扈的周宝就殴打了这个巡检司的小吏。小吏气不过，便一纸御状告到了朱元璋那里。

贫苦人家出身的朱元璋平生最痛恨飞扬跋扈、仗势欺人的人，对贪赃枉法更是不能容忍，曾诏告天下“为惜民命，犯官吏贪赃满六十两者，一律处死，决不宽贷”。如今轮到自己女婿头上了，朱元璋依然不手软，决定依律将其处死，皇后来求情也不管用。安庆公主抱怨说：“你也杀不尽天下贪官，为何不给驸马留一条活路？”朱元璋听后，只回了五个字：“焉知杀不尽？”说完之后，他就下令杀了欧阳伦，“赐伦死，保等皆伏诛”。

然而，随着时间流逝，封建社会自身的弊端加速了朝廷官吏的腐败，官府管控下的茶马贸易出现了松动。《明史》记载：“明初严禁私贩，久而奸弊日生……茶法、马政、边防俱坏矣。”

明朝后期，茶叶走私严重。成化和弘治年间，明朝实行监察御史巡查制度，缉拿走私贩卖私茶者。嘉靖年间，外国贡使私贩茶叶尤其严重，“各夷每起车辆箱匾，少者数百，多者千余”，甚至一次多达数十万斤。

朝贡贸易本就是赔钱赚吆喝，如今贡使又参与走私，损害明朝利益，所以，隆庆时期不得不部分开放海禁，朝贡贸易结束。从此，明朝私人海外贸易迅速发展。

（毛振华）

朝贡贸易别称“勘合贸易”中的反走私

“利重之处，人自趣之，岂能禁民之交通乎？故官法愈严，小民宁杀身而通番之念愈炽也。”这是明朝重臣胡宗宪在其《筹海图编》中分析明朝走私严重、屡禁不绝的原因，颇让人深思。

明朝国力不可谓不强，却执行了约两百年的海禁政策、朝贡贸易，彪炳史册的郑和下西洋也只是昙花一现；宋朝军力不可谓不弱，却终其一代面朝大海，写下中国古代航海史上的壮丽篇章。

这便是心态的不同，一如宋版和明、清版的《清明上河图》，宋版描绘的汴京城相当开放，城门甚至都没有把守的官兵，一段城墙坏了也没有修整；明、清版描绘的苏州城，城门官兵认真负责，水道城门、瓮城、城防机关一应俱全。

一个崭新的政权诞生之初，自然危机四伏，一如明朝初期，北元不甘失败，伺机南下，妄图卷土重来；东南倭寇侵扰不断，与朱元璋争夺天下失败的张士诚、方国珍余部遁入海岛，继续与明朝为敌。于是，明朝不惜重金，北修长城，东南海禁。

反观宋朝，元祐年间（1086—1094），汴京城人口越来越多，城墙也年久失修，哲宗皇帝准备扩修新城城壕，哪料文学家范祖禹上书反对：“太祖因之，建都于此百三十年，无山川之险可恃，所恃者在修德，在用人，在得民心。”（《历代名臣奏议》）

明朝从对外开放走向了封闭保守，唐宋元时期所开创的中国航海史上的光辉与美好，被毫不留情地抛弃。

洪武四年（1371），明太祖朱元璋颁布诏令：“禁濒海民不得私出海。”（《明实录》）此后，每隔两三年颁一次诏令，“片板不得入海”，“禁

濒海民私通海外诸国”，“禁通外番”，“申禁海外互市”，对“私下诸番互市者，必置之重法”……

洪武七年（1374），明朝甚至不顾如火如荼开展的朝贡贸易及大国体面，直接撤销了闽、浙、粤等地接待外使的市舶司。究其直接原因，史学家考证，明朝建立伊始，朱元璋曾主动派出使臣，与倭国修复元朝时已经断绝的关系，开通倭国“薄来”明朝“厚往”的朝贡贸易，以求平息海乱。

《明实录》记载，洪武二年（1369），朱元璋遣使赴倭，“诏谕其国，且诘以入寇之故”，诏书中说“间者山东来奏，倭兵数寇海边，生离人妻子，损伤物命”。但倭国方面不但置之不理，还变本加厉，不仅攻略山东，据《明史》记载，还“转掠温、台、明州旁海民，遂寇福建沿海郡”。

朱元璋本就窝着火，再加上他从宰相胡惟庸阴谋篡权的大案中查出倭国国王曾暗中援助胡惟庸，欲取自己的性命，因此龙颜大怒，不但坚决断绝与倭国的一切关系，还严厉实行海禁，海盗、海商“眉毛胡子一把抓”，以为这样就能杜绝海乱。

郑和下西洋图

千百年来形成的海上贸易通道，岂会因为皇帝的几道诏令就完全禁绝？早在元朝时期，倭国国内战乱，加上自然灾害，致使民不聊生，就有一些人开始靠到海上从事掠夺或走私生意为生。

为了打击走私，维护自身利益，元朝也曾四次宣布海禁，只不过每次海禁时间都很短。元朝规定："诸市舶金银铜钱铁货、男女人口、丝绵段匹、销金绫罗、米粮军器等，不得私贩下海，违者舶商、船主、纲首、事头、火长各杖一百七，船物没官，有首告者，以没官物内一半充赏，廉访司常加纠察。"

《明史纪事本末》中《沿海倭乱》记载，倭寇自元朝开始侵扰沿海，元末明初时已经十分严重，"北自辽海、山东，南抵闽浙、东粤，滨海之区，无岁不被其害"。

据《明史》和《明实录》记载，仅 1368 至 1374 年这七年间，倭寇就 23 次侵扰明朝沿岸，直到永乐十七年（1419），明朝在辽东对倭作战，取得了"望海埚大捷"。同年，朝鲜攻击了倭寇盘踞的对马岛。

倭寇受到严厉打击，从此以后对明朝滨海地区侵扰大减，尤其是黄河流域的北方海防，廓然清明。明面上的走私和掠夺行为，可以靠军事上的打击，但背地里的走私没那么明显，就得靠制度的完善了。

明代张燮的《东西洋考》，成书于万历四十五年（1617），详细记载了海外各地贸易税收政策等

以明朝大力推行的朝贡贸易为例，这一行为主要是为了"怀柔远人"。外番使臣带着本国特产来进贡，本身就出于尊重，明朝自然要成倍回礼，才能彰显大国体面。

然而朱元璋也知道，海外诸国"虽云修贡，实则慕利"，洪

武二年（1369）便允准进贡番货与民贸易，不贡货物，不准与民互市。也就是说，所谓“朝贡贸易”，即先“朝贡”后“贸易”。

明朝时，海外诸国来朝贡所携带的“方物”包括两类：一类是贡品，进献给朝廷；一类是私货，用于销售。后来私货占比越来越多，如成化二十一年（1485），倭国国王进贡的刀是3160把，而各大名、寺社附搭的刀却达35000余把，几乎是进贡物品的十倍。

《明史》记载：“番使多贾人，来辄挟重资与中国市。”这还是好的，有些走私商人为了厚利，假装贡使到明朝开展朝贡贸易。为了防止私商借朝贡贸易牟利，以及限制那些频繁来贡的海外番国，洪武十六年（1383）开始实行勘合制度。

明朝规定，海外前来朝贡贸易的使团，除了要出具本国政府的“表文”（外交国书）外，还必须出示朝廷颁发给海外各国的“勘合”，以打击走私行为。所以在明朝，朝贡贸易又被称为“勘合贸易”。

管理虽然严格，然而“利孔所在，民以死力赴之”，即使“重以充军处死之条”，“尚犹结党成风，造艇出海，私相贸易”，“虽极远番国，皆能通之”，“皆擅海舶之利，西至欧罗巴，东至日本之吕宋、长崎”……

（范芸）

明朝工关依托船舶反走私

幸生圣明极盛之世，滇南车马，纵贯辽阳；岭徼官商，衡游蓟北。为方万里中，何事何物不可见见闻闻？

这是明朝科学巨匠宋应星在其代表性著作《天工开物》中所写的一段话，这本书被誉为“中国 17 世纪的工艺百科全书”。

这段文字的意思是，我有幸生在国力强盛的时代，西南地区云南的车马，可以直通东北的辽阳；岭南边地的游宦和商人，可以横游河北一带。在这万里的区域内，有什么事物不能耳闻目见呢？

“燕、赵、秦、晋、齐、梁、江淮之货，日夜商贩而南；蛮海、闽广、豫章、楚、

明代仇英《清明上河图》中的漕运

中国国家博物馆“舟楫千里——大运河文化展”展出的漕运船舶

瓯越、新安之货，日夜商贩而北。”这是明朝时期知河南柘县的李鼎在其《李长卿集》中的描述，反映了明朝国内物资交流之频繁。

明朝时期，随着农业、手工业发展，商品经济空前繁荣，区域性、全国性的市场颇具规模。如此频繁的境内物资流通互换，统治者便想借机增加财政收入，以解决城市尤其是都城建设缺乏建筑材料等问题，“工关”便出现了。

工关，亦称工部关，是明清时期设立的税收机构，由工部掌管，所以被称为工关，主要设在运河、黄河、长江、沿海等交通枢纽处，负责对过往关卡的船只、商品进行征税；如果不交税，那么工关也担负着反走私职责。

《中国海关通志》记载，明朝设置的工关主要有：山西的武元城关，江苏的浒墅关、宿迁关、扬州关、西新关和龙江关，安徽的凤阳关和芜湖关，四川的夔关和打箭炉关，湖北的武昌厂和荆关……

明朝时期，黄河夺淮河入海，因此上述工关大部分都在黄河流域，且均属于内地关，收取的关税也属于过税——商税的一种，与现代意义上的关税有着本质区别。

与现在收税以货币形式交纳不同，明朝时期，工关收税大多数时候以实物形式交纳，《大明会典》记载："竹木等物堆垛在场，令各局按旬奏申知数，遇有用度，以凭计料，拣定数目，度量关填，勘合支拨。"

本来，中国历史发展到宋元时期，已经有了现代社会的雏形，商品经济高度发展，出现了纸币，税收也实现了货币化。然而朱元璋重农抑商，恢复了效率低下的实物征税制，著名学者黄仁宇认为，这正是中国在世界范围内由先进的汉唐演变为落后的明清的主要原因。

明朝初年，工部在各交通要道设抽分竹木场，对客商贩运的竹子、木材、薪炭等课税。据倪元璐的《国赋纪略》记载，洪武初年于龙江大胜港，永乐六年（1408）于通州、白河、芦沟等地设局，照例抽分客商兴贩竹木。

不过，由于明太祖朱元璋是贫苦人家出身，统治初期对征收商税还是比较抵制的，认为这东西伤民害民，也收不到多少钱，因此税率很低，只收三十分之一，自用物品可以免税。洪武十三年（1380），他还曾下令"罢天下抽分竹木场"。

然而，竹木抽分并没有因此而停止，因为明朝初期先后修建南京城、北京城，需要征收这些实物税来营建都城，再后来征税的收入被列入"供工部缮造船舶之用"，专款专用，因此就一直征收了。这种"竹木抽分"的形式，自唐德宗时代就有了。

除抽分之外，明朝交纳工关税还有一种形式——各处船舶带砖瓦于工部交纳。《大明会典》记载："洪武间，令各处客船，量带沿江烧造官砖，于工部交纳。"

嘉靖三年（1524），定粮船每只带砖九十六个，民船每只带十个。来往船只带官砖制度，不仅有数量规定，还有交割手续和罚则："沿河郎中等官，但遇船只逐一验，如有倚托势豪及奸诈之徒，不顺带者，挐送究问；回船查无砖票者，拘留送问。"（《大明会典》）

也就是说，河流上的船只，都必须捎带城砖进京，大一点的船就多带一点，小一点的船就少带一点。然后由官方开具一个证明，证明砖运过来了，船凭着这个证明才能回去。当地官员如果发现没有砖票，可能还要对相关

人员治罪。

因此，无论是南京明都城还是北京明都城，都有一种说法，叫“水上漂来的城市”。当时建造新都城，需要大量物料，单纯靠陆路运输难以满足需求，此时遍布明朝的水运体系便派上了用场，大量物料沿着大江大河、人工运河到了都城。

明永乐年间，成祖朱棣迁都营建北京城，在全国各地采伐珍贵木材，烧制城砖，用船顺着运河一路运送到北京。材料越积越多，便建设专门的木厂和砖厂存放，民间甚至有“先有皇木厂，后有北京城”一说。

当然，为了让众多船舶听话、交工税，不仅要设立工关，查缉偷税漏税的走私者，还必须辅以严格的法律法规，开展反走私。

（张春晓）

明代运河钞关与私盐贩子的较量

南京马船大如屋，一舸能容三百斛。

高帆得势疾若风，咫尺波涛万牛足。

官家货少私货多，南来载谷北载鹾。

凭官附势如火热，逻人津吏不敢诘。

这是明朝孝宗时期内阁首辅李东阳在其《怀麓堂集杂记》中写的一段，既描写了这一时期京杭大运河上商船之大、动力之足、商贸往来之繁忙，也记录了这样一种现实：走私非常普遍。

明朝时期，经济重心已经南移，明成祖朱棣虽然迁都北京，实现“天子守边”，也即“天子守国门”（明朝视元朝残部北迁建立的政权为头号敌人），但经济上还是要依赖富庶的南方。

于是，朱棣动用40余万民工，疏通年久失修且已部分堵塞的京杭大运河，甚至“逆天改命”，令黄河夺淮河入海口，以保障运河水量充足，方便南北物资交流运输。

根据史料记载，黄河曾数次侵夺淮河流域，但多为时较短，对淮河流域影响不大。唯自1194年第四次大改道至1855年间，淮河流域的豫东、皖北、苏北和鲁西南地区成了黄河洪水经常泛滥的地区。

既然付出了如此巨大的代价，必须有超额的回报。朱棣疏通京杭大运河之后，在其使用上表现出强烈的政治性，首先体现在行船顺序上，“皇船第一，漕船次之，考船又次之，贡船、官船再次之……”

也就是说，为皇室运送贡品的“皇船”享有最高优先级待遇；其次是关系到北疆稳定、京师命脉的“漕船”（运送军粮的船）；科举考试是抡才大典，考生们也享有较高优先待遇；至于四方朝贡使节及官员船只，就只能委屈点，

再往后排一位。那普通商船、民船呢？对不起，它们得排最后。明朝统治者为了保障漕运，甚至多次下令禁止民船与商船通过运河，由此可见商人地位之低。

为了保障财政收入，明朝统治者还在运河沿线设关收税，由户部执行，人们可以用货币甚至纸币（大明宝钞）交税，因此又叫“户关”“钞关”。这与工部为征收实物税而设置的“工关”有所不同。

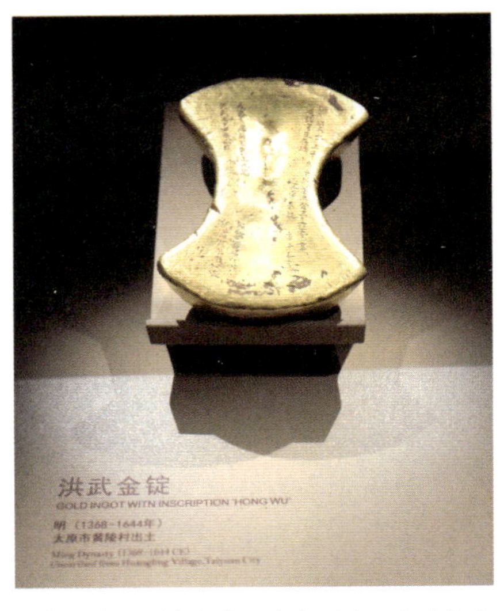

明朝初期的洪武金锭，出土于山西省太原市黄陵村（现藏于山西博物院）

蔡渭洲所著《中国海关简史》中记载：钞关是明清两代主要设于内地的税关，有些钞关执行海关任务。自宣德四年（1429）起，明朝统治者于京师至南京运河沿线及江南一些地方先后设置税关十余所。

这些税关包括崇文门、河西务（后移天津）、济宁、徐州、淮安、扬州、上新河（在南京）、九江、浒墅、临清、北新（在杭州）、正阳等处，对通过设关地点的船只，按其大小征收税款。

《明史·食货志》记载：“量舟大小修广而差其额，谓之船料，不税其货。惟临清、北新则兼收货税，各差御史及户部主事监收。钞关之设自此始。”

山东临清有一处我国目前仅存的运河钞关，已成文物保护单位。1429年始建，1930年闭关，临清钞关因其“建关最早、闭关最晚、唯一仅存”的时代地位，于数百年中一遍又一遍在大运河的濯洗下闪耀着历史的光彩。

明朝时，意大利传教士利玛窦曾途经临清，时任临清钞关主事马堂准备了丰盛的宴席予以招待。后来他在《利玛窦札记》中形容了当时富丽堂皇的场面。

富丽堂皇是因为临清钞关在当时举足轻重。史料记载，万历六年（1578），山东一省课商税折银大约有八千八百余两，而仅临清一关税收便有山东全

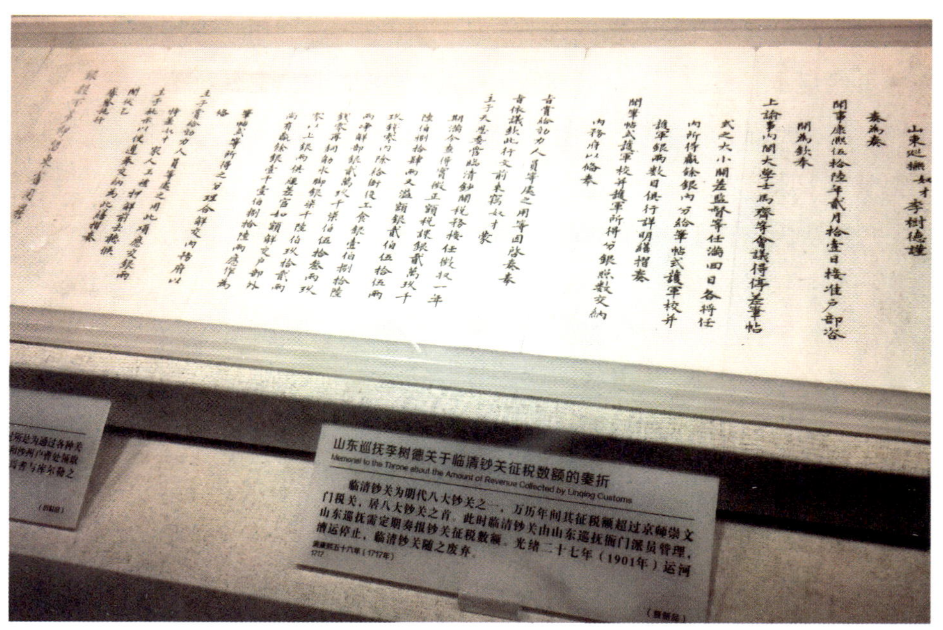

山东巡抚李树德关于临清钞关征税数额的奏折。临清钞关是明代八大钞关之一，万历年间征税额超过京师崇文门税关，居八大钞关之首

省商税税收的十倍左右，占全国关税的四分之一。

税收越高，走私获利空间便会越大，再加上商船、民船在运河中的行驶地位居于最末端，走私因此更为盛行，文章开头李东阳所写“官家货少私货多，南来载谷北载鹾”，便是典型写照。

这里的“鹾”就是盐，漕船夹带的私货比朝廷规定的官货数量多，而从南方来的漕船私货中，很大一部分是谷粮，南返时夹带大量的北方盐，以至于走私商人“凭官附势如火热，逻人津吏不敢诘”。

盐税收入占了明王朝财政收入的一半，因此，针对走私问题，统治者出台了很多反走私政策，比如商人如果想要合法贩盐，必须先向政府取得“盐引”，商人凭“盐引”到盐场支盐，再到指定销盐区卖盐。商人越出规定的销盐区售盐，就以私盐论处。

明王朝认为，除谋反外，贩卖私盐也是大罪，格杀勿论。而且当时对罪犯不称“匪”而称“枭”，是说帝王以孝治天下，故不孝之罪通于天，

称为“枭”，以示其罪大恶极。

虽然反走私政策严厉，但明朝中后期官场腐败，走私行为屡禁不止。正德年间，太监王瓒、崔通去南京，要长芦盐引一万二千引，户部只给一半，正德皇帝朱厚照不满，责问户部。

户部认为，宁可多给宦官银子，不能多给盐引。朱厚照追问是什么缘故，户部回答：“彼既得旨，沿岸骚扰，朝廷岂得闻知？”意思是，宦官以钦差大臣为幌子，贩卖私盐，无人敢管，所以“宗藩、贵戚之求土田夺盐利者，亦数千万计”。

有的甚至以皇帝“钦赐”为招牌，横行霸道，“勋内官奏乞盐利，满载南行，所至张钦赐黄旗，商旅不行，边储亏损”。私盐充斥市场，官盐存积日多，军需不足，那么王朝统治离灭亡也就不远了。

（郭兴燕）

明朝卫所军户的反走私博弈

昨夜见军帖，可汗大点兵，军书十二卷，卷卷有爷名。

阿爷无大儿，木兰无长兄，愿为市鞍马，从此替爷征。

东市买骏马，西市买鞍鞯，南市买辔头，北市买长鞭。

旦辞爷娘去，暮宿黄河边，不闻爷娘唤女声，但闻黄河流水鸣溅溅。

这是《木兰辞》中的一段，读着就让人揪心，既然“阿爷无大儿，木兰无长兄”，那为什么木兰家必须得派丁入伍呢？这是因为我国古代长期实行“府兵制”。

根据“府兵制”，朝廷将一部分民户划为“府户”，或者说“军户”，免其“租调”（人口税），但其必须世世代代服兵役，当朝廷需要士兵上战场时，每户都要出一名男丁应召出征。

到了明朝，依然实行这样的制度，只不过名字改成了“卫所制”。这一时期，蒙古一直是明朝的劲敌，但明朝又没有能力将其消灭，只能修筑长城，屯兵戍边，久而久之，边境地区就形成了众多军事型社区。

如今到长城沿线旅游，比如山海关，还能见到这样的历史遗迹。这种军事型社区以军事防御为目的，在建立时一般不考虑所在地区的经济承载力，基本上是纯粹的消费型社区。

明朝进士万士和在其《义仓记》中写道：“军户自屯田官赋外所余无几，其阖城老幼俱俟苗民负粟入城郭，计升合贸易，有不足者，出重息以称贷于人，故苗粟一日不至则饥。”

也就是说，这种消费型社区所需生产、生活物资大多靠外部补给，“苗粟一日不至则饥”。另一方面，由于涉及国家安全、军事安全，明朝统治者对这种军户聚集的军事型社区管理又非常严格。

明朝时，外国商民进出境须经延边州郡、卫所检查后方可成行，国家还设立“路引”制度，本国商民想进出境，需申请“路引”，说明理由及去向，经审查同意后才能出得去、回得来。明律规定，禁止卫所军户与朝廷禁止交通的外族或外国人开展经贸上的往来。

然而，此等被禁止的事情却屡有发生，《明实录》记载，永乐五年（1407）四月戊戌，“敕甘肃总兵官西宁侯宋晟曰：‘朝廷禁约下人私通外夷，不为不严。比年回回来经商者，凉州诸处军士多潜送出境，又有留居别失八里、哈剌、火州等处，泄漏边务者，此边将之不严也。’”

《明实录》记载，正统十一年（1446），“金齿、腾冲、景东、临安等处与交趾、车里、木缅诸夷接境，多有官军人等入番买卖，泄漏事情”。

明朝学者张萱在《西园闻见录》中记载，正德十四年（1519）吏部尚书王琼上疏：“天下都司卫所每岁差去勾军官旗不下一万六七千名，计所勾之军，百无一二到卫。有自洪武、永乐年间差出，到今三十余年，在外娶妻生子，住成家业，通同军户，窝藏不回。”

虽然中亚、东南亚等国家和地区并不在明朝统治者禁止往来之列，但由于推行“重农抑商”政策，对商贸交往约束较多，卫所军人擅自入番买卖，

明代的“茶马互市”布告（现藏于青海省博物馆）

显然属于明令禁止的走私行为。

至于这些走私行为产生的原因，古人也曾做过分析。《明实录》记载，永乐八年（1410），茂州卫军士沈连上言：“旧制禁棉布，不许贩卖出境。今茂州、威州、叠溪距松潘产马及通番商之处甚远，而棉布一概禁约，军士无以为衣。”

也就是说，明朝统治者为了与周边政权打贸易战，或者为了制衡，将茶叶、棉布等列为国家专卖物资，禁止私人经营。然而这一举措带来的负面影响是边卫军士“无以为衣”，只能走私获取了。

有些人是为了基本生活走私，还有一些人是为了厚利铤而走险走私。明正统十三年（1448），陕西洮州茶马司奏：“本司额收四川官茶，三年一次，易买番马三千匹，然有未完者。盖由近年邻近府卫军民兴贩私茶者多。”（《明实录》）

《明史·食货志》记载，嘉靖年间，川陕边军民或“潜入蕃族贸易”，或“窃易番马以待商贩，岁无虚日”。《明实录藏族史料》记载，正统十年（1445），陕西布政司上奏：“每年运茶入番，其洮州等三卫军官往往夹带私茶，以致茶价亏损。”

走私，自然有严厉的处罚制度，但在明朝，针对军户走私的处罚有时起不到应有的作用。这一点，弘治时期督理陕西马政的杨一清曾做过细致描述：“查得律内，凡贩私茶者，同私盐法论罪。及查见行事例，私茶有兴贩五百斤的，照见行私盐例，押发充军陕西等处……访得西宁、河州、洮州地方土民，切临番族，多会番语。各省军民流聚钜万，通番买马……且通番之人，明知事例，犯该充军，乃互相嘻谓：‘无故亦要投军，有甚打紧。’”

明朝弘治时期，蒙古部众已经深入河套地区，陕西一线防御态势明显恶化。为增强卫所力量，军户舍余被大量强制抽选入伍。

在这一背景下，部分军户认为，既然贩私茶要充军，遵纪守法也要入伍，还不如加入走私队伍，改善一下生活。走私者所谓的“无故亦要投军，有甚打紧”，反映的正是这一令明朝统治者尴尬的现实。

明朝时期，实行重农抑商和科举制度，形成了“万般皆下品，唯有读书高”

的全社会共同追求。然而，能考上的毕竟是少数，尤其是军户，要种地，也没有大面积的地可种。

于是在明朝军户中也形成了一种和平时期的重商、崇商意识。明朝韩邦奇在其《苑洛集》中记载了蒲州守御千户所军户席铭的事迹，他幼时习举子业，无成，对农耕也不感兴趣，尝曰："丈夫苟不能立功名于世，抑岂为汗粒之偶，不能树基业于家哉？"有此志向，席铭以经商为本业，"历吴越，游楚魏，泛江湖，懋迁居积，起家巨万金，而蒲称大家必曰南席云"。

（焦亚楠）

第七章
清中前期"海禁"立废之变

务须严行查禁，毋任稍有偷越，亦不得因稽查违禁货物，遂将税银短少也。

清代《黄河督运图》

“今日无税”碑见证淄博周村古商城防走私历史变迁

来到淄博周村古商城，吃着香脆的周村烧饼，逛着古商城中的店铺，你也许会留意到，在几条古街的交会处，有一座刻着“今日无税”的六角形石碑。若问周边经营生意的当地人，他们会告诉你一句俗语：“济南日进斗金，不如周村一个时辰。”这说明当时周村工商业的繁盛程度远超过作为山东首府的济南。周村能有如此好的营商环境，离不开这一道“今日无税”的圣旨。

据文献记载，周村的商业繁盛起源于寺庙经济。唐宋以来宗教勃兴，周村接连不断的庙会和五天一次的集市贸易吸引了来自五湖四海的大批商客。至明代，随着大批山西、陕西的移民迁入，山西、陕西、福建、浙江一带的商人纷至沓来，山东本地商人也开始活跃，逐渐形成了由大街、丝市街、银子市街、绸市街等组成的商业街区，其中仅大街就长约 1300 米。在鼎盛时期，周村的商号、作坊多达 5000 余家。但好景不长，随着赋税日渐沉重，走私活动日益猖獗，加上官府、土豪以权谋私、贪赃枉法，更加助长了走私贩私的嚣张气焰，正常的贸易秩序难以保证，导致大部分客商有了离开周村的想法。

位于淄博周村的“今日无税”碑

清朝顺治年间，刑部尚

书李化熙回家探亲时，发现了周村市面繁荣之下暗藏的隐患。他深知关税高，有利于快速增加财政收入，但也导致走私获利增多，走私行为增加；关税低，财政收入增加慢，但可以使贸易在更加自由的环境下开展，有利于减少走私，促进工商业发展。李化熙下决心改变这种恶劣的营商环境。不久，因母亲年老多病，李化熙辞官回乡侍奉母亲。因政绩卓越，临行辞别时，顺治皇帝问他有什么要求，李化熙坦言，家乡赋税苛重，请求皇上下旨减税。顺治皇帝沉思片刻，说：“国家赋税不可免，念爱卿有功于朝廷，朕赐爱卿一道手谕，免除爱卿家乡一日税款，以示皇恩。”

李化熙返乡后，将皇上的谕旨刻在石碑上，竖立在街市中心位置。同时，李化熙一方面请求官府减免了一批荒地税，并组织“巡勇护街”兵丁专门打击扰乱市场的地痞无赖、土豪恶霸；另一方面，李化熙代完市税，周村街纳多少税银，全部从李府往外抬，不再向商人征收一文。李化熙去世数年后，他的儿子李溉之、孙子李斯佺、曾孙李可淳……一辈接着一辈代完市税，延续了200多年。随着一系列措施落实、落地，走私问题也迎刃而解，各地客商闻风而来，周村一时“天下之货聚焉，熙熙然贸易有经如游化日”，成了商贾云集、烟火鳞次的“旱码头”。

（张景春）

康熙帝禁海“对付”反清势力

“雷在地中，复。先王以至日闭关，商旅不行，后不省方。”这是《周易·复》中的一段，意思是震雷处于大地之中，象征着阳气来复。先代的君王在冬至日闭关不出，商旅不外出远行，君主不巡视四方。

这段话是“闭关锁国”一词的由来，中国古代把这一政策作为基本国策长期推行是在哪个时期？“明清时期”，很多人可能会脱口而出。的确，传统观点认为，闭关锁国是中国在世界范围内由先进的汉唐演变为落后的明清的主要原因之一。

明清时期，尤其是明末清初，世界上许多国家正从封建社会向资本主义社会过渡，而清朝统治者却在对外交往方面实行了先海禁后闭关的政策，加之不断强化的重农抑商政策，压制商业资本发展，进而导致了近代中国“落后挨打”的局面。

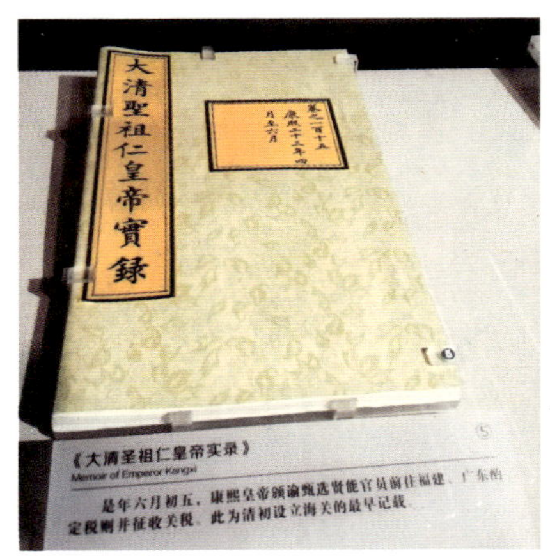

《大清圣祖仁皇帝实录》记载，康熙二十三年（1684）六月初五，康熙皇帝颁谕甄选官员征收关税，这是清初设立海关的最早记录

其实，所谓闭关海禁并非完全封闭海关，而是指在外交、外贸、海关管理等方面采取严格的限制政策，比如限定设关地点、限制中外人员交往、限制商人自由贸易、限制丝茶等货物出口、限制发展对外航运业等，辅之以严格的反走私政策并严格执行。

近代中国的屈辱史往往让人们形成这样一种思维定式：清朝的闭关锁国必然更甚于明朝。然而，真相是否如此？近代中国的落后用“闭关锁国”四个字就能解释清楚？如今，我们再以黄河流域反走私的视角去观察清朝前期的外对政策，会有不一样的收获。

以今天的视角来看，清朝对外政策固然有很多值得检讨的地方，但并非就像大众所想象的那样毫无可取之处。相对于明朝近200年的海禁，清朝海禁满打满算仅延续了不到40年；清朝虽然不像宋元时期那么积极地对外交往，但也没像明朝那么严防死守。

清朝在前期还是继承了明朝后期执行的对外开放贸易政策，对民间海外贸易的态度更加中庸，不鼓励也不反对，任其自由发展。

明朝后期，统治者受制于财政压力，还是丢弃了朱元璋所制定的海禁“祖训”，走向了开禁。明嘉靖二十六年（1547），东南沿海倭寇走私猖獗，不仅有来自日本的“倭”，更有明朝的走私商人“寇”。

于是，朝廷便派重臣朱纨前往镇压，他下令海禁，收缴便于走私的大船，革除乡官渡船，建立保甲制度，鼓励相互告发，搜捕通倭分子，并率军攻克倭寇巢穴双屿港，擒捕通倭主犯，焚毁其营房、船只，声名大振，走私势头暂时得到遏制。

然而，走私本就利益盘根错节，再加上官僚腐败，他们正面打不过，便在背地里使阴招，弹劾朱纨，最终朱纨蒙冤服毒自杀。此后，海上走私行为再次死灰复燃，猖獗起来，每年朝廷都花费巨大财力围剿倭患，财政处于崩溃边缘。

此时，朝野有识之士主张废弛禁令，允许私人海上贸易。隆庆元年（1567），刚当上皇帝的朱载坖也顾不上朱元璋定下的“片板不得下海”的祖制，毅然下诏，逐步向全民放开海禁，增加税收。统计数据显示，从隆庆时期至崇祯十七年（1644）明朝灭亡，短短不到80年的时间里，全球白银总产量的1/3都流入中国。

顺治元年（1644），清军入关，皇帝爱新觉罗·福临下诏，免除关税银一年，并豁免在明朝亏欠的课税；次年又下令各关税银按照明朝后期原额征解。可见清朝初期，统治者并没有要闭关锁国的意思。

但是在清朝初期，反清复明活动猖獗，尤其是以郑成功父子为代表的

海上力量强大，对在马背上打天下的清朝统治者来讲，是个不小的挑战。他们分析郑成功势力大的原因，主要是靠走私获取了巨额利润。

杨英在《从征实录》中说，郑成功的船队“进可长驱远涉，进入长江”，“退可平克台湾，以为根本之地”。这里说的是郑成功抗清生涯中最为辉煌的两次战役：一次是1659年，大军北伐直指南京城下；第二次是1661年，渡海成功收复被荷兰人占领的中国台湾。

《明清史料》记载，清朝统治者认为，郑成功的军队“一切需用粮米、铁、木、物料皆系陆地所产，若无奸民交通商贩，潜为资助，则逆贼坐困可待。向因滨海各处奸民、商贩暗与交通，互相贸易，将内地各项物资供送逆贼……”

为了消灭郑成功等反清势力，统治者实施了以反走私为中心的围困政策。为了断绝物料、人员供给，顺治帝、康熙帝先后颁布了5次禁海令、3次迁海令。《闽海纪要》记载：“山东、江、浙、闽、广滨海人民，尽迁入内地，设界防守，片板不许下水，粒货不许越疆。”

海禁期间“片板不许下水”只是权宜之计，对外交往还是要有的，比如与朝鲜、琉球、暹罗（泰国古称）、安南（越南古称）、南掌（老挝古称）、缅甸、苏禄（位于今菲律宾群岛）等开展朝贡贸易；荷兰因为助清廷剿寇有功，

清初四海关税则

康熙二年（1663），曾破例被允许“二年贸易一次”。

康熙二十二年（1683），施琅收复台湾，统治者随即安排因迁海令而流离失所的百姓回归故土，恢复沿海地区“耕种采捕”的正常生活秩序；二十三年（1684）又着手开放海禁，“……各省，先定海禁处分之例，应尽行停止”。

《清实录·圣祖仁皇帝实录》记载，康熙皇帝发布谕令，宣告正式开海贸易，“向令开海贸易，谓于闽粤边海民生有益。若此二省民用充阜，财货流通，各省俱有裨益。且出海贸易，非贫民所能，富商大贾，懋迁有无，薄征其税，不致累民，可充闽粤兵饷，以免腹里省分转输协济之劳。腹里省分钱粮有余，小民又获安养，故令开海贸易”。

由此可见，康熙皇帝看到了海外贸易的好处，但也知道需要加强管理。康熙二十三年至二十五年（1684—1686），统治者先后在福建、广东、江南、浙江沿海四地设置闽海关、粤海关、江海关和浙海关，负责“海上出入船载贸易货物征税”之事。

这是我国历史上第一次出现“海关”一词，替代了此前的“市舶司”。四个海关的职能还包括管理对外贸易、沿海贸易和船政渔政，接待朝贡使臣，缉私和海防。其中，江海关就位于黄河流域的连云港（当时黄河夺淮河入海），后来搬到了上海。

康熙二十三年（1684）颁布诏令，私载硫黄、焰硝、军器等违禁物品出洋者，照律治罪。四海关的设置不仅增强了清朝廷的海防观念和门户意识，还增加了税收。

可见，清朝前期，对外政策以反走私保障下的开放贸易为主，其中有些政策比较保守和封闭，多出于军事安全等角度的考虑。

（李春）

乾隆帝“大黄反走私”不战而屈人之兵

绞犯李生贵、迈玛第敏，因在乌鲁木齐收买大黄，卖与俄罗斯图利，至千斤以上。大黄久经例禁，该犯违例，夥买私贩出境，情罪甚重。

这是《清圣训》（乾隆朝）中的一段，记录了李生贵与同伙因在黄河流域走私贩卖大黄出境而被判处绞刑的故事。

大黄，一种中药材，《神农本草经》记载，具有“主下瘀血，血闭，寒热，破癥瘕、积聚，留饮宿食，荡涤肠胃，推陈致新，通利水谷，调中化食，安和五脏”等功效，在四川、甘肃、青海等地都有较大产量，属于一种极为常见的药材。

兰州黄河食渡夜市，再现清代西部陆路丝绸之路情景

可是在清朝乾隆年间，走私大黄出境就要被判处绞刑，这背后有着怎样的历史背景？话说从明朝中后期开始，随着海上贸易的发展，大黄作为一种中国土特产，与茶叶、丝绸、瓷器一样，被大量出口到欧洲，是国际市场上久负盛名的“中国货”。

到了清朝，尽管有战乱、海禁，但大黄出口量依然逐年递增，朝野上下不明就里，就笼统地认为国外不产大黄，所以必须得从中国进口，即所谓“以中国之大黄为上药，病者非此不治”。

有的人甚至荒唐地认为，“番人性嗜乳酪，胶结肠腹，唯大黄、茶叶，荡涤称神，一不得食，立致困病”（《粤东市舶论》），臆想出“西人若经年不服大黄则必死”等笑话。

于是，就像宋朝“以茶制夷”一样（《明史·食货志》载：“番人嗜乳酪，不得茶，则因以病。故唐、宋以来行以茶易马法，用制羌戎。”），清朝“大黄制夷”的政治观念越来越强烈。

清朝统治者在这样的观念影响下，终于在乾隆年间的一次对俄沙皇的贸易战中付诸行动了。清朝与沙俄的关系，还得从明末清初说起。当时，

山西博物院展出的恰克图中俄贸易场景

俄沙皇彼得一世及其后代对清朝实行扩张与通商并重的策略。

沙俄扩张最明显的事件是1689年中俄签订《尼布楚条约》，之后双方开展边境贸易，沙俄从清朝购得丝绸、棉纺织品、茶叶、大黄和瓷器等，清朝则从沙俄那里大量购进皮毛、牲口、金属等物资。

时间来到18世纪初，沙俄继续向清朝西北、漠北地区侵扰，清朝派兵驱逐，并禁止双方边境贸易。之后，沙俄派人到北京谈判，签订《恰克图条约》，确定双方中段地区边界线，并把恰克图和尼布楚确定为边境贸易据点。

1730年，恰克图建成，分南北两市，南市为清朝商民居住，称为“买卖城”；北市为沙俄商民居住，称为“恰克图”。两城正中竖立标柱。从恰克图出发，经库伦、归化、张家口，沙俄商人可以直达北京。

双方在物资交易方面互有需求，又有畅通的贸易通道，使得恰克图快速发展起来。至18世纪70年代，清朝商人在买卖城已经设立了200余家商号，清朝理藩院定期派人去管理双方的互市。

清朝各地商人远涉戈壁、沙漠，在恰克图与沙俄商人贸易，促进了恰克图繁荣，也推动了沙俄经济发展，双方经济互补性越来越强。然而，到了18世纪80年代，俄沙皇再次扩张。

此时已是耄耋之年的乾隆皇帝不愿再大动干戈，只想不战而屈人之兵，便于1785年下诏关闭恰克图口岸，对沙俄实施贸易制裁，同时在中部、北部边境设立严格的检查机构，严厉打击各种形式的走私行为。

1789年，黄河流域发生的两起越境走私大案震惊了乾隆皇帝，两起案件走私的都是大黄，一次5000多斤，一次4000多斤，走私者试图将其偷运到沙俄。乾隆皇帝批示：对两案中涉及的外籍走私者，枷号示众，至于中国籍走私者，则处以极刑。

刑罚如此严厉，是因为清朝统治者坚信，禁止向沙俄出口商品，尤其是大黄，是十分有效的贸易武器，不容任何破坏。走私大案也提醒乾隆皇帝，沙俄为得到大黄已不择手段，贸易战已看见胜利曙光。

于是，乾隆皇帝决定再给沙俄重重一击。为完全杜绝走私漏洞，朝廷多次下旨，除在漫长的北部边境加强缉私之外，还在东北三省、直隶、山东、江西、浙闽、粤东等地的海陆口岸，“实力稽查，毋许内地奸商，私将大黄偷卖与番船，夹带出洋”。

同时，清朝还对全国大黄产地及其销售网络进行全面排查封堵。他们建立了大黄凭官票运销制度，“定以限制斤两，酌议每处需用大黄若干，发给官票，于经过各关隘时，将票呈验，如无官票可凭，即系私行贩运，查拏治罪”。

即便是在广州，也能感觉到大黄禁运的强大压力。圣旨要求广州港“务须严行查禁，毋任稍有偷越”，“若私卖大黄，一经拿获，不唯大黄入官，他物一概抄没，人犯拿解内地，加倍从重治罪，断不轻贷”。

乾隆皇帝之所以这么做，是考虑到“沙俄接壤西洋，恐其向西洋各国转贩大黄”。同时，他还禁止广州港的毛皮贸易，因为沙俄商人是毛皮的最大供应商，这么做是为了防止他们通过欧美商人向清朝出口毛皮，套取大黄。

多管齐下的反走私贸易战让沙俄统治者感觉到了巨大的压力：毛皮无法出口，大黄、茶叶等无法进口，税收大大减少。毕竟，沙俄曾对清朝商人征收30%的入境税，恰克图曾为沙俄国库提供高达15%—20%的收入。

1792年，清朝与沙俄签订了《恰克图市约》，沙俄接受了清朝的全部要求。“药中将军”大黄在这场反走私保障下的贸易战中，居然真被当作了应对外敌的“将军”。

（张斌）

《红楼梦》与盐走私

“督署亦有私盐耶？”这是被誉为“神州第一幕僚”的赵烈文在其《能静居日记》中的一句话。不过，这里说的可不是私盐，而是当时红极一时且被列为禁书的小说《红楼梦》。

有一天，赵烈文去时任两江总督曾国藩处交谈，在几案上的书堆中瞧见一本坊本的《红楼梦》，吃惊之余调侃道：“督署亦有私盐耶？”意思是，堂堂两江总督衙门，也藏有私盐吗？

显然，这里的“私盐”实际上是指《红楼梦》。这从侧面反映了当时食盐走私之盛和《红楼梦》之流行。《红楼梦》刚一问世，便以其细腻的文笔、精巧的构思、真挚的情感表达征服了众人。

人们争相阅读它、传播它，但封建卫道士诋毁它，清朝统治者将其列

《古运回望图》所绘扬州段运河

为禁书，却也无法阻止它在民间的传播，就像私盐的盛行。自春秋时期管仲推行“官山海”，将盐列为专营以来，历代管理制度越来越完善，对走私的处罚力度也越来越大，却终无法禁绝。

如《大明会典》中规定：“凡客商兴贩盐货，不许盐、引相离。违者同私盐追断。如卖盐毕，五日之内不行缴纳退引者，杖六十。将旧引影射盐货，同私盐论罪。伪造盐引者，处斩。”

清朝也执行这样的规定，实行盐引（官府颁给盐商的食盐运销许可凭证）制度，盐商需要向官府购买盐引，然后拿着盐引到盐场购买相应数量的食盐，之后将食盐运输到盐引上规定的地点售卖，卖完之后将盐引交回官府。

规定很严密，但执行起来就不好讲了。以《红楼梦》中的贾家为例，“贾不假，白玉为堂金作马”，意思是贾府金玉满堂，都能用白玉建起厅堂，以金打造马匹了。

贾家这么富裕，可能相当一部分收入来自参与或协助盐走私的收益。贾家的原型——曹雪芹的曹家，祖上做过巡盐御史等职，管理盐务。其实，如果奉公守法，做一个简简单单的盐官，不可能赚太多钱。

以林黛玉家为例，林家是书香世家，三代袭爵。林黛玉的父亲林如海十分争气，考中了探花，也十分有能力，在朝中颇受倚重。在贾雨村给林黛玉做家庭老师时候，林如海刚升迁为盐政。

在清朝，一般认为盐政是个肥差，稍微动动脑子就能赚大钱，可是林如海保持了士大夫的那种清高，不愿同流合污。贾家就不一样了，他们脑子活，就富裕了，当然最后也被抄家了。

其实在清朝，因参与盐走私而被重罚、抄家的大门大户何止曹家。乾隆年间就曝出了黄河流域（黄河当时夺淮入海）轰动朝野的“两淮盐引案”，此案历时共二十余年，涉案金额共计一千多万两，舞弊金额为历朝之最。

《清稗类钞》记载，两淮盐政尤拔世上奏说，前任两淮盐政普福在前一年就奏请朝廷预先提取本年的纲引，要求盐商们每份盐引上缴三两银两，以备公用，一共上缴库银 27 万多两。普福在任期内所置办的金银器物、玉器、古玩、书画等各种宝物，一共支用 8 万多两银子，还有 15 万多两银子上缴

内务府查收，其余几万两银子成为火耗消失了。

乾隆帝收到奏折之后觉得奇怪，因为以前历任盐政从来没有上奏过这项收入。他随后命人检阅户部档案，也没有发现纪录相关文字的书册，很明显这属于盐政私自支用的银子。

查明真相后，乾隆帝下诏处罚了100多人，处斩了20多人，连已经退休的80多岁的卢见曾和慧贤皇贵妃之弟高恒也被处死，这与曹雪芹的曹家的经历是何其相似啊！

曹雪芹祖父曹寅受康熙皇帝钦点，曾任两淮盐务的长官。从康熙四十三年（1704）开始，曹寅与亲家李煦还奉旨轮流管理“两淮盐政”，前后有十年之久，每年都经康熙帝亲自任命。

坐落于南京、大行宫“占满大半条街”的曹府大院，其房屋馆舍的豪华和富丽、亭台楼阁的精致和奢靡，绝非朝廷俸禄所能支撑的，这也足可以体现钦命盐官的府第，绝非“平常仕宦之家”可比。

曹寅任两淮巡盐御史时，做过两件著名的风雅事：一件是刻古书15种，另一件是修造园林。这两件事对后来的盐官和盐商影响很大，被竞相效仿，如扬州盐商张氏的容园，两淮盐商黄至筠的个园以及程家园林、鲍家园林。

尽管清朝对盐走私处罚很严厉，但走私分子依然前赴后继，比如嘉庆年间长芦盐场还曝出另一起食盐舞弊大案，他们采用“大秤进、小秤出”的差额来获取暴利，舞弊手法历朝所未见。

道光年间，皇帝还亲自督办了清朝最大盐枭黄玉林案。关于盐反走私，曾国藩有两句话简明扼要：“出处防偷漏，售处防侵占。”看似简单，但要做到这一点，又谈何容易呢？

（孟晓璐）

雍正帝立法“禁毒”，道光帝烟贩“斩立决”

黑烟争说闹排场，到处开灯劝客尝。

不是长官先过瘾，民间敢有许多枪？

这里的“烟”指的是鸦片。这是生活在清朝嘉庆、道光年间的陕西籍监察御史徐法绩写的一首小诗，再现了当时鸦片之流行，大批官僚吸食成瘾，终日醉生梦死，无所事事，一些民众也争相效仿。

提起徐法绩，很多人可能并不熟悉，但说到“抬棺西征，收复新疆”的左宗棠，很多人可能如雷贯耳。徐法绩是左宗棠的恩师，有一年，左宗棠参加乡试，被考官嫌弃，考官认为其语句不通，将试卷掷落在地。这一举动被身为主考官的徐法绩看到，他捡起试卷，仔细阅读后，认为文章写得很好，将左宗棠列入乡试中举名单。《清史稿·列传一百六十四·徐法绩》中还专门提及此事，认为徐法绩有慧眼识珠之能。

《清史稿》对徐法绩还有评价，认为他“清操相继，冀挽颓风”，这里的“冀挽颓风”可能指的就是他对烟毒泛滥的关注，作为监察御史，他敢于直面问题，直言进谏。

的确，早在1840年鸦片战争以前，清朝统治者就已经意识到了毒品的危害，对其严加管制。1729年，雍正皇帝颁布了中国也是世界上第一个禁毒法令——《兴贩鸦片及开设烟馆之条例》。

该法令明确规定：“兴贩鸦片烟，照收买违禁货物例，枷号一个月，发近边充军。若私开鸦片烟馆，引诱良家子弟者，照邪教惑众律，拟绞监候，为从，杖一百，流三千里。船户、地保、邻佑人等，俱杖一百，徒二年。如兵役人等藉端需索，计赃照枉法律治罪。失察之讯口地方文武各官，及不行监察之海关监督，均交部严加议处。”

晚清时期人们吸食鸦片的场景

动辄发近边充军、杖一百、流三千里，法令不可谓不严厉。而雍正皇帝这一举措也是吸取了前朝的教训。鸦片是舶来品，相传在张骞出使西域时就传入了中国，之后在漫长的历史时期内，都当作药物使用。

唐朝乾封二年(667)就有鸦片进口的记录，阿拉伯鸦片被称为“阿芙蓉”；开宝六年（973），北宋印行的《开宝本草》中，鸦片被定名为“罂粟粟”，这后一个“粟”应当“蒴果”释。

到了明朝，海外吸食鸦片法传入，先在军中流行，逐步蔓延到民间。相传万历皇帝30年不上朝，在宫中试验、服食的丹药（也称“福寿膏”）中就有鸦片，他借口头晕、眼花不上朝，可能是鸦片毒瘾所致。

1958年，万历皇帝的定陵考古挖掘，科学家对其进行尸检后发现，其骨头中含有吗啡。《大明会典》也记载了其亚洲藩属国给明皇室进贡鸦片的事，暹罗每次给皇帝200斤、皇后100斤，只不过当时鸦片被称为“乌香”。

明朝末年，终其一生企图力挽狂澜的皇帝朱由检在崇祯十二年（1639）颁布诏令，禁止人们吸烟，称烟草是“流寇食之，用辟寒湿”的东西，规定“民间不许种植，商贾不得贩卖；违者与通番等罪”。

朱由检甚至还对违禁吸烟的人开了杀戒。明代杨士聪在《玉堂荟记》

中记载了一个故事：有位举人赴京赶考，他不知道吸烟已经被明令禁止，一个仆人带了烟进京。当仆人外出悄悄吸烟时，被巡逻人员抓获，于次日被处死。

就在崇祯皇帝首次下令禁烟的同一年，清王朝的前身——后金也发布了禁烟告示，明文规定不许栽种、买卖、吃食烟草，违者重罚。据记载，当时后金审理的涉烟案件达60余起，被处罚的有数百人，短时间内起到了一定效果。

清朝康熙皇帝收复台湾之后，宣布废除海禁，新的鸦片吸食法又从海外陆续传入，这才有了雍正皇帝的《兴贩鸦片及开设烟馆之条例》。这是一种巨大的进步，但也有一定的历史局限性。

细读这份条例会发现，查禁范围主要限于境内兴贩鸦片烟者、开设鸦片烟馆等，并不禁食及种植鸦片，也不禁烟具制造和进口鸦片。而且就在条例颁布的同一年，便发生了一桩鸦片走私案。

当时，漳州知府李国治拿得行户（也称“商户”）陈远私贩鸦片34斤，准备充军。福建巡抚刘世明复查这个案子的时候，陈远诡辩说，鸦片为药材，后经药商鉴定，认定陈远走私的鸦片是药材。

结果漳州知府李国治反而被判故意陷害罪，还遭到了雍正皇帝的斥责。从药商到知府、巡抚，再到皇帝，都对鸦片是药还是毒无清晰、统一的辨别标准，这就为日后鸦片泛滥埋下了祸根。

从清朝史料来看，尽管有条例，但雍正七年（1729），便有鸦片进口200箱记录在案；到了乾隆三十二年（1767），这一数字直接增长到了1000箱。

有鉴于此，1796年，一心想改变乾隆时期弊病的嘉庆皇帝在上位伊始便下诏，禁止鸦片进口，此后又多次下诏，要求沿海海关严查鸦片走私，责令沿海一带整饬海防，设立炮台水寨，增添兵将、船只，严查鸦片及其他违禁物品走私输入。

但是，一心想改变贸易逆差的东印度公司仍从东南亚通过贸易商和中介走私鸦片到中国，不仅沿海、沿边省份，而且身处内地黄河流域的陕西也深受其害。

陕西最早有人吸食鸦片的记载见于陕西巡抚史谱的奏折，他在 1831 年的奏报中称："陕西地方向不出产罂粟花，并无造作鸦片烟事，惟近来多有私食之人。"

据《筹办夷务始末》记载，当时鸦片流入陕西主要通过三条路线：东路"自河南、山西来者入潼关并同州属之大庆关"；南路"自湖北来，入商州之龙驹寨及兴安府属旬阳县之蜀河"；西路有"山西忻州人往回疆贸易，每每夹带羌土，由嘉峪、哈密等关潜入内地，并有贩至陕西、河南各省者"。

当时官员贪污腐败，也助长了鸦片蔓延趋势，陕西监察御史徐法绩在揭露道光时期陕西鸦片泛滥的情形时，写下了文章开头那首诗："黑烟争说闹排场，到处开灯劝客尝。不是长官先过瘾，民间敢有许多枪？"

鸦片输入造成大量白银外流，直接恶果便是银价上涨，钱价下跌，银贵钱贱直接加重了人民负担。有鉴于此，徐法绩上书，"奏请严旨饬禁内地种造鸦片及开设烟馆制造烟具以杜浇风折"。

徐法绩在折中指出，鸦片的输入使"嘉谷变为毒草，富厚变为贫困，少壮变为老弱"。陕西巡抚也奏请"严海口之禁，以杜其源；次加兴贩及开馆罪名，以遏其流；再惩吸食之人，以惊其沉迷"。

一个个奏折都是肺腑之言，清朝统治者也能听得进去，因此继雍正皇帝颁布法令惩处贩卖鸦片及开设烟馆者之后，嘉庆皇帝在 1813 年颁布了中国历史上第一道惩办吸毒者的法令——《吸食鸦片烟治罪条例》，首开以刑法手段制裁吸毒者的先河，其中规定："军民人等买鸦片烟者杖一百，枷号一月；太监违禁故犯者，枷号两月，发往黑龙江给该处官员为奴。"

道光皇帝即位后，继续推行禁烟（毒）政策，几乎年年颁发禁烟谕令：道光三年（1823），颁布了《失察鸦片条例》；道光十一年（1831）颁布了禁种条例；道光十九年（1839），再次颁布《钦定严禁鸦片烟条例》，将清廷历次发布的有关禁贩、禁吸、禁种的规定合编为 39 条，成为我国历史上第一部综合性的"禁毒法典"。

《钦定严禁鸦片烟条例》亦被称为史上最严厉的"禁毒法"，惩治措施极为严厉：所有吸毒人员，在一年半之内必须戒烟，不能禁烟者将被判刑，绞监候（死缓）；鸦片烟贩，就地正法，斩立决；所有开设烟馆、提供吸烟场所，以及包庇贩毒的官员，就地正法，绞立决；为国内走私提供货源的洋人，就地正法，首犯斩立决，从犯绞立决。

由此可见，该条例除了吸毒人员是死缓以外，其他凡是参与鸦片销售的相关人员，无论洋人还是中国人，都要就地正法。林则徐是严格执行这一条例的官员，虎门销烟以行动彰显了中国人禁毒的决心。

（董少伟）

清朝“天下粮仓”反走私

“江浙米价腾贵，皆由内地之米为奸商贩往外洋所致，请申严海禁，暂撤海关，一概不许商船往来，庶私贩绝而米价平……”

这是清朝康熙四十七年（1708），都察院佥都御史劳之辨给皇帝的一篇上疏，题目即是《请严申海禁暂撤海关》。

1708年，清王朝天灾人祸齐聚：这一年，康熙帝垂泪废太子，清廷储位之争加剧；这一年，旱灾袭来，米价飙升。

不过，对同一件事情，不同的人有不同的看法，劳之辨认为，米价贵是奸商走私粮食到境外所致。

劳之辨给出的解决办法很简单，海禁，一禁了之。由此可见，从元朝的四次海禁到明朝的抗倭海禁，再到清朝，海禁思想根深蒂固。

杀虎口，也称西口，位于山西省朔州市右玉县境内，两侧高山对峙，自古便是南北重要通道。山西人“走西口”经商成就了一代晋商传奇，这里的“口”便是杀虎口

这一思想来自走私可以危害统治安全的切身体会，清朝统治者感受更为深刻。

明朝初年，统治者曾越过长城，北击蒙古残部，以求解决边患。然而，北方幅员辽阔，即使明军追到贝加尔湖一带，也没能将蒙古残部消灭。于是，明朝统治者重修长城，一为军事，二为开展经济封锁。

经济封锁的威力有多大，蒙古残部尝试过，他们得不到南方的粮食、铁器，制作弓弩只能用硬骨头当箭头，再也无力南下骚扰明朝了。

明朝末期，清朝的前身——女真人建立的后金崛起，明朝统治者再次挥舞着经济制裁的大棒，对后金实施经济封锁，禁止铁器、盐等物资北流。

不过，后金人见招拆招，他们利用山西人走西口、走东口，用明朝人喜欢的貂皮换取粮食、铁器、食盐。

晋商靠着这种在明朝人看来是走私的贸易迅速崛起。清军入关之后，顺治皇帝也没有忘记这些“功臣”，于紫禁城设宴款待，赐予这些人“皇商”身份。

清朝有“八大皇商”之说，均为山西人，后来康熙、雍正、乾隆皇帝开展军事行动，负责后勤物资保障的也多是这些“皇商”。

自己本身就是靠着“走私”入主中原，当政之后自然对“走私”多加提防，尤其是关系到长治久安的粮食。

言归正传，针对御史提出的以海禁应对粮价上涨的建议，康熙皇帝采取了选择性听取策略，并不限制外贸，但限制粮食出口。

《清实录·圣祖仁皇帝实录》记载，康熙皇帝针对劳之辨的上疏批示：“闻内地之米贩往外洋者甚多，劳之辨条陈甚善，但未有禁之之法。”也就是说，他不愿意恢复海禁。

康熙皇帝接着说：“其出海商船，何必禁止，洋船行走，俱有一定之路，当严守上海、乍浦及南通州等处海口，如查获私贩之米，姑免治罪，米俱入官，则贩米出洋者自少矣。”

根据康熙皇帝的批示，户部还做了一番调研，认为“自康熙二十二年（1683）开设海关，海疆宁谧，商民两益，不便禁止”。

含嘉粮仓仓窖示意图

至于"奸商私贩"，户部建议，应该"于江南崇明、刘河，浙江乍浦、定海各海口，加兵巡察。除商人所带食米外，如违禁装载五十石以外贩买者，将米入官，文武官弁有私放者，即行参处"（《清实录·圣祖仁皇帝实录》）。

若干年后，对于出洋船只，清朝更规定了明确的粮食配额："（出洋船只）每日每人准带食米一升，并余米一升，以防风阻。如有越额之米，查出入官，船户、商人一并治罪。至于小船偷载米粮驳运大船者，严拿治罪。"（《清实录·圣祖仁皇帝实录》）

《大清律例》对违例出口粮食货物接济奸匪的人，直接处以绞立决；对仅仅是为了金钱而没有接济奸匪或包庇的人，贸易超过一百石粮米，发配边疆充军；贸易粮米一百石以下、十石以上，杖责一百，判处有期徒刑三年……

清朝对粮食走私出境打击政策可谓严厉，这么做的背景是雍正皇帝废除两千多年的人口税，推行摊丁入亩，人口出现爆炸式增长。

统计数据显示，清朝人口从康熙年间的 1 亿，增长到乾隆年间的 3 亿，吃饭成了大问题，"天下粮仓"备受关注。

尽管清朝统治者认为"天朝物产丰盈，无所不有，原不藉外夷货物以通有无"，推行闭关锁国政策，但面对"产米不敷民食"的严峻局势，还是对粮食进口开了一道口子。

康熙六十一年（1722），皇帝因听说暹罗"其地米甚饶裕，价值亦贱，二、三钱银即可买稻米一石"，就提出由暹罗商人"将米三十万石分运至福建、广东、宁波等处贩卖"，而且"不必收税"。

进口大米除了享受免税待遇之外，到乾隆八年（1743），连运输大米的商船也得到了政策倾斜，其所装载的其他货物也享受减税待遇。《清朝文献通考》记载："嗣后凡遇外洋货船来闽粤等省贸易，带米一万石以上者，著免其船货税银十分之五；带米五千石以上者，免其船货银十分之三。”

进口大米不仅可以自由地随行就市，如果销售不好，外商们还可以享受朝廷统购的待遇，“俾外洋商人得沾实惠，不致有粜卖之艰”。

不过，这一爱屋及乌的政策也为日后鸦片走私泛滥埋下了隐患。在地方官员们协助下，大批外商名为进口大米，实为进口鸦片，却依然可以得到大米免税、免费的待遇。

这也从一个侧面反映出，打私最重要的是打掉私心，正所谓“心底无私天地宽，人到无求品自高”。

（李刚）

乾隆帝禁止丝绸出口“违者充军”

壮志西行追古踪，孤烟大漠夕阳中。

驼铃古道丝绸路，胡马犹闻唐汉风。

这是现代人沿着黄河重走丝绸之路时写下的一首七言绝句。丝绸之路、茶马古道、大漠孤烟、汉唐遗风……这些意味深远且画面感极强的词语，读起来总让人无限感慨于古人踏破千山万水，孤直前行的身影。

丝绸之路，一条贸易之路、交流之路、文化之路、友谊之路，一般认为其始于秦汉，繁荣于唐宋，到了明清时期，则既繁盛又走向了重大转折，这一转折起于一场物价飞涨。

乾隆二十四年（1759），有位官员给皇帝上了一道奏折说：“近年以来，南北丝货腾贵，价值较往岁增至数倍……民间商贩希图重利，出卖洋艘，转运多至盈千累万，以至丝价日昂。”

于是，乾隆皇帝以“不无私贩出洋之弊”为由，下令沿海边关各地严禁丝及丝织品出口，为了防止有些商贩不听、参与走私，还制定了严格的反走私法规。

《大清律例》规定：“侥有违例出洋，每丝一百斤，过一百石之例，发边卫充军；不及百斤者，杖一百，徒三年；不及十斤者，枷号一月，杖一百；为从及船户知情不首告者，各减一等，船只货物俱入官。其失察之汛口文武各官，亦请照失察米石出洋之例，分别议处。”

这一法规可谓严厉，不仅走私者要受罚，知情不报者、官员失察者也要受罚。为了便于操作，同年，清朝又规定，因为“绸缎等物总由丝觔所成，自应一体查禁”。

自秦汉以来，丝绸出口便是中原王朝统治者财政收入的重要来源，如今乾隆皇帝说禁止就禁止了，就不留一点余地吗？他就不怕减少财政收入吗？

原来，鸦片战争前，清朝的进出口税率一直很低，一般进口正税税率4%，出口正税税率只有1.6%—2.6%，即使加上附加费、手续费等，实际进口税率也只有5.76%，出口税率3.74%。

乾隆皇帝戎装骑马画像

而同时期，欧洲各国进出口税率却是清王朝的十几倍。以茶叶为例，1784年，英国茶叶进口税上升至茶价的128%，最低也在60%以上。

由此可见，乾隆皇帝根本不在乎那点出口税，为了稳定丝绸物价，他说禁就禁了。不过历史事实反复证明，很多事情不是“一禁了之”就能解决的。

这一丝绸出口禁令实施五年后，“不特丝价依然昂贵，未见平减，且遇值蚕事收成稍薄，其价较前更昂”，于是被迫“开禁”。

不过受根深蒂固的闭关锁国思想影响，即使“开禁”也是有限度的，只允许被批准出海之商船出口，出口船只“每只准其配买土丝五千斤，二蚕湖丝三千斤”，限额出口。

至于“头蚕湖丝缎匹等，仍照旧查禁”，其绸缎、纱罗及丝绵等项，照旧禁止出海。清朝统治者认为，本朝生产的物品，应当由本朝人享用。

对普通生活品丝绸出口限制尚且如此之严，清朝对事关统治安全的铁器管控就更严格了。

《大清律例》明确禁止军器出口，并对来往贸易船只的炮位数量限制在二门以内，相应火药只能携带三十斤以内。

为了让官员认真执法、反走私，康熙五十九年（1720）规定，出海商船未严查军器炮械的，罚俸一年。

后来，《大清律例》甚至把制造军器的原材料也列入了禁运范围，雍正九年（1731）禁止废铁买卖，违者判三年，甚至发边充军，卖给外寇者绞死。

清康熙年间嘉峪关关照

至于制造火药所需的焰硝等，贩卖者需有官府印票才可放行。若无印票与境外买卖者，首犯处以斩刑，从犯杖四十，发配边疆充军，徇私官员同罪处罚。

为了杜绝这些物资出海，清朝统治者还在运输工具上下功夫，规定船员每人每天只能带一升粮食，每艘船只能带一口锅作为炊具，每个人只能带一把铁斧子做用具，每艘船必须提前备案出航日期……

显然，清廷这种不太人性化的规定，甚至剥夺了船员的自卫权和生存权。因为清朝时海上通信薄弱，物资若不能准备充分，很多海员只能孤苦地飘零在大海之上，没有任何依靠，生活也没有保障。

同时，清朝规定，自广东、福建、浙江、山东等地出洋贸易的商船，吨位不得超过五百石；违者不论官兵民人，俱发边充军。

统治者以此限制人们出海，实施闭关锁国，保障安全。

（张洪峰）

第八章

清晚期“关权”旁落

督署亦有私盐耶？三千年未有之大变局。

1862 年李鸿章为津海关题写的匾额，“海”字突出的一撇，寓意“虽然洋人控制海关，但早晚要收归国有”

清末鸦片禁弛之变与反走私

请君莫畏大炮子，百炮才闻几人死？

请君莫畏火箭烧，彻夜才烧二三里。

我所畏者鸦片烟，杀人不计亿万千。

……

这是晚清时期经学大师陈澧（1810—1882）写的一首小诗《炮子谣》，意思是说，请你不要害怕大炮，百炮才打死几个人？请你不要害怕烧着的火箭，整晚燃烧才烧二三里。我所畏惧的是鸦片烟，杀害的人千千万万。

鸦片不仅害人，而且害国。1840年，鸦片战争爆发，清政府战败，割地赔款，让中国一步步沦为半殖民地半封建社会。这本是一场正与邪的战争，英国商人走私鸦片，清政府强力反走私，虎门销烟，维护国人身体健康。

然而，由于清政府战败，一切都变了，一些正的变成邪的，一些邪的变成正的。正如马克思在《鸦片贸易史》中所说：“浸透了天朝的整个官僚体系和破坏了宗法制度支柱的营私舞弊行为，同鸦片烟箱一起从停泊在黄埔的英国趸船上偷偷运进了天朝。”

千百年来，中国历朝历代关于海关的称谓有很多，比如关、市舶司、互市监、榷场等，但都有一个共性，它们都是管理进出境事务的机构，均由中央集权的朝廷所独立自主掌控。

然而1840年之后，随着帝国主义列强入侵，很多都变了，鸦片贸易可以由违法变成合法，海关也失去了独立自主性，被列强所掌控，打击鸦片走私也因一系列不平等条约的签订而变得曲折起伏。

尽管第一次鸦片战争直接起因于鸦片的走私与反走私，但战后双方签订的《南京条约》及税则只字不提“鸦片”二字。鸦片毕竟是毒品，举世公认，

中英《南京条约》草稿

双方签约若只为鸦片，岂不让人笑话？该有的体面还是要有的。

纸面上不提，并不意味着英方心里不想。从英国方面来看，鸦片贸易毕竟不光彩，但他们又不愿意放弃这一可以带来丰厚利润的买卖，纸面上不提，暗中继续开展原有的鸦片走私贸易，实为上策。

从清政府角度来看，禁烟引起战争，进而战败，清政府签订中国近代史上第一个不平等条约，对这一“祸根”自然心有余悸，也尽量回避。因此，钦差大臣爱新觉罗·耆英在谈判时一再强调，清政府禁烟范围仅限于本朝军民，无意过问外国商船贩运鸦片。

然而，鸦片贸易带来的巨大利润，清政府和列强都看在眼里，当双方都需要时，便会不自觉地向中间靠拢，共同推动鸦片贸易合法化。道光皇帝第一次心动是在鸦片战争期间。

1841年6月，尽管处在第一次鸦片战争期间，但道光皇帝心情颇为愉快，因为被派往广东负责“规复香港”的清朝宗室奕山奏报了一则喜讯，香港台风，“淹毙洋人汉奸不计其数，帐房寮篷吹卷无存，所筑码头坍为平地，扫除一空，浮尸遍海”。

显然，这是一则破绽百出的奏议。一场台风怎会有如此大的威力？如果真是这样，那么沿海地区肯定也受灾了，政府还得花钱赈灾，只要稍微动动脑筋就可以鉴定它的真假。

可是此时的道光皇帝已焦头烂额，情不自禁地把这种荒谬之事当成令人愉悦的理由。这场突如其来的暴风雨，他认为是老天有眼，英国侵略者

遭到了“天谴”，受到了应有的惩罚。

诗人张维屏还写下了流传甚广的《三元里》，其中写道：“夷兵所恃惟枪炮，人心合处天心到。晴空骤雨忽倾盆，凶夷无所施其暴。岂特火器无所施，夷足不惯行滑泥；下者田塍苦踯躅，高者冈阜愁颠挤。”

只是天灾变幻无常，不会特意只针对侵略失德的一方。很快，道光皇帝又接到奏报，黄河在河南祥符漫堤，河水以高屋建瓴之势直冲省城，开封已成孤岛，附近州县均成泽国。

次年，黄河又决于江苏桃园；再次年，黄河决于河南中牟；咸丰五年（1855），黄河于今河南兰考铜瓦厢决口，被认为是黄河历史上第六次大改道，夺山东大清河入渤海，直至今天。

黄河每次决口改道，水泻四溢，所经之处，灾害严重，即所谓“泛滥所至，一片汪洋。远近村落，半露树梢屋脊，即渐有涸出者，亦俱稀泥嫩滩，人马不能驻足”（《再续行水金鉴》），治理起来投资巨大。

此外，镇压太平天国起义也需要钱。因此，为了解决财政危机，清政府把目光投向了利润丰厚的鸦片贸易，“寓禁于征”的理论甚嚣尘上，甚至曾经强硬的禁烟派林则徐都支持在本土种植鸦片，与列强开展“商战”。

1857 年，清政府准大臣王懿德之请，“从权量抽进口鸦片税”；1858 年，《天津条约》签订，英国督促清政府接受鸦片进口征税意见，将“鸦片贸易合法化”，并赶紧落地实施。

遥想鸦片战争之前，清政府“凡吸食、贩卖、种植者皆斩”的鸦片禁令是何等坚决，而时移世易，面对列强威逼利诱和自身财政窘迫的双重压力，终于妥协了，同意鸦片合法化。

1858 年 11 月，清政府与各国修订关税时，议定进口鸦片上税并且弛禁，只不过他们给鸦片起了个好听的名字——“洋药”，以遮人耳目。虽曰“洋药”，但境内亦可种植，黄河流域的山西、陕西、甘肃三省成为当时鸦片“种植大户”。

当时，四川有些地方甚至都难以买到南方炒菜一般使用的菜籽油，而用罂粟油代替。《筹办夷务始末》中记载，“种植罂粟花，取浆熬烟，其

丁戊奇荒，山西受灾严重

利十倍于种稻”，粮食耕种面积因此大幅减少。

这一情况，直接导致了光绪年间的“丁戊奇荒”。当时，山西受灾严重，饥荒遍野，甚至连富家大户也难以幸免。左宗棠、曾国荃、张之洞等都认为，“上年奇灾乃鸦片之一大劫”。

鸦片泛滥让咸丰皇帝都成了“瘾君子”，31 岁年纪轻轻便撒手人寰，将偌大的一个烂摊子交给了慈禧太后，最终葬送了整个清王朝。鸦片泛滥还让清朝在统治末期成为出口国，实现了“挤出效应”。

然而，鸦片是毒品，泛滥对整个世界都不好。于是，在 19 世纪末 20 世纪初，国际上禁毒呼声越来越高。1906 年，清政府《禁烟章程》颁布。1908 年，《中英禁烟条约》签订，约定鸦片进口每年递减。

1909 年 2 月，清政府在上海外滩主办了世界上第一次国际禁毒会议——万国禁烟会，英、美、法、德、俄、日等 13 个国家的代表参加。

（李胜波）

清末缉私自主权丧失何以守国门

“今则中外串通，毫无顾忌矣。前此奸徒走私，止知利己，今则分肥夷人，作为成本矣。或雇用快艇，直运夷船，或借票影射，飞渡关津，或通事书差串同瞒验，百端诡计，愈出愈奇。此洋务所以日坏，夷情所以日肆，而偷漏所以日多也。”这是1852年监察御史梁绍献上奏给清朝咸丰皇帝折子中的一段话，再现了当时走私之盛。

同年5月的《字林星期周刊》也记载：“洋商对于应缴之税饷，初因惧其领事之督促，尚能照章完税，今竟无所顾忌，每以设计偷运大宗货物为其营业之方法，致一般诚实商人咸蒙其害……总之，葫埠走私一事，日甚一日。”许多外国洋行大肆开展走私贸易，走私蔓延至各个开埠口岸，以及一些未开埠的口岸。

看到这里，一些人可能就不明白了，1840年鸦片战争之后，《南京条约》

中英《五口通商章程》

签订，五口通商，国门大开，外国列强怎么还通过非正当渠道走私啊？其实，鸦片战争后，清政府丧失了关税自主权和领事裁判权，但仍拥有缉私和违章处分的权力。中英《五口通商章程》明确规定：“凡应严防偷漏之法，悉听中国各口收税官从便处理。”

当时，清政府主要以驱逐、治罪、拿究入官、押令出口等惩治方式，治理走私偷漏，并明文规定：“外国官民不得稍加袒护。”1858 年，第二次鸦片战争期间签订的《天津条约》附约《通商章程善后条约：海关税则》中也重申：“通商各口收税如何严防偷漏，自应由中国设法办理。”

然而，西方列强为扩大在华权益，开始染指清政府的缉私主权，比如《中英天津条约》第三十七条规定，外国领事拥有参与商船报关、确定其是否违规的权力。也就是说，如果洋商参与走私，是否可以界定为走私，不是由清政府说了算，还得与外国领事商量。

于是，洋行在外国领事庇护下，通过少报数量、低报价格、错报品名等方式，公然走私偷漏，一旦被发现，就以“笔误”搪塞过关。1861 年，担任清政府海关总税务司职务的罗伯特·赫德在写给英国公使卜鲁斯的信中就说：“大多数领事认为，条约没有明文规定，反对任何形式的防止走私偷漏的尝试。”

《海关文件汇编》中记载了这样一件事：1857 年 9 月，美商旗昌洋行准备把 1000 袋米装在一艘悬挂法国旗帜的商船上，结果被海关人员查扣了 400 袋，而且还不是在法国船上查扣的，而是在驳船上查扣的，理由是清政府明令禁止米出口，这些大米出口未得到允许。结果，该洋行在法国领事支持下，以武力赶走海关人员，满载而去。

一般而言，查缉走私是保障海关收税履行其职责的前提，然而海关一旦查到走私行为，就要跟外国领事交涉，走私案件就会变成外交事件，最后只能不了了之。为解开这一死结，1862 年，英国全权代表额尔金提议，由清政府与英国组建一个混合法庭，双方以“平等地位”共同审理走私与偷漏关税案件。

这显然是一种莫大的讽刺，一个主权国家，在缉私的时候还得跟别国

青海省丹葛尔古城的仁记洋行情景再现，该洋行主要从事青藏高原名贵中药材、羊毛、羊皮收购和贩运，在国际市场上赚取丰厚利润

商量。不仅如此，外国货物进入清政府境内后，在黄河流域等广阔的经济腹地销售时，所涉及的征税等问题，列强也要干涉。众所周知，中国古代统治者在关津要地设了很多户关、工关，商品在内地流通“逢关纳税，遇卡抽厘”，无论洋货进入内地，还是洋商从内地收购土货出口，都不能例外。

然而，在 1858 年《中英天津条约》签订后，这种状况发生了改变。因为条约第二十八条规定，凡洋货进口后运往内地，及洋商从内地承运土货出口，除交纳“值百抽五”的进出口税外，可向海关再纳一“子口税”（税点仅为 2.5%），即可“遍运天下”，不再向内地各关卡交纳关税、厘金等内地税。

这对清政府的工商业发展无疑是重重一击，因为中国商人依然要“逢关纳税，遇卡抽厘”，从内地运蚕茧、茶叶到各口岸，所经关卡要缴纳的赋税接近 30%。清政府关税自主权丧失，使关税保护本土工商业发展的作用丧失，其结果可想而知——洋货拥有超国民待遇，大量廉价的工业品充斥市场，民族工商业发展举步维艰。

在清朝的西北、东北边疆地区，1860 年中俄《北京条约》规定，两国在清朝北方边界实行免税；1862 年中俄《陆路通商章程》和《续增税则》规定，中俄边境百里内的贸易免税，俄货到张家口、天津减税 1/3；1869 年中俄《改订陆路通商章程》规定，俄蒙贸易免税，免俄货到天津后的复进口税。

位于兰州市西固区河口镇“甘肃第一海关”牌匾

1881 年中俄《改订伊犁条约》，划定蒙古和新疆约 40 万平方公里的无税区，并减少茶税；同年，再订《改订陆路通商章程》，将俄货减税 1/3 的运货目的地从天津延展到嘉峪关。在甘肃，俄商获得了从嘉峪关到河口地区的贸易特权，河口地区成为中俄贸易的重要节点，他们把商品从河口地区转运到其他地方，河口海关应运而生。

在如今的兰州西面黄河北岸，有一个地方叫河口镇，隶属于兰州市西固区，是兰州的西大门。这里在古代原是一处商贾云集的码头，现在这里还保留有很多明清古建筑。在古色古香的街面上，有一处小小的四合院格外引人注目，门口悬挂着一块匾额“甘肃第一海关”。

在四合院的一面墙壁上，保存着当时甘肃海关的标志，这块海关“logo（标识）”用土砖层层雕刻，犹如朵朵浪花。据说，最初该标志还有两条游龙环绕在侧。这块“logo”之所以能够保存下来，是因为当地居民在早年间将其封在了一面土墙之内。20 世

河口海关标识

纪 80 年代，人们拆除土墙时发现了它。

“甘肃第一海关”的名号是怎么来的呢？原来，这与河口的地理位置和中国近代的历史有关。河口地处庄浪河与黄河的交汇之地，既是战略要地，也是交通枢纽；既是从兰州通往青海、新疆、西藏等地的交通要道，也是古丝绸之路上的重镇。古时候，河口一带是黄河四大渡口之一，周围形成了几十个大小不等的渡口，这段黄河上游的“黄金水道”，水路运输一片繁忙。

18 世纪 70 年代，英、俄等国开始在中国进行经济活动。光绪七年（1881）二月，清政府与沙俄签订了《中俄伊犁条约》，俄商取得了从嘉峪关到河口地区的贸易特权。俄商将大量商品通过河口转往其他地区销售，河口便成为中俄贸易活动的一个重要地区节点。光绪八年（1882），清政府在河口设立了专门检验、检查、通关收费的“河口海关”，这便是兰州乃至甘肃最早的一处内陆“海关”。

到了抗战时期，东南沿海沦陷，西北地区成为重要的抗战后方基地，国民政府为遏制走私、增加财税，于 1942 年 1 月 1 日在兰州设立了兰州海关税务司公署，简称“兰州海关”。当时，兰州海关管辖兰州、宁夏、绥远、青海四个分关，分关之下设有分卡，河口分卡属于兰州分关。抗战胜利后，兰州海关于 1946 年被裁撤。

言归正传，1896 年，中俄签订《中俄合办东省铁路公司合同章程》，该章程规定，经黑龙江、吉林境内东清铁路运载的边贸货物减税 1/3，后随东清铁路支线的延伸，减税范围延伸至大连。

1905 年，中日签订《中日会议东三省事宜条约》，条约规定，对日本修建南满铁路及从事满韩陆路通商实行减免关税。1907 年，俄国强与清政府签订《北满洲税关章程》，将边境民间贸易的免税优惠扩大到中东铁路的货运贸易……

一系列不平等条约强行规定在广阔的地域、广泛的范围给予列强各种减免税优惠，从而对清政府陆路边境关税主权造成了严重侵害。

（庄之树）

晋商与反走私的“爱恨纠葛”

几经风雨瓦上霜，春去秋来世沧桑。

情通天下南北货，一代富豪属晋商。

提起晋商，很多人都竖大拇指。他们纵横欧亚九千里，称雄商界五百年，豪商大贾甲天下，是“一带一路”重要组成部分——万里茶道的重要缔造者之一，无论在清朝建立初期还是晚期，都起到过重要作用，与反走私有着诸多“爱恨纠葛”。

唐朝时期陆上丝绸之路繁荣，两宋时期海上丝绸之路崛起，明清时期万里茶道成为民族融合、经济文化交流之路。这条路从今福建武夷山、湖南安化始，途经闽、赣、湘、鄂、豫等省份到达山西，之后出关到达蒙古草原，进入俄西伯利亚，直至圣彼得堡乃至欧洲，长达 1.3 万公里。

这条路起源于唐朝出于政治目的而设立的“茶马互市”，以官方茶马交易为主；到了明朝，规模达到空前水平，民间商人也开始通过正规或非正规渠道参与其中。在冷兵器时代，战马是军事资源，茶叶也因“腥肉之食，非茶不消”而得到游牧民族青睐，成为战略制衡物资，明廷便设立茶马司，专门处理茶马贸易。

为了保护官营茶叶的垄断地位，明廷还颁布了大量法律法规，严禁民间茶叶走私。只是这种官营茶贸存在很多弊端，无法满足日益扩大的市场需求，一些商人便突破茶马法令限制，到边境贸易。隆庆五年（1571），明朝皇帝封蒙古部落首领为顺义王，双方开展“封贡互市”，大量商民得以合法方式参与到互市贸易中来。

这些互市的地方，如宣府、大同本身就在山西，甘肃、宁夏等地的互市也在山西周边，这对晋商赚取发迹的第一桶金至关重要。“隆庆封贡”40

内蒙古博物馆再现商贸往来情景

多年后，东北地区女真人建立的政权后金（清朝前身）崛起，逐渐取代东南沿海的倭寇成为明廷最严重的边患，部分晋商通过走私为蒙古、后金军队提供军需和粮食补给。

这些都为清军入关后晋商得到清廷重用，并在此后300年纵横中俄万里茶道的辉煌历史提供了政治上的有力依靠。康熙年间，朝廷发动了平定准噶尔叛乱的战争，此场战争从康熙朝一直持续到雍正朝，耗费粮饷巨大，晋商主动向朝廷申请，愿意以朝廷购买价的三分之一为朝廷采购运送军粮，这一做法一直持续到乾隆年间。

1689年中俄《尼布楚条约》签订后，双方开展“京师互市”贸易，但沙俄为垄断贸易利润，颁布《对华贸易的一般规定》，规定俄国产的黑貂皮、玄狐皮及中国产的大黄、烟草由国家专营，禁止私人贸易，私商只能按要求随同国家商队参加“京师互市”；1706年沙俄又取消了私商参与“京师互市”的资格，禁止私商在未经允许的情况下贩售商品到中国。

政策一开一禁看似容易，但业已形成的商务往来怎会戛然而止？既然

晋商创造了一代传奇

沙俄禁止私商参与“京师互市”，大量俄国商人便前往库伦（今乌兰巴托）进行贸易，晋商抓住这一机遇，将大量商品转运到库伦进行贸易。

1728 年，中俄《恰克图条约》签订（恰克图是双方设立的边贸城市），同年 9 月，4 名清朝商人与 10 名俄国商人首次在恰克图贸易，这标志着日后繁荣数百年的恰克图贸易正式开始。初期，双方的贸易战刚刚结束，还都心有余悸，因此提防心比较重，沙俄为保护赴京师贸易使团的利益严厉打击走私，民间贸易被限制在很小的范围内。

清廷则采取抑制性的对外贸易政策，商人到恰克图开展贸易必须按规定领取部票，走私者会受到严厉处罚。《清代中俄关系档案史料选编》中记载了一桩走私案：雍正十二年（1734）五月，晋商朱成龙绕道至贝子颜楚布多尔济旗贸易，以 20 大车茶叶、烟、布匹等货物，换取俄商骆驼 12 峰、马 120 匹、牛 16 头，后被朝廷查获，所有货物均入官，朱成龙因而自杀。

时间转眼来到鸦片战争后，经过百余年的磨合，恰克图的中俄贸易日渐繁盛，但也存在很多不合时宜的反走私政策，一些敢于说话的晋商就提

出来了，这些人为后世所铭记，程化鹏便是其一。他是山西忻州人，在塞外经商50余载，历经清道光、咸丰、同治、光绪四朝。

程化鹏小时候就在归化（今呼和浩特）学习经商，由于天资聪慧，善于分析商情，很快在商界出名。咸丰初年，他和他的同伴一起，带着从内地收购的茶叶、棉布、绸缎、器皿等货物，深入西伯利亚，转售给俄国商人，获利颇丰。其实，这一行为是非常冒险的，因为清政府规定，禁止本国商人贩运货物入俄经商赚钱，认为那样做“有辱国体”。

然而，早从雍正五年（1727）开始，清政府就允许俄罗斯商人来清朝首都经商了，而且还不向他们收税，只是规定俄商每三年来北京一次，一次人数不得超过200人。程化鹏悄悄到西伯利亚贸易，而不是到清廷允许的恰克图开展对外贸易，原因之一便是搞不到足够的“贸易许可证”。

当时，清廷对本朝商人进入恰克图贸易有着极其严格的规定：凡入市贸易者必须持有张家口衙门报理藩院颁发的“信票”；若无票入市，则视为走私，除没收其货物外还将对其处以重罚。信票对货物的品种、数量、期限都有严格限制。一张信票只准10人、20辆货车进入市场，且该信票只准使用一次，用毕交回，以旧换新，再行贸易。

领不到信票者，只能费尽周折，暗地里将茶叶、布绢等转售于俄国人，算作“走私”，不仅要承担受到责罚的风险，还要承担遭到贪官污吏的敲诈勒索的风险。程化鹏看不惯这种不合理的状况，毅然赴京上书理藩院，仗义执言，详陈茶叶出口利国利民的诸多好处，列举信票制度“病商业、损国课”的种种弊端，并指出这“大非国家保商裕饷之本旨”，请朝廷放宽贸易规定，增发信票，多设发票点，允许更多茶商赴恰克图与俄国人直接贸易，同时要求明确规定税则。

清廷认为，程化鹏所奏，既可清除吏役对商民的勒索，安定商民情绪；又可增加国货输出，以利征收税款，增加政府收入。于是咸丰皇帝批曰：“准行。”从此，归化、多伦衙门都可承办发放信票，且允许茶商在归化设肆，将茶叶运至恰克图、塔尔巴哈台等处，与俄商直接交易。清廷为嘉奖程化鹏上奏之功，还特准其代发信票。

晋商经营的票号融合了商业资本与金融资本。图为山西博物院再现经营场景

其实，清廷之所以这么做，也是为自身利益考虑。1840 年鸦片战争前，茶叶出口已是清廷最大的对外贸易收入来源，尽管英国走私鸦片数量巨大，但清廷依然能保持贸易顺差，茶叶功不可没。然而鸦片战争后，随着清廷放开鸦片种植与列强“商战”，西方列强也开始在其所属殖民地广泛种植茶叶，以减少进口。

1848 年，英国植物学家罗伯特·福钧受东印度公司雇佣，来到清朝购买茶树苗，雇佣种植茶树、炒制茶叶的工人，并将之带到英国殖民地——印度。他在此开拓了两百万英亩土地，用来种植和加工茶叶。印度适宜的气候，加上工业化生产，使茶叶产量大大增加。英国人不仅一举扭转了茶叶的入超，还向全世界贩卖，甚至往清朝倾销。

美国看到英国种茶发了财，也开始从清朝购买茶树苗，最多的一年购买了十二万株，这也让美国减少了对清朝茶叶的需求；同样，日本也开始寻找别的茶叶购买渠道。昔日的茶叶消费大国中，只剩下沙俄还在大量购买清朝茶叶，其鼓励晋商加大对俄茶叶出口，也在情理之中。

（李岩）

万里茶道上的走私与反走私较量

资本家害怕没有利润或利润太少，就像自然界害怕真空一样。一旦有适当的利润，资本就大胆起来。

用马克思在《资本论》中写的这段话来描述清朝晚期，列强在中华大地上争夺利益的情况再合适不过了，他们通过武力逼迫清政府签订一系列不平等条约，本就可以赚取巨额利益，但还嫌不够，甚至违反条约，参与走私。这种行为在茶贸易中尤为普遍。

游牧民族和西方人以肉奶为主的饮食结构，带来了对茶的巨量刚性需求，因为它具有促消化、补充维生素等功效，因此“宁可三日无食，不可一日无茶”。清朝“摊丁入亩”税制改革、新农作物物种引进，带来人口

在山西博物院，观众对万里茶道兴趣满满

激增，于乾隆年间突破 3 亿人。

随之而来的是人地矛盾日益突出，大量无地或少地贫民为谋生背井离乡，出现了诸如“走西口”“走东口”“蹚古道”“拓北庭”“下南洋”“赴金山”等浩浩荡荡的移民浪潮，其中晋商通过“走西口”“走东口”，逐步控制了西北、北部、东北方向的茶叶贸易，从而成就其赫赫威名。

然而，1840 年鸦片战争之后，随着一系列不平等条约签订，西风东渐，晋商控制的万里茶道开始衰落。比如清朝晚期，在海关领域出现了列强控制的洋关（一般位于通商口岸，称为“母口”）、清政府控制的常关（即古代的工关、户关，一般处于内地关津要道，称为“子口”）并存的局面。

海关是一个国家主权的象征和国家权力意志的体现，当他们不被同一个政权主体所掌控时，矛盾问题便会大量产生。比如前面提到的洋关、常关，列强商人将西方货物运抵洋关（原称“夷关”，1860 年后西方人认为“夷”字是对他们的贱称，坚决不允许再使用，于是“夷”字就被改为了“洋”字），交进口税后在内地销售，还要经过清政府控制的各种常关。

虽然因为不平等条约的缘故，洋关税率很低，但清政府需要交各种赔款，还得镇压太平天国等农民起义，需要大量增加税收以弥补财政亏空、军费不足，因此常关税率很高。有人测算过，进口商品进入内地销售，最终到消费者手中，加税高达 35%。西方列强商人从清政府内地采购各种土产，如茶叶、大黄、瓷器、丝绸等出口，也需要交各种常关税。

本以为通过鸦片战争迫使清政府打开了大门，他们就可以采购廉价原材料，享受这个巨大的市场，结果不仅遭到自给自足封建小农经济的抵制，还因各种高额常关税推高商品价格，更让他们买不起。怎么应对？部分西方列强的商人首先想到了走私，比如光绪初年，沙俄商人偷运砖茶，非法到蒙古地区销售，这种砖茶以红茶为原料，采用先进设备压制，比传统晋商销往蒙古地区的以绿茶和茶梗制作的茶砖质量要好得多。

由于是偷运，沙俄商人逃避了纳税，降低了成本，挤占了晋商在蒙古地区的市场份额，不利于民族商业发展。同治元年（1862），清政府与沙俄签署《陆路通商章程》，其中明确规定，俄商贩买土货后，应该按照规

定路线将之运到恰克图口岸，立即出口，沿途不准售卖，尤其不能在蒙古地区售卖。然而，部分沙俄商人根本不管这一套，同光嬗递之际，沙俄商人大规模向蒙古偷运砖茶，甚至引起了英国的强烈不满。

光绪初年，津海关税务司德璀琳“先于各关新闻纸内痛诋俄商近年藉运茶赴恰为名，多在蒙古私售渔利。于是，各国洋商啧有烦言。遂传播于俄使凯阳德之耳。凯使面斥赫德不应准德璀琳造言诋诬。德税司确知此弊非同影响，力请赫德赴钧署清查历年未销执照”（《总署收北洋大臣李鸿章文一件》，光绪七年六月十四日）。

沙俄商人偷运走私的事情败露后，曾试图掩盖，还在报纸上撰文批评德璀琳的说法不实，然而后来的调查证明，沙俄商人的确违反中俄《陆路通商章程》进行走私了。经时任清朝海关总税务司的罗伯特·赫德查实，在光绪初年，沙俄商人违章未缴销的执照有1350余件，而每张执照所对应的走私茶叶有数十箱至数百箱不等。

清末民初，张库大道上的商队

由于茶叶是新疆地区各少数民族日常生活中不可或缺的重要物资，茶叶供给直接关系到新疆各民族稳定和边防巩固，因此，清政府在新疆实行茶叶官营专卖制度，只允许湖南茶商领票前往，由政府和获得特许的商人经营。19 世纪初，沙俄商人开始进入新疆地区开展贸易活动。新疆是官茶引地，因此其在新疆贩卖茶叶属非法。

尽管新疆是官茶引地，但沙俄商人不顾清政府法令和相关条约规定，在新疆大搞茶叶走私，形式主要有两种：一是把清朝内地的茶叶在经新疆运往沙俄的过程中，沿途违法洒卖；另一种是将从清朝输入到沙俄境内的茶叶，再违法偷运“倒灌”到新疆地区贩卖。

1903 年，新疆巡抚潘效苏向朝廷详呈新疆茶叶贸易现状，指出俄商“藉贸易天山南北暂不纳税约章，竟至千箱万箱，希图垄断。夫以中国之茶，华民不敢触，而俄商得以犯之。华民有利，官为阻抑，而俄商得以攘之”，他建议清政府尽可能回绝沙俄国借道新疆运茶的要求。但在沙俄压力下，外务部复议后仍同意沙俄改道由新疆运茶。

弱国无外交，同样的道理，弱国的反走私也是乏力的，遭殃的是民族工商业。再以一度控制万里茶道的晋商为例。当时，面对不平等条约给外商带来的优势以及一些外商走私获利的事实，晋商曾凭借多年经商积累的经验，与之展开商战。他们首先奏请朝廷减免茶税，其次另辟新道缩短运输距离，最后改进茶叶加工方法提高质量。

这些方法短期内是有效的，但从长期来看，民族工商业者依然难以与西方列强商人抗衡，这使得晋商创造的万里茶道走向了衰落。

（高翔）

清末靠列强反走私的失败尝试

鸦片战争后，“没有任何事物可防阻一个外国人……在上海开舱时，卸下一船棉花；或是设若该外国人无所忌惮的话，卸下一船鸦片；或是……将这批货载到西藏的边境，或经由运河到天津和北京，或总而言之到任何地方，同时沿途兜售”。

这是美国历史学家和教育家泰勒·丹涅特（1883—1949）在其著作《美国人在东亚》中的一段话，形象地再现了清朝后期列强走私之严重，而这只是其中的一个例子——在上海卸货走私。在丧失主权的半殖民地半封建社会，国门洞开，洋人把持，除上海以外的其他通商口岸亦是如此。

中国海关博物馆复原近代海关报关厅场景

根据《中国近代经济史统计资料选辑》所载，鸦片战争后至清朝灭亡前（1840—1911）开辟的通商口岸，并不是都位于东南沿海，还有很多处于黄河流域，比如山东的烟台、济南、潍县、周村，甘肃的肃州（嘉峪关），内蒙古的满洲里、海拉尔等。

到了清朝中后期，持续两千多年的中国封建社会制度的衰败之象已昭显，西方列强仰仗工业革命成果以及他们闯出的环球航线，不请自来，用武力敲开了闭关锁国的中国国门。

然而，仍然沉溺在天朝上国迷梦中的清朝统治者却对外界变化一无所知，以致鸦片战争失败后，与列强谈判时，甚至要依靠西方列强打击走私，这样的事情散见于一些条约谈判的细节中。

比如《南京条约》及其后的相关附属条约中，设立了一种“领事保关制度”，或叫“领事管制贸易制度”，即英商船只到达清政府的通商口岸后，须先向英国领事呈报相关文件，再由领事行文清廷海关；卸货时，由领事通知清廷海关一起查验，然后照章纳税。如此一来，英国领事就有了打击走私和偷税漏税的责任。

1843 年的《中英五口通商章程》里还明文规定，英国方面的“管事官”必须对“英国在各港口来往之商人”严加约束，“倘访闻有偷漏走私之案，该管事官即时通报中华地方官，以便本地方官捉拿”。也就是说，英国领事不但要监督来华英商，防止他们偷税漏税，还有责任向清政府提供偷税漏税的情报。

清政府何以要依靠自己的敌人打击走私呢？因为他们对自己反走私的能力太不自信了。清朝建立初期，户部各关实行“包税制”，即确定各关年度税收任务额，多奖少补。这一制度确保了清廷财政收入稳定，但客观上也造成诸关官员为完成任务、满足私欲横征暴敛。

尤其是清朝各海关，管理分散，又缺乏有效监督，导致贿赂公行、弊端丛生。举个例子，《南京条约》签订前，为讨论清政府的进出口税应该征收多少合适，英国便派人到商人中调研，征求意见。结果，没有一个英国商人给出合理化建议，因为多少年来，他们根本无法依赖正规制度，只

能靠着贿赂与人脉才能立足，所以不知道自己纳了多少关税，尤其是后者，更是个没法算清的无底洞。

腐败是走私的温床，因此清政府在缔约时，要求英国领事参与监督该国商船报关、结关手续，以求杜绝走私，同时订立了5%的关税税率，即所谓的“值百抽五”。

这一税率只是欧美各国关税的十几分之一甚至几十分之一，如1847年，奉行自由贸易的英国对清朝茶叶征收200%—350%的进口税。因此，清廷订立的低税率导致关税失去了对民族工商业发展的保护作用。

然而，即使是低税率，也有不法商贩参与走私。比如美国、法国与清廷签订的条约里没有“监督本国商人不得偷税漏税”的相应条款，这直接导致美、法商人的走私活动不会受到本国领事的干预。英商遂被置于一种相当不利的地位。他们认为自己受到了不平等待遇，群起向英国政府抗议。

于是英国政府宣布，鉴于清政府“并没有意思采取有效措施保护中国关税，自不能期待英国政府单独承担这项义务”，“英国政府认为有必要终止将来英国领事当局为保障中国税收所作的一切干预”。换言之，英国领事不愿意再替清廷监管本国商人的关税缴纳了。

这些领事不仅不管了，有一些还为了获取更大利益而参与走私。通过一系列不平等条约，列强获取了领事裁判权，外国商人在清政府统治辖区内犯了法，清政府无权处置，必须交于外国领事处置，而一些外国领事本身就是商人。

特别是在第二次鸦片战争前，除英国以外，其他各国领事几乎全由商人兼任，因而五口通商时期也被西方人称为“商人领事时代”。这些商人领事利用其所谓的领事裁判权大肆从事各种违法贸易活动，从而大发横财。

美国历史学家马士（1855—1934）在其《中华帝国对外关系史》中记载，他们当然对于“本国商人那种令人不以为然的走私行为，一定要装作看不见，而不采取任何步骤去取缔”。

在领事裁判权庇护下，西方商人肆无忌惮地走私、贩私，进行超经济的暴力掠夺，清政府却对此无可奈何。1852年，咸丰帝发布上谕称：“事关交涉外夷，办理之法，先在严查内地商民，杜绝弊端，使夷商无可借口，断不准稍涉张皇，别生枝节。”大意即对外商要实行隐忍政策。

1861年，英国公使卜鲁斯说，清朝官员“在任何情况下，连碰也不敢碰外国人”。李鸿章曾说，这些领事“上半天沟通作弊之商人，下半天即可亲身赴道署商办公事；次日到官受罚之人，即道台明日来拜之领事”。

（王新勇）

晚清“客邮”走私与限制

光绪二十八年（1902），晚清政府的海关税务司连续几天检查了一些与英国有关的出入境小件邮寄包裹，结果发现了价值5万余两白银的走私小包，里面装了“吗啡一项，估值银3579两；珍珠一项，估值银45267两；贵重首饰等，估值银2510两；钟表药材各货，估值银数千两等”（郑游：《中国邮驿与邮政》，人民出版社1988年版）。

晚清政府的海关税务司指出：“不仅英国一国在晚清政府所设的邮政分局如此，即俄、德、美、法、日等国所设分局皆如此。”这里所说的邮局指的是“客邮”，是1840年鸦片战争后，西方列强为方便刺探情报、了解信息、倾销商品而设立的邮政机构。《南京条约》签订后，邮局设在领事馆内。

中国海关博物馆展出的赫德使用过的邮袋

既然要刺探情报，自然需要保密。1858年中英《天津条约》第四款第一条规定：“大英钦差大臣并各随员等，皆可任便往来，收发文件，行装囊箱，不得有人擅行启拆，由沿海无论何处皆可送文。专差同大清驿站差使一律保安照料。”邮件不受清政府海关检查，自然会经常成为走私贩毒的渊薮。

在清朝灭亡10年后的1921年华盛顿会议上，中国政府代表公开发言时也曾提道：“凡由外国邮局寄送的包裹，从不受检查。外国邮局因此变为私运违禁物品吗啡、鸦片等之助力。”这些“客邮”不仅存在于东南沿海通商口岸，还大量存在于沿江、沿边及黄河流域的省份和城市。

1860年，英国在上海专设“客邮”，刺激西方列强争相在华置邮，到光绪三十三年（1907），英国“客邮”甚至遍布天津、烟台、亚东、日喀则等地。沙俄虽然在1907年只有5个“客邮”，但到了民国初年迅速膨胀至18个，除上海、北京、汉口、烟台等地外，沙俄还在库伦、恰克图、张家口、迪化（今乌鲁木齐）、宽城子等地设立了大量“客邮”分支机构。

日本亦是如此，中日甲午海战之后，其势力在华迅速扩张。1907年，日本在晚清政府统治辖区内设有“客邮”21个，至1916年，“客邮”迅速膨胀为包括邮局、野战邮局、野战通信所、代办所在内的庞大体系，机构多达100余个。邮权本应是主权国家的重要权利，但在半殖民地半封建社会，列强不仅侵犯中国邮政利益，往往还纵容走私，造成偷税漏税之事屡屡发生，这正是帝国主义侵华历史的一个缩影。

“客邮”是相对于“主邮”而来的。中华文明五千年，自古就有用烽火台传递战争讯息之举，而信息从秦朝最偏远的地方到达行政中心咸阳，只需要七天；在甘肃嘉峪关新城镇魏晋壁画砖墓出土的《驿使图》中，“没有嘴巴的人”至今还在向人们诉说着那个年代的保密历史；唐朝邮驿可以实现“一骑红尘妃子笑，无人知是荔枝来”；晚清时期，虽多种邮递方式并存，但出现了“官办驿站既贪污腐败，又不传递商民邮件；民信局虽然活跃，但又各自为政，过于分散；各国在华‘客邮’，既侵犯中国主权，又任意走私”的局面。

晚清政府软弱，给西方列强独立控制的邮政系统起了一个好听的名字——“客邮”，但它的存在毕竟影响着其统治安全，于是各方便采取一系列措施抵制“客邮”走私。比如，康有为奏请维新变法的内容之一便是建立国家邮政；清朝海关一直推动建立近代邮政系统，于光绪二十二年（1896），总理衙门奏请被批准，“在全国开办大清邮政官局”，这成为晚清新政图强的重要内容之一。

晚清建立国家邮政之后处理与“客邮”的关系，体现出了半殖民地半

封建社会的特色：一方面它建立的核心目标就是“驱逐客邮，还我国权”；另一方面还得“量中华之物力，结与国之欢心”，因此对“客邮”采取了利用、限制、防止扩张、不断向外交涉的综合方法。

在限制方面，晚清政府与各国轮船公司交涉，以减收海关费用为条件，要求各轮船公司只准代运中国邮政官局的邮件，别国“客邮”概不准运输，以最大程度切断走私通道。在防止扩张方面，光绪二十八年（1902），德国准备在山东潍县、法国准备在天津设置“客邮”，清政府外务部对其采取了抵制措施。

不过需要说明的是，终清之世，所谓“收回邮权”的运动，由于形势所迫，只能迂回曲折地进行，最后效果可谓“无多成效”。清政府国家邮政成立后，“客邮”不仅没有受到根本触动，反而有增无减，出现这种状况的原因，归根结底还是“国弱民穷”，弱国无外交，反走私也就显得更加乏力了。

（王子鸣）

第九章

民国时期的走私与反走私

在抗争与妥协中艰难回收部分海关缉私权。

民国时期海关查缉走私情景再现

军火走私与军阀混战

今日之中国已非往日可比，各省设立局厂，岁费巨款制造兵船，日异而月新。枪炮皆系新式，摧坚命中足备御侮之用，正可及锋而试，勋臣宿将身经百战叱咤生风，指挥若定，大可与日本从事于疆场，伸历年之积忿，快薄海之人心，且使战国者知中国大有人在，不敢存轻量之心，挽回大局在此一举。

这是光绪二十年（1894）七月九日出版的《申报》中的一段文字，强调了新式军火武器的威力。然而半个月之后的7月25日，随着丰岛海战的炮声响起，中日甲午战争正式开始，之后北洋水师在此战争中全军覆没。1895年4月17日《马关条约》的签订，给中华民族带来空前严重民族危机的同时，也让《申报》的这段文字显得尤为尴尬。

关于甲午战争中国失败的直接原因众说纷纭，比如慈禧太后挪用军费过寿，北洋舰队装备陈旧，李鸿章畏战，命令北洋舰队坚守不出等。其实，了解历史的人都知道，还有一个原因是光绪十七年（1891）的军火禁运。当时清政府采纳户部尚书翁同龢的建议，暂停北洋采购枪炮军舰弹药两年，直到甲午战争爆发前才解禁。

每次军火禁运背后都有重大原因，其中还包括了走私与反走私之间的较量。比如辛亥革命前夕，各地革命党人纷纷购置军火准备武装起义，清政府便要求总税务司署责令各地海关加紧缉查武器走私案件，以德国为代表的欧美列强对南北都大量提供军火，不管你是革命党还是保皇党，只要你有真金白银的硬通货，各种枪炮任你挑。

日俄战争（1904—1905）后，日本为了淘汰旧武器、置换新装备，分别向中国华南、华北和东北的地方势力贩卖军火，并逐步成为军火生产出售

民国时期海关巡缉舰配备的望远镜

大国，借以达到在中国制造动乱以便浑水摸鱼的目的。1908 年，日籍轮船“二辰丸”因私载军火被中国海军截获；同年，清政府还查获了一批革命党人准备发动武装起义所用的步枪及弹药。

辛亥革命爆发后，日本军国主义分子异常兴奋，认为分裂中国的时机已经到来，于是分别向清政府、革命党、地方军阀势力出售军火。1912 年，中华民国成立后，军政府便宣布：各国有资助清政府与革命军为敌者，军政府以敌国视之。各国如以军火、武器等援助清政府，一经查获即予没收。

据史料记载，民国元年（1912），通过海关正规输入中国的外国武器价值就高达 770 万两海关银，其中仅德国就向中国出口了价值高达 450 万两白银的武器。从 1912 年至 1914 年，西方列强共对华输出军火价值高达 2000 万两，其中德国和日本分别占到 60% 和 14%。这些都是经海关渠道进口的，至于走私进入的，就不好统计了。

1916 年，袁世凯称帝闹剧失败后，各地军阀混战，需要大量军火；此时又值第一次世界大战期间，参战各国急需军火，军事禁运政策不断。这让军火变得奇货可居，走私与反走私的较量更加激烈。据《青岛市志·海关志》记载，在德国侵占时期，胶海关受令查缉且破获了多起军火走私案，其中大多是针对革命党人的；军火走私规模最大、最频繁的则是在北洋政府统治时期。

据《胶澳志》记载，1923 年 2 月至 1928 年 2 月整 5 年间，胶海关查获

民国时期的海关巡缉舰“专条号”

军火走私共计38起；走私犯有日本人、德国人、美国人、朝鲜人等，其中日本人最为猖獗，走私军火约35次。1923年10月22日，胶海关在日籍“海王丸”查获大批军火，有大毛瑟枪、小毛瑟手枪、克勒得小郎林及乌阿雷手枪、大子弹、小子弹等，军火总值关平银15741两。

1928年4月，日本以保护侨商为由，阻挠国民革命军北伐，并在青岛扩军、备战、走私进口军火，仅8、9两月，即走私军火3起，胶海关查获日本走私自动手枪和小手枪216支，子弹21640粒，弹盒100个，手枪盒16个。德国人军火走私虽然次数不多，但规模惊人。1927年1月23日，胶海关查获德国轮船走私军火案，不仅有枪支、弹药81箱，还有两架飞机。

当时，有些走私行为还被媒体报道了出来。比如1924年2月28日，《申报》转引北京报章的消息《大批军火由日来华之传说》，讲的是价值300万元的枪炮，自欧洲运来，买主大概是关外某人，但并不知其姓名。本来要在天津卸货，却因走漏风声，海关查得严，货船不得不驶向日本，将货物分放在其他船上，再以小宗运过来，有些已交给买主了……

军火走私加剧了军阀混战，导致土匪猖獗，民不聊生。

（胡星辰）

北洋政府的内外交困与反走私

辛亥革命胜利后，成果迅速被袁世凯窃取，他在北京建立了一个由北洋军阀组成的政府，即北洋政府。这个政府不仅继承了清朝与列强的不平等条约，还继承了清末的财政困局。1913 年，清末民初政治家、著名经济家、银行家梁士诒在《救济目前财政办法及告国人书》中有如下言论：

财政之弊，已极于晚清末年……不得已以新税公债为弥缝之策……但将来能否如数收入，尚未可必……

“入不敷出”几乎是北洋政府统治时期的常态，这背后是政局不稳定所带来的连绵不断的战争。二次革命、护国战争、大小军阀混战，这个时期的国家财政 70% 用于军事开支，地方军阀的军费开支有时竟高达当地财政支出的 94% 以上，甚至有军阀征税征到了 1972 年。财政来源枯竭，债务层叠，北洋政府统治岌岌可危。

面对糟糕的财政状况，北洋政府把目光投向了丰厚的关税收入。众所周知，1840 年鸦片战争后，西方列强通过一系列不平等条约控制了海关，让清政府不仅失去了关税自主权，还丧失了缉私主权。当时的海关税收基本上都用于赔偿各种战争赔款，以及给洋员发工资了，因此当时的海关工作被称为“金饭碗”。

于是，北洋政府与各界人士合力发起关税自主运动，收回缉私权，这是中国近代民族觉醒、民族自强、政治现代化的明显进步之一。1913 年和 1914 年，他们多次向列强提出修订中国海关进口税则的正当要求，还准备修改《伊犁条约》中关于陆路减纳进口税的约定。

根据 1881 年中俄《伊犁条约》，沙俄在嘉峪关、吐鲁番增设领事；俄商在天山南、北两路各城贸易“暂不纳税”，在蒙古免税贸易，俄货由陆

路运至嘉峪关者，照天津办法减税三分之一；伊犁居民“或愿迁居俄国入俄国籍者，均听其便”……这些减税甚至免税约定如果能修改，显然会增加北洋政府的关税收入。

恢复关税自主也是全国人民的一致目标。在 1919 年巴黎和会上，北洋政府首次提交了要求“恢复关税自主权”的提案，一再声明“中国并无施行保护税则或苛敛之意”，但是列强却以“不在和会权限之内”为借口不予附议，导致该提案无疾而终。

1922 年，在北洋政府在华盛顿会议上第二次提出关税自主，宣告失败。1925 年，在北京关税特别会议上，北洋政府第三次提出关税自主权问题，列强虽原则上承认，但要求中国必须实行裁撤厘金（厘金是中国自清代至中华民国初年征收的一种商业税）。

除此之外，北洋政府统治时期，走私极为猖獗，主要是日本走私不法分子和走私团伙所为。日本本土资源贫乏，其中金属资源尤其缺乏，因此其在被迫交还青岛后，仍控制着青岛经济命脉，无时不想卷土重来。为了扩充军备，为其干涉、侵略服务，日本不法分子大肆组织走私，特别是金属走私，胶海关屡有查获。

日本大量走私严重侵害了中国的经济主权。图为当时图书《走私问题》中的一幅漫画，巨大的走私货压垮了弱小的民族工业（选自《日本侵华图志》）

1926 年 11 月 16 日，胶海关查获日本“华山丸”轮走私出口铜块 48 担（480 斤），当即没收，并派员押至天津充公造币；1927 年 5 月 17 日，查获英商“新疆”轮走私出口铜元 45000 枚；5 月 20 日，查获英商“新宁”轮走私出口铜元68000枚，均全部没收充公。

1928年4月25日，日本借口保护侨民，派舰队在青岛港登陆，趁机抢购私运铜元出境，胶海关对来往日轮严加查缉。据胶海关税务司报告，仅八、九两月查获日本走私出口铜元11起，查获708675枚。

与此同时，毒品走私仍然盛行。1923年，胶海关缉获进口鸦片685两、吗啡844两、可卡因421两；1924年，缉获外国鸦片180两、国产鸦片490两、吗啡1383两……当时走私主要方式为藏匿于衣服、棉被之内，及利用人体走私。（据《青岛市志·海关志》）

眼看从关税上占不到便宜，北洋政府又在传统的盐税上打主意。比如，针对清朝末年的盐税管理体制紊乱、税率税目混乱不一等问题，北洋政府建立了盐务稽核系统，规范统一税率税目，完善盐务管理制度，主要从食盐生产、运输、销售三个方面着力加强管理，堵住征税环节漏洞，有效防止食盐走私。

在生产领域，北洋政府加强盐场监管，在盐场修筑仓坨，食盐生产者需将所产之盐存放于仓坨中，不许露天堆放，防止其夹带私盐出境；在产盐区设立场警，负责巡逻缉私，从源头上防止走私食盐。

北洋政府在最容易走私的运输环节实行“先税后盐”，即盐商需先向盐场稽核分所缴纳盐税，领取放盐准单，登记放盐数量，稽核分所核准无误后，盐商方可起运食盐；在销售环节，废除专商垄断特权，打破引岸限制，实行食盐自由贸易。

北洋政府还强化食盐缉私监管，于1913年12月29日颁布了《私盐治罪法》，明确规定“凡未经盐务署之特许，而制造贩运售卖，或意图贩运而收藏者，为私盐”，并规定盐务官员、缉私警察如果参与走私食盐，同样会受到相应处罚。

同日，北洋政府还颁布了《缉私条例》，明确了缉私警察职责，细化了缉私办案程序，使食盐缉私做到有法可依；后又颁布《缉私官弁奖励惩戒条例》和《地方官协助盐务奖励惩戒条例》，强化对缉私警察和地方官员的缉私考核，明确了对缉私警察和地方官员的奖惩办法。

北洋政府通过加强缉私立法，建立了相对完善的缉私制度，明确了缉私部门和地方官员的缉私职责，这在一定程度上打击了食盐走私行为，挽回了盐税损失。从 1913 年至 1916 年，北洋政府盐税收入逐年稳定增长，累计增长约 326%。

北洋政府通过建立和完善盐务管理制度，对食盐产运销制度实行改革，推动了中国盐政管理的专业化和近代化。这些改革措施冲击了传统的封建专商引岸制度，带有浓重的反封建的资本主义色彩，在客观上符合当时中国社会经济发展的潮流。

（孟祥峰）

南京国民政府关税自主与日本走私侵略

关税自主是一个国家主权独立的标志，经过前期轰轰烈烈的收回海关主权、关税自主运动，这件事终于在南京国民政府成立初期取得了重大进展。

1928 年 6 月，南京国民政府发表《对外宣言》，提出“平等及相互尊重主权之宗旨”；8 月发表《关于重订条约的宣言》，表明了以废除不平等关税条约和领事裁判权为主要目标实现关税自主的决心。

努力终于有了成果，美国为扩张在华势力，争取优势地位，率先表态愿意承认中国关税主权；其后，德、英、法等 11 国相继同意签订承认中国关税主权的新约。

只有日本仍然坚持维护旧约及旧税则规定的侵华权益，以“依然有效”为由，数次拒绝南京国民政府商定新约的要求，这也为日后日本加大走私力度侵华埋下了伏笔。

1928 年 12 月，南京国民政府颁布了第一部“国定进口税则”——《海关进口税则》。税则中的平均进口税率达到了 8.5%，结束了 1858 年以来“值百抽五”的时代；同时将税则争议决断权划归由中国人掌控的关务署，从而排除了外国领事干涉和外籍税务司的垄断，从形式上实现了部分关税自主。

然而，南京国民政府成立初期，百废待兴，太缺钱了，于是在 1931 年又颁布第二部“国定进口税则”，将平均进口税率提高到 14.5% 左右，此税责的实施对财政增收有明显作用。但此时的日本仍然限制中国增税的权力，一些特殊规定使日本享有特惠关税。

1933 年，南京国民政府又颁布了第三部“国定进口税则”。这部进口税则大大增加了日本棉纺织品和水产类货物的税率，适当降低了部分英美输入品的税率，使平均进口税率达到了 19.7%，对保护民族工业发展起到一

定作用。

后来，由于日本强烈反对及中日关系因东北问题趋于紧张，南京国民政府迫于日本军事政治压力和国内的财政危机，于 1934 年 7 月颁布第四部“国定进口税则”，使平均税率达 35.3%，政府因此增收 11.4% 的关税，达到了“补助财政”的预期目的。

增税的确可以起到增加财政收入，保护民族工业发展的作用，但持续增税也有很多负面影响，比如走私行为增多。

20 世纪 20 年代末，“在黄金解禁引起萧条的国内因素和世界经济危机的国外因素双重打击下，日本经济陷入了步履艰难的凄苦境地”。（中村隆英等编：《日本经济史：双重结构》）

为克服危机，从九一八事变到七七事变，日本在中国华北地区掀起的一波紧似一波的走私狂潮，成为日本分裂华北、破坏中国政治经济的一个重要原因。

日本在华北进行大规模的走私活动，山东首当其冲，构成“华北走私

中国海关博物馆展出的民国时期海关查验复原场景

的先声和开端”（臧运祜著：《七七事变前的日本对华政策》）。从辽东半岛到山东半岛的海路走私通道不仅是日本私货偷运的主要通道，更致使山东成为日本走私的中心地。

这段时期，日本走私数量最多的三种物品——人造丝、砂糖、卷烟纸，从未设海关机构的鲁北海口上岸，然后经张店销于省内或南运至上海等地。由于当时主鲁的韩复榘之第三路军驻当地部队及官员参与其中，行事秘密，加之冀东地区走私泛滥，在一定程度上掩盖了山东未设关海口的走私活动。

1935 年《何梅协定》签订后，天津成为日本私货的大本营，济南则是其分销地和中转站。此外，青岛、烟台、龙口等沿海港口每年均有大量日本走私货物上岸，这让山东成为抗战前日本走私活动最为猖獗的地区之一。

1936 年 9 月，日本驻北平特务机关长松室孝良少将在向关东军提交的报告中，对华北走私有如下论述：“帝国货物将向华北走私，为帝国对华北之断然手段，其用意在促进华北特殊政治体系之成立，而隶属于帝国独力之下，届时政、经、军诸般问题，均可依帝国之意志而实践和解决。”（《中华民国重要史料初编——对日抗战时期》）

日本的走私受到日本驻华军事及外交机构的公然庇护，变得有恃无恐，日益猖獗，由地下转为地上，又发展到有组织的武装走私。他们常常组成一二百人的队伍，自带武器或者由日本骑兵护送、海上舰队护航。

面对日本政府对日本走私活动的公开支持庇护，以及日本走私活动对国民党统治区经济造成的巨大破坏，南京国民政府及海关当局为维护其自身利益，不得不采取一些防范和查缉措施。

首先，南京国民政府颁发了一些缉私条例和办法：1934 年颁布《海关缉私条例》，成立海关罚则评议会；1936 年又先后颁布《惩治偷漏关税暂行条例》（属特种刑法）和防止路运走私办法及施行细则等法规，试图阻止走私。

其次，海关加强了海上缉私力量，于 1931 年成立缉私科（后改名为“查缉科”），专门负责办理缉私事务，又组建了海关缉私舰队。到 1934 年底，已有主力巡缉舰 26 艘、巡缉艇 40 余艘，加强了海上缉私力量。

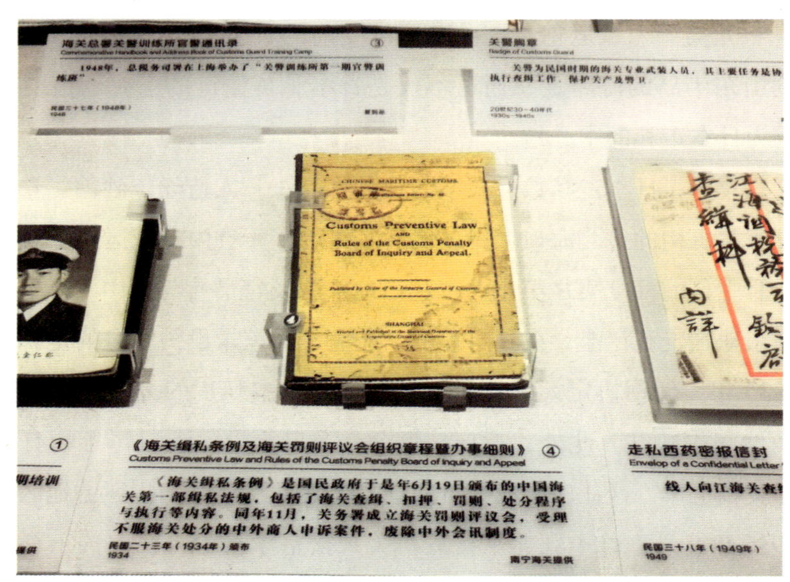

1934 年颁布的《海关缉私条例》，这是中国海关第一部缉私法规

同时，南京国民政府还加强了陆地缉私。1936 年，海关成立“海关防止陆运走私总稽查处”和一批稽查站，许多海关还建立了关警队。由于全国人民坚决反对日伪走私和海关中爱国关员的查缉、斗争，南京国民政府和海关当局的措施在上海和东南沿海地区收到一定效果，但在华北一带，海关缉私措施实际上无法执行。

1935 年，海关被迫放弃长城一带的缉私；同年 9 月，日军又以炸沉海关缉私舰相威胁，强迫海关放弃华北地区的海上缉私。海关关员在山海关及天津甚至上海一带进行正常缉私活动时，接连遭到日本走私分子的无理刁难和殴打、凌辱。

（石峰）

韩复榘在山东禁烟

历史人物具有多面性，比如民国时期的山东省政府主席韩复榘，曾因抗日战争初期不抵抗、弃城逃跑而臭名昭著，最后被蒋介石诱骗枪决，但他主政山东时禁烟禁毒、打击走私，是可圈可点的。

20 世纪 30 年代，日本帝国主义以青岛、济南为基地，在山东大量贩卖烟毒。其在胶济铁路两侧设有许多贩毒点，四处兜售，甚至深入到农村。这是日本帝国主义毒化、剥削中国人民最毒辣的手段之一。

韩复榘一到山东，就雷厉风行地禁烟禁毒：吸食鸦片者关押起来强制戒绝，累犯者枪毙；一旦查出“白面”等毒品，不论吸、运，一律枪毙。

韩复榘曾有一得力副官张某，跟随他多年，张某的老婆又拜韩复榘的太太为干娘，韩复榘认为张可靠，便任命他为省会公安局商埠分局局长。张某却乘机为非作歹，包庇烟毒，并参与贩卖鸦片。韩复榘查出实情后，下令立即将其绑出去枪毙。

韩复榘回家，太太求情；到省府，被参议副官包围；坐车出门，张某的老婆堵门，卧路不起。韩复榘知张某神通广大，关系网复杂，自己无处可去，就坐汽车满街转悠，避开众人。最后，张某被枪毙。

民国时期著名教育家何思源积极支持韩复榘的禁烟禁毒，并建议他结合禁烟提倡体育运动，以增强人民体质。韩复榘在济南修建了一个可容 2 万余人的体育场，当时这个体育场是华北最大的体育场（南京、青岛、开封、天津等处的体育场均在此以后修建，只有东北的体育场修建较早）。

为配合禁烟，山东省教育厅所属实验剧院排演话剧《林则徐》，在进德会大会堂演出，何思源亲自去请韩复榘看戏。韩复榘本不喜看话剧，但因为盛情难却，只好去了。

那次演出很成功，演到烧烟一场时，全场观众热烈鼓掌欢呼，韩复榘也大受感动，当场对何思源说："我们有不少存烟，也可焚烧。"显然，韩复榘也想当林则徐了。

果然，几天后，韩复榘就在商埠市政府广场上焚烧鸦片。为了扩大影响，韩复榘叮嘱市政府邀请各国驻济南领事来参观。焚烟时群众情绪很高，不料有一箱毒品意外爆炸，伤了许多人，德国总领事柏恩也受伤了。柏恩是何思源在柏林大学的同学，何思源特去探视，柏恩向其盛赞韩复榘禁烟的决心。

抗日战争全面爆发后，当日军打到沧州、石家庄一线时，山东各机关纷纷向后转移，韩复榘也将军需物资向后方运送。在他主政山东的最后一两年，有些商会和地方的年老士绅向他反映，老年人戒烟太急受不了，希望放松一些。他便命令不再抓捕60岁以上的吸烟者，只令他们去公安局登记，缓期戒绝，但对禁毒则始终未放松。

当然，清官难断家务事，韩复榘作为封建军阀有其局限性。韩金勉是韩复榘的二哥，不学无术。韩复榘当了山东省政府主席以后，韩金勉立马拖家带口来投奔。

韩金勉自己就是一个瘾君子，自然知道卖烟的利润有多高，所以他想出一个"挂羊头卖狗肉"的方法。韩金勉告诉韩复榘，他想开一个台球社，但却借着这个由头偷偷开了烟馆。

山东人都知道这个烟馆的老板是韩复榘的哥哥，所以都跑到这里来吸烟，认为老板背后有人不会被抓，所以这个烟馆的顾客络绎不绝。

警察来到韩金勉的烟馆想要抓人，却被烟馆的账房阻止，就连警察局长王恺如，账房先生也不放在眼里。后来军法处长魏汉章和王恺如联合多名官员上书，韩复榘才迫于压力不得已批写了个"抓"字。

韩复榘批字以后，心中十分不安，一怕若是真的抓了他二哥，不好处置；二怕社会上宣扬出去，也失他的面子。韩复榘回到家里只能抱怨二哥太不争气，背着他干这种不体面的勾当。

韩复榘的夫人高艺珍对韩金勉有感情。韩复榘当兵后，一直是韩金勉支撑这个家，再加上妯娌之间相处得不错，她不能见死不救。高艺珍顾及韩复榘的面子，就给韩金勉送了个信儿，劝他先躲一躲。

第二天下午二时，魏汉章腰里揣上批有“抓”字的公文，亲自率执法队十人、手枪旅的一个班、保安队的一个班、特务队六人、警察十人，浩浩荡荡向韩金勉的烟馆奔去，想抓他个措手不及。

楼下玩台球的顾客见情势不妙，纷纷逃散。魏汉章带人直奔二楼，把正在床帐内吸毒的人全抓起来了，女侍们被吓得又哭又叫。

等他再去抓韩金勉时，却发现韩金勉不见了。他的老婆和两个孩子来不及躲藏，正在收拾东西，被立刻看管起来。警察问韩金勉藏到哪里去了，她也说不清楚。

魏汉章命令下属翻箱倒柜，搜查了两个小时，共查出烟枪一百多支、烟膏六七筒、烟土一百余两、海洛因两筒半，抓获韩金勉家属和全体役使人员及吸毒者共七十三名。

韩复榘在山东严厉禁烟，全国闻名，多次受到蒋介石嘉奖。民国时期作为中国近代化的重要时期，韩复榘在禁毒反走私方面做的事情，客观上推进了中国反走私的近代化进程。

（赵文琦 霍焕天 张展玮）

《大公报》记载的日本走私与无力反制

为防堵日本走私，1936 年 5 月，南京国民政府制定《防止铁路走私实施细则》，规定海关可在各铁路沿线及重要车站设立稽查处，关员可随车缉私。

一谈起走私，人们普遍认为这一般发生在沿海、沿边设海关、关隘、关津的地方，可是在 1937 年日本军国主义全面侵华的前一年，南京国民政府就已经把反走私，尤其是反日本走私扩大到了内陆，延伸到了铁路沿线，当时日本走私泛滥程度从此可窥一斑。

1936 年 5 月 6 日《大公报》第四版刊发的《华北俨然自由贸易，私货如潮水涌来！》一文，记录了当时华北走私之严重，以及背后日本经济侵

大宗漏税走私之日本人造丝（《日本侵华图志》）

略的身影。从这篇文章中，今人不难感受到，即使 1937 年日本不将战争强加于中国，单靠经济侵略也足以让南京国民政府陷入崩溃。以下为文章节选。

冀东海滨不仅是“自由港”，简直变成自由海岸。此次记者赴天津视察，在两度之谈话中，得悉冀东走私范围之扩大，几于令人不可置信。有某商家自北戴河返津，记者叩以走私情况。据答：“并未见所谓走私，仅见有各色大小船只共三十三艘停泊于海湾中，纷纷以货物卸入数十艘舢板中。沿岸忙碌之光景，称为走私，颇为不当，此殆为自由贸易。彼间不仅为一自由港兼且为自由海岸矣。”

此外更有一事，亦颇堪注意。记者曾咨询一经营私运之俄人，叩以其所运私货之数量，是否有任何限制？据俄人答：“并无限制，凡君所需要之货物，除笨重如大象者外，皆可随时运入。”换言之，冀东一带已形成一种全新之贸易局面。一切免税之货物，皆将侵入华北各地，唯一的限制，只为运输费用之多寡而已。”

冀东私运何以如此猖獗之原因，系有大批日韩浪人，非法私运银元，此事原为关东军一种经济压迫政策，用此扰乱中国之货币，因私运银元之获利，推广至其他各种商品。于是乃有大批白糖及人造丝，由大连运至热河，再装载运货汽车，由武装之韩人保护，强迫驶入长城口。因其地处战区内，所有海关人员皆不许携带武器，故对走私人员缺乏抵抗能力。

……

再如私运货物上岸之时，如有中国关员上前征税，往往遭遇韩人之痛殴，此种情形，已屡见不鲜。中国海关方面虽屡次抗议，日人均置之不理。反之如有韩人私贩，略受微伤，日方立即要求巨额赔偿，毫不让步。

中国海关于万不得已之中，乃思得一策，遂于三月二十一日，与北宁路局接洽，对于一切货运，如无海关所给之运单，请勿予以运输。此举虽不能根绝走私，但却有大效。可惜不幸实施三天之后，铁路当局不堪日方压迫，而将约定破坏，更拒绝中国海关在车站查验货物。北宁路局声称，海关可在走私货物存入货栈后，予以没收。殊不知所有走私货全部堆入日本租界之货栈，海关又何从措手？

……

走私货物，本亦白糖、人造丝、毛织品、卷烟等为大宗，最近几个星期，走私货物种类又见增加，如煤油、汽油、橡胶鞋、棉织布疋、苹果等。天津正当之糖业，自去岁十月以来，几乎完全陷入停滞，各商家无分文之交易。天津市面的走私白糖每包仅售十三元，仅为正当市场价格之一半。海关方面，即使将白糖关税降低百分之五十，仍无济于事。

油业自上月开始，亦感到走私货物之影响，四月中由大连运至冀东之煤油两万箱，汽油一千箱，其中百分之八十五为日本炼油厂出品。走私日油比正当油价，每加仑低两元，油业前途也殊难预料。

走私如此猖獗，系由日本人包庇所致，但日人方面争辩，乃谓走私盛行，由于中方关税率过高所致。

……

日领事当局曾公开宣言，所谓在华走私，在日本法律下并不违法；换言之，此种走私之经营，实际已经获得日本当局的纵容和许可。此种态度，在国际道德上实属不合。吾人须知，此种走私乃日本军事当局利用之，以获得政治上之目的。

从这篇文章中不难看出，当时南京国民政府采取了一些反走私措施，但收效甚微。其实后来，南京国民政府又实施了更为严厉的反走私政策，比如《中国海关通志》记载：1936 年 11 月，为了抑制华北走私浪潮，海关防止路运走私总稽查处被从首都南京迁到了天津；翌年 2 月，南京国民政府在济南设立防止公路内河私运稽查处。

此外，南京国民政府还加大了对走私者的处罚力度，规定对严重走私人员可判刑三年及以上，直至死刑。可惜，随着 1937 年 7 月日本全面侵华，中国沿海地区大片国土沦陷，地处沦陷区的各口海关虽然依照英日签订的协议，可以继续履行缉私职责，但缉私工作受到日军监视和控制，偶有查获走私船货，一经日本出具特许证即成合法进口，海关便无权处理。

（王坤）

抗战时期茅盾眼里的走私与反走私

1939 年春天，兰州人要购买肥皂、毛巾或者其他的化妆品，品种匮乏，且只有几家店铺有售。到了 1940 年 5 月，这种情形大为改观，各种洋货众多，从人造丝袜到西装领带，应有尽有，非常充足。一年前几乎见不到玻璃杯子，此时却遍地开花。（《兰州晨报》2013 年 6 月 15 日）

这是抗日战争时期，大文豪茅盾两次到访兰州的感受，差别之大，让他感到惊讶。不过在惊讶之余，茅盾也在透过“繁荣”看真相：有权有势者大发国难财，走私谋取暴利，一块钱的东西，能获得二十倍的利润；同时，他们利用手中掌握的缉私权力，禁绝老百姓贩运。

按理来讲，兰州所在的甘肃及周边的青海、宁夏、绥远等省份地处中国西北内陆，本不应该有这么多走私，但在抗日战争的特殊政治、经济环境下，国统区、沦陷区、解放区交织混杂，军事战、经济战轮番上演，走私与反走私之间的较量直接影响到各方实力的此消彼长和军事战争的胜败，因此各方都很重视。

这一时期，西北地区大多属于国统区，日本侵略者在军事上难以占领，便在经济上搞渗透和侵略，开展走私和倾销。而此时西北地区落后的工业生产水平和丰富的原材料，也为日货的走私内销及内地特产的走私外运提供了客观条件。

统计数据显示，抗日战争全面爆发前，中国的工业布局极不合理，新式工厂大部集中于东部沿海一带，整个大西北和大西南 14 个省份，各种工业部门的工厂数目尚不足全国的 13%，宁夏、甘肃、贵州、云南、青海、新疆等地甚至连一家织布工厂也没有，是理想的工业品倾销地。

1939 年，茅盾（前左一）在兰州与进步人士合影

另一方面，西北地区物产丰富，如皮毛、药材等，不仅产量大，还质量上乘，本地工厂消化不了，必须外运。传统的销路有两条：一条是从凉州到西安，经陇海路辗转过平绥路或同蒲路而到天津；另一条是从青海、宁夏等处至包头，再经平绥路而到天津。

抗日战争全面爆发后，河北、山西大部沦陷，物产进出运销之路断绝，形成了巨大的“剪刀差”：工业品价格飙升，农产品价格暴跌。这为走私套利提供了巨大空间。以陕西榆林为例，如果战前价格指数为 100，则 1938 年羊毛价格指数为 62.5、羊绒 26.6、棉花 90；而日用工业品价格普涨一两倍，煤油为 213、盐 145、煤 150。

与此同时，西北地区特殊的政治形势也助长了走私兴盛。在西北的青海、宁夏，虽然名为国统区，但中央势力一直难以立足。以青海为例，一直是军阀马步芳的天下，他号称“青海王”，青海不容他人染指，成为针插不进、水泼不进的“独立王国”，他对青海统治森严，凡各种货物莫不受其统制，全省利润难向外溢。

这些有权有势的地方当权派参与走私，让中央政府难以有效缉私。比如南京国民政府迁都重庆后，为适应战时需要，在内地货运要冲设立关卡，实施对日经济反封锁政策。1938 年 10 月，国民政府颁布实施《查禁敌货条例》《禁运资敌物资条例》等，杜绝日货进入国统区，同时为不让日伪获得中国物资，列出禁止出口货物如煤、盐、矿产等80余种。1942年，为适应抗战征税需要，国民政府在西安、兰州、洛阳、上饶、曲江等地设立海关，并颁布施行《统一缉私办法》和《水陆交通统一检查条例》。

然而国民党内部的腐败让这些反走私措施实施效果大打折扣，走私屡禁不止。熟悉内中黑幕的军法总监何成浚曾愤懑地说："近日贪污之风较任何时代为炽，而舞弊之巧，实远出人意想之外。"缉私机关中的腐败分子知法犯法，收受贿赂，以致缉私处有时成了"放私处"。

当乔家才就任陕西缉私处处长的时候，他的许多朋友都来祝贺他得到好缺。他直言，在他就职以前缉私处的声誉不佳，"少数人"行为不检，私生活过于奢侈，招来不少非议，使缉私处的名声败坏到了令人侧目的地步。

特权走私是缉私工作的致命伤，军队走私尤为如此。抗日战争时期，西北驻军包庇走私现象非常严重。1943年《财政部贸易委员会代电缉私署档案》记载，在西北，"近来伊盟及榆林三边等地绒毛走私之风非常猖狂，军队包庇奸商在三边、榆林一带放价收购，转至太原资敌"。

对华走私使日本获得相当大的经济利益。在抗日战争前期，日货从包头向西北地区倾销，每年达3000万元；从河南向陕西走私，每月达600万元，每年达7200万元。有人认为，国民党的所谓封锁线只不过是一个筛子，大量走私货可从其空隙中钻进来，在大后方的商店里有70%的货物来自上海、日本和沦陷区。

有一段时间，国民政府把海关的主要职能从征税调整为以缉私为主，但由于战争破坏，大部分缉私舰艇被击沉、侵夺或征用，再加上政出多门，职责紊乱，始终无法有力制止日本对国统区的大量走私活动。

（王振东）

马鸿逵走私与军统的暗杀

军阀马鸿逵曾召集宁夏商会负责人秘密指示："你们别看我出的禁止走私的布告，因为那是中央的命令，我不能不这样。实际上，你们还是可以照常走私，因为如果停止，别说兰州的要人太太们没有用的，就是我的军队也没有办法。"

这是1939年11月，时任南京国民政府行政院长、财政部部长、中央银行总裁的孔祥熙，向中央《转报马鸿逵公开包庇走私谈话电》中的一段话，在中国科学院历史研究所第三所南京史料整理处编写的《中国现代政治史资料汇编》（1961年线装油印本）中有明确记载。

马鸿逵是当时的西北军阀"四马"之一，先依附冯玉祥，后投靠蒋介石，在当时的宁夏省主席任上长达17年，集军政大权于一身，被人称为"宁夏王""宁夏的土皇帝"；而其所称的"走私之物"为毒品鸦片。身为一方大员，马鸿逵对鸦片走私的态度和倚重，从中可窥一斑。

马鸿逵

谈起鸦片，很多人可能首先会想到1840年的鸦片战争，其次会想到毒品危害人类身体健康，以及晚清政府经历了从禁到种再到禁的过程，等等。其实，1927年南京国民政府成立后，财政部曾下设禁烟处，颁行禁烟暂行章程，言明三年内禁绝鸦片。

然而，鸦片收入是西北军阀的重要经济来源，"禁绝鸦片"谈何容易。以宁夏为例，主政当局于1935年开展新生活运动，成立了禁烟委员会，各县设分会；在银川设立戒烟医院，又在平罗、宁朔、中宁、金积、灵武各县设戒烟分院，在盐池（惠安堡）设戒烟所。

表面文章做得好，但主政当局实际上并未认真执行，《中国近代贩毒史》记载：“在宁夏，地方各级税局是马鸿逵推销烟土的总商店和分店，在1938年至1940年期间，各税局、关卡为了完成马鸿逵下达的推销烟土的任务，不遗余力地向各烟馆派销、赊销由财政厅厅长赵文府监制的板烟。”

1939年春，马鸿逵甚至电告陕西，“本省财政困难，现金枯竭，周转不灵”，打算运20万两鸦片去陕西销售，以维军政经费。5月上旬，财政部答复陕西省政府，竟同意宁货运陕销售，“照章完纳税费”。马鸿逵用汽车运售鸦片并由军警护送，竟无人敢过问。

1940年，马鸿逵为了加速贩毒，又撤销了宁夏地方税局的鸦片经销权，改由当时的宁夏省银行行长李云祥独家专卖。李云祥接手贩毒后，取消了零敲碎打的小买卖，烟土只能整件（75两）、整箱（20块1箱）出卖。何时出售，以何价格出售，均经马鸿逵亲自议定、批准。

马鸿逵公开贩卖烟土，自然上行下效，宁夏金积、灵武的巨商们纷纷参与其中，分一杯羹。然而，如此丰厚的利润，马鸿逵哪里肯允许他人染指。于是，这些巨商们只得雇用彪形大汉，甚至购买枪、马，武装保护烟土走私。

马鸿逵看到有人动了他的垄断“奶酪”，便派部队阻拦，走私者与走私者之间的火拼一触即发。1942年秋天，巨商武装在石沟驿打死了马鸿逵的一名连长，数人受伤，马鸿逵听说后震怒，亲自到吴忠堡集合巨商训话，枪毙了8名走私烟贩。

看到宁夏走私猖獗，南京国民政府也曾设法干预、反走私。比如抗日战争期间，由戴笠一手掌控的军统逐渐获得了全国的缉私大权，并利用缉私打压竞争对手和地方实力派，甚至为此枪毙了孔祥熙的准女婿，然而却在与马鸿逵的几次较量中败下阵来。

1937年，军统准备在宁夏首府银川建立情报站，遭到马鸿逵的抵制和严密防范，未能如愿，无奈之下，便在离银川百余里之外的定远营建立情报站。1939年5月，该情报站密报南京称，马鸿逵以缉私为名，公开武装

保护走私等问题。

然而，此时正值抗日战争关键时刻，蒋介石从团结更多力量抗战的角度考虑，并不愿得罪这位“土皇帝”，便将此事交给财政部处理，财政部又辗转将此事移交给军统驻宁夏的缉私队处理。这支缉私队有 100 余人，全副武装，然而刚一行动便被事先准备好的马鸿逵部队枪杀。

马鸿逵气急之下直接电告财政部，赤裸裸地威胁道：“将该缉私队调离宁夏，否则今后再发生任何事，均由财政部负责。”面对这个手握重兵的土皇帝，最后财政部只好将该缉私队调走了事。军统方面吃了大亏，但为了在宁夏站住脚，便以缉私为名采取了一些杀鸡儆猴的恐吓手段。

比如 1943 年，军统派人暗杀了勾结马鸿逵走私的奸商曹瑞，借此警告马鸿逵，结果马鸿逵不但不为所动，反而立刻采取反制措施，下令封锁宁夏全境，挨家挨户搜查，企图将军统一网打尽。刺杀曹瑞的李梦白经定远营走沙漠仓皇逃往兰州才捡回一条命，另一名军统人员在吴忠被捕。军统闻讯后请马鸿逵的上司傅作义发电营救，结果马鸿逵接电后不但没有放人，反而下令将其立即处死。

南京国民政府时期，西北军阀以中原大战为契机，建立了与中央之间松散的政治联盟。在这个联盟下，双方一直是集权与分权、控制与反控制、安抚与输诚、联合与利用的关系，矛盾与斗争一直贯穿始终，有武力冲突也有互相支持与合作，此间关系颇为复杂，也就难以有效开展反走私了。

（徐春亮）

抗战时期国民党军队走私“让贼抓贼”

走私：高级将领，每假抢购物资之名，遂行公开走私之实。经商：或与商人合股，或直接派员经营，或以公家运输工具，包运私货。……赌博：每一输赢，动辄数万数十万元。盗卖公物：公家物品，如汽油骡马，以及武器弹药米面，等等，任意盗卖……

1944 年 8 月 17 日，刚刚接替蒋鼎文就任第一战区司令长官一个月的陈诚，给蒋介石递交了一份调研报告，以上是这份调研报告中的一段话。当时，陈诚在陕西、河南两省做了详尽调研，发现部队存在严重“积弊”，导致战斗力低下，他认为这是造成豫中会战失利，引发豫西民变的深层次原因。

一般而言，军队的职能只有两个，一个是打仗，另一个是准备打仗。然而抗日战争时期，在陈诚的调研报告中，国民党军队走私却成了司空见

民国时期海关查获 40 听走私煤油

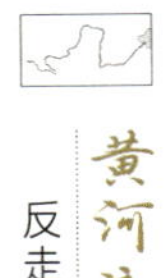

惯的事情。1942年1月升任第一战区副司令长官兼鲁苏皖豫边区总司令的汤恩伯就是其中的典型代表。

统计数据显示，抗日战争爆发前，军费支出占到了南京国民政府总支出的三四成，为了降低军费，蒋介石曾尝试裁军，结果引发了中原大战。裁军裁不动，蒋介石便在压缩军费上动歪脑筋，缺斤少两的事儿常有。

抗日战争爆发后，军费开支与日俱增，国民政府负担不了，就缩水、拖欠。正常的军费根本不能维持军队正常开支，于是一些“聪明”的军官们便干起了走私的勾当。汤恩伯主要是从国统区大量走私倒腾桐油和猪鬃到沦陷区，以赚取超额利润，弥补军费不足。

看到这里，一些人可能就不理解了，你走私给美英苏，我支持，毕竟这些都是盟友，共同抗击法西斯侵略；但你走私给沦陷区的日本人或者日伪军，这不是帮助敌人打自己吗？这不是汉奸的行为吗？然而，这在当时就是事实。

据考证，在汪伪第四方面军中将总司令张岚峰家的隔壁，商丘复兴一街上，就有汤恩伯公司的常驻代表和抨击汤恩伯走私的军统公司常驻代表。正所谓上行下效，连中央军汤恩伯都走私，其他地方军便跟着效仿起来。

比如黄河防线西段的川军104师，包庇商人偷运桐油、生漆渡河资敌，而且明码标价，每桶8元，过人也是每人8元；中段的河北民军属于“杂牌中的杂牌”，专吃“偷运饭”；东段的孙桐萱让表侄专门负责把猪鬃收上来，卖给鬼子。

绥远走私也很活跃。1942年7月，绥远贸易公司秘密派自卫军第二路参谋长李聚五前往河西，委托日伪王英与日方交涉通商事宜，最后日方以大后方不禁止皮毛出境为条件，开放日货内运，但军用物资汽油不在此列。（《敌伪经济汇报》，1942年7月）

陕北的私货有相当一部分来自包头。据《豫陕绥宁走私现状报告书》（1939）记载，第22军驻扎在榆林有年，军长高双成在榆林设有合作社，由该军军需薛高庭负责，每年由包头贩运约值200万元的私货。风气形成，上行下效，该军甚至连排长也大肆贩运，多得厚利。陕南的私货大部分由河南经潼关入境，走私者多与铁路及邮政人员勾结，其中军人及公务员颇多。

这种现象并非个例，中统在报告中这样写道：“战时各集团军及战区军人包庇走私，各游击队贩运敌货，实属普遍现象。”军统则称：“查近来各地之走私，大都有不肖军人为其背景，故武装包私走私之风甚炽。”

走私难免牵扯利益分配，都认为自己贡献多，出现分赃不均等情况。国民党军统和中统就曾在洛阳大打出手，同在河南做专区督导专员的赵理君和韦孝儒撕破了脸，军统少将赵理君活埋了中统的韦孝儒。最后盖子捂不住了，戴笠都差点吃挂捞，被蒋介石一通修理，只好弃车保帅。

国民党军队参与走私，看似缓解了军费困难，改善了战时官兵的生活，但其危害却远大于收益。从走私的物品看，国民党军队走私出去的大多是重要的民生军用物资，输入的则是奢侈品和毒品，这无异于赍盗以粮，变宝为废。

国民党军队走私恶化了军民关系，在许多地方，由于军队走私，军民关系形同水火。在山西，“间有不良部队或偷运敌货毒品企图厚利，或就地征粮不付价钱，或因燃料困难烧毁人民器物门窗，甚或三五成群化装扰民，形同土匪，但因口音关系，人民无不周知”。

军队走私带来的最严重的后果是战斗力削弱，战场连连失利。正如陈诚所说：“军风纪非但为军队之命脉，实关系抗战之胜败与国家之存亡，败坏了军风纪便是军队的自杀。所谓军风纪，即由不扰民始，凡扰民之军队未有不消灭而能生存者。”

1941 年发生在山西境内的“中条山战役”，国民党军队战败的教训非常惨痛。战前，国民党第 36 集团军驻守于河南陕县的黄河南岸，与日军阵地隔河相对。该集团军总司令李家钰不思防守大计，自进驻陕县一带后，就与走私商杨庆亭勾结在一起，大肆贩卖毒品，仅海洛因一项，每月就贩进 500 两，用军车分运各县销售。

在李家钰的带动下，该军上下无不以走私贩毒为业。李家钰本人则多日宿于杨家，聚赌叫娼，吸食鸦片。1941 年 5 月 7 日，日军在中条山一带发动进攻，而 8 日战区司令长官卫立煌打电话给李家钰，询问前线情况时，正在杨家忙于赌博的李家钰竟答以“无事”。

民国时期的海关缉私关警队

战后，国防最高委员会在总结战役惨败的原因时认为："中条山失利原因之一为敌人贬价输送敌货毒品，军队上下唯利是图，走私风炽，战斗力削弱。……尤以走私贩毒为最大之原因。"（《国防最高委员会呈卅八集团军总司令李家钰走私贩毒等事宜》，1941 年 8 月）

抗日战争时期，郑州失陷也与走私有一定关系。第一批渡过黄河的日军伪装成走私贩子通过封锁线，他们把枪支藏在上海纸烟箱内，负责防卫的国民党军队未予阻拦，原来，他们正等着受贿呢！（［美］格兰姆·贝克：《一个美国人看旧中国》，生活·读书·新知三联书店 1987 年版）

国民党军队参与走私的恶果终于在 1944 年的豫湘桂战役中暴露出来。抓钱长于作战的汤恩伯军在战争中闻风而退，一路未加抵抗。国民党军队不愿抵抗的主因在于中上级军官大量贩卖私货，以发财致富为参军的初衷，根本不愿作战，以免危及自己的性命。士兵虽可服从命令，但忍饥挨饿，不能维持健康，难以抵挡精心准备又气势汹汹的日军。（陈达：《浪迹十年》，商务印书馆 1946 年版）

抗日战争时期，国民党政府虽然也缉私，但往往不能彻查，养痈为患。

1939年秋冬之交，国民政府将全国分为湘鄂区、冀鲁豫区、浙赣皖苏区、晋陕区、广东区及广西区等六区，每区各设货运稽查处，办理查缉日货及资敌物品事宜，但“对于所负任务，未能认为成功”，其原因除人事未能得宜及缺乏缉私武力外，“各战区前线，不法军队或游击队包庇走私，时有所闻；某战区甚至军队包庇走私，以大炮、机枪护送，武力走私横行”。（朱偰：《中国战时税制》，财政评论社1943年版）

国民政府还在战区各地设立查禁敌货委员会：在前线各地，请军事委员会令各战区司令长官指定负责人员及机关执行；在水陆运输重要站口，指定负责机关检查日货，并请军事委员会令附近军警切实协助。然而，倚重军方力量来查缉走私，无异于“让贼抓贼”，故国民政府对国民党军队走私根本无力制止。

（刘传旭）

战后“走私以刑法治罪”的实践

“走私以触犯刑法治罪。”这是1948年南京国民政府颁布的《惩治走私条例》中的基本原则。这时把走私以触犯刑法治罪，可见处罚之严厉，从中也可以窥见当时走私情况之严重。

抗日战争胜利后，国民政府立即下令接收沦陷区海关，实行较为严格的货物出入境管理制度和反走私政策。然而长期以来形成的政府腐败、军队走私行为，以及亲美政策带来的美货倾销和走私，让这些政策的实施效果大打折扣。

解放战争时期，毒品早已被定位为世界之公害，各国政府都在严厉打击，而统治青海的马步芳却打着“以毒养军”的旗号，将大批烟土运往宁夏、绥远、包头销售，或通过当地军阀转运到天津、北平出售。

1946年，马步芳派人将省会警察局陆续查获和搜缴的大批烟土运往甘肃临夏、兰州、河西等地，交驻军贩卖，获取暴利。1948年，他又派亲信陕某，用大木箱子装满塞满烟土的皮鞋，手持“青海省政府护照”，以“军用皮鞋”的名义将这些货物运往新疆销售。

只是青海以外不是马步芳的势力范围，所运输烟土在途经兰州时被当地侦稽处开箱检验查出。押送员陕某见苗头不对，便扔下装有毒品的皮鞋一逃了之。然而，甘肃省政府扣下毒品后也不愿将事闹大，只是宣称“烟贩已逃，无从查究”，就算完事了。

当时在西北地区，实施禁烟的执法人员接受贿赂，纵放烟犯或知法犯法，自己从事贩烟的事情屡有发生。1947年以后，甘肃文县物价飞涨，法币几乎成了废纸，在市面上取代法币流通的是大烟。当时负责禁政的、审判烟案的、抓捕看管烟犯的均在贩烟，搞得全县烟雾弥漫，万人受害。

在国内各类军阀和官员走私侵蚀着国民政府的统治基础的同时，外国势力如美国，向国内倾销和走私也变得有恃无恐。1945 年 11 月，抗日战争胜利后的第一艘美国商轮抵达上海，揭开了美国对华商品倾销的序幕。从此，美国货船源源不断地开到中国。

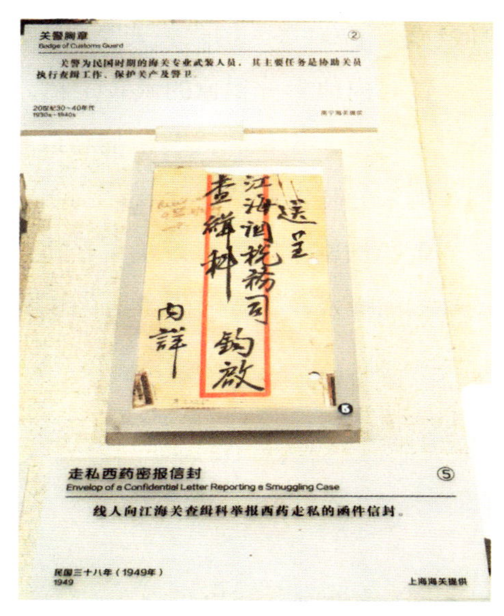

1949 年，线人向海关缉私科举报西药走私的密报信封

1946 年 11 月，国民政府与美国在南京签署了《中美商约》，涉及美国在中国经商、设厂、开矿、金融、航运以至科研、教育等诸多方面。这一商约不仅使美帝国主义可以在中国境内为所欲为地进行资源掠夺，更为美货倾销打开了大门，让中国在经济上成为美国的附庸。

一方面，美货倾销由于得到国民政府支持，因而披上了各种合法的外衣，以“联总救灾物资”“美军驻军军用物资”及“战时剩余物资”等名目进口的大批货物，都享受免税待遇，但这些“物资”很快成为驻华美国商人柜台上的廉价商品，或由国民党政府统一承购后，以低于市场的价格投放市场。而美军利用飞机、军舰和外交特权进行的走私，更是有恃无恐。

另一方面，国民党政军要员凭借特权公开走私，规模和数量均达到空前程度。他们以自用之名进口的违禁物品不报关、不纳税，进口高档奢侈品也得到了国民党当局的许可。

国民党军队荷枪实弹地公然进行走私，无人敢管。海关关员贪污受贿，暗助和公开参与走私的事件更是屡见不鲜。据当时的估计，在这种状况下，美货走私入境的数量比经海关进口的货物要多二至三倍。

面对这种情况，国民政府也曾加强缉私，比如曾向美国海军购置 21 艘大型巡缉舰以及 100 余艘汽艇，还接收了财政部缉私署的税警部队，又招

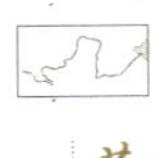

募组成了 1700 多人的武装关警部队，协助海关人员查禁走私活动。

针对内地十分猖獗的武装走私，国民政府于 1948 年颁布的《惩治走私条例》规定，走私和武装拒捕将以触犯刑法治罪，最重者将处以死刑。但此条例未能制止走私，也未能帮助国民政府稳定经济秩序。

走私加剧了国民党统治区经济的崩溃和统治的危机，使民族工商业受到极大的摧残，纷纷破产停业，也注定了其反动统治的快速覆灭。

（齐健）

第十章

中国共产党领导下的苏区、解放区反走私

在革命根据地内实现完全海关自主、缉私自主。

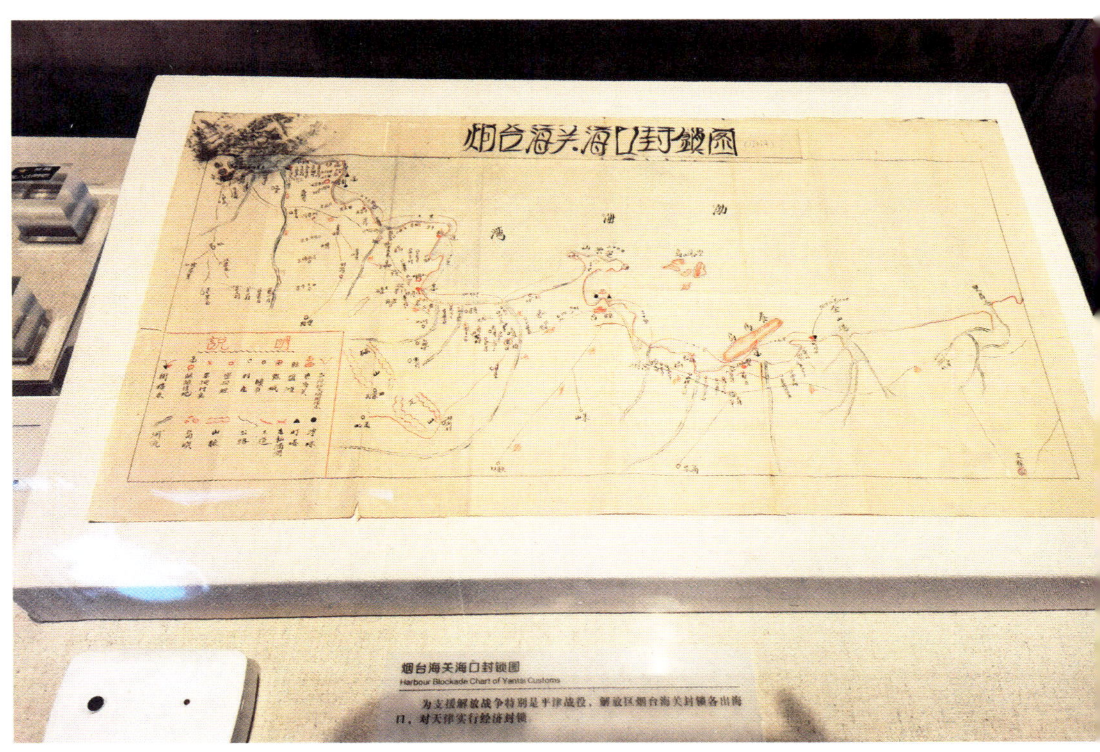

为支援平津战役，解放区烟台海关封锁各出海口，对天津实施经济封锁反走私

建党初期收回海关主权反走私

1921 年 7 月的一个晚上，在上海法租界望志路 106 号的一幢住宅里，中国共产党第一次全国代表大会悄然开幕。怀揣着理想的早期共产主义者在这次大会上通过了《中国共产党纲领》。

这一纲领在经济方面明确主张：消灭资本家私有制，没收机器、土地、厂房和半成品等生产资料，归社会公有；地方执行委员会的财政、活动和政策，必须受中央执行委员会的监督……

“自从有了中国共产党，中国革命的面目就焕然一新了。”（毛泽东：《全世界革命力量团结起来，反对帝国主义的侵略》）体现在反走私领域，就是中国人民要求关税自主、收回海关主权的斗争，从此进入了新阶段，成为党领导下的反帝反封建斗争的重要组成部分。

中国共产党在建立初期，即把取消不平等条约、收回海关主权纳入反帝

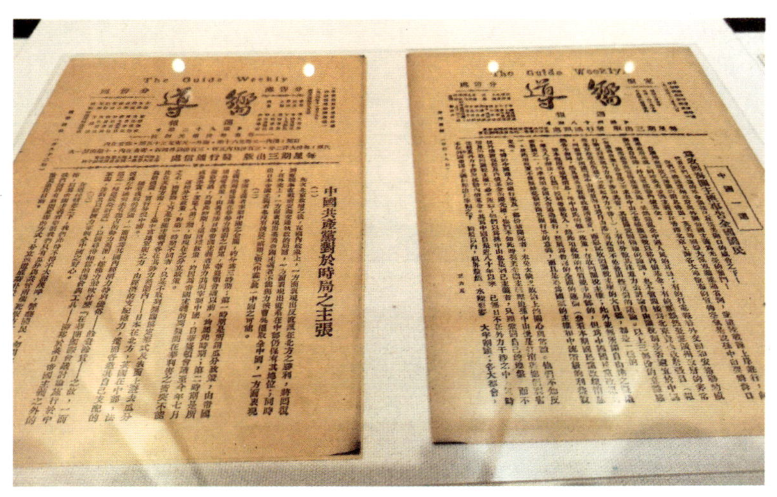
The Guide Weekly
嚮導
中國共產黨對於時局之主張

The Guide Weekly
嚮導
中國一週

《向导》刊发的《为收回海关主权事告全国国民》《中国共产党对于时局之主张》

反封建斗争纲领之中，作为革命斗争的目标之一。1922 年 6 月，党中央第一次发表了对时局的主张——《中国共产党对于时局的主张》，提出十一条反帝反封建纲领，其中第一条就是：“改正协定关税制，取消列强在华各种治外特权，清偿铁路借款，完全收回管理权。”

1922 年 7 月，《中国共产党第二次全国代表大会宣言》指出：“关税也不是自主的，是由外国帝国主义者协定和管理的。这样，不但便利于他们的资本输入和原料的吸收，而且是中国经济生命的神经系已落在帝国主义的巨掌之中了。”

显然，如果没有关税自主、海关主权，那么在对外贸易中打击走私、维护自身利益，根本无从谈起。中国共产党提出这一政治主张的历史背景是，当时正值北洋政府统治时期，1921 年 11 月—1922 年 2 月华盛顿会议召开，鉴于之前的巴黎和会对中国关税自主问题未予解决，中国代表顾维钧在此次会议上发表了《对于中国关税问题之宣言》。

该《宣言》提出三项建议：一是关税自主权，应由出席各国议定，到一定时期后交还中国；二是中国进口税则，应自 1922 年 1 月 1 日起增至百抽 12.5；三是应由中国与各国从速议定一种新税制，对各种进口物品，得自由征收适当关税。

关税是北洋政府统治时期中央政府的主要收入来源之一。北洋政府沿袭清末税制，关税的征收有海关、常关之分。海关对商品进出口征收的关税有进口关税、出口关税、转口税、子口税和船钞。北洋政府的常关税与清末相似，有内常关税、里内常关税和里外常关税三种。民国初期，常关税的征收权分属地方政府、海关所有，征收制度颇为混乱，税率高低不等。

北洋政府统治时期兵荒马乱，各地军阀各自为政，拥兵自立，割据一方，内战不断，没有统一的税收制度，苛捐杂税层出不穷，人民负担沉重。军阀们自行课征税收，任意截留税款，导致中央政府税收收入无法保证，国家财源日益枯竭。

于是，北洋政府就靠借债度日，靠出卖国家主权换取帝国主义的贷款。而帝国主义列强则通过贷款牢牢地控制了中国的财政税收大权，进而控制

了中国的经济命脉。因此，北洋政府的财政税收自主权逐渐丧失，被殖民程度日益加深。

《中国共产党第二次全国代表大会宣言》指出："农民因为土地缺乏、人口稠密、天灾流行、战争和土匪的扰乱、军阀的额外征税和剥削、外国商品的压迫、生活程度的增高等原因，以致日趋穷困和痛苦……废除丁漕等重税……废除厘金及一切额外税则，规定累进率所得税……"从中可以看出，中国共产党在建立初期就明确了未来人民政权的税收实行较为公平合理的累进税。

1923 年 6 月，中国共产党第三次全国代表大会在党纲草案中规定："列强大资本生产品之倾轧，原料之垄断，机器购买之限制以及关税金融之操纵都使幼稚的中国工业发展受莫大的障碍……取消帝国主义的列强与中国所订一切不平等的条约，实行保护税则……废止厘金，征收所得税及遗产税；每年审定租税一次……"

1923 年 7 月，毛泽东在《北京政变与商人》一文中指出，中国现在出现的问题是打倒军阀和帝国主义的问题，只有打倒军阀和帝国主义，才能实现关税自主，"大家知道厘金和关税是商人的两个生死关……但厘金加税并不是容易做到的事情，因为裁厘有损于军阀的利益，加税又有损于外国帝国主义的利益"。

1924 年，中国共产党创办的第一个公开发行的中央机关报《向导》在第九十二期登载的《中国共产党对于时局之主张》中提出多项主张，其中有关海关的有，"废除一切不平等条约，第一重要是收回海关，改协定关税制为国定关税制；因为这是全民族对外的经济解放之唯一关键"。

为缓解中国人民的反抗情绪，帝国主义列强照会段祺瑞政府，提出召开关税特别会议，允许中国开征 2.5% 附加税。共产党人认为，列强策划召开这一会议，是帝国主义拉拢北洋政府、缓和中国民族主义情绪的"缓兵之计"，也是北洋政府借机解决财政困难、维持政权运转的"伎俩"。为此，中共上海区委相关人员坚定表示，"我们自始即根本反对之，主张无条件关税自主"。

大革命失败后，中国共产党一方面在革命根据地着手建立边境税关，另一方面在国统区团结各界爱国志士和海关员工，继续开展收回海关主权的斗争。收回海关主权，又何尝不是一种反走私的具体行动呢?

（高程）

川陕苏区反走私保障下的对外贸易

对奢侈品抽税极重，以防奢侈风尚之流行；对于赤区急需之物品，则免其入口税；对于赤区之特产则免其出口税；均是各国奉行为金科玉律的关税原则，较之一般军阀，只知刮地皮，不顾一切生息事业者，恐似稍胜一筹。

这是1934年3月，《四川日报》刊载的文章《匪苏维埃的工商业累进税》中的一段，这里的“匪苏维埃”指的是川陕苏区。毛泽东曾在中华苏维埃共和国第二次全国苏维埃代表大会上这样评价：“川陕苏区是中华苏维埃共和国的第二个大区域。”

从这篇文章的字里行间不难看出，川陕苏区的入口税和出口税政策运用得当，并辅之以恰当的反走私政策，连白区报纸也不得不赞许，称其“较一般军阀，稍胜一筹”。第一次国内革命战争失败后，中国共产党建立革命根据，开展独立自主的对外贸易。

正如毛泽东所说：“在中国境内，只有苏维埃实行了完全自主的关税制，不受任何外国政府的干涉，一切货物在边境税关纳税之后通行全苏区，无第二次之征税，一扫国民党厘金关卡层层抽剥的虐政。”也就是说，革命根据地内实现了海关自主、关税自主。

这一点在川陕苏区也有比较完整的体现。1933年，随着武装斗争深入，敌人除了在军事上对川陕苏区进行围剿外，还开展经济上的封锁，因形势需要川陕苏区必须重视税收建设。于是，川陕苏区在这一年颁布了《川陕苏维埃税务条例草案》，探索建立了全新的税收制度体系，其中相当一部分涉及关税、对外贸易、反走私。

川陕苏区的工商税有营业税、特种税、出口税、入口税。1933年8月，《川陕苏维埃政府布告：苏区营业条例》规定，苏维埃区域内一切商店必须依

川陕苏区铜币

照累进税则的规定纳税。对于特种税管理，特货、银耳、猪肉等先税后卖，以凭证查验，税务机关在货物上加盖“查讫”章，纳税人必须保存执照（执据）与执照上所贴之印花，证明是已税货物，便可在市场上设摊出售。

对于营业税管理，条例规定在苏区有固定经营地址的坐商，按月征税，流动商贩一般在各大集市的赶场日按次征税。白区商人与苏区贸易，得准其贸易，至于在苏区内地的一切行动，都必须得苏维埃的允许；涉及出口税、入口税管理，苏区的商人对外贸易必须到当地县苏维埃或区苏维埃详细报告登记，其货品必须首先运至赤区边境税务局检验，苏区必需物品和禁止入口商品不能私自运送，要按次征税。

川陕苏区还印发了《川陕苏维埃财政人民委员会关于建立关税制度宣传纲要》，通过征收入口税、出口税等手段，促进对外贸易发展，保护苏区工商业。1934 年 4 月 16 日的《国民公报》之《保障贫民的苏维埃税制》载：“约分出口税和入口税两种，略寓保护政策之意，其他尚有特种税、营业税、所得税等限制甚严……实大顾一般贫苦民众，因其起征税额太低，有保障贫民之原则。”

川陕苏区的入口税征税品目为纸烟、酒、旱烟、水烟、香水以及非工农必需物品、奢侈品，这些皆得从值按 5% 起，以至 10% 为止。如南江县纸烟、酒、旱烟、水烟、香水，按 10% 抽税。盐、粮食、棉花、小猪、耕牛、

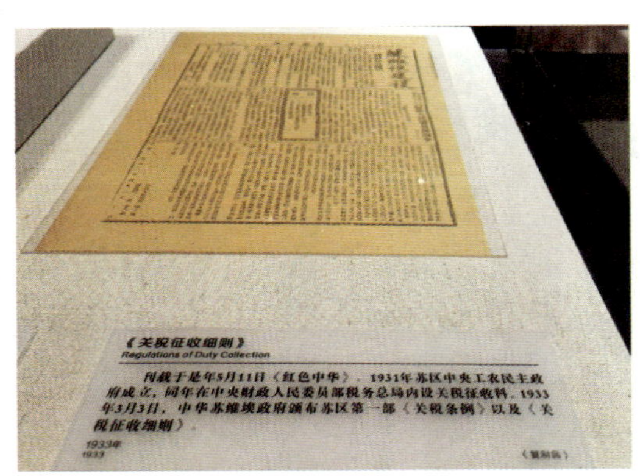

1933 年 3 月 3 日，中华苏维埃政权颁布苏区第一部《关税条例》以及《关税征收细则》，刊登在临时中央政府机关报《红色中华》上

中西药材、洋（煤）油、布匹、擦枪擦炮用的生发油、电讯器材、印刷材料、花生油、枪支弹药等人民群众和战事需要的物品，凡进口都免税。

四川军阀除在军事上“会剿”红四方面军，还在经济上对川陕苏区实行全面封锁，妄图困死红军。粮食、布匹、棉花、药材、盐等为苏区军民所急需物资，本就极为缺少，因此，苏维埃政府基本上禁止出口这些物资，如商人一定要出口这些物资，则课以 20%—50% 的高税。

而苏区生产的优势土特产品，苏维埃政府则鼓励外销，如木材、白耳、黑耳、锅、煤炭、茶叶、木料等，一律免出口税。这说明苏区的税收政策是严谨的，鼓励商业流通也是很明确的，但对于重要的生活资料，也是限制出口的，这有利于根据地的发展和稳定。

川陕苏区还经常派人到各地市场巡视、检查，对外查偷税、漏税，对内查收税人员有无贪污受贿行为，一旦发现有此现象发生，轻则关监，重者杀头。虽然川陕苏区只存在了两年多，但其探索建立具有川陕苏区特色的全新税收制度体系，是一次有益的尝试。

毛泽东指出：“川陕苏区在争取苏维埃新中国伟大战斗中具有非常巨大的作用和意义。”其火热的经济建设和保卫苏区的革命斗争，为文化建设注入丰富的创作源泉。其中，时任川陕苏区赤北县税务局局长朱有炽根据川陕民歌《绣荷包》曲调创作的《十送红军》流传最广、影响最为深远。

《十送红军》表达了川陕苏区人民与红军血肉相连、鱼水相依之情，也唱出了川陕税务人对中国共产党及其领导下的工农红军的赤子之心，是革命烈火陶冶的艺术瑰宝。

（王志坤）

两次世界大战时期的山东贵金属反走私

第一次世界大战时期，北洋政府对日本在山东进行的贵金属走私活动持妥协、退让态度，导致我国铜、锌资源大量外流；抗日战争时期，抗日根据地的民主政府打击日本对黄金的走私活动，并支持、保护区内的黄金矿业，使山东贵金属业得到发展，并为山东抗战提供了物质基础。

1914年，第一次世界大战爆发，铜作为战时必要物资，价格扶摇直上。《日本工商资本与近代山东》记载：“从1915年6月日本开始大规模走私贩运，到1917年3月，由胶济铁路运至青岛的铜钱共37932吨，铜块35633吨，总数达73566吨，相当于载重15吨的货车4904节。”

在走私活动如此猖獗的背景下，济南日侨甚至组建了铜业组合来保护和协调各洋行的利益。走私活动导致大量的基础流通货币外流，铜、锌资源大量流失，给山东贵金属业造成了严重的后果和影响。

当时虽然中国明令禁止走私，但由于日本方面态度强硬，北洋政府妥协：“由日领事出示条文，禁止以运输出口为目的的贩运，内地贩运扣留者则一概发还银本。”1917年3月9日，日本商人在济南兑换、贩运制钱，商埠警察在运钱车上查验车捐时被日本人劫走，押送警兵被拘去拷打，数位警兵被枪伤。

当时的山东省省长向日本领事署交涉，仍未获解决。最后，在收到北洋政府外交部和平解决的方针后，当局只得把扣留的违法贩运的制钱交还了日本商人。由此可以看出，北洋政府在日本实力比较强的山东，采取妥协、退让的态度以稳定大局。

而在山东抗日根据地，山东贵金属业受到政府保护和政策支持，从而得到发展，并为中国共产党在华北地区的抗日活动提供了物质基础。以黄

山东解放区“海关”胸章，这是工作人员出入港口、码头的凭证

金矿业为例，其主要分布于胶东区和鲁中区。到1944年，招远、黄县、栖霞采矿办事处的所辖矿井（洞），由年初的69个增长到212个，采金人员由2550人增加到4532人。

胶东黄金产地集中在招远、黄县、掖县一带，黄金开采有政府投资经营的，也有包租给私人开采的，但所采黄金都由政府统一收购并全部上交。日军经常对胶东区和鲁中区进行骚扰劫掠，进行黄金走私。为了保护黄金生产、打击敌人侵扰，胶东抗日根据地的部队将一个团的兵力布置于矿区。

1942年3月21日，五旅十三团奇袭招远玲珑食矿敌据点，歼敌百余人；28日又击毁运输汽车11辆，予敌以沉重打击。在1941年和1943年，胶东上缴的黄金一次多达上千两。

1943年，鲁中区颁布《金矿管理暂行规则》，对黄金的开采、买卖作出了详细规定。比如在黄金买卖方面，“凡我根据地内产出之金子均应由采金局统一收买，如有私自买卖或出口者，一经查出除悉数没收归公外，并送交当地政府依法讯办”；1944年，胶东区颁布《探矿暂行条例》，规定“匿报产量及拿金走私者，经调查属实，除停止其探矿权外，并即送政府处罚之”。

（高馨雨）

苏区的红军禁毒与反走私

鸦片烟，毒最深。吸上了，要成瘾。既花钱，又损神。一害己，二害人。身体瘦，一把筋。走起路，没精神。哪有劲，把田耕。日愈旧，家愈贫。劝告父老们，赶快戒烟瘾。身体强壮了，全家喜盈盈……

这是一首20世纪30年代在川北地区传唱的《戒烟歌》。第一次国内革命战争失败后，走私与反走私的斗争犹如当时全国的革命斗争形势，也有两条战线，一条发生在国民党统治区与日本占领区之间，另一条发生在中国共产党领导的苏维埃政权建立的革命根据地与其他统治区之间。

随着革命根据地的广泛建立与发展，敌人除了在军事上对其进行围剿之外，还在经济上进行封锁，企图扼杀年轻的苏维埃政权。如何打破经济封锁，开展对外贸易，一直是苏区党和政府一项重要工作任务。1931年，各苏区先后建立对外贸易处等机构，有组织地开展对外贸易工作。

毛泽东在《必须注意经济工作》（1933年8月）和《我们的经济政策》（1934年1月）两篇著名报告中都曾提到，为了粉碎敌人的经济封锁，夺取革命战争的胜利，必须发展生产，“有计划地组织人民对外贸易，并且由国家直接经营若干项必要的商品流通”。

在这一思想指导下，中央苏区设立边境税关，建立船舶检查处，又称“边卡”，负责检查出入境船舶、货物，征收关税，其他苏区包括黄河流域的苏区也建立了类似的机构，有的称为“边境税关”，有的称为“关税处”。

边境税关的首要任务是严格执行进出口管理制度。当时凡去白区或进苏区的商人，需要有三种证明：保卫部门发的护照、出口部门发的货物出口许可证和财政部门发的现金出口证。鸦片毒品一律禁止进入苏区。（蔡渭洲编著：《中国海关简史》，中国展望出版社1989年版）

谈及鸦片，中国人记忆深刻。鸦片战争是中国近代史的开端，直接起因是中国的禁烟运动；后来清政府一度采取“寓禁于种”，允许各省农民种植罂粟、制作鸦片；到了民国时期，鸦片烟成为毒害川陕边人民的一大祸患。

红军入川前，军阀田颂尧在通、南、巴（今巴中市全境）一带强令农民种植鸦片，榨取高额的“特别捐”，对拒不种烟者征收“懒捐”。大量种烟严重影响农业生产，“穷乡僻壤，罂花遍地，纵目田畴，已成黑土”。

普种直接导致普吸，严重影响老百姓的健康，“十室之邑，必有烟馆，三人之行，必有瘾者”。红九军团司令部文书林伟在日记中称，国民党军队王家烈的25军完全就是“双枪兵”（“双枪”指打仗用的步枪与吸鸦片的烟枪）。

对于鸦片，中国共产党的态度一直是明确的——坚决禁止。1932年12月18日，红四方面军从通江两河口进入四川，建立川陕革命根据地，在第一次工农兵代表大会上，就专门讨论了戒烟问题，随即开展了大规模的戒烟运动。

直至今天，四川巴中各地还保存着大量红军錾刻的宣传戒烟的石刻标语，如“穷人吃上鸦片，不光是刺伤自己的身体，而且遗毒于子孙后代”，让老百姓意识到毒品的危害，同时还揭露“棒老二、发财人，种鸦片、吃鸦片，为的是他们来整款子”的罪恶目的。

红四方面军在川陕革命根据地錾刻的戒烟石刻标语

川陕革命根据地还设立了戒烟总局，下设登记处、制药处、休养所，并采取了四项严厉的戒烟措施：禁种鸦片，还地种粮；禁开烟馆，销毁烟具烟土；全面检查，查办各种烟贩；登记烟民，集中戒除。经过努力，川陕根据地吸鸦片烟的人数大为减少。

除了禁烟，苏区还对粮食和人员

进出境有着严格的管理，均须向海关机构报告，接受检查。根据 1933 年中央财政部颁行的《关税征收细则》，“运货人缴清税款，取得进出口或通过凭单后，始得过关。如私自前行过关或弯路避免过税（付税）者，查出将货全部没收。没收来的货物，由关税处拍卖变价归公”。

对于走私或者违反进出境制度而被海关扣留没收的货物，苏区海关规定，拍卖所得货款“得取出五分之一至二分之一奖给报告人”。关税是苏维埃政权财政收入的重要来源，也是调节根据地与国统区之间商品输出和输入，反对敌人经济封锁，保护根据地独立自主发展的重要武器。

毛泽东在 1934 年中华苏维埃第二次全国代表大会上做的报告中指出：“关税以苏区的需要程度统制货物的进出口为目的，因此税率有完全免征的，有高至百分之百的。在中国境内，只有苏维埃实行了完全自主的关税制，不受任何外国政府的干涉，一切货物在边境税关纳税之后通行全苏区，无第二次之征税，一扫国民党厘金关卡层层抽剥的虐政。”

苏区海关的创建，标志着帝国主义控制的海关特权第一次被中国人民政权彻底否认。苏区海关虽然存在时间短，而且裁设变动频繁，但已显示出新民主主义海关制度强大的生命力，以及其终将代替半殖民地海关的历史必然性。

（刘梓）

陕甘宁边区的禁毒与反走私

陕甘宁边区与华北敌后根据地，对禁烟雷厉风行，至今为止，禁种已完全做到，虽在敌人恶势力毒化政策包围下，禁吸禁售，成绩昭著，事实俱在，不愧称为禁烟模范区。

这是1942年禁烟节时，《新华日报》刊发的短评。抗日战争时期，中国共产党领导的陕甘宁边区禁毒成绩得到了外国记者的认可。1944年，随中外记者西北参观团访问边区的美国记者福尔曼在《来自红色中国的报告》中写道："我在共产党区游历了五个月，没有发现任何一点鸦片的痕迹。"

在近代，鸦片等毒品泛滥一直是困扰中国社会的一大"毒瘤"，尤其是陕甘宁一带，种鸦片、吸毒、贩毒的历史由来已久。1936年12月红军解

陕甘宁边区政府旧址

放延安时，延安统计在册的烟民有1500人以上，占居民的31%。当时民谣这样唱道：“延安府，柳根水，十有九个洋烟鬼。”

对于毒品，中国共产党的态度是一贯坚决的，就一个字——“禁”。罂粟为烟毒之源，禁种是禁烟最重要的环节，陕甘宁边区政府三令五申，严禁种植鸦片烟苗，并要求“各专署、各县市政府务必各就职责所属，认真检查，严厉禁止。如发现烟苗，须立即令种户铲除，改种农产”。

但是抗日战争时期，陕甘宁边区周边环境复杂，日本帝国主义对作为敌后抗日根据地总后方的边区虎视眈眈，千方百计破坏边区经济，国民党政权对边区也心怀敌意。当时，日本侵略者在中国施行“毒化政策”，并以此作为摧毁中国军民抗战意志的重要武器。

这里的“毒化政策”，指的就是日本侵略者在其占领区利用日伪政权，强迫农民种植鸦片，实施鸦片专卖，设立烟馆，征收鸦片捐税，设置制毒工厂加工毒品，向沦陷区、抗日根据地及大后方贩运出售，以攫取中国财富、打击与削弱中国国力、摧残中国人体质、瓦解中国人民抗战精神的政策。

为了不让日本侵略者的阴谋得逞，保证边区人民身体健康，边区政府除对违抗政府禁令而种植烟苗的人进行法律制裁或从经济上予以重罚外，还严厉禁止烟毒的买卖和贩运。凡买卖或贩运鸦片者，一经查出，不仅要没收全部货物，还要处以罚金。边区政府还根据买卖或贩运鸦片的数量规定了处罚标准。

同时，陕甘宁边区政府还禁止吸食或注射烟毒，对于已经吸食毒品的人限期戒绝，并通过发放戒毒药物全方位劝诫，帮助和鼓励吸食者借助积极投身农业生产等有效途径彻底戒烟。

1941年11月，陕甘宁边区第二届参议会第一次大会上，边区政府主席林伯渠在边区政府工作报告中表示：“二三年来（指1939年边区第一届参议会以来）法院受理的案件，刑事案件以破坏治安及烟片犯为多。”

边区1939年至1941年上半年对其20个县的相关统计结果显示，由司法机关审理的烟毒案件有1157件，占全部刑事案件的25.9%。中国共产党人和边区政府将禁毒与抗战同等看待，视之为“另一种民族解放的斗争”，

号召“动员广大的民众共同努力”。

为有效打毒品走私，1942年1月，陕甘宁边区政府设立禁烟督察处，该部门作为专门打击毒品走私的机构，全面负责毒品缉私。1943年5月出台的《陕甘宁边区查获鸦片毒品第三次修正办法》明确规定，查获毒品走私，送交官方者，给以全部奖金；向禁烟督察机关或当地政府报告，因而查获者，得一半奖金，另一半给协同在场出力的人员及其机关。

陕甘宁边区政府在中共中央直接领导下，雷厉风行地开展了一场禁毒运动，挫败了日本推行的有目的、有组织、有计划的毒化政策，基本遏制了毒品在边区的蔓延，使陕甘宁边区成为全国禁毒的模范区。

其实，历代政府禁毒的弊政根本在于政治的腐败。贪风盛行，大小官吏往往纵毒为患，从中渔利，中饱私囊，致使毒品泛滥成灾，屡禁不止。历史证明，一个腐败不堪的政府，绝不可能禁绝毒品。

中国共产党领导的陕甘宁边区民主政权厉行廉洁政治，设立了精干、高效的禁毒专门领导机构，使党的法律法规得以有效地贯彻落实，从而有效地打击了各种毒品走私犯罪活动。

（胡云彪）

反走私与抗日战争胜利

1941 年底，陕甘宁边区财政厅厅长南汉宸亲自带领缉私队，将边区保安司令部军需处处长私藏的 13 箱肥皂收缴归公。

自 1941 年 9 月到 1942 年底，延安市税局稽查人员缉私“280 余起，罚款和没收品的总价值为 575 万元（无精确统计）”，“桥儿沟所的张全德，半年没收 200 余两大烟……”

这是《陕甘宁革命根据地工商税收史料选编》中记录的抗日战争时期陕甘宁边区的一些缉私案例。

抗日战争时期，作为中共中央所在地，陕甘宁边区所面临的形势可谓错综复杂，经济领域走私与反走私斗争的激烈程度，可以说不亚于军事斗争。

日本侵略者对敌后抗日根据地虎视眈眈，利用日伪区大肆倾销优势产品，抢购食盐，引诱走私；国民党政权对边区心怀敌意，通过走私破坏、限制边区经济发展。

同时，陕甘宁边区地处黄土高原，内部沟壑交错，为不法分子从事走私提供了便利，也给边区政府打击走私、反走私增加了困难。

走私扰乱了边区正常的对外贸易，给并不发达的边区经济造成了严重冲击，必然会引起陕甘宁边区政府的高度重视。陈云在 1944 年底曾严肃指出，在土特产的推销上，内部走私致使价钱下降，约损失 30 至 50 亿元。

抗日战争时期，陕甘宁边区走私物品种类较多，主要有仇货、毒品、货币、食盐、粮食、牲畜、战略物资、奢侈品等。仇货指敌对国家、政府的商品和货物。1939 年 6 月陕甘宁边区政府颁布的《禁止仇货取缔伪币条例》规定：“凡敌国出产之一切商品，无论其以敌国商标或冒充友邦及中国商标者，不得买卖之。”时值日本侵华，敌国主要指日本。

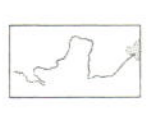

在陕甘宁边区走私的货币主要包括黄金、白银、法币、伪币等。1942年11月颁布的《禁止私人收售质押及私运现金出境惩罚条例修正案》规定："（金饰品）五钱以上除政府给特准者，一律禁止携带出境，违者没收充公。"

抗战时期，食盐在陕甘宁边区经济中占有重要地位。"皖南事变"前，边区财政主要来源之一是外援，政府只征少量的盐税，故食盐走私并不严重；"皖南事变"后，外援断绝，随着边区政府对盐税的倚重及管理的加强，食盐走私逐渐有泛滥之势。

1941年陕甘宁边区颁布《关于偷漏盐税处罚、减罚、免罚暂行办法》，使得打击食盐走私有法可依。该《办法》规定，盐贩漏税一驮以上三驮以下者，除照补税外，并处二倍到三倍的罚金；漏税三驮以上五驮以下者，除照补税外，并课以三倍至五倍的罚金；漏税五驮以上者，没收其牲口。

民以食为天，战争年代尤其如此。陕甘宁边区军民的生存、发展离不开粮食。作为边区重要的战略资源，粮食一直受到边区政府与边区领导人的高度重视。邓小平曾严肃指出："谁有了粮食，谁就有了一切。"

日本与日伪政权积极组织、支持陕甘宁边区的粮食走私，使得边区粮食流失明显，缺粮严重，粮食价格急剧上涨，对边区的稳定安全构成严重威胁。在这种情况下，边区政府对粮食进行严格管控，制定一系列政策、法律，对粮食走私进行长期、严厉的打击。

陕甘宁边区货币

陕甘宁边区生产自救

1941 年 4 月，陕甘宁边区政府颁布了《陕甘宁边区禁止粮食出境条例》，严禁边区粮食（原料或制成品）私运出境。违反条例者，查禁人员应该将其押送政府机关处理。如粮食确系私运出境，则罚没粮食，将私运者交县司法机关惩处。

边区各地因地域不同，走私物品有所差别。《陕甘宁革命根据地工商税收史料选编》记载："绥德以土布出境为主，陇东地区以布匹、纸烟入境及牲畜出境为主，关中以纸烟、瓷器入境为主，三边地区则以布匹、水烟入境走私为主。"

走私主体身份各异。走私者中，有商人，也有群众，还有军队和政府机关。据当时缉私人员刘树森回忆："商人为了偷漏税款，用低税率的小百货掩盖迷信品等高税货物。"

面对各类走私行为，陕甘宁边区政府也有针对性地开展缉私，比如依靠税局所缉私。工作人员在主要市场及市场路口或者重要交通路口查缉走私、偷税漏税等行为。

再比如依靠缉私人员流动查缉。这些人行踪不定，处处皆稽查，适应

了当时边区商业流动性大的特点。还有通过群众举报的方式来查缉走私、偷漏税行为，确保了缉私信息渠道畅通。

1942 年 11 月 17 日，《解放日报》刊登《米脂各方协助缉私》文章称："米脂位在边境，值此税收旺月，常有不守税收法令趁隙漏税之事发生。虽经税局同志日夜努力缉私，但还有偷漏现象，税局即向各方宣传税收意义，号召各机关和群众协助，日来已收到效果，计密报案有十余件。"

陕甘宁边区缉私行动取得了明显效果，1942 年办理走私案件 232 件，1945 年办理约 3000 件；增加了边区财政收入，1941 年与 1942 年处罚走私获益 800 多万元，1942 年的没收品约占总税收的 10%。

打击走私不仅是经济问题，也是政治问题。通过反走私，陕甘宁边区粉碎了日本帝国主义与国民党封锁、围困边区的险恶意图，同时保护了边区人民群众利益，促进了工商业发展，这对抗日战争的最后胜利及未来打败国民党反动派具有重要意义。

根据地敌后抗日与反走私

发动伪装走私，把粮食夹在草内，酒放在棺材内，女人假装走亲戚、搬家眷，邮务员送信零捎，假装小贩偷运……

有系统地组织走私，或私放前哨侦察办法，实行武装走私，用武装迎送；或发武器给走私者，杂以伪装，强行偷运……

把伪军改编一部为便衣队，用以保护走私、武装走私及截劫我之运货，破坏我之税收关卡……

这是《山东革命根据地财政史料选编》中记载的抗日战争时期，山东抗日根据地面临的日本、日伪的走私形式，可谓形形色色、五花八门。

七七事变后，日本上上下下欣喜若狂，认为不出三个月就可以结束侵华战争，所以把精力放在军事进攻之上，经济侵略算不上重点。

然而，日本帝国主义大大低估了中国人民的抗战能力和抗战决心，在发现短期实现不了侵略目标后，他们便发动了经济战，试图在经济层面瓦解中国人民抵抗的物质基础。

日本帝国主义主要从两个方面对华发动经济战：一是加强经济封锁，妄图断绝中国获取外援和战略物资的能力；二是加紧对中国的走私倾销活动，达到“以战养战”之目的。

抗日战争进入相持阶段后，日本走私活动十分猖獗，走私物品的种类五花八门，走私的方式形形色色。

一方面，日伪从中国共产党领导的敌后抗日根据地大量走私贩运重要基础民生物资，如各种粮食、棉花、食盐、花生油等。

另一方面，日本向抗日根据地走私倾销各类毒品、法币、各类伪钞、奢侈品，借以掠夺我根据地的各种资源，并企图在经济上窒息和扼杀根据

地军民的抗日活动。

面对这种情况，除中共中央所在地——陕甘宁边区政府采取了大量反走私措施外，黄河流域其他的抗日根据地也纷纷行动起来，开展打私和反走私行动，打赢这场经济战。

1938 年 1 月，晋察冀边区政府成立，这是中国共产党领导下的在华北敌后创建的最早的一块抗日根据地。晋察冀边区政府成立不久便于 1939 年颁布《晋察冀边区征收本产货物出境税暂行条例》和《晋察冀边区征收外货入境税暂行办法》，设立边境临时关卡，“对必需品输入、非必需品输出，一律免税；对必需品输出、非必需品输入，课以重税”。

然而，由于边区政府建立初期，军事、政治斗争任务繁重，缺乏经济建设和对敌斗争经验，因而当地走私盛行，反走私管理也比较混乱。1940 年，边区政府颁布《施政纲领》，严格管理对外贸易，对重要物资管制更是十分严格；1943 年发布严禁粮食资敌的命令，如奸商私运粮食资敌在二石以上者，要处以死刑。

晋冀鲁豫边区政府成立初期，先后成立贸易、税务部门，开展对敌经济斗争，但由于经验不足，消极地不承认伪币，不同敌人贸易，进出口管理松懈，导致走私严重，边区经济建设和军民生活都受到影响。

1941 年，边区工商总局成立，颁布《贸易暂行条例》，实施“对内自由，对外统制”政策，严格统制粮棉出口，奖励土货输出，对军需交通医药用品入境予以免税或者减税，对非必需品或奢侈品征收高税或限制输入。

与此同时，晋冀鲁豫边区政府还在平原地区发动以反对敌人掠夺（贴别是粮食）和抵制敌货为主的反资敌斗争；在山区则建立对敌封锁地带，统一管理货物出入口，实行以货换货，有出口才有进口的办法；组织税务和人民的缉私队，查禁走私贩卖，违法进出境等事宜，收到了很好的效果。

1943 年 7 月，邓小平在《太行区的经济建设》一文中指出：“敌后的经济战线斗争的尖锐程度，绝不减于军事战线……用严格的税制来保护根据地的经济，并使对敌斗争容易得到胜利……实行这种办法的结果，大大加强了对敌斗争的力量，增强了税收，繁荣了市场，保障了人民的需要。”

1941年，主管山东抗日根据地经济工作的邓子恢提出：“彻底禁粮出口，健全货检处组织，发动民众缉私，以保证军食、民食之充分供给。”《大众日报》曾发表社论，呼吁根据地军民一起行动起来，“截断敌人的交通运输，严行缉私，取缔奸商”。

针对日伪常常进行武装走私，1942年，中共山东分局发出指示：“重要税收应由军分区配备武装保护税收部队，或组织税警队”。虽然经济困难，山东抗日根据地广泛开展“精兵简政”，但为了保障缉私队伍，1942年成立的胶东各级税局，税务干部在质与量上均有增加，扩充了税收武装。

抗日战争时期，正是各抗日根据地采取了正确的反走私政策，通过组建缉私队伍以及开展群众性反走私活动，才使得根据地经济有了长足发展，增强了实力，成为敌后抗日的主要力量。

（张振峰）

山东抗日根据地的缉私斗争

山东抗日根据地是中国共产党在敌后创建的以一省为基础的抗日根据地，区域范围主要包括津浦路以东的山东大部和河北、江苏两省各一部。全国抗战期间，日本占领山东后视其为“以战养战”的战略后方，除在控制区疯狂掠夺各种资源、限制军需物资和重要民生物资流向各抗日根据地外，还大力向根据地走私倾销各种假货、闲杂物资，同时走私抢购根据地的棉花、粮食等战略物资，给根据地造成了经济困难。

在中国共产党领导下，山东抗日根据地的各民主政权高度重视反走私工作，迅速建立并强化缉私组织机构、制定出台缉私规章制度、成立缉私队伍，发动群众协助开展反走私活动，打击了日伪势力，促进了根据地经济发展，为抗战胜利奠定了经济基础。

1937 年底，日军侵占山东，建立了伪政权。为抢夺战略物资，打击抗日军民战斗力，日伪制定了经济封锁与走私倾销并行的恶毒经济政策。政策制定后，在日伪的授意和支持下，一些不法商人和地痞流氓开始疯狂向抗日根据地开展各种各样的走私活动。

走私的物品五花八门，主要包括两个方面：一是偷偷从根据地走私贩运日军极度需要的民生物资，如各种粮食、棉花、食盐、花生油等；再就是向根据地走私倾销各类假货、闲杂物品，如鸦片毒品、伪钞、奢侈品等，企图在经济上打击根据地军民的抗日活动。

走私的方式多种多样。例如，为了走私粮食，他们经常把偷偷收购的粮食藏在草甚至棺材里，让女人假装走亲戚、搬家眷，让邮务员送信零捎，或让人假装小贩偷运等各种方式走私。有时候，日伪还武装保护走私，用军队武装护送，或直接发武器给走私人，用以保护走私、武装走私及截劫根据地的货物，破坏根据地的税收关卡等。另外，部分国民党地方军队为了私利，也有武装走私运粮资敌的情况。

日伪的疯狂走私加上天灾和频繁的交战，以及国民党地方部队的倒行逆施，给山东抗日根据地造成了严重的经济困难。根据地的民主政权开始认识到打击走私的重要性。1941 年，邓子恢提出："彻底禁粮出口，健全货检处组织，发动民众缉私，以保证军食、民食之充分供给。"各根据地开始进行积极的反走私斗争，并逐步建立和完善缉私体制。

山东抗日根据地首先是加强了反走私的宣传教育力度，如充分发挥媒体的作用。《大众日报》就曾多次发表社论，呼吁根据地军民积极开展缉私斗争，一起行动起来，"截断敌人的交通运输，严行缉私，取缔奸商"；还提出了建立出入口税收制度、严格缉私、捕捉运输资敌的奸商的做法。为了加强反走私斗争的力度，山东抗日根据地还逐步建立起了缉私组织机构，出台了各种缉私规章制度，先后成立了各种专管财政经济的部门，来承担反走私的职能。

1940 年 7 月 26 日，山东省战时工作推行委员会（简称"战工会"）成立，统一领导山东各抗日根据地的经济工作。1941 年 2 月以后，各地陆续成立了贸易局，后又将其与税务机构合并成立了税贸局，充实税务人员，组建及配备税收武装。此外，战工会在边缘地区成立工商管理局，设立税务所和检查站，查缉走私。山东各抗日根据地三级税务局的成立为查缉走私工作提供了组织保障。

1943 年 9 月，山东省临时参议会一届二次会议将战工会改称"山东省战时行政委员会"（简称"政委会"），并决定设立省工商管理局。10 月 29 日，政委会颁布了《山东省工商管理暂行规程》《山东省各级工商局组织条例》，规定工商管理局具体负责税收缉私工作，对法令明确规定的禁出禁入货物进行稽查缉私。山东各抗日根据地逐步建立了包括税务局、贸易局、工商管理局在内的反走私职能机构，为有效地开展反走私活动提供了组织基础。

为加强和规范各级货税征管机构的反走私工作，中共山东分局、省战工会（政委会）还先后颁布了一系列法令、法规推动反走私工作，主要有：《山东省税收暂行条例》（1940 年 12 月 15 日）、《关于加强粮食工作的通知》

（1941 年 5 月 16 日）、《禁止运棉资敌暂行办法》（1941 年 9 月 3 日）、《山东省战时工作推行委员会关于禁杀耕牛及禁运棉花出境的通知》（1941 年 9 月 18 日）、《山东省战时工作推行委员会关于奖励粮食入境及严禁粮食出口资敌暂行办法》（1942 年 6 月 3 日）、《山东省工商管理暂行规程》（1943 年 10 月 29 日）等。这些法令、法规成为各根据地稽查走私的法规依据。

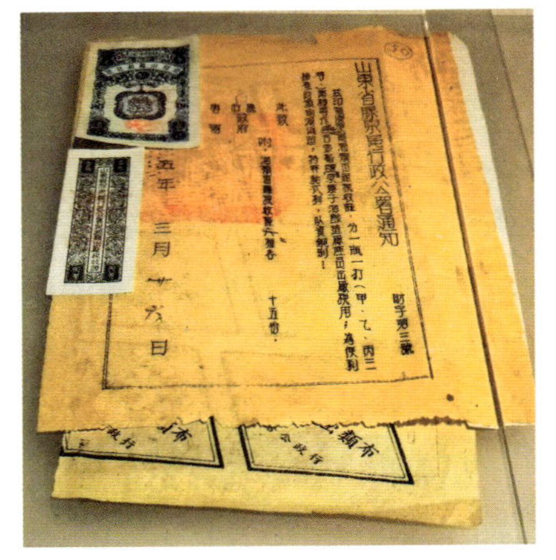

山东解放区酒类出厂税收证

在全国抗战期间，山东抗日根据地根据战争形势的需要，主要在货币、粮食、食盐、毒品四个方面开展反走私斗争。当时，金融战是日伪打击抗日根据地的一柄“利器”，日伪统治者在其占领区内禁用法币，却千方百计伪造法币并向根据地推广，用来掠夺根据地资源，造成抗日根据地严重通货膨胀，使得人民生活受到明显影响。针对这种情况，山东抗日根据地采取了严禁伪钞进入根据地，加强缉私力度的办法。1942 年和 1943 年，中共山东分局财委员先后作出《关于法币问题的指示》《关于停用法币的指示》等，宣布停用法币。各抗日根据地也纷纷加强了边沿区和接敌区的缉私工作，查禁法币黑市交易。经过激烈的货币斗争和缉私工作，法币、伪币等逐渐被逐出了抗日根据地，根据地的经济趋于稳定，人民生活水平有所提高。

粮食是战争期间重要的战略资源，也是根据地军民和日伪斗争的最主要项目。日伪为支持其侵略战争，大肆策动不法奸商从根据地走私粮食到日占区。例如 1940 年春，鲁苏边区粮食出境资敌现象严重，郯城自卫队在 2 月 21 日夜间放哨时，一次就缴获偷运资敌的小米 40 石。为打击粮食走私外流，各县抗日民主政权纷纷设立粮税科。1942 年，省战工会发布了《关于奖励粮食入境及严禁粮食出口资敌暂行办法》，此后又制定了防止粮食资敌实施办法，规定：针对根据地通谋日伪而为其购办运输粮食出封锁区的粮食走私问题，经查有实据者依《修正惩治汉奸条例》从重惩处，并没收其粮食及财产，包庇纵容者同正犯论；私运粮食出封锁区，并未通谋日伪，经查获者酌量情节没收其粮食或者科以罚金；对于运输粮食出封锁区者，无论何人均得向就近主管机关秘密检举，主管机关对于检举人姓名应保守秘密并依法提给奖金，但检举人如有挟嫌诬告情事，应依法治罪；办理查缉粮食资敌人员如有营私舞弊、徇情擅放勒索私罚情事，一经举发，应依法惩处。这些政策实施后，根据地的粮食走私现象得到了很好的遏制。

食盐也是根据地的统制物资，日伪经常走私抢掠。为防止食盐走私到敌占区，1941 年底，省战工会制定了《盐业交易所组织暂行办法》，规定各县应在重要集镇和交通要道建立盐业交易所，负责检查食盐偷漏税和走私行为，如查有偷漏者，得交税务机关处理。当时，山东抗日根据地的滨海区主要盐产地柘汪设立了盐务署，胶东区制定了严格的盐税征收与缉私办法。

山东抗日根据地严厉禁止包括鸦片在内的各种毒品，并于 1943 年颁布了《山东省禁烟治罪暂行条例》和《山东省禁毒治罪暂行条例》等，明确了禁止毒品走私的办法和惩罚措施。按照各种规定办法，山东抗日根据地的缉私人员穿梭于敌占区、游击区、边缘区，一边与艰苦敌人斗争一边缉私，“以伪装对伪装，如东海石岛附近妇救会员装剜菜缉私，设女自卫团检查女人；以组织对组织，如东海封锁线组织密报小组、儿童缉私；以武装对武装，如招远公路上的税收人员武装缉私”。

山东抗日根据地的缉私工作取得了巨大成效。针对一系列的非法走私，山东抗日根据地采取了正确的反走私政策，成立了强大的缉私组织机构，制定了严格的缉私规章制度，为根据地的发展做出了贡献。一是有效减少了根据地物资的输出，打击了非法金融币、奢侈品、消耗品等的输入，有力推动了根据地的经济建设。二是大规模地开展缉私活动，查缴大量物资和资金，有力支援了对日斗争。据不完全统计，1942 年东海专署缉私收入达 274503.71 北海币（其中 131969.14 北海币是没收款，142534.57 北海币是罚款），1942 年下半年文登缉私总值 52596.93 北海币。三是为新中国成立后的反走私工作积累了宝贵的经验，也锻炼了缉私干部队伍。

（刘志鹏）

解放战争中经济战反走私

近几个月来，我区走私现象严重，大批物资外流，外汇渐侵内地，影响物价失常，妨碍经济建设，因此，严格管理出入口，加强缉私工作，实为当务之急……

1946年8月，晋冀鲁豫解放区的太行行署下达了新的《太行区工商管理局出入口管理暂行办法》，并发出通令，要求严格执行新制度，加强缉私工作，以上是通令中的一段。

1945年8月，日本帝国主义战败投降，然而国民党反动派却不顾全国人民反对，积极备战，在经济上封锁打压解放区，并于1946年6月悍然撕毁"双十协定"，挑起内战，向解放区发动大规模军事进攻。

中国共产党领导下的各解放区积极备战，展开战略性的防御和反攻，军事上如此，经济上亦是如此。以西北地区为例，抗日战争胜利后，原来的沦陷区有很大一部分被阎锡山、傅作义等国民党部队接收。

这些地区的银行家和资本家为了一己私利，大量抛售物资和外汇，造成物价和外汇一度猛跌，一些投机分子趁机盗取外汇、走私黄金，致使解放区内土产出口不利，黄金走私增多。

1945年9月，中国共产党领导下的西北农民银行决定加强对黄金的管控，暂时提高黄金牌价，将每两黄金提高到西农币8.5万元，对黄金的出入境视同"外汇"进行登记管理，阻止解放区黄金外流。

1945年11月，大量洋货向解放区倾销，造成银行"外汇"损失，土特产出口严重受阻，重要的军需民用物资因换汇资金大量减少而难以购买。中国共产党领导下的晋绥行署随即决定，增发西农币，大量收购物资和法币。

以上这些都是中国共产党在用金融手段反走私，反击国民党反动派的

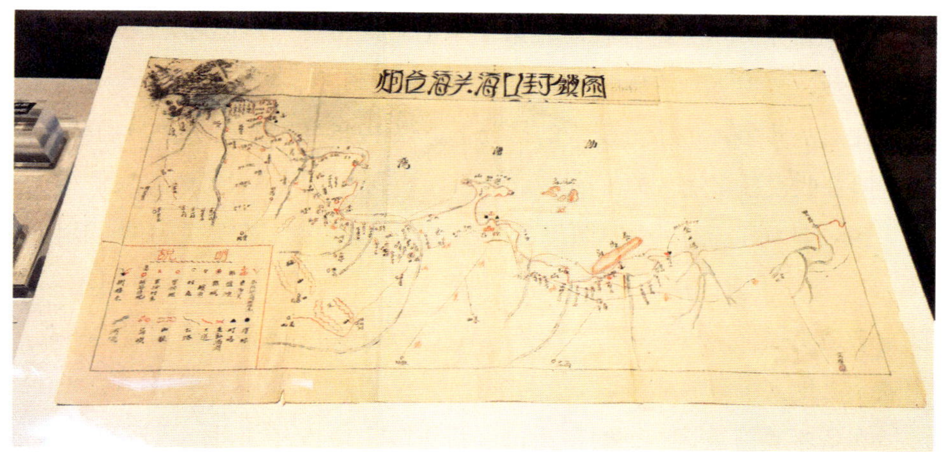

烟台海关海口封锁图。为支援解放战争尤其是平津战役，解放区烟台海关封锁各出海口，对天津实施经济封锁反走私

经济进攻。在山东解放区，这种斗争也非常激烈。1945 年 8 月 24 日，烟台终于获得解放，抗日民主政府接管了东海关。

至此，被帝国主义国家把持了一百多年的中国国家经济大门的“金钥匙”，终于回到了人民手中，东海关成为中国共产党领导下的从旧中国海关改造过来的第一个人民海关。

回到人民手中的东海关的工作主要围绕维持正常海关业务、坚持与敌斗争、巩固新生政权等方面开展，负责监管胶东解放区与国统区及香港、朝鲜之间的商品、运输工具的进出，征收关税、查缉走私等。

当时，稽征人员外出工作时要把票据、验讫章及税款用包袱包紧，并捆在腰后。出远门时，他们还需随身带着武器，以防汉奸、敌特破坏。

对于解放区急需的民用、军需商品，如粮食、棉花、医药等，东海关采取简便手续和低税、免税政策；而出口则实行严格的管制措施，通过行政手段干预经济，以获得战略物资、突破经济封锁，最大限度满足战时工作需要。

同时，东海关还开展人民路线海关缉私工作，于 1946 年 10 月 9 日颁布了第一部《缉私暂行条例》，规定了缉私的权限、处罚章则、奖赏办法等，明确“凡缉私案件均须送交工商机关统一处理……没收权属于支局和海关，

罚款权属于事务所”，并在总则第二条汇总提出要“广泛地开展群众性的缉私活动，贯彻缉私奖惩政策之执行，以期彻底消除走私”。

在对敌斗争环境十分复杂的情况下，仅 1946 年，东海关关员们冒着生命危险征收税款多达 3.54 亿元“北海币”，有力支援了人民解放战争。

1947 年 10 月，国民党军队侵占烟台、威海，并控制了东海关；1948 年 4 月、10 月，威海、烟台相继再度解放，东海关再次回到人民手中，并迅速修复战争中遭受损失的海港码头、港务船艇及设施，加紧疏浚航道，运送物资，不遗余力地支援解放战争。

在晋察冀解放区，面对敌人的经济进攻，1946 年 7 月，边区政府发布了新的进出口贸易稽征办法，调整了关税税率，加强了群众缉私工作。

根据 1947 年华北财经会议文件《晋察冀边区财政概况》，当时边区首先纠正了日本投降后一度产生的放松出入境管理和忽视群众缉私的偏向，然后在边区周围建立了三千里以上的缉私带和一二百个“人造海关”，发动群众建立局、所，主要物资凭证出入，从而加强了对敌经济斗争。

比如紧靠平津的冀中区，建立了出入口管理局，实行“奖出限入”与“奖入限出”相结合的政策，建立一千余华里的缉私带和几十个“人造海关”，

东海关税务司署

对敌区实行封锁、反封锁，做到出口走私有人问，进口走私有人管；同时改进罚没提奖工作，实行“严缉宽处”方针。

到了解放战争后期，中国人民逐渐取得新民主主义革命的伟大胜利，1949 年 3 月，毛泽东在党的七届二中全会上做报告时指出：“立即统制对外贸易，改革海关制度，这些都是我们进入大城市的时候所必须首先采取的步骤。”

毛泽东的报告和党的七届二中全会的相应决议，确定了改革旧海关、建设新海关的根本方针，也为接管旧海关并进行彻底改造，开展反走私工作配合全国解放指明了方向。

比如天津海关的接管工作，采用了“完整接管，逐步改造”的方针，在反走私领域，奢侈品一律禁止进口，建立了必要的监督查私制度，打击了重大走私活动。

天津海关是新解放区大关中最早被接管的一个，这对以后我们党接管全国海关有很大影响。

（崔鹏森）

第十一章
当代反走私“综合治理”

缉私权回到人民手中，走过跌宕起伏非凡路。

黄河入海流

新中国成立初期的反走私

1954年4月6日，青岛海关从一艘英籍轮船上查获一名船员走私手表925块、黄金10两；后经追查，这名船员共走私手表1019块，私货价值达7亿元（旧币）。

1957年10月6日，青岛海关又根据轮船航线、航员情况确定查验重点，在英籍“裕风”号轮船上，查获船员走私进口瑞士手表89块、美制锋钢刀头54块，还有一批西药。

这是《中国海关通志》中记载的黄河流域省份在新中国成立初期查获的部分走私案件，当时海关总署还把青岛海关的这种做法当作经验向全国推广。

1949年10月1日，中华人民共和国诞生，中国社会进入了一个崭新的历史阶段。在海关和反走私领域，改变也是翻天覆地的。

孔原，新中国海关总署第一任署长，曾撰文指出：“海关查私是一个长期、经常性的斗争任务，不是短期的突击运动。任何松懈、轻敌、骄躁、粗率的现象，都是错误有害的，必须加以纠正。”

新中国海关总署第一任署长孔原在《回忆周恩来总理与新中国人民海关建设》一文中写道，周恩来总理曾指示，“新中国海关工作性质要求全国统一，要有具有一致对外的统一性。如果做不到这一点，就不可能成为真正的独立自主的人民海关”。

周恩来总理同时指示：“新中国必须把被帝国主义把持的旧中国海关加以彻底改造，使它成为为新中国建设事业服务的人民海关。”新中国成立后召开的第一次全国海关工作座谈会上，中央财政经济委员会主任陈云指出："在变革中，应该采取稳重审慎的步骤。应该把旧海关内对新民主主义有用的东西，如验证、查缉等业务技术和管理经验等接受过来。"

1950 年 3 月，经周恩来批准后公布实施的《政务院关于关税政策和海关工作的决定》指出："海关总署负责对各种货物及货币的输入输出执行实际的监督管理，征收关税，与走私进行斗争，以此来保护我国不受资本主义国家的经济侵略。"

文件同时指出，海关工作"在恢复与发展我国人民经济中，应起重要的作用，海关税则，必须保护国家生产，必须保护国内生产品与外国商品的竞争"。这种对"保护"职能的强调，不仅在当时，即使在现在和今后很长一段历史时期，都是必须坚持的。

1951 年 5 月，《中华人民共和国海关进出口税则》及其实施条例颁布并实施。这是 1840 年以来我国第一部真正独立自主的海关进出口税则，包括货管、征税、查私等方面的内容。

查禁走私是海关完成监管、征税任务的保证。新中国成立以来，走私与反走私的斗争，伴随着国内外形势变化而时起时伏，出现了几次较大的反复。

新中国成立初期，我国根据贸易经济需要，实行了对外贸易管制，规定准许进出口及禁止进出口的物资种类。当时，国内外敌人运用各种手段开展违法走私活动，企图破坏我国外贸及国内经济的恢复与发展。

首先，政治性走私多，帝国主义国家一方面对我国实行经济禁运，不允许工业设备器材运至我国；另一方面策划发动偷运我国管制物资——猪鬃、钨砂、锑、锡、金、银、米谷、木材、牲畜、棉织品、皮革等出口，并将我国当时不需要进口的消费品——手表、钢笔、水泥、白糖、玻璃丝袜等偷运进来。

其次，专营走私组织活动猖獗，出现了一些规模庞大的走私集团，内部分工非常精细，购、运、销等环节分别由专人负责，采用假名联络、密码通信、凭暗号和图记等交接私货。

统计数据显示，在新中国成立后的头三年，仅海关查获的政治性走私

周恩来总理题写的“人民海关”

破坏案件就有194起，连同其他重大走私案件共454起，经移送公安、司法部门逮捕法办的人犯就有3000多人。

此外，不法私商通过货运渠道进行走私、逃套汇等方式，抵制国家外贸管制的活动也很活跃。在邻近港澳地区和中越、中朝边境，走私现象很严重，历史遗留下来的单帮“水客”，以走私为生，每天进出边境口岸，累计走私外货价值惊人。

大量走私活动破坏了国家统销政策，影响了国内有关工商业正常生产与销售，危及国家经济建设及人民利益。海关的查缉走私成为一场维护国家经济秩序和社会管理，同国内外敌人进行的斗争，它不仅是经济斗争，还是政治斗争。

新中国成立初期沿边地区开展反走私宣传

在党中央和政务院的高度重视和直接领导下，确定了海关查私与边境国防分工配合，与各有关政府部门建立联合查私体制：边防部门封锁边境，严格管理进出境；公安机关对来往港澳人员实行预先审批领证制度，未经事先批准不准进出境；海关对进出境货物、物品和运输工具加强监管检查，严密口岸查私；工商行政管理部门健全对进出口私商和市场交易的管理。

自1951年起，群众性的走私基本刹住，政治性走私也转向隐蔽。由于管理严格，走私减少，国内工商业逐渐繁荣，烟、酒、塑料制品等逐步由国产品代替了洋货，市场上私货大幅减少，海关税收增加。

1950—1952年，全国海关共查获走私案件7.9万起，案值2800万元；各地破获了许多重大案件，比如私运军火、伪造人民币、有组织的大规模套汇逃汇等。

1953年，中央有关部门召开了第一次联合查私会议。此后，从中央到地方，经常召开联合查私会议，交流走私情报，研究部署查私工作，大大加强了反走私斗争力量，有力打击了走私破坏活动。

后来，随着土地改革、镇压反革命运动和“三反”“五反”运动等胜利完成，社会秩序明显好转，走私活动有所收敛，走私物品逐渐集中于贵重、轻便或利润大的物品，如黄金、手表等，走私方法也日趋狡猾、诡诈。

（王守华）

十年探索时期打击走私的“刚柔并济”

1957 年，全国海关查获走私案件 10 万起，是新中国成立以来查获走私案件最多的一年，给走私分子以沉重打击。

这是 1989 年版《中国海关简史》（蔡渭洲编著）中的一段。走私案件 10 万起，这是一个什么概念？对比一下就知道了，海关总署的数据显示，2022 年，全国立案侦办走私犯罪案件 4509 起。

按理讲，随着 1956 年对私营资本主义商业社会主义改造基本完成，社会主义经济不断壮大，走私活动应该逐渐减少才对，怎么第二年突然又多了呢？原来，随着对外贸易和国际交往逐步发展，国际斗争形势发生了某些变化，海关对非贸易性物品的监管日益严格，货运监管、征税、查私工作又出现了很多新情况、新问题。

从 1956 年下半年起，华南和西藏地区的走私活动又有所抬头。《中国海关通志》记载：“20 世纪 50 年代中期，外国货物经西藏地区大量流入内地，扰乱国内市场。旅客行李物品渠道及沿边地区走私活动也有所增加。”《上海海关志》记载：“1957 年 11 月，国务院针对外货自未设关的西藏地区非

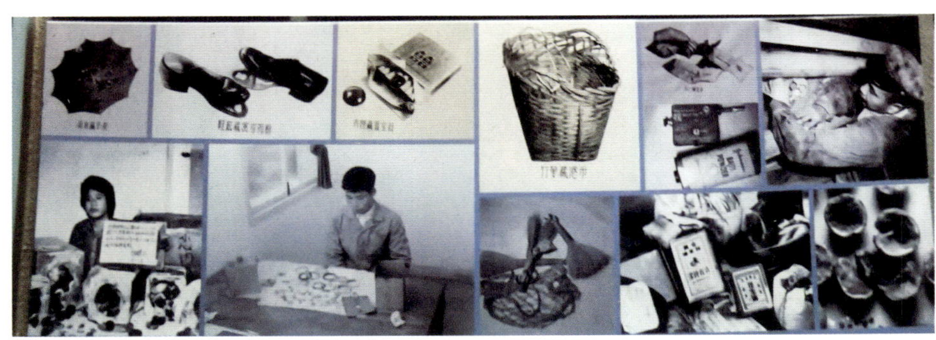

20 世纪五六十年代，海关缉私部门查获的五花八门的政治性破坏走私物品和日用走私物品

法大量内流的情况，发出《关于严格管理外国货物经由西藏地区和其他边境流入内地的规定》。”

海关总署随即执行国务院上述规定，抽调人员组成工作组，赴青海、四川等省，与当地税务部门联合行动，对内流外货统一收购，补征关税，查处走私贩私活动。

山西采用如下措施应对走私：对已经走私流入山西的外货，由太原、大同、阳泉、长治四市和晋南在临汾的国营二级百货批发站统一收购，并且照章纳税；在收购价格上一般应当按照贩运者无利可图的原则收购，某些奢侈品和国内市场已经能够充分供应的商品还可以贬低价格收购。

同时规定：各单位和个人一律不准在边境地区和沿海省、市的主要港口私自采购、携带和贩运，以及在黑市倒贩和购买外货。各市、县市场管理委员会需要切实加强缉私工作，发现私货，必须跟踪追查，寻根究底严肃处理，以斩断私货在市场上的各种联系。

由于各地、各部门都采取了严厉打击措施，从 1958 年到 1960 年，走私活动逐步收敛，全国查处的走私案件也逐渐下降至每年 1 万起左右。在严厉查处经西藏贩运走私洋货到内地的走私活动中，各地、各部门也采取了比较灵活的措施。

1958 年，各海关执行国务院公布的《关于处理走私案件十项原则》，在处理案件时注意区分“敌我和人民内部两类矛盾”，重点打击集团、惯常、重大走私者，教育并从轻处罚一般走私者；对属于人民内部矛盾性质的走私案件，在处理时以教育为主、处罚为辅；对情节轻微，走私物品数量零星、价值不大的案件，均予教育放行。

同时，在处理案件时，依据相关政策，对情节轻微者，予以补税免予处罚，并进行教育；对情节重大者，予以严肃处理。

1959—1961 年，部分国家排华，华侨入境人数增加，为照顾广大归侨、侨眷的生活需要，国务院放宽对回国华侨携带粮食、副食品入境的优惠，少数旅客趁机进行走私。1961 年、1962 年，全国查获的走私案件又分别达到 4 万多起。

针对这种情况，海关加强了与边检、公安等有关部门的联系，制定严密的检查制度，革新和充实了一批技术检验设备，加强了调查研究，在各地党委和政府领导下，发动群众，开展了群众性的反走私斗争。1964—1965年，全国查获的走私案件又降至每年约 1 万起。

对处理个别华侨走私案件，海关本着“教育为主、处罚为辅”的方针，同时还体现华侨政策，以期达到团结教育的目的。比如青岛海关在处理旅苏华侨走私进口钢刀头等案件时，原定没收处理，但鉴于该华侨旅苏 40 年第一次回国探亲，考虑他的实际情况，只给予象征性的罚款处理，私货交由国营公司收购。

（文忠）

走私起伏与反走私斗争

1981 年，位于西安的新征宾馆一次性购买了 200 只手表。与普通手表不同，这批手表是从广东走私分子那里购买的，因此价格要比普通完税手表低一些。

1984 年，经过三年筹备，西安海关正式成立，关区虽为陕西省，但业务科却负责着陕、甘、宁、青四省区的查缉走私工作。这一年，西安海关依据有关法律法规，查处了这起走私案。

他们首先将现存的手表交国营商业部门收购，然后对其补征关税和工商税，并处以 100 元的罚款。这是西安海关成立后处理的第一起走私案件，很典型。

1978 年以后，我国实行对内改革、对外开放的政策，对外贸易经营权限由单一的国营外贸专业单位扩展到多种形式的经贸单位，外贸快速发展的同时，也不可避免地出现了一些走私违法现象。

《中国海关通志》记载：1979—1984 年，广东、福建、浙江三省部分沿海地区出现了群众性走私现象，港澳台地区专营走私船在沿海活动频繁，一些地区甚至出现了公开的私货集市。

北方省份和内陆省份，黄河流域省（区）虽然走私并不严重，但由于是广大的消费地，也出现了一些走私现象，比如山东青岛口岸出现了大宗私货南北贩运现象。

走私物品从南方来的主要是手表、收录机、电视机、计算器等洋杂货，自北向南去的私货以黄金、银元、文物为主。当时西安海关关区查获的走私案件，也大多与广东、福建、浙江相关。

由于陕西是文物大省，随着改革开放推进，到西安参观旅游的海外客

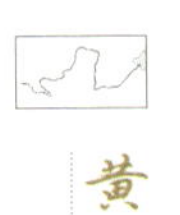

人不断增加，有些不法分子利用种种机会内外勾结走私文物，文物走私案件突出。

1981—1990年，随着国家出重拳打击走私，如四次召开全国打私工作会议，三次召开全国海关查私工作会议，恢复在沿边、沿海非设关地的缉私工作，陆续在沿边、沿海海关重建缉私队伍，群众性走私减少，但内外勾结的集团性走私和企事业单位法人走私等明显上升。

1985年，陕西某出租汽车公司为规避国家有关规定，采取倒签合同的方法，持凭有关部门的批件，在西安海关办理了免税证明，进口了150辆轿车，偷逃税款764万元，构成走私。西安海关查获此案后，将其移交给司法机关处理，此案成为当时陕西省最大的走私案。

1984—1990年，西安海关共查处走私违规案件168起，案值1625.8万元，罚没收入458万元。案件主要包括：进出境旅客在行李物品中夹藏未申报的国家限制进出境物品，如文物、超量货币等；不法分子利用国家减免税政策倒卖免税进口的自用车辆、捐赠车辆以及其他减免税设备；随着“三来一补”贸易广泛开展，不法商人以“合营”或“转让”等手段申办加工贸易手册后倒卖牟利。

1987年下半年，西安海天在加工贸易核查核销中发现，1983年以来涉及走私违规案件的加工贸易合同14份，占总备案合同数量的44%，被倒卖

1997年，“中华国门——全国海关反走私展览”以700余幅图片、近400件实物和8件模型，展示全国海关反走私工作取得的显著成绩。图为海关查获走私电器

的保税布料共计33.7万码，价值330余万元，偷漏关税56万元，增值税17万元。

具体来看，有些外商在西北地区寻找偏僻、交通不便的乡村企业作为加工厂，利用工厂管理人员没有经验和管理制度混乱等漏洞伺机作案；“飞料”走私严重，布料不进厂或进厂后被以各种借口骗走，在外出售后，外商携巨款逃之夭夭……

1992—1999年，企事业单位走私十分突出，一般案值巨大，有些案件还牵扯到政府机关和执法部门，部分执法人员受贿放私或直接参与走私。因此，我国改革缉私体制，在海关组建缉私警察队伍，权力部门一律不准经商办企业；开展各类专项打击走私斗争，将反走私与反腐败斗争紧密结合，重点打击内外勾结的集团性走私犯罪，大规模走私势头最终得到有效遏制。

走私与反走私发展的起起伏伏再次印证了新中国成立后我国海关总署首任署长孔原在第10期《人民海关》发表的《为反对走私而斗争》文章中所强调的：“海关查私是一个长期、经常性的斗争任务，不是短期的突击运动。任何松懈、轻敌、骄躁、粗率的现象，都是错误有害的，必须加以纠正。”

《为反对走私而斗争》强调，要使查禁走私成为整个海关组织全体工作人员的共同任务，把查私与监管、验证密切配合起来，创造新的查私方法。

孔原说，海关查私要取得地方人民政府、机关团体的协助，要和边防公安机关划清职责范围，建立分工配合的联系，以严密国境海岸线；要在走私严重地区组织群众查私运动，使海关专门查私工作与群众反走私斗争相结合。

孔原强调，海关法是经济战线上与敌人作斗争的武器之一，处理走私案件，“严格依法办事”不可动摇，要分清对象，区别轻重，采取处罚与教育相结合等不同方法，有步骤、有计划地与走私进行长期持续不断的斗争。

（于丽华）

四川查获走私飞机案

看到这个标题的时候，可能很多人会很诧异，走私手表可以藏在身上，走私电脑可以藏在集装箱内，走私汽车可以藏在轮船上，飞机这种庞然大物也能走私？犯罪分子是如何避人耳目的呢？这一案件又是如何发现的呢？

1996 年 12 月，海关总署接到群众举报信，信中称四川航空公司有走私飞机进口行为。1997 年初，根据海关总署的指示，成都海关缉私部门派员调查，翌年 2 月正式立案，并派员赴北京、深圳、新疆等地调查取证，终于查明川航原总经理杜定欢走私进口两架俄罗斯产 TU-154 飞机的事实。

1993 年 7 月和 1994 年 6 月，杜定欢以川航名义与俄罗斯一家航空公司签订租赁合同，向该公司租用两架 TU-154 民航客运飞机，租期为 10 年。按照合同约定，川航可以一次性付清租金，并按租赁价格向海关缴纳税款，租用期满后飞机归川航所有。

根据国家有关规定，引进客机需要报中国民航局及国家计委审批，并取得进口许可证，同时应按购买价款向国家缴纳关税和进口环节增值税。但为了逃证和逃税，杜定欢策划了一个名为租赁飞机、实为走私进口的骗局。

杜定欢与俄方公司签订真假合同各一份，其中假合同约定每架飞机租赁金为 500 万美元，以欺骗相关部门，并用于审批、报关和给出资公司验证；真合同则写明两架飞机的真实价格为 806 万美元。

然后，杜定欢以租赁合同规定“出租飞机每 300 飞行小时回俄罗斯定检一次，如俄方在 72 小时内不能排除故障，可更换一架飞机以保证承租方使用”为由，于 1993 年 10 月和 1995 年 1 月先后将租赁的两架 TU-154 飞机退还俄方公司，并让购买的另两架同类型飞机飞回国内，但仍向海关申报为租赁进口，并以续租名义向国家相关管理部门申请适航许可，每月凭对外支付租金凭证向海关纳税，逃避了国家对客运飞机的进出口许可证管理，逃税 1071.9 万元。

由于表面上川航仍每月凭对外支付租金凭证向成都海关缴纳税款，所以瞒天过海无人发觉，飞机走私成功。直到 1996 年底，一封群众举报信送到海关总署，举报川航一架 TU-154 飞机有走私嫌疑，这起飞机走私大案才揭开冰山一角。

缉私部门迅速投入调查，但由于时间跨度大，有关知情人员已离开原工作岗位，一时难以突破。1998 年 4 月，通过多方努力，办案人员找到一个主要知情人，案情才有了较大进展。

同时，由于川航原总经理杜定欢涉嫌贪污、受贿、走私、诈骗，四川省人民检察院也一直在追踪调查。1998 年 8 月中旬，杜定欢被抓获，办案人员在其办公室查获其购买飞机的单证，同时派员到俄罗斯取证，查清案情。

1998 年 9 月，成都海关缉私部门根据检察院的要求，将飞机走私案移送检察院，做进一步侦查。1998 年 9 月 22 日，杜定欢在羁押期间自杀身亡，检察院无法追究其刑事责任，遂将案件退回海关缉私部门处理。

2000 年 4 月，成都海关决定依法没收两架走私进口飞机，并向杜定欢的妻子发出处罚通知。在多方寻找杜妻无果后，海关将处罚决定予以公告。2000 年 12 月 26 日，海关在成都举行拍卖会，两架 TU-154 飞机分别由北京家美家居商城和中国联合航空公司以 100 万元和 150 万元的价格拍下。

正所谓“天网恢恢，疏而不漏”，“机关算尽太聪明，反误了卿卿性命”。

（龙飞）

在戈壁中打私的呼和浩特海关缉私人

“弘扬艰苦奋斗精神，争当忠诚国门卫士。”这是2006年，时任海关总署署长牟新生为呼和浩特海关题的词。提起牟新生，很多人可能不了解，但提起“远华特大走私案”，这一新中国成立以来最大的经济犯罪案，很多人可能有所耳闻，他是这个案子的查办者。

弘扬艰苦奋斗精神，这不是动嘴皮子、喊口号，而是确有实指。内蒙古地处我国北部边疆，与蒙古国和俄罗斯接壤，国境线长达4200多千米。呼和浩特海关关区大多数业务现场位于中蒙边境的戈壁和半戈壁地区，工作、

2019年，呼和浩特海关缉私局在中蒙甘其毛都口岸查获205张狼皮和77千克防风（中药材），这是呼和浩特海关建立以来查获数量最大的走私狼皮案，也是近五年来在单起案件中查获数量最大的走私珍贵动物制品案

生活条件十分艰苦。

国内方面，内蒙古与黑龙江、吉林、辽宁、河北、山西、陕西、宁夏、甘肃等省（区）毗邻，其横跨东北经济区、环渤海经济区（华北）及西陇海兰新经济带（西北），外接俄、蒙，是我国北部安全屏障和向北开放的桥头堡，战略地位非常重要，因此要“争当忠诚国门卫士”。

新中国成立之初，为扩大与苏联等社会主义国家的贸易，国家修建了集宁至二连浩特的宽轨铁路线，1955 年建成；设立集宁海关，下设二连分关，履行货运监管、行李邮递、物品监管、查私、经济政治保卫等职责，同时承担检查揭发货运事故的任务。

从 1956 年到 20 世纪 80 年代中期，这些海关查私工作的重心为查缉铁路口岸行邮渠道的旅客走私违法违规行为，旅客为走私违规主体。走私物品主要是境内外差价较大的普通生活用品，如手表、锋钢、照相机、毛料、西药等。此时走私案件虽然频发，但案值一般都比较小。

20 世纪 80 年代中后期，被称为内蒙古“金三角”的呼和浩特、包头、鄂尔多斯外向型经济快速发展。为方便该区域企业办理进出口手续，1991 年 7 月 6 日，呼和浩特海关成立，开展形式多样的查缉走私行动，有力服务了改革开放大局和经济社会发展。

如今，随着互联网发展，海淘、跨境电子商务等新型消费模式兴起，不法分子利用互联网邮递快件走私现象出现。而呼和浩特海关早在成立之初，就把查缉行邮渠道走私列为重点之一，1998 年就投入使用 X 光检查设备，1999 年成立走私犯罪侦查分局。

2002 年，呼和浩特海关关区首套铁路 H986（铁路货运列车检查系统）在二连浩特铁路口岸交付使用。该系统提升了跨境运输工具验放效率，有力震慑了利用运输工具夹藏走私等行为。2003 年，呼和浩特海关走私犯罪侦查分局更名为呼和浩特海关缉私局。

更名意味着缉私力量提升，效果立竿见影。2004 年，呼和浩特海关缉私局查获欲邮递出境的新石器时代的石镞、战国时期的玻璃器等一般文物 91 件；2003 年和 2008 年，陆续查获几起象牙制品邮递入境案件，查扣邮自

儿内亚和南非的象牙制品155件。

2004年，呼和浩特海关缉私局破获郭某某涉嫌走私珍贵动物制品案。2004年6月15日，工作人员在对寄往香港九龙的邮件进行查验时发现，邮寄物品名为药材，实为动物蹄筋15根共1285克、动物产品1390克、植物块状根12根共436克、原高丽参14根共495克……

这些邮寄物品被扣留后送交当时的国家林业局野生动植物检测中心和内蒙古野生动植物保护中心鉴定。经鉴定，动物蹄筋和动物产品为梅花鹿和马鹿产品。其中，梅花鹿是《国家重点保护野生动物名录》中一级保护物种，马鹿是二级保护物种。

在旅检渠道，呼和浩特海关缉私局也查获了不少走私案例：1991年8月5日，在国际列车上查获驻外使馆的随员走私摄像机4台及项链、香烟等物品；11月27日，又查获一蒙古国旅客勾结列车员，利用列车车体藏匿走私熊掌16只及鹿鞭等珍贵动物制品若干。

1993年后，受内蒙古地区与蒙古国长期没有通汇业务以及交易习惯等因素影响，二连铁路旅检现场人民币、外币走私违规案件频发，且数额越来越大，成为颇具代表性的走私、违规物品。仅1994年二连铁路旅检就查获人民币走私违规案件7起，案值78万元。

2000年，呼和浩特海关缉私部门针对上一年严厉打击走私、关区走私犯罪有所收敛、案件来源不足等实际情况，不等不靠，深挖细查，及时将打击走私的重点向边境地区和季节性口岸转移。通过呼和浩特海关缉私部门艰苦细致的工作，中蒙边境地区走私犯罪活动受到沉重打击，有力维护了边境地区正常进出口秩序。

这一年，二连海关缉私部门将侦查重点放在打击口岸团伙走私犯罪斗争上，一举侦破涉案21人的羊绒走私案件，走私进口羊绒11.44吨，案值518.8万元，偷逃税款119.68万元。此案系境内走私分子与境外不法分子相互勾结，共同作案。

二连海关缉私部门2002年查获买某涉嫌走私废钛碎料案，在两车皮废不锈钢碎料中夹藏废钛碎料17.66吨；2005年破获走私废物案，蒙古国人那某利用废钢铁作掩护，委托某公司以废旧钢铁名义报关，将废旧电瓶 9620 千克走私入境，后被海关监管人员查获。

呼和浩特海关关区边境线漫长，缺乏天然屏障，多数地区荒无人烟，为绕关和偷越国境走私提供了便利条件。但他们积极作为，主动担当，于 1993 年查获沿二连边境走私入境的汽车案件 5 起，涉及 7 辆车；2003 年侦破 3 起偷越国境走私汽车案件，2004 年破获永红等走私山羊原绒案，2010 年破获走私狼尸案……

2022 年，呼和浩特海关缉私局隶属乌拉特海关缉私分局联合内蒙古巴彦淖尔市五原县公安局破获一起走私毒品案，抓获犯罪嫌疑人 1 名，查获咖啡因片剂 8.35 千克。

这便是内蒙古打私人，他们大多数在戈壁与半戈壁工作，虽然条件艰苦，但他们争当“忠诚国门卫士”，一直走在反走私的路上……

（郝军）

西宁打私"高原国门，雄关卫士"

"内陆欠发达地区海关如此重视打私工作，难能可贵。这种对国家和民族高度负责、认真履行职责的精神值得倡导！"这是2003年3月，时任海关总署署长牟新生对西宁海关缉私工作的批示。这一年，牟新生还为西宁海关题词："高原国门，雄关卫士。"

1998年10月8日，经过三年筹备的西宁海关正式开关，业务管辖区覆盖青海省全境，青海省也因此成为新中国成立后最后一个设立海关机构的省份。

从开关到备受认可，西宁海关只用了不到5年时间。他们究竟做了什么，让一个内陆省份在打私方面有如此成绩？翻开《青海省志·海关志》中的大事记会发现，西宁海关在开关之后的第二个月，便立案调查了一桩涉嫌擅自出售保税货物案，涉案金额2800万元。

1999年6月，西宁海关组建缉私局后，缉私力量得到强化，打私职能得到充分发挥。他们立案侦查涉嫌走私氧化铝案，案值480余万元，涉税176万元，查扣氧化铝粉3250吨，抓获犯罪嫌疑人4名，执行逮捕4人。这一年12月，西宁海关委托青海省拍卖行在江苏省连云港市公开拍卖这批涉案氧化铝，没收拍卖款1312.65万元。

这一年11月，他们还立案侦查青海某肉类公司涉嫌走私进口汽车案。经查，该公司将免税进口的2辆丰田牌越野皮卡车，在未经海关许可的情况下销售牟利。

2000—2001年，西宁海关缉私局又连续查获多起伪报贸易方式走私进口挖掘机案、钻机案等。2002年，他们受理各类涉嫌走私案件6起，审查结案5起……

2008 年 1 月，青海电子口岸揭牌仪式

青海省的地理位置和经济发展实力，在一定程度上决定了其辖区内的走私犯罪等违法活动不像沿海内陆城市一样猖獗，但“主动出击严防猛打，全力以赴把守国门”是他们的信念。

西宁海关缉私局在“快侦快破”的办案原则下，练就了缉私队员快速反应、敢打硬仗、全力以赴的侦办风格。在侦办“青海打私第一案”——“5·17”走私氧化铝案件中，新组建的缉私局克服地处边远、经费紧张、办案人员少等困难，合理调配警力，先后派出 50 多人（次）远赴广东等 5 省，调查取证 300 多份，最终将自恃谙熟海关监管渠道的犯罪嫌疑人推向了被告席。

这支年轻的高原缉私队伍正是凭着稳扎稳打的打私实践向人们昭示：青海尽管属于内陆欠发达地区，但同样存在走私，不是一方“净土”；高原海关缉私警察尽管为数不多，但精干高效，战斗力强，是高悬在走私分子头上的一把利剑。

《青海省志·海关志》中的统计数据显示，1998—2012 年，西宁海关缉私局共查办各类走私违法案件 112 起，共对 34 名犯罪嫌疑人采取强制性

西宁海关关员在2017中国（青海）藏毯国际展览会上开展驻场监管

措施，其中刑事立案15起，案值1.5117亿元，偷逃税款5004.43万元；行政处罚案件95起，不予立案2起。

进入新时代以来，西宁海关缉私局的打私工作更是可圈可点的。比如2015年，他们经营线索13条，行政立案5起，案值553.05万元，移送起诉1起，行政处罚4起，上缴罚没收入41.84万元，2名犯罪嫌疑人被审判机关作出有罪判决，为营造青海省开放型经济发展的良好环境提供有力保障。

2019年，西宁海关缉私局成功破获一起走私濒危珍贵动物制品案件，抓获犯罪嫌疑人2名，查获象牙制品29.585千克、穿山甲甲片26.26千克、狮子骨10.51千克、狮子牙4颗、虎皮2张。该案为当年中国西北内陆海关查获案值最高的走私珍贵动物制品案件，也是历年来青海省单起案件缴获珍贵动物制品数量最多的一起。

（张剑锋）

内蒙古两起“闯关走私”被化解

敕勒川，阴山下。

天似穹庐，笼盖四野。

天苍苍，野茫茫。

风吹草低见牛羊。

这一首北朝民歌《敕勒歌》，满足了很多人对内蒙古大草原的美好想象。一望无际的大草原、悠扬的马头琴声、热烈的蒙古牧歌、奔驰的骏马……美丽的内蒙古饱含着热情和豪放，孕育着幸福和希望。

可是，为什么内蒙古的牛羊能够膘肥体壮？为什么内蒙古儿女能够享有太平盛世？那是因为敕勒川外有一群边关人，他们用生命凝铸成一道钢铁长城，开展反走私，拒疫情于国门之外。

这里的疫情是指在牲畜之间传播的口蹄疫。故事发生在2000年左右的内蒙古二连浩特。

2000年，蒙古国发生了口蹄疫。为了防止疫情传入我国，国务院要求一定要加大口岸查验和打击走私的力度，严防疫情传入我国。随后，海关总署、国家出入境检验检疫局等部门发出紧急通知，禁止邻国偶蹄类动物及产品进入我国。

所谓偶蹄类动物指的是蹄肢分成两瓣的牲畜，例如牛、羊。这类动物发生口蹄疫以后，传染特别快，对畜牧业危害非常大。邻国暴发口蹄疫之后，作为邻邦，我们理所当然要采取措施，把邻国疫区的偶蹄类动物产品阻挡在国门之外。

然而，这些产品历来都是邻国出口的大宗货物，现在出口不畅，不仅导致邻国疫区的牲畜及其产品价格一落千丈，而且使走私进口这类货物变

二连海关关员在二连浩特铁路口岸开展国门生物安全监测

得有暴利可图。于是，国内外个别不法之徒趁机串通起来，将人民生命财产置之度外，企图走私进口偶蹄类动物。

一些邻国商人在口岸上到处嚷嚷：“什么口蹄疫，都是那些人喝墨水喝多了编造出来的。我们长这么大，吃的牛羊肉比那些毛孩子吃的饭都多，也没听说谁得过口蹄疫。再说，好不容易养大的牛羊，卖得再便宜也比就地烧掉好啊！”

就是这些想法，让走私闯关现象时有发生。2000 年 12 月 24 日是个星期天，二连海关公路科科长格日勒图正在家休息。下午四点多，电话铃声响了。他拿起听筒，原来是仓储经理打来的：“科长，咱们仓储大院门口来了好多车，可我看这些要放在仓库储存的羊皮和牛皮，都是海关不允许进来的。”

放下电话，格日勒图就骑着自行车来到仓储大院，只见院子里停着一排汽车，有二十来个剽悍的汉子站在那里，他们的情绪都很激动，有的人正在强行卸车。院子的西边停了四辆串车，每辆串车都有两个斗子，他们已经把两个斗子的皮毛卸在地上了。

没有经过二连海关允许，这些人就把货卸下来了。格日勒图见状急忙前来劝说，但当时正值周末，仓储大院里值班的人不多，他一个人实在说服不了那二十多个人，就回去通知海关公路科的同志来帮忙。

公路科的三个关员穿着海关制服走了过来，苦口婆心地劝说着。但是那些人一句也听不进去，气氛剑拔弩张。天渐渐黑了下来，格日勒图拨通关长王富宽的电话。关长立刻赶到现场，又联系了二连浩特市政府及有关部门赶到现场，立即把仓储大院封了起来。

之后，二连海关又把海关缉私支局的干警请来，日夜守护，防止一些客商在夜间把皮毛偷偷运走。就这样，他们整整用了三天三夜，才把这批有口蹄疫病毒的皮毛全退了回去，防止了一场闯关走私。

类似这样的闯关走私事件还发生在内蒙古西部巴彦淖尔市乌拉特中旗的甘其毛都口岸，这是中蒙边境线上一个重要的季节性口岸，当时每个季度的前 20 天开关。

在开关的日子里，中蒙两国的边民和车辆经常在这里来来往往，通过这个口岸做小额边境贸易。中国的汽车上载着向蒙古国出口的大米、白面及日用品，蒙古国的汽车上载着牛羊等畜产品。

2001 年 1 月，呼和浩特海关的 8 个关员奉命奔赴甘其毛都口岸履行监管任务。出发之前，他们得到了可靠消息：邻国的个别不法商人筹集了 81 万张动物毛皮，准备偷偷走私入境获取暴利。

2001 年 1 月 12 日，这里上演了一场触目惊心的走私与反走私较量。这一天，从邻国驶来的一辆辆大卡车被海关关员扣留下来接受检查，他们发现企图入境的汽车里藏匿着羊皮和牛皮。

为了从源头上杜绝偶蹄类产品进入中国，关员们坚决不允许这些藏匿夹带疫区来的牛羊毛皮的车辆入境。不法商人脸上堆满了笑容："请你们高抬贵手通融一下，咱们都是一家人，有事好商量。"

但这哪里是能商量的事情，关员们耐心地劝说："如果我们对疫区来的偶蹄类动物高抬贵手，就是在牺牲国家的利益。我国有很多畜牧大省，如果口蹄疫流入我国境内，其后果不堪设想。所以，不是我们海关关员不想高抬贵手，而是我们海关的职责要求我们不能高抬贵手。我们只有认真履行职责，才对得起国家。我们头顶的是国徽，首先就要对国家、对人民负责。"

关员们把汽车扣在海关的临时监管场所，这里条件特别简陋，围墙很低，晚上只有两三个关员轮班把守。午夜时分，这些商贩得知关员们要退运毛皮，心急如焚，因为这些毛皮如果能卖给中国人，利润很高，所以他们不甘心就这么惨败而归。

关员们苦口婆心地向这些商贩讲道理、讲法规、讲政策。尽管他们动之

以情，晓之以理，可利益还是促使这些商贩孤注一掷。200 多辆装满偶蹄类动物毛皮的卡车聚集在这里，那阵势俨然是一个汽车团。走私分子准备闯关。

由于这些商贩把偶蹄类动物毛皮价格压得很低，内蒙古的一些商贩觉得捡了个大便宜。他们算的是小账：一张牛皮或羊皮比中国货便宜很多，如买上一卡车牛羊皮能赚多少钱啊！

邻国走私分子更挑拨离间煽动对立情绪：“咱们蒙古人自古是一家。汉人不让我们的便宜毛皮入境，就是想把他们的牛羊毛皮以高价卖给你们。可咱们一家人不能坑一家人。来啊，大伙儿一起冲，狠狠地打他们，打伤了他们，我们的牛羊毛皮就全归你们了！”

不法走私分子纠集了 300 余个不明真相的人，把小小的甘其毛都口岸包围得水泄不通，煽动他们对海关关员进行围攻、殴打。黑压压的人群从墙头跳入监管场所，一窝蜂冲上汽车，像亡命徒似的疯抢牛羊毛皮。

关员们劝阻他们，他们就抡起砖头和石头。一个个恐吓电话打进海关办公室，一块块石头向海关汽车砸来，一根根木棒雨点般向海关关员袭来。黑压压的人群大有“黑云压城城欲摧”的意味，走私分子想靠人多势众给甘其毛都口岸施加压力。

巴彦淖尔市乌拉特中旗的甘其毛都镇地处戈壁滩，当时不通水、不通电，一年四季刮大风；边境口岸的监管设施非常简陋，边境线就是一道铁丝网。卡口两边的铁丝网被不法走私分子冲倒以后，各种车辆就呜呜怪叫着往里闯。

根据国家要求，疫区动物及产品是绝对不能入关的。面对走私分子的嚣张气焰，关员陶勇用身体挡住车头，大声说：“你们不能强行闯关，除非你们的汽车轮子从我身上轧过去！”

陶勇用身体挡住车头，他们就掉转方向盘从旁边往里开。此时的甘其毛都口岸局面剑拔弩张，冲突一触即发。有的汽车都贴到了关员们身前，似乎马上就要从他们身上冲过去。

鉴于形势严峻，呼和浩特海关一方面命令口岸关员严防死守；另一方面，立即指派一名关领导率领 7 名关员连夜出发，驱车 1400 多公里，火速赶赴口岸现场。增派关员到达口岸后，立刻召集口岸商人及当地群众开座谈会，向他们宣传邻国发生口蹄疫的现状和危害，告诉他们这些毛皮入关以后不但在内蒙古自治区加工，还要运到河北、河南的一些毛皮加工厂。运输途中要经过很多省市，如果口蹄疫蔓延，中国北方省份的畜牧业可能很快就会全线崩溃。

巴彦淖尔市乌拉特中旗甘其毛都镇政府领导也出面做工作，向国内外货主讲解政府的有关规定，希望他们能知法守法，配合海关做好疏导工作。与此同时，呼和浩特海关又派人多次主动与邻国海关会晤，希望邻国海关配合做好工作。中国海关的合理要求最终得到了邻国海关的支持与配合。

关员们驾驶着汽车把所有闯进关的车都追了回来，同时用卫星电话请示领导，向边防部队请求援助，紧急调兵控制势态发展。在千钧一发之际，边防部队调来了一个排的兵力。这些人民子弟兵平时经常为群众做好事，在群众心目中享有很高的威望。他们帮助关员疏导群众，联检部门通力合作，边检、出入境检验检疫局和海关联手，终于把闯关的人和车都挡了回去。

（孙晶岩）

兰州海关缉私局破获陈浩彦走私团伙案

陈浩彦等人走私普通货物案是从新中国成立后到2009年，甘肃省查获的最大的一起走私案件。此案走私毛豆油9000余吨，涉嫌偷逃关税7000余万元。1998年，该案被海关总署列为全国重大走私犯罪案件；同年，公安部将此案列为全国20起重大走私犯罪案件之一和部级督办案件。

1996年4月起，以福建省晋江市金井镇农民陈浩彦为首的犯罪嫌疑人相互勾结，伪造港商投资人虚假资料，伪报注册资金，在兰州注册了外贸公司——兰州银星毛纺织有限责任公司，专门从事向海关申办“加工贸易登记手册”并转手倒卖的走私犯罪活动。

1997年8月，犯罪嫌疑人陈浩彦与兰州高新技术产业开发区进出口公司经理段亚平经过合谋，以陈浩彦提供的“香港绿洲行”假公章冒充外商单位，以甘肃省景泰县榨油厂为加工厂家，与兰州高新技术产业开发区进出口公司签订了来料加工合同，并凭虚假合同骗取甘肃省对外贸易经济合作厅同意加工10000吨毛豆油的批文。1997年10月，他们以兰州高新技术产业开发区进出口公司为经营单位，向兰州海关申领了10000吨毛豆油的来料加工手册两本。

手册领出后，经同案犯罪嫌疑人徐骏、吴宏标等人介绍，由陈浩彦出面将手册批准的保税货物指标倒卖给广东汕头广澳公司业务员邱建新，邱即联系香港灏福公司向境内供货，并委托宁波正大粮油公司副总经理杨大森联系报关进口事宜且在境内组织销售。1998年1月9日，货物抵港，陈浩彦、段亚平持手册赶往宁波，按照杨大森吩咐将手册交给宁波外轮代理公司报关员，该报关员凭手册通过北仑海关报关进口保税货物毛豆油9386.732吨，货值610.1374万美元，折合人民币5051.573万元。

储存于北仑正大粮油公司油库的保税货物毛豆油，后由杨大森以每吨加价1900元左右的价格，全部就地分别销售给宁波大榭开发区紫荆工贸公司、宁波华粮工贸总公司、宁波东海油脂有限公司、上海储炼厂等单位。1998年8月，海关派员去加工厂家进行中期核查，陈浩彦、段亚平指使景泰县榨油厂制作假账，编造货物已进厂加工的谎言，并伪造铁路货运单，蒙骗兰州海关。经查实，上述毛豆油被销售，共计偷逃关税7597.97万元。

犯罪嫌疑人陈浩彦等人利用加工贸易方式，采用欺骗手段申办加工贸易登记手册，逃避海关监管，将本应加工后复出口的保税货物在境内倒卖，牟取暴利，破坏国家对外贸易管理秩序，偷逃国家巨额关税。案发后，陈、段等人分别潜逃。

2000年7月1日，兰州海关缉私局在厦门将本案主犯陈浩彦抓获。7月6日，同案犯段亚平投案自首。2001年5、6月，邱建新、吴宏标、徐骏等同案犯落网。至此，全案告破。

兰州海关缉私局于2001年8月向兰州市人民检察院移送起诉。检察院审查后于同年11月向兰州市中级人民法院提起公诉，兰州市中级人民法院于2001年12月开庭审判，一审做出判决：判处被告人陈浩彦死刑，剥夺政治权利终身，并处没收个人全部财产；判处被告人邱建新无期徒刑，剥夺政治权利终身，并处没收个人全部财产；判处被告人徐骏有期徒刑十三年，并处没收个人全部财产；判处被告人吴宏标有期限徒刑十年；判处被告人段亚平有期徒刑五年。判处被告单位兰州市高新技术产业开发区进出口公司罚金600万元。

一审判决后，被告不服提起上诉，经甘肃省高级人民法院经审查认定：该案各上诉人、被告人相互勾结，无视海关法规，逃避海关监管，骗取、倒卖毛豆油来料加工手册，偷逃应缴税额7000余万元，其行为构成走私普通货物罪，数额特别巨大，情节特别严重，应依法惩处。一审判决认定的基本事实清楚，基本证据确实充分，定罪准确，审判程序合法，确定主犯正确。

2004年7月28日，甘肃省高院作出终审判决：陈浩彦犯走私普通货物罪，判处无期徒刑，剥夺政治权利终身，并处没收个人全部财产；判处邱

建新有期徒刑12年；判处吴宏标有期徒刑5年；判处徐骏有期徒刑8年，并处罚金人民币30万元。

2007年11月8日，同案犯杨春健在汕头被抓获，并对其倒卖来料加工手册的犯罪事实供认不讳。2009年2月27日，经法院审理，认定杨春健犯走私普通货物罪，判处其有期徒刑五年。

陈浩彦等人走私普通货物案，作案时间长，案情复杂，加之时过境迁，许多证据灭失，侦破工作难度大。“3·16”专案组在繁重的侦查取证任务面前，不畏艰难，排除干扰，先后制订侦查方案和调查讯问提纲30多份、210多条，整理装订卷宗29本。在海关总署缉私局的指导和检察院等有关部门的协作配合下，专案组终以清楚的事实、确实充分的证据、准确的定性和完备的法律手续将犯罪嫌疑人绳之以法。

鉴于此案的成功侦破，2003年4月，海关总署缉私局为兰州海关缉私局“3·16”专案组记集体二等功，4名同志分别记个人二等功和三等功，5名同志受到嘉奖。在2003年8月全国打私工作会议上，兰州海关缉私局侦查处被授予“全国打私先进集体”荣誉称号。

1999年5月以来，兰州海关缉私局坚决贯彻海关总署和公安部的统一部署，发挥打私主力军作用，有效打击和震慑了关区的走私活动；在认真履行打击走私工作职责的同时，从严治警，狠抓队伍全面建设，使缉私队伍的整体形象和素质不断提高。

（罗成志）

二连浩特海关关员火眼金睛识别“石头走私”

风越刮越猛，越刮越快，恨不得把人卷到天上去；黄沙遮天蔽日，连屋里也飘着细土粉末，让人呼吸都有点困难。内蒙古二连浩特海关关员白苏勒的心头掠过了一丝恐惧，感觉似乎世界末日要到了……

二连浩特是我国沙尘暴发源地之一。2001 年左右，这里一年中有三个季度是沙尘天气。经验丰富的关员苑凤龙对白苏勒说：“注意盯紧了，越是天气不好的时候，越是走私分子越境走私最活跃的时候。”“要赚大钱，就要铤而走险。”这是一些走私犯罪分子的人生信条。

沙尘暴过境的时候，二连浩特的天空会变成红色，慢慢又变成黑色。在一片黑暗中，两人只听到远处传来汽车的轰鸣声，却不见汽车的踪影，每当此时，苑凤龙和白苏勒总是拼命睁大眼睛。渐渐地，两人远远看见两个车灯在漆黑的环境中闪着光，像荒原上狼的眼睛。

2001 年 10 月中旬的一天，苑凤龙带领关员们在口岸查验过往的车辆。一辆从蒙古国开来的旅游汽车停在入境处等候检查，苑凤龙在查验车辆的时候，没有发现藏匿物品的迹象。

可是出于海关职业的敏感，苑凤龙发现这辆车有一些疑点：一是这辆车属于海关监控的重点检查车辆，二是司机的一些言行有点反常。

按照惯例，司机在办完海关检查手续以后，应该接着办其他手续，不必太在意车辆的情况。可这辆车的司机却一直跟在海关关员的后面，主动打开车门和油箱盖子，让海关关员检查，还一再表白自己开的车不会给海关带来任何麻烦。

欲盖弥彰，他越是极力表白，苑凤龙就越觉得有鬼，关员们便检查得特别仔细。当检查到驾驶室下边通常放汽车电瓶的地方时，司机的脸上露

二连海关关员对出口商品车进行查验

出一丝慌张的神色，虽然稍纵即逝，但还是引起了海关人员的注意。

关员们要求司机把铁皮门打开，司机显得有些紧张，连声说：“这里面放着电瓶，铁丝已经生锈，铁皮门特别不好打开。”然而，在海关人员一再要求下，司机终于打开了铁皮门，映入眼帘的是一个电瓶，司机说：“我说没有什么东西吧，你们偏要打开。这不就是一个电瓶吗？”

司机刚要关上铁皮门，苑凤龙挡住了他的手：“等一等！”他拿开电瓶，低头仔细观察着里面的陈设。司机的脸一下红到了耳朵根。苑凤龙对关员们说：“你们发现电瓶后面有一个精心伪装的暗格了吗？”

关员们探头一看，里面果然有一个用铁皮焊的暗格，暗格里有三块用胶条缠着的块状物体，如果不仔细看，很难被发现。关员们取出三个块状物体，打开胶条一看，原来是三块石头。一个关员问道：“苑科长，他们大老远地带石头干啥？”

苑凤龙接过三块“石头”仔细端详，他心里很清楚，这绝对不是三块普通的石头，而是很珍贵的东西。根据已掌握的知识，他确认这是一种化石，可司机却狡辩说，就是一种普通的石头。苑凤龙说：“你的说法漏洞百出。

如果是普通的石头，不可能放在这么隐蔽的地方，也不可能先用软纸，再用胶条这么精心地包装。”

可以判定这些是化石，但究竟是什么化石尚不能确定。化石可是有科学价值的东西，于是他们决定将这辆车押到海关仓库暂时扣留。当关员们把这辆车押到半路的时候，司机从兜里掏出5000元递给苑凤龙：“只要你们把我放了，这钱就给你们了。”

苑凤龙轻蔑地一笑，严词拒绝了。车辆押到海关仓库以后，又有一些人通过各种关系来求情：“你们干海关的没有什么油水，我们多给你们点钱，你们高抬贵手把石头和车放了吧！”关员们仍然不为所动，走私分子碰了一鼻子灰后，无奈地说：“石头我们不要了，你们把车放了就行！”

这句话引起了关员们的注意，他们为什么这么在意这辆车？在车子扣留的当天晚上，仓库管理人员就发现有一些形迹可疑的人在仓库周围活动。这里面一定有猫腻！关员们判定，汽车里可能还藏有他们没有发现的东西。

第二天，他们重新对这辆车进行重点检查。他们检查到汽车底部的大梁时，又发现了两块用胶条包裹的块状物，打开一看，与前一天查获的东西一模一样，初步确定为化石。他们火速将查获的五块化石交到海关调查科，请他们送到有关部门鉴定。

经过鉴定，专家们确定这是一种稀有的恐龙化石，关员们查获的这些只是这种稀有恐龙化石的一部分。关员们想：既然只是一部分，走私分子就有可能再次进行活动，于是他们对海关周围进行了严密布控。事后关员们得知，这种恐龙化石是在邻国挖掘出来的一种叫作圆角龙的稀有恐龙化石。他们查获的化石只是这种稀有恐龙化石的三分之一，另外三分之一已经通过秘密途径运到了美国，还有三分之一尚在邻国。

正因为这些化石价值连城，走私分子才想方设法要拿回化石。有一些人找到关员们说：“只要你们把扣留的部分化石给弄出来，你们要多少钱我们就给多少钱！”关员们不屑一顾地笑了笑。走私分子一计不成，又生一计：“咱们做一笔交易，你们干海关的清汤寡水，干一辈子也赚不着啥钱。我们把邻国的那三分之一恐龙化石再运进来，只要你们不吭声，放我们过去，

我们可以给你们一大笔钱，让你们一辈子都花不完！”

关员们再次严厉拒绝。事后经专家们研究发现，二连浩特海关关员查获的这些走私恐龙化石，与在巴音满都呼出土的圆角龙死亡时姿势相同，都是蹲在地上头朝上张着嘴。

这说明，不管是由于气候的原因，还是由于地质变化的原因，这些恐龙都是由于同一种原因死亡的。这种姿势似乎告诉人们，这些圆角龙死亡时或是因为缺氧，或是因为惊恐，或是因为饥饿，或是因为寒冷，或是因为地震，或是因为小行星撞击地球……这姿势勾起了科学家无限的联想。

时任二连浩特市恐龙博物馆馆长宁培杰说：“这些珍贵的稀有恐龙化石为研究晚期恐龙的灭绝提供了很好的证据，对我们研究晚期恐龙灭绝的原因有着极高的参考价值。”

（孙晶岩）

满洲里海关缉私的酸甜苦辣与勇毅果敢

地处内蒙古的满洲里海关关区位于中蒙边境的大草原上，这里地域辽阔，边境线漫长，给不法分子提供了方便的走私条件。如果把守不严，给走私分子留下可乘之机，那么这里就有可能成为欧洲向中国走私的一个陆路通道。

2000 年左右，为了反走私，满洲里海关缉私局的一项重要任务，就是不断深入草原边境一线，和解放军边防部队密切配合，形成打击边境走私的一股强劲力量。一有情报，他们就在边境线潜伏观察。一般的走私分子在白天不敢轻举妄动，因为他们知道边防部队在边防线上有很多潜伏哨、观察哨，如果白天行动，很容易暴露目标。只有在夜晚的时候，有黑暗作掩护，走私分子才容易躲过潜伏哨的眼睛。而对海关缉私部门和边防部队来讲，他们工作最主要的目的就是预防，把走私分子震慑在国门之外、国境之外，这样才能保护国家正常的经济秩序，保障边境地区人们的生活安宁。

从这个意义来讲，海关缉私部门和边防部队夜间潜伏就显得尤为重要了。大草原上的天气说变就变，傍晚时还是夕阳西照、清风和煦，入夜后就成了狂风大作、沙土飞扬。若是天气寒冷一些，风暴中免不了还夹杂着雪粒，打在人脸上生疼。到了夏天，虽说可免受风雪之苦，可蚊虫叮咬、汗水浸沤，也能让人“体无完肤”。

2002 年 1 月中旬的一天，满洲里海关缉私部门获得情报，有一部分不法分子准备从邻国走私入境旱獭皮，数量挺大，大约有几千张，但具体数量并不清楚，而且可能还有其他货物。满洲里海关缉私队员们摩拳擦掌，严阵以待。

果然，到了 1 月 17 日，对方的货主带着两辆货车来了，其中一辆汽车的车号是2240，上面盖的都是马皮，因为海关允许马皮进口，货主申报入关的也是马皮。中方工作人员心里有数，向货主提出要验货。货主以为中方没有装卸能力，不过是在车上面随便翻翻，便满不在乎地答应了。没想到，海关工作人员找来了一帮民工，开始从车上往下卸货。

货主的狐狸尾巴逐渐露出来了：车上的马皮只有两三层，剩下的就都是牛皮了。见到牛皮，工作人员心里更有底了。因为邻国有口蹄疫，为防止带有疫情的皮张进口，造成畜牧业损失，所以我国禁止偶蹄类动物制品入境，其中就包括牛皮、羊皮，以及有可能产生鼠疫的旱獭皮。

在卸货过程中，中方工作人员发现牛皮下面是大量的旱獭皮、羊皮、铜，把整个货场全都堆满了。据中方工作人员统计，仅旱獭皮就有5800张，价值20多万元。另外还有一千二三百张羊皮、四五百张牛皮和6吨多铜。这个案件破获得很顺利，从准确的情报到人赃俱获，可以说干得非常漂亮，但接下来发生的事情就有些出人意料了。

这时已近傍晚五点多钟。草原上天黑得早，五点多钟已是漆黑一片了，只能靠仅有的车灯、手电来给货场照明。再加上当时口岸的人特别杂，围在所卸货物周围的各种外来人员大概有五六十人。因为这里是临时口岸，没有固定库房，海关工作人员只能把查获的货物先装到车上，暂时拉到附近的连队，第二天再返回满洲里。

就在装车的过程中，货主开始大喊大叫。他不太了解中国的法律，货被扣了，损失比较大，他非常激动，便煽动周围的人："我的货让中方海关扣了，反正也是扣了，大家抢吧，抢了都是你们的。"话音刚落，四周民工和外来人员开始从车上往下拽羊皮。

海关工作人员听不大懂蒙语，被眼前突然发生的情况搞蒙了。当时在场的海关工作人员并不多，负责监护货场的部队战士也只有四名。因为没有考虑到会发生这种突发事件，战士们都没有配枪，肯定不能赤手空拳地和那五六十人拼。于是海关关员多次向哄抢人员发出口头警告，但都无济于事。

海关关员急中生智，开上车就往连队跑，见到连长之后，把情况说了。连长很有经验，说这种情况必须采取紧急措施。连长和其他领导一商量，马上派了五六个人，全部带上武器。其实这些武器不是对付民工的，只是起一种震慑作用。

海关关员带着人回来的时候，离走时大约也就十来分钟，可现场已经一片混乱，难以控制。有的民工手扯羊皮往远处跑，一些海关关员开着车就撵。问题是撵上了这个人，那边又跑走了一群。一看战士们带枪来了，民工就开始往后跑。

海关关员见状，大声喊道："谁要是再动，我就开枪！"其实他私下告诉战士，都不带子弹，不能对自己的老百姓打枪。但是那些民工不知真假，吓得不敢动弹了。场面控制住后，海关关员又找了几辆汽车，打开车灯照亮了四周，这样才继续装车，并且把被哄抢走的皮张追了回来。

装了将近一个半小时，两辆汽车的货物总算装完了。等他们把货拉到连队，大概是晚上十点钟左右。第二天一大早，海关关员又出发将这些货物往满洲里押运。事后，关员们不禁有些后怕，在那种情况下，如果混乱局面得不到有效控制，甭说货物保不住，就连在场的海关关员、侦查人员和部队战士都有生命危险。

不过，海关关员最终凭着自己的智慧，更凭着自己的勇气，战胜了走私分子，维护了国家的尊严。

（孙晶岩）

青海“3·03”走私贩枪第一案

2004年3月3日13时许，新疆阿图什市格达良乡国道214线，一辆迎面驶来的“依维柯”客货两用车被办案人员截获，办案人员从车上查获80支仿五四式手枪，犯罪嫌疑人李某也被当场扣留。

震惊全国的走私贩枪第一案也由此浮出水面。

一、留学生“走私贩枪帮”

1995年，在巴基斯坦上学的中国青海人马某结识了外号叫“恰恰”的武器走私商，后者承诺供应枪支，让马某负责走私入境贩卖。

马某找到司机李某，后者利用自己跑外运的便利条件和当时我边境高寒地区口岸设备简陋、进出口检查较宽松等可乘之机，将枪支藏在货车箱

青海公安机关集中销毁枪支

体底部焊制夹层甚至轮胎中偷运入境，再通过长途大巴或包车将走私入境的枪支运送到青海西宁交货。

在案件侦破中办案人员发现，最初策划组织走私贩卖枪支的马某等人都是赴巴基斯坦学习的学生，且在暴利的驱动下，该跨国走私贩卖枪支团伙形成了完整链条：有人专门从巴基斯坦走私枪支，有人负责运输，有人进行“批发”，有人从事“零售”……

马某组织贩卖的枪支走私偷运入境后，会以 10 倍左右的价格卖给青海的“胖子”等贩枪团伙头目，“胖子”等人再批量销往青海、四川、甘肃、西藏等地。

他们走私的胆子越来越肥，造成的社会危害也越来越大。数量上，从最初几支、十几支到后来一次走私偷运枪支上百支；方式上，从最初零星运输到后来购买专用改装车辆；参与人员也逐步专职化，走私贩枪同时还从事贩毒、黑社会性质组织等犯罪活动。

二、化隆“黑枪三角区”

无论是走私贩枪批次、数量，还是时空跨度、涉案人员的广度，“3·03”案均堪称新中国成立以来走私贩枪第一案。

该走私案引起了中央及涉案各省（区、市）领导的高度重视，被列为 2004 年部级督办案件，并成立了专案组。

经过大量艰苦细致的工作，2005 年 8 月 23 日，青海省开庭审理了这起走私贩枪第一案，涉案枪支达 900 余支，涉案枪支零部件 1500 多件，犯罪嫌疑人 17 名，包括青海籍 11 名，其中 5 名来自青海化隆县。

化隆回族自治县位于青海省东南部。20 世纪 90 年代，这个国家级贫困县就以非法走私制贩枪支而闻名，当地不法分子私造的枪支还被称作“化隆造”，是非法枪支中的一大“品牌”，该县也被称作中国的“黑枪三角区”。

在当地的制枪黑窝点，一支“化隆造”的成本不足 100 元，第一道贩子将枪卖到西宁等地，价格就涨到 1000 至 1500 元；再卖到外地，则高达 8000 至 10000 元。

这样的财富效应，让当地的一些农民铤而走险，走私制贩枪支甚至出现了家族化现象。不少犯罪嫌疑人甚至有“苦了我一个，服了几年刑，幸福一家人，起码不受穷”的想法。

三、两名走私犯被判死刑

据不完全统计，全国十多个省（区、市）发现了青海流出的枪支，有的就成了犯罪分子的作案工具，甚至威胁到公安民警的生命安全。

2003—2004 年，青海西宁发生了特大持枪杀人抢劫虫草店系列案，受害人多达 8 名，涉案金额 60 余万元，凶器就是“化隆造”仿六四式自制手枪。

2005 年 1 月 23 日，宁夏固原发生一起持枪入室抢劫案，犯罪嫌疑人打死 3 人，抢走现金 1000 余元，使用的凶器也是从化隆购买的仿六四式手枪。

2006 年 10 月 24 日，青海省对“3・03”走私贩枪第一案作出终审判决。

根据调查，1995—2004 年，被告人马某某伙同马某、李某、谭某某等人从境外非法走私 900 余支枪及 1500 多件枪支零部件至国内进行非法买卖。最终，马某某、谭某某被判处死刑，剥夺政治权利终身；其他犯罪分子也受到了应有的惩罚。

在此前十多年打击走私制贩枪支犯罪活动的斗争中，青海省还没有一起判处走私制贩枪支犯罪嫌疑人死刑的案例。

枪爆犯罪对社会危害极大，我国缉私部门始终把严厉打击枪爆物品走私违法犯罪作为守护国门安全的重中之重，部署开展系列专项行动，完善联动机制、突出类案打击、强化协同作战，全链条强化对境外走私和境内非法制造、贩卖、运输枪爆等违法犯罪的打击力度，切实做到第一时间移交、第一时间介入、第一时间立案、第一时间查缉。

党的十八大以来，全国缉私部门共侦办走私武器弹药犯罪案件 1631 起，查获各类枪支 1.7 万支。

（彭永贵）

河北一针织厂走私免税设备被查获

2009年4月23日，河北省高级人民法院做出的（2009）冀刑二终字第44号《刑事裁定书》，裁定结果如下：驳回上诉，维持原判。本裁定为终审裁定。

这是承德帝贤针纺股份有限公司于2009年4月24日在《证券时报》上发布的一则重大诉讼判决结果公告。此时，这家企业的证券简称已经是“*ST帝贤B”。

那么原判是什么呢？2009年2月25日，河北省石家庄市中级人民法院做出如下判决：该公司犯走私普通货物罪，判处罚金近7000万元，涉案走私货物予以没收，上缴国库。

这家企业究竟犯了怎样的走私罪，罚金竟如此之高？

石家庄市人民检察院在起诉书中提到，从1998年至2005年，在公司董事长王淑贤策划下，帝贤公司在没有外资实际出资情况下，冒用外商名义，成立了7家虚假合资公司。

这些企业业务涉及服装、造纸、家纺、投资等领域。7家合资公司无一例外，注册资金都是全部来自帝贤公司一方。

至于组建合资公司的用意，公诉方称，在于利用国家关于外商、港商投资项目进口设备免税的政策，将属于一般贸易进口的货物伪报成外商、港商投资项目进口设备，从而偷逃税款。也就是说，帝贤公司利用这些虚假合资公司进口设备，从而偷逃由自己直接进口本应缴纳的税费。经检察院侦查，帝贤公司利用这7家公司涉嫌偷逃进口货物税款共计6800余万元。

石家庄市人民检察院认为，帝贤公司及其高管的行为已触犯了刑法第一百五十三条之规定，应当以走私普通货物罪追究其刑事责任。公司董事

长王淑贤负有组织、决策、指挥责任，系主犯；其他 5 名公司高管系从犯。

检察院的公诉写得如此明确，此案看似事发着实突然，实际上却有迹可循。

据媒体报道，2005 年，7 家合资公司之一的肃宁普华家纺公司投资 2900 万美元，进口了一批价值 2320 万美元的设备。

然而，当这些设备办完免税手续并已报关运抵普华家纺公司之后，这批货物却并未能顺利通关，沧州海关查封了全部设备。事后，经过有关政府部门协调，纠纷才得以平息。

这些被查封的设备被露天存放了近一年。帝贤股份的律师曾到过现场，“高精尖的电子设备全部成了废铁”。这也可能就是王淑贤一怒之下对沧州海关提起行政诉讼，要求沧州海关全额赔偿 2900 万美元的直接原因。

就在行政诉讼受理期间，“帝贤走私案”事发，2006 年 12 月 25 日上午，董事长王淑贤突然被石家庄海关缉私局刑事拘留。王淑贤被刑拘后，据知情人士介绍，“行政诉讼不了了之”。

经调查，从 2001 年到 2005 年，该企业利用 7 家旗下系列企业伪报免税进口设备 4956 台（套），走私案值约 2.55 亿元，涉嫌偷逃应缴税款 6873.45 万元……

（刘经纬）

陕西史上体量最大的文物走私案

2006年元旦刚过，一份机密文件摆在了西安市刑侦局相关负责人的案头，一起“惊天动地”、史上体量最大的文物走私案开始进入人们的视野。

一、27吨国宝级文物遭盗

起初，这是一起无头案：没有查获的赃物，不知道谁是犯罪嫌疑人，手里也缺乏有价值的线索。身经百战的刑侦人员展开了系列布控，并从案中案中抽丝剥茧，一条有价值的线索逐渐浮出水面。刑侦人员顺藤摸瓜，抓住了犯罪团伙头目杨彬。

因深知自己罪无可恕，杨彬拒不配合调查，刑侦人员只得请来文物专家，根据查获的照片等资料寻找杨彬团伙盗掘的古墓，最终将目标锁定在西安市长安区大兆街道庞留村的一座无名古墓。

专家们进入墓穴拍照取证，进行保护性发掘，并根据发掘出的哀册残片，断定这座无名古墓正是史书上鼎鼎有名的唐玄宗武惠妃墓——敬陵。杨斌犯罪团伙盗走的正是敬陵中的石椁。

在古代，棺椁（套在木棺外）是死者身份与地位的象征，在我国已发掘的数千座古墓中，出土石椁的仅有22座，而墓主人不是皇亲国戚，就是朝廷重臣，因此价值都很高。

杨彬所盗石椁长、宽、高分别为3.99米、2.56米、2.45米，重达27吨。仿宫殿造型，大气、精美，是件罕见的国宝级珍品。

盗墓贼一般喜欢价值高的小物件，敬陵石椁这种大型文物遭盗非常罕见。而行此非常之事、走私史上体量最大文物的杨彬也可谓“非常之人”。

二、起于电影《东陵大盗》

1986年，21岁的杨彬技校毕业，被分配到西安电影制片厂当摄影师。恰巧这一年，电影厂开始拍摄盗墓主题的系列电影《东陵大盗》。惊险刺激的盗墓情节、价值连城的陪葬品……都让初入社会的杨彬入戏很深。他似乎对盗墓着了魔，开始研究各种考古资料。后来，由于电影厂辉煌不再，杨彬1992年辞职下海，做了三年服装生意，惨淡收场。阴差阳错中，他重拾"爱好"，做起了盗墓生意。

杨彬更加刻苦地钻研文物资料，甚至包括《唐研究》这种国际知名的专业学术刊物，靠着自己的"专业素养"行走盗墓江湖。他不但拉起了自己的盗墓队伍，还从事文物断代及修复工作，俨然成了国家考古队之外的"第二势力"。

杨彬还具有很强的反侦查能力，行走"盗墓江湖"近十年，从未失手。公安机关虽对其有所怀疑，但没有证据，直到发生史上体量最大文物走私这一惊天大案。

被盗取、走私的唐代石椁

2004 年 5 月，经过精心准备，杨彬一伙炸开了西安庞留村附近的一座无名古墓，发现这里已多次被盗，只剩下一座不易搬动的石椁。

但杨彬并没失望而归，他认真察看了石椁、壁画，感觉这座古墓不一般，就发挥曾经当过摄影师的特长，拍下照片，并且很快联系到了海外买家。

然后，杨彬一伙用了一年多的时间，通过六次通宵作业，将重达 27 吨的石椁及几幅较为完整的壁画分批拆解，打包盗出。

三、止于电影《长安道》

先是炸墓，后来还调用了七八辆车和起重吊机，这么大的动静，他们是如何瞒天过海的?

这都“归功于”杨彬的精心设计和专业操作。他们谎称开发施工，并组织了多支小分队，有的负责驱赶、恐吓前来察看的村民；有的专门盯梢当地的执法部门，稍有风吹草动就掩盖盗洞，溜之乎也，待风平浪静后再继续干。

就这样，27 吨重的石椁最终被拆分成 31 块盗出，后又转运到广州，并经香港走私到美国买家手中，据称卖了 100 万美元。

按照杨彬的如意算盘，盗取、走私石椁一事也会很快翻篇，变得无影无踪。

但百密终有一疏。也许是出于摄影师的爱好，也许是出于“专业”精神，杨彬对自己的每一次“杰作”都有拍照留影的习惯，并分门别类建立文件夹留档，保存在一个移动硬盘里。为防万一，他又自作聪明地把移动硬盘寄存在一位同伙家里。

这位同伙 2006 年因盗墓被抓，警察搜查时发现了这个移动硬盘，精心算计十余年的杨彬由此被牵出。

2007 年，古墓大盗杨彬被判死刑，缓期两年执行。

2010 年，经多方努力，敬陵石椁被追回国，现存放于陕西历史博物馆。

后来，离奇的敬陵石椁被盗一事被改编成电影《长安道》。

起于电影《东陵大盗》，止于电影《长安道》，杨彬的走私盗墓人生

引人深思。

就涉案金额而言，艺术品的偷盗、走私已成为继贩毒、军火走私、洗钱之后的世界第四大犯罪。

百余年来，我国的文物通过不正当途径流失国外的难以计数，也让人触目惊心。中国美术史的“开卷之图”、东晋顾恺之的《女史箴图》早已成了大英博物馆的镇馆之宝，馆内的青铜器、陶瓷器、书画、玉器等中国文物共计2万多件；日本拥有中国文物达10万件之巨，很多还被其定为国宝；美国博物馆里的中国石雕比故宫博物院的还多……

新中国成立后，我国的文物走私曾几近绝迹。但随着改革开放，文物走私又甚嚣尘上。在河南、山西、陕西等文物大省，盗墓、走私文物甚至形成了产业，“想致富，挖古墓，一夜成为万元户”也成了很多人的口头禅。

我国缉私部门不断加大打击文物走私的力度，破获的文物走私案件也逐年增多，并努力追讨走私国外的各种文物。据统计，近十年来，通过各种途径、各种方式回流国内的文物有4万余件，但打击文物走私的工作仍任重道远。

（彭永贵）

太原破获一起特大汽车走私案

在21世纪头10年，贾拥军在太原富人圈里很出名，不仅因为他是富人，还因为他本事大，能以非常低的价格搞到豪华进口汽车。2009年4月27日，他驾驶着前天深夜刚接回来的宝马牌“X5”汽车驶出家门时，被蹲守多时的干警一举拿下。他作为一个汽车走私团伙头目的身份也被揭穿。

随后，39名涉案嫌疑人全部落网，69辆高档走私汽车被扣押。至此，太原海关缉私局成立第一个10年的第一起汽车走私案、全国内陆关最大的汽车走私案成功告破，也打响了海关总署“全国集中打击汽车走私的第一枪”。该特大汽车走私案，涉案值近8000万元，偷逃税额2000余万元。

缉私部门查获涉嫌走私的汽车

一、核实线索，走私大案浮出水面

2008 年 10 月，太原海关缉私局接到一定数量的群众举报，称太原街头活跃着许多来路不正的进口汽车。缉私局对这些举报高度重视，在核实线索的真实性后，于10月10日成立了代号为“10·10”的专案组，展开侦查工作。“太原地盘不大，这些走私分子又有一张巨大的关系网，所以我们的行动必须高度保密。”时任太原海关缉私局局长韩渡说。为了保密，干警们不得不将自己深深地潜伏下去，即使是对最亲近的人，也绝不能透露一点风声。

保密工作有了保障，干警们便开始了取证工作。他们改头换面秘密接近走私车，发现车辆车架号与发动机号均被更改，这再次佐证了线索的真实性。侦查人员开始分头大量搜集情报，在有关部门配合下，调取了近两年内太原进口车的数据，经分析对比认定，确实有人在大量非法进口走私车。

经过进一步分析，一桩从境外到广东再到太原的走私进口汽车的大案浮出水面。随后，干警们马不停蹄，想方设法寻找更多线索。一路干警在广东海关秘密调取进口汽车报关资料时发现，贾拥军的名字频繁出现，都是此人委托当地人为车辆报关。但经调查，此人并未经营车行。另一路干警盯梢已销售到个人手上的走私车，顺着线索秘密跟踪，找到了车辆的售卖人贾拥军。还有一路干警走访时发现，一个叫“贾拥军”的人正四处收购二手车进口指标。经过一个月侦查，所有矛头都指向了这名叫“贾拥军”的太原人。

专案组干警初步锁定这个汽车走私团伙头目就是贾拥军，遂对其实施全方位监控，继而挖出与其有“业务联系”的另一汽车走私团伙。

二、秘密侦查，犯罪脉络逐渐摸清

经过半年的侦查，缉私人员终于摸清了走私团伙疯狂走私高档汽车的犯罪脉络，他们以闯关走私为主，以低报走私为辅，用低报掩盖闯关走私。

所谓“闯关走私”是指绕越设关地、跨关境将货物运到中国关境内。该案件的走私车辆多数由境外走私集团从广东或广西偷运入境，再从广东运至太原。

为躲避沿途查缉，走私团伙还私刻太原海关、黄埔新港海关、太原市公安局交警支队等各类印章13枚，伪造海关报关单证和假临时牌照，为其偷运走私车辆提供便利。

走私汽车运到太原后，走私团伙通过收购报废车辆手续，将走私车辆的车架号（VIN码，具有全球唯一性）、发动机号进行更改，然后套用报废车辆手续或报关入境车辆手续，将走私车辆上牌高价出售。有的甚至在无任何手续的情况下，直接出手给下游购车人员，从中牟取暴利。在半年的侦查期中，两个团伙走私汽车100多辆。

低报走私中，走私分子利用二手汽车进口指标进行走私。该案中，贾拥军团伙在天津、太原等地购买二手车进口指标，在香港大兴、和记、花园、红勘、华富等车行订购车辆，将新车或二手车调表后低报价格进口。通常，贾拥军会授意报关行按每月2500公里的行驶里程，调改汽车里程表，采取瞒骗手段低报价格通关，偷逃国家关税，通过此手段通关入境二手车40余辆。

根据规定，我国禁止二手汽车进口，但是，在我国常驻工作的外籍人士可以以个人“自用物品”名义进口二手汽车（每人限一辆）。于是，走私分子就利用这一规定，从社会上非法购买进口二手汽车指标，然后偷梁换柱，将该车的进口手续用于高价走私汽车，为其“克隆”合法身份，完成挂牌上路。

这种走私方式的利润有多大？专案组举例说明：一辆路虎牌“发现3”高档越野车，在香港的售价是16.6万港币，走私分子购车后偷运至太原，又用某外籍人士的身份正常进口一辆价值4万港币的路虎牌“自由人”汽车，然后涂改“发现3”的车架号等信息，用“自由人”的手续给“发现3”上牌，最后以55万元的价格在国内出售。经过这一番操作，走私分子至少牟利17万元以上。

闯关走私由于避开高额进口税，利润同样惊人。一辆境外售价100万元的豪车，闯关成功后逃避的税费、保险费等超过150万元，走私者能从中牟利80万元左右。

三、陷入僵局，走私分子蒸发半月

“10·10”专案组负责人感叹：“这些走私分子的反侦查能力太强了。稍有不慎，就可能全盘皆输。2008 年 12 月下旬，侦查行动被走私分子觉察，所有走私人员一夜之间全部蒸发，让案件侦破一时间陷入僵局。”

2008 年 12 月，案件侦查进行到关键时刻，侦查人员已基本摸清走私团伙人员情况，发现负责在广州、太原两地运输走私车的人通常驾车到太原，然后坐飞机到广州，每周至少往返一次。12 月下旬，侦查人员在机场调取贾拥军团伙中朱某的航班信息时，消息无意中被泄露，警觉的朱某立即取消原定飞往广州的行程，并立即报告给贾拥军。一夜之间，团伙成员全部关掉手机、离开居所，这一举动让缉私人员的监控全部失去目标。

之后，缉私人员使出妙计，及时补救。半个月后，觉得风声已过的走私分子再次露头。这伙走私分子行踪诡秘，在接车时总是在深夜或凌晨的高速路口；成员联系松散，不利于监控，也没有固定办公场所。缉私人员在监控中甚至听到，缺乏安全感的走私分子居然商量，打算对缉私局重点人员进行反跟踪监视。

四、集中行动，涉案人员一网打尽

2009 年 4 月 27 日，在海关总署缉私局的统一部署和指挥下，“10·10”专案组集结太原局、天津局、石家庄局、广东分署局、广州局、黄埔局 300 多名干警在太原、广东两地对犯罪嫌疑人实施抓捕。抓捕行动于 10 时 10 分准时开始。

当日，太原体育路某家属院贾拥军住处，干警准备就绪，只等目标出现。选择在他出门时抓捕是为了不惊动他，以防其销毁犯罪证据，阻碍司法机关后期侦破。“目标出现。行动！”随着一声令下，一辆作掩护的出租车从一旁窜出，结结实实蹭上了贾拥军驾驶着的宝马牌“X5”汽车。贾打开车门，探头查看车况时，蹲守干警迅速出动，将其制服。

之后的10个小时内，除1名犯罪嫌疑人在北京落网外，贾团伙成员和其他涉案人员18人相继在太原落网。另一走私团伙一号嫌疑人张某当日在东莞被抓获。随后，共计39名嫌疑人全部落网。

（赵丽娜）

一个跨国走私猎隼团伙的覆灭

一个跨国走私团伙，在宁夏、上海等多地作案，因为走私珍贵动物猎隼，在一审中主犯被判死刑，其他最少的也被判10年有期徒刑。这个案子还被海关总署列为全国海关缉私警察组建第一个10年中，侦破的十大典型案件之一。这是一个怎样的案子，怎么会判罚得如此严重，为何被列为典型案件？

一、神秘木箱“内鬼”接应

猎隼是国家二级保护动物，2008年左右在国际市场上身价猛涨，于是，一些不法分子对其伸出了贪婪的罪恶之手。2008年10月22日清晨，天下着蒙蒙细雨，寒气逼人，浙江省慈溪市人岑某坐上了一辆面包车，往邻近的绍兴开去。

又一批货到了，这已是岑某第四次去接货了。前三次的成功让他相信，这一次也会顺利的。当天中午，岑某从一辆装满土豆的宁夏货车上搬下了纸箱，装车后，他迅速返回了慈溪。次日子夜，岑某将货重新换装进6只黑色大箱子，装到一辆皮卡车上，自己则坐上面包车，开上杭州湾跨海大桥，朝上海方向驶去。

飞翔中的猎隼

24日清晨，岑某在浦东一处收费站，准时将货移交给在机场做安检员的吴某。整个过程看起来一切顺利，岑某便安心返回了慈溪。他不知道的是，他的一举一动全部在海关缉私干警的监控之下。

原来在此之前，宁波、上海、银川、乌鲁木齐、青岛、兰州、西安、杭州等地海关缉私局得到情报，国内一走私猎隼团伙近期将从长三角口岸走私出口国家二级重点保护野生动物猎隼，最终目的地为中东地区。而岑某正是宁波海关缉私干警调查后锁定的重要目标，这次交易是“请君入瓮”。

24日晚，上海浦东国际机场，秘密查验的宁波海关人员从6000多件发往多哈的货物中，锁定了岑某托运的那6只黑木箱。海关人员拉开外面黑布袋的拉链，发现箱子顶部被钉子封得很严实，只有四周留着透气的小圆孔。当起子轻轻打开木箱的一角，所有人惊呆了：砖色的头顶、褐色的钩嘴、黑色的爪子，30只猎隼被“五花大绑”分装在一个个格子里，一箱装5只，已经病恹恹的，甚至眼睛都被用细线进行了缝合。

猎隼找到了，该收网了。半个小时以后，慈溪的岑某、俞某束手就擒。当晚，上海的张某、吴某、钱某、朱某4人落网。而在之后的几天，远在宁夏的马某、赵某、丁某等人也相继落网。至此，这个跨国走私出口猎隼的团伙成员，已全数落入海关缉私部门布下的“天罗地网”。

二、暴利让走私分子垂涎三尺

在中东地区一些国家，购买、驯养猎隼不仅可以用来打猎，同时也是富豪权贵的身份象征。猎隼在中东按品级明码标价，极品的一只能卖到10万美元以上，品级低的也能卖3万美元。而在国内采购一只野生的猎隼仅需400元到2000元不等。

在暴利的驱使下，极少数不法分子不惜铤而走险。在宁夏，马某、赵某等人在一名境外人士的遥控下，先后4次收购猎隼，并租用丁某的车将猎隼运送到上虞，交给岑某。然后，岑某和俞某再将猎隼转运到上海。岑某以前在青岛做电子电器生意时，认识了一个熟知猎隼走私途径的人。受此人唆使，岑某答应帮他想办法走货。

之后，通过他人介绍，岑某认识了上海国际机场股份有限公司安检护卫分公司安检员吴某。他们商定，由吴某负责订舱、报关以及在猎隼过安检时给予“方便”。也就是说，岑某只负责短期饲养、转运，后面的程序“全

托”给了在机场负责安检的吴某。

吴某接手后，先联系了在上海一家货代公司做交接主管的张某，由张某办理订舱、报关事宜。张某明知托运的是动物、鸟类，却在他提供的报关单中写成“服装”“玻璃高脚酒杯”。吴某还找到同是安检员的钱某，以“利益平分”的方式，让钱某在安检时，对箱子里“鸽子一样的鸟类”视而不见。

两人合作放行了一次，成功。之后，钱某调离了原岗位，不负责货物安检了。于是，他托了同事朱某，朱某拿了1000元一次的好处费，放行了同事所托的“鸽子”，成功了两次，第三次钱还没收到，人就被抓了。岑某从中得到的好处是一只猎隼850美元。岑某进行分包，他付给吴某每只4000元和实际7000元到1万元不等的运费，支付马某部分运输费。

吴某再分包，支付给张某、钱某好处费。三人四次犯罪，分别获利3万余元。钱某说，作为安检员，他一个月的收入才2500元，金钱的诱惑太大了。

三、落入法网后悔莫及

经专业鉴定，缴获的30只野生动物为成年个体和亚成年个体，均为国家二级重点保护野生动物猎隼。

经查，除了这次被查获30只猎隼外，岑某等人还在2007年10月、2008年9月、2008年10月走私出境猎隼3次，分别为12只、20只、20只，累计走私猎隼82只。

一个集供、运、销于一体的跨国走私猎隼团伙，在暴利的诱惑下，短短一年间，就走私国家明令禁止出国的野生动物猎隼82只。然而，当犯罪嫌疑人正做着发财美梦时，缉私警察从天而降，将其一网打尽。

2009年3月26日，经开庭审理，宁波市中级人民法院对该案做出一审判决：岑某犯走私珍贵动物罪，依法判处死刑，剥夺政治权利终身，并处没收个人全部财产；吴某、张某、钱某3人犯走私珍贵野生动物罪，依法判处无期徒刑，剥夺政治权利终身；俞某、朱某犯走私珍贵野生动物罪，分别依法判处有期徒刑十四年、十年；马某犯非法收购珍贵野生动物罪，依法判处有期徒刑十三年；赵某、丁某犯非法运输珍贵野生动物罪，分别

呼和浩特海关缉私局查获的雪豹标本

依法判处有期徒刑十三年、十二年。

根据当时的刑法规定，走私珍贵动物罪，构成情节特别严重的，无期徒刑以上量刑，最高可判死刑；非法收购、运输珍贵、濒危野生动物罪，构成情节特别严重的，10 年有期徒刑以上量刑。〔注：2011 年全国人大常委会表决通过刑法修正案（八），取消包括走私珍贵动物罪在内的 13 个死刑罪名。〕

听到法官的宣判，被告人顿时面如死灰，旁听席的家属开始隐隐哭泣。然而，此时已追悔莫及。海关缉私部门将查获的猎隼转送至浙江省野生动植物救护繁育中心进行救护。被成功解救的猎隼眼神锐利，猛地一展翅，便飞到了顶部的铁笼子上，锋利的爪子死死地扣住铁丝，动作之迅猛，把工作人员吓一大跳。在那里，猎隼一天天恢复了生机。

后来，“背井离乡”的猎隼们在海关缉私警察的一路呵护下终于回到属于它们的西北的广袤家园。

四、被遥控指挥的走私

庭审中，问起货主是谁，岑某表示不知道。他说自己只负责中转和运猎隼出境，至于接下来怎样做，都是一个叫“阿亚子”的境外人在电话里教他的，他甚至一次都没见过对方。每次都是“阿亚子”从宁夏组织货源，然后以每只850美元的价格给他转账。

负责在宁夏收购的马某也没见到过这个“阿亚子”。“无论是岑某还是马某，都不过是走私猎隼的国际链条中的一环。”海关缉私人员介绍，猎隼走私已经形成一条分工明确、组织严密的国际链条，在国内分为收购、运输、出口三个环节，每个环节有一个主要负责人，国外走私团伙与每个负责人之间都是单线联系，真正的境外买家一直不露面。

媒体在宁夏调查发现，由于对猎隼的等级辨别和估价等有一定的专业性，所以刚开始外国盗猎者需亲自到国内捕捉。随着国内不法猎者涉足这行愈来愈深，外国人才开始专注于收购。

（郑黎）

山东破获 8.2 亿元柴油走私大案

2014 年 12 月，济南海关缉私局破获一起涉案 8.2 亿元的柴油走私大案，抓获犯罪嫌疑人 49 名，查证走私柴油 10 万余吨。该案是济南海关成立以来侦办的第一起以海上偷运方式走私柴油的案件，也是环渤海地区海关缉私部门侦办的涉税金额最大的走私柴油案。

2014 年 7 月 9 日晚 9 时许，济南海关缉私局接到重大案件线索，一艘名为“荣祥 68 号”的船舶涉嫌走私柴油，并将于 2014 年 7 月 11 日在潍坊森达美港停靠卸油。据办案警察介绍，这种案子最早多在广东沿海出现，之后慢慢发展到长江口，再后来扩散到了山东渤海湾。

犯罪嫌疑人指认现场

从20世纪80年代开始，成品油走私开始成为一种走私类型。在很长一段时间里，走私人员利用小渔船小量而零散地走私是这类走私的主要特点，缉私人员形象地称之为“蚂蚁搬家”。而2014年左右，像“荣祥68号”这种八个仓、千吨级走私油轮的出现，让海上的成品油走私变得更为频繁。

言归正传，在对线索进行初步甄别后，济南海关缉私局抽调骨干力量，成立“JN04”专案组，全力推动案件侦破。2014年7月11日，在长达7小时的蹲守后，“荣祥68号”终于出现在专案组的视线中。船舶刚刚靠岸，专案组就迅速登船，现场查获走私柴油2100余吨，抓获犯罪嫌疑人18名。

船上可以闻到特别重的柴油味，因为它的油舱底排不干净，油有挥发性；船上的油管里渗出了一些油，不仅有些浑浊，还非常黏稠，底部有些沉淀物。

那么，这些走私来的成品油质量有没有问题呢？警方介绍，将这些油拿去检验后，出来的结果是硫含量比国标要高出5倍。

在汽柴油中，硫含量是控制用油的机械不受腐蚀以及防止环境污染的重要指标。如果使用了含硫过高的柴油，那么这将严重影响各种机器发动机的运转，对储运和使用设备产生严重的腐蚀，如腐蚀汽车的油箱、管路和发动机等，缩短设备的寿命，甚至造成恶性事故。

据缉私警察介绍，该油轮为一艘内贸船舶，只能在我国内海行驶，不能到达公海海域。但仅在2014年6月3日至7月11日短短1个多月的时间里，该船就先后6次前往北纬33度、东经124度附近的公海海域，通过小船过驳，从供油走私母船购买境外柴油，然后以关闭船载GPS定位、伪造内贸航海日志、利用虚假的起运港海事监管记录和港口作业记录等方式向目的港口申报靠泊。

为了伪造航海日志，船上的船员小心谨慎，生怕沟通不当产生纰漏，在油船底部的机舱内，缉私人员还能找到当时他们用来传达信息的字据。造假在这条走私船上似乎早已成为公开的秘密。那么走私一船油，这些船员能够得到多少利益，他们才甘愿配合造假呢？警方介绍，船长可能得到3000元左右，一般的水手可能就得到1000元左右。

走私船上的船员大都是雇佣来的，只负责走私油的运输；走私背后真正在获取巨额利润的“黑手”另有其人。专案组顺藤摸瓜，对“荣祥68号”船挂靠的潍坊某海运有限公司进行搜查，并对这家公司相关人员进行询问，发现公司负责人存在走私柴油的重大嫌疑。在潍坊市公安局配合下，专案组成功抓获这家公司负责人等6名犯罪嫌疑人。

“JN04”专案组在前期案情分析中认为，“荣祥68号”可能只是走私团伙的冰山一角。在济南海关统筹部署下，专案组分赴山东省内6个城市和江苏、上海、浙江、福建、天津5个省（市）调查取证，并进一步对主要嫌疑人进行审讯。据犯罪嫌疑人交代，除“荣祥68号”船外，潍坊某海运有限公司名下还有3艘油船参与走私。

经专案组深挖扩线，案情不断扩大。截至2014年12月，立案4起，抓获犯罪嫌疑人49名，批准逮捕9人，查证走私柴油10万余吨，总案值扩大到8.2亿元，涉嫌偷逃税款2.04亿元。

济南海关缉私局表示，走私柴油来源多为非正式渠道，油品质量存在巨大隐患。从化验结果看，此次查获的走私柴油硫含量严重超标，超出国标达5倍之多。这种柴油使用时，不仅会严重腐蚀使用设备，缩短设备寿命，而且燃烧后会生成毒性很强的硫氧化物，对大气、人体健康产生严重的危害。

（国庆）

河北破获8亿元走私案 百余豪车如车展

劳斯莱斯、迈巴赫、宾利、法拉利、保时捷……百余台进口豪车整齐地停放在一起。这不是某汽车博览会上的场景，而是石家庄海关缉私局查扣走私高档汽车的停放现场。

2017年石家庄海关对外发布，在4月13日凌晨海关总署缉私局统一组织的打击汽车走私统一查缉行动中，该关成功打掉走私团伙3个，查证涉嫌走私进口汽车680余台，案值约8亿元。这是该关建立以来破获案值最大、情节最严重的走私犯罪案件。

行动期间，在河北省公安厅、河北省海警总队等部门的大力配合下，石家庄海关缉私部门集结警力120名，分赴广州、银川、天津、武汉及省内沧州等地对目标人物和地点进行统一查缉，成功抓获目标犯罪嫌疑人16名，查获犯罪嫌疑人用于存放走私汽车的库房两间，现场查扣劳斯莱斯、宾利、迈巴赫等品牌走私高档汽车近百台。

石家庄海关缉私局查获的车辆及钥匙

2016年年底，石家庄海关接群众举报，称有团伙长期从事高档汽车走私活动。根据调查，以武某、吴某等为首的走私团伙大肆自境外订购高档汽车，通过广东、广西相关走私团伙，以绕越设关地的方式自广西中越边境非设关地走私进境，并将走私车辆在境内销售牟利，后安排“飞车仔”驾驶涉案汽车从广西开往广东广州、东莞等地交付揽货、销售团伙，再将走私车辆整修后销往全国各地牟利。有关走私团伙还私刻海关、税务、公安等政府部门公章，制作虚假进口报关单证，骗取申领机动车号牌，试图使走私车辆具备“合法身份”。

石家庄海关缉私局介绍，走私汽车偷逃国家应征税款，破坏公平竞争的市场秩序，历来是海关打击重点。

（康向猛）

兰州海关破获22.8公斤毒品大麻走私案

2018年，在公安部禁毒局和甘肃省公安厅指导协调下，兰州海关缉私局与甘肃省地方公安机关联合作战，成功破获了一起系列国际邮包走私毒品大麻案，查获毒品大麻22.8公斤，抓获犯罪团伙嫌疑人7名，铲除了一个在国内多地走私毒品大麻的犯罪团伙。

2018年1月下旬，一个从美国邮寄经北京转寄到兰州的国际邮包，引起了兰州海关缉私局的注意。根据获得的消息，海关缉私侦查人员围绕邮包展开核查，发现收件人姓名、电话均系伪造，收件地址模糊不详。收件人很警惕，既不按时签收包裹，也不接快递员的派送电话，而是伺机多次给快递员打电话佯装问询包裹情况，不停地提出换时间投递、找人代收、协助转寄包裹等要求。嫌疑人遮遮掩掩、兜兜转转的行为，恰恰表明这个包裹确有问题。侦查人员耐心细致地与嫌疑人周旋，在嫌疑人安排跑腿签收包裹后，最终在长沙抓获了犯罪嫌疑人蒋某和周某，人赃并获，在包裹里查出伪装成袋装狗粮的毒品大麻3.7公斤。

侦查人员顺藤摸瓜，很快查实犯罪嫌疑人蒋某收取的一个来自内蒙古的国内邮包，里面藏有毒品大麻近1公斤。那么这个国内邮包是谁寄的呢？同样是毒品大麻，跟前面查获的国际邮包有没有关系？蒋某是吸食毒品人员还是国际贩卖毒品人员？

案件疑点重重，侦查人员继续顺线摸排，和嫌疑人斗智斗勇。2018年3月初，蒋某收取毒品包裹的转寄人王某在内蒙古落网。侦查人员凭着敏锐的嗅觉，从王某多次收取快递的蛛丝马迹中展开侦查，初步判定王某是一名涉嫌国际国内毒品寄递的“职业中间人”，而蒋某正是他在国内转寄毒品大麻的“下家”，像蒋某这样的“下家”还涉及国内多省。

此时，一条涉嫌通过国际邮包寄递毒品大麻的走私通道初露端倪，走私犯罪活动涉及团伙，轨迹跨关区、跨省、跨国。随着案情不断扩大和复杂化，此案受到海关总署和公安部禁毒局的高度重视，公安部将此案列为年度毒品目标案件，海关总署也将其列为年度督办案件。

兰州海关缉私局迅速向甘肃省公安厅报告，在省禁毒总队协调配合下，开展扩线侦查。海关缉私人员辗转全国五个省（区、市）调查取证、撒网布线，逐步摸清了这个团伙的走私方式和手法。3 月份，分步收网行动开始，兰州海关缉私局在地方警力的支持下，将国外寄至呼和浩特“在路上”的 6 个包裹全部查获，将“嗷嗷待哺”的大麻买家们一举抓获。此案件共计查获毒品大麻 22.8 公斤，抓获犯罪团伙嫌疑人 7 名，并在多地警方的配合下，同步打掉了多条国内二次贩卖走私毒品大麻的链条。

经过查实，从 2017 年 7 月以来，这群狡猾的犯罪分子通过多种信息化通信工具进行网上联络，从国外将毒品层层包裹封闭在人参、食品、狗粮、茶叶等包装袋中，高度伪装，气味难辨，以逃避海关监管，并选择不同口岸、不同快递公司邮寄入境，使用虚假身份和虚拟手机号码进行收发货。待毒品侥幸入境后，他们立即通过国内毒品中转站进行二次分发转寄，流向全国多个省、市（区），形成庞大的毒品销售网络。

兰州海关缉私局从大数据入手，以信息化手段反制信息化毒品犯罪，让这种网络操控邮寄走私毒品的新手法难以得逞。

（王铭禹）

山东破获卷烟走私案 案值超两亿

2022年，青岛海关缉私局侦破一起海上偷运走私卷烟入境案，查扣走私船舶1艘，查证走私卷烟67.98万条，案值2.05亿元，抓获犯罪嫌疑人6名。这是近年来山东省查获的数额最大的卷烟走私案。

一、走私船从哪里靠岸？

案发前不久，青岛海关缉私局根据获取的一条走私卷烟线索，组织荣成海关缉私分局等到辖区内高速路口堵截走私卷烟的卡车，但走私卷烟“从哪里来”“到哪里去”并不确切。

接到任务后，时年58岁的荣成海关缉私分局局长王浩马上召集办案骨干研判。他凭借多年的侦查经验判断，可能有走私卷烟的船舶从荣成靠岸，这些卡车应该是来拉私货的。

可是，荣成市海岸线绵长500余公里，作为北方最大的渔港，每天有大

青岛海关缉私警察清点查获的走私卷烟

量的渔船往来穿梭，具体哪艘船会经过改装、选在哪个码头靠岸，一时无法确定。王浩果断决定，荣成海关缉私分局要立即聚焦陆上和海上查缉任务，兵分两路，一路执行高速路口查缉走私卡车任务，自己则带领几名缉私警察到海上排查走私船舶。

二、装满卷烟的渔船

得益于荣成海关缉私分局近年来在反走私综合治理领域所做的大量工作，荣成形成了各部门齐抓共管、全社会共同参与的反走私治理良好格局。

按照前期达成的海防军民融合发展的共识，荣成海关缉私分局利用反走私网格化管理手段对荣成外海异动船舶进行排查，成功锁定一艘位于荣成西南苏山岛海域的可疑船只。随后海关缉私部门联合渔业部门和公安海岸警察部门，并得到执法船只和执法警力的支援后，出动警力 40 余人。

联合编组办案人员顶着冰冷的海风，在漆黑的海面上目不转睛地辨别可疑船只。在他们行驶至苏山岛海域时，发现一艘外观为油船却悬挂着“辽营渔 36×××”渔船船号的可疑船只。该船的两个货舱用雨布遮蔽，缉私警察判断，该船极有可能是艘经过改装的走私船。

可疑船只启动发动机想要逃跑，但船上人员见追击的是渔业执法船，以为是渔政例行检查，便想要蒙混过关，向执法船喊道：“我们这里装的都是卷烟，不是鱼货，不用检查。”

办案人员稳住船上人员，两船一靠帮，办案警察立即以迅雷不及掩耳之势登上嫌疑船只。办案人员掀开雨布后，发现这艘“渔船”上既没有渔网也没有鱼货，货舱里面整整齐齐堆满了装有各种品牌卷烟的纸箱。

三、“承担人”一手策划？

船上的 6 名犯罪嫌疑人被抓获后，海关缉私部门对其展开突审。船长张某明见走私卷烟的事实无法掩盖，只好在数量上做文章，说船上仅仅“顺道”拉了 300 箱卷烟。缉私警察一眼就看穿了张某明的谎言，对走私卷烟进行仔细清点。后经青岛市烟草局鉴定，涉案卷烟包括中华、爱喜、红双喜、

阿里山、玉溪等品牌，共计 3000 箱、15 万条。

经审讯，6 名船员均来自福建泉州，其中 5 名船员均指认是被船长张某明雇佣，自己并不知情。事已至此，张某明便直接承认他就是要出海走私卷烟，海上的接货点位也描述得非常清晰，事情都由他一人策划。经分析，缉私警察认为 6 人供述的走私经过与实际不符，应该是达成了“攻守同盟”，指定了事发后的“承担人”，且只承认被抓获的这一次走私事实。由于这一团伙反侦查意识强，缉私警察当时未能获取更直接有力的证据，侦查工作一时陷入僵局。

荣成海关缉私分局召集办案骨干集体议案，经过激烈讨论，大家断定：“走私卷烟绝对不止这一船，此前肯定还有走私行为，我们一定要查个水落石出。”

四、套牌船多次过驳走私

坚定了侦查信心之后，办案人员在深入调查取证后发现，47 岁的船长张某明是福建泉州惠安人，疑似与南方多起走私卷烟案存在联系。

海关缉私警察一面加大对犯罪嫌疑人的审讯力度，一面多方协调，与福州海关缉私局、福建地方公安机关、海南海警等部门联系，对团伙走私脉络进行全面梳理还原，证实了该团伙之前绕关走私卷烟的整体犯罪事实。

经细致工作，缉私警察得知，海南海警曾在海上抓获一艘满载走私卷烟的货船。船上船员供述，此前在山东东南公海海域曾多次向一艘船过驳卷烟，卷烟的外包装与本案卷烟外包装类似。经多轮细致审查，缉私警察确认海南海警抓获货船系荣成海关缉查到的“辽营渔 36×××”的走私“母船”。

缉私警察查明，犯罪嫌疑人张某明伙同其余 5 名船员，驾驶套牌的“辽营渔 36×××”渔船自福建出发，驶往公海区域，先后 5 次自走私“母船”上过驳卷烟，经荣成等非设关码头走私进境。后经查证，涉案走私卷烟数量扩大至 67.98 万条，案值 2.06 亿元。6 名犯罪嫌疑人均被判处有期徒刑，涉案船舶、走私入境卷烟及违法所得均依法予以没收。

（龙飞）

“故黄河”边缉私人

国家级历史文化名城徐州城内有一条景观河，从西北向东南穿城而过，因其古代时曾为黄河河道，故被称为“故黄河”。“故黄河”之美，美在古老的记忆与现代文明的交相辉映。

回溯历史，《史记》中就记有“河溢通泗”之史，《汉书》中也记有“河决瓠子……通于泗、淮”之实，此皆为黄河大决、南徙徐州的早期记载。自此以降，黄河横决泛滥，南徙夺汴夺泗，致使徐州水患频至。

北宋熙宁十年（1077）秋，黄河在河南濮阳大决，洪水狂奔于徐州，城池危在旦夕。知州苏轼率全城吏民，连日抗洪，筑起“首起戏马台，尾属于城（东南隅）”的黄河大堤。

是年，苏轼与友人共度洪水过后的美好时光，留以诗云：“彭城古战国，

“故黄河”徐州段（新华社发）

孤客倦登临。汴泗交流处，清潭百丈深。”1078年，苏轼又于百步洪留诗：“四山眩转风掠耳，但见流沫生千涡……君看岸边苍石上，古来篙眼如蜂窠。”可以想见那时的百步洪上水之急、浪之高。

此后的数百年间，黄河屡次决口，忽南忽北，时而夺汴夺泗。历代治理黄河河道，采取不断筑堤的方式防洪，逐渐形成北起小北门、沿城东北隅外郭至矶嘴坝的一条黄河大堤。

清咸丰五年（1855），黄河在河南兰阳（今兰考）决口，从此改道离开徐州转向东北，最终从山东大清河流入大海。从此徐州远离了黄河水患，只在境内留下了一些黄河故道的遗迹。

《徐州市志》记载，“北起坝子街桥南端，南至矶嘴坝（又称积水坝）”的这一段黄河沿“因位处黄河西岸，1981年命名为黄河西路”；“东起坝子街桥南端，西接矿山西路”的这一段黄河沿“因此路位于黄河南岸，1981年命名为黄河南路”。

如今，徐州市中心最繁华的中山路、淮海路、建国路都经过“故黄河”，虽然“故黄河”在徐州城区并不宽，但是已经建成了迎宾景观路，成为黄河故道上的风光带。

徐州海关缉私分局就坐落于“故黄河”与淮海路交叉口。在这里，有一支年轻的缉私警察队伍，他们始终传承黄河文化精神，团结一心，恪尽职守，用自己的忠诚和勇敢书写着平凡而又光荣的人生。

徐州地区地处江苏内陆，经济外向度较低，案源相对不足。面对这一困境，徐州海关缉私分局的民警不畏难、不退缩，想方设法拓案源、破大案，团结奋进，砥砺前行，处处展现出一种昂扬向上的精神风貌。正是在这种精神鼓舞下，徐州海关缉私人克服了众多困难，出色地完成一个又一个任务，为维护徐州辖区高质量发展贡献了缉私力量。

历史如黄河之水奔腾而过，徐州海关缉私分局全体民警将牢记嘱托，践行使命，为赓续黄河文化、打私违法犯罪贡献缉私力量。

（石孟潇）

四川重拳出击打击走私

从总体来说，四川省走私活动受内陆地域、经济、社会环境等各方面条件限制，虽远不及东南沿海地区走私活动的猖獗程度，但一些东南沿海走私人员流窜到内地，与内地走私人员相互勾结，逐渐开拓内地走私市场。

成都海关自1985年成立起，就开始了查缉走私和打击、防范走私行为的反走私斗争。1999成都海关年设立缉私警察机构，由过去单纯的行政处罚转变为行政处罚与刑事处罚并举的缉私体制。此后，成都海关缉私局运用强有力的刑事侦查手段，查处了一批走私大要案，使四川省内的走私活动得到有效遏制，以下是一些典型案例。

陈某、朱某涉嫌走私熊猫皮出境案 1982年7月，重庆海关接办四川省二轻局外贸办陈某涉嫌走私熊猫皮出境案件。经调查核实，上述案件确定为走私行为案件，决定追缴走私物品价款22386元，并移交政法部门，对涉案的陈某、朱某追究刑事责任。

遂宁青年服装厂来料加工走私案 1986年5月查获，案值60余万元，查获总值25.5万元。1989年6月，当事人邓某以走私罪被判刑五年，涉及私货全部变卖并上缴国库。此案为成都海关办理的第一件最终由人民法院公开审理的走私案件。

查获团伙走私黄金、文物大要案 1989年5月，成都海关同拉萨海关、成都市公安局组成联合办案组，在成都查获团伙走私黄金、文物大要案，查获涉案黄金13495克、虎骨350公斤，价值100万元，并抓获团伙部分人员。经扩线调查，拉萨海关在机场旅检渠道又查获走私黄金12公斤，价值146万元；同时连续查获水獭皮559张、瓦斯针手表227只、麝香2800克，价值35万元。

机场旅检渠道查获外籍旅客夹藏文物出境案两起　1990年4月，日本籍人士后藤信治企图利用随身行李皮箱夹藏青花瓷器8件，乘当日成都至香港的直航包机离境，在通过海关机检时被查获。同日，荷兰籍人士皮特以人身夹藏方式企图携带唐卡2张离境被查获。经四川省文物鉴定委员会鉴定，上述文物均属不准出口文物。其中，8件青花瓷器中的4件为馆藏三级文物，2件唐卡也为馆藏三级文物。

成都工业经济技术开发公司涉嫌骗取海关减税优惠案　1990年1月查获，案值49.5万元。经查，该公司借市话改造规划为名，免税进口小型数字程控交换系统一套，价值36万美元，实际所有权仍属开发公司，骗取海关减税优惠。除对退税款全部予以追回外，由海关调查部门做进一步处理。

四川省外运公司涉嫌低报价格走私进口绘图仪案件　1990年10月，成都海关在审价中发现，四川省外运公司在代理中电湖北公司申报进口HP绘图仪14套过程中，存在低报价格嫌疑。成都海关经与广州海关价格中心联系，并进行市场调查发现，该批绘图仪涉嫌偷逃关税约10万元。该案由成都海关调查部门立案处理。

非法倒卖免税进口棕榈油走私案件　1992年9月查获。经查，涉案单位成都市粮油食品进出口公司以进料加工名义免税进口棕榈油500吨，价值243万美元，且擅自与四川省轻工第一供销公司和四川省粮食厅议购议销公司签订购销意向书，至9月22日，已出售393吨。余下107吨被成都海关查扣，并由海关调查部门做进一步处理。

四川通亚车辆配件公司进口汽车支架申报不实案　1993年2月，当事人向海关申报进口汽车支架连顶10台，申报价格为6200美元，实际价格为82000美元，根据《中华人民共和国海关法行政处罚实施细则》第十一条第五项规定，决定对当事人科处罚款53万元。

中外合资成都菲岛饮料有限公司擅自内销保税货物案　1993年4月至7月间，当事人未经海关许可，在尚未补缴税款的情况下，擅自将保税进口的菲律宾椰浆4.9吨加工成椰奶粉后在国内销售，案值66185元，根据《中华人民共和国海关法行政处罚实施细则》第十一条第四项之规定，决定对当事人科处罚款5000元。

徐某携带超量货币、走私超量涉税物品入境案 1994年6月26日，当事人乘坐KA389次航班由香港抵达成都，携带人民币现金237150元、摄像镜头26个、移动电话2部、对讲机2个，未向海关申报，构成走私行为，根据《中华人民共和国海关法行政处罚实施细则》第三条第二项、第五条第二项和第八条第二项之规定，决定对上述物品予以没收。

香港源兴国际投资有限公司走私汽车进境案 1995年3月，成都海关立案调查此案。经查，香港源兴国际投资有限公司在无合法整车进口手续的情况下，从1994年10月起，从香港购得28辆日产雅宝仕汽车，将其拆解为发动机等散件，再委托他人代理报关进口；在申报过程中，又将汽油发动机伪报为柴油发动机。案值高达500万元。上述车辆全部予以罚没。

连某走私珊瑚入境案 1996年5月17日，当事人乘坐SZ4016次航班从香港抵达成都，携带28串珊瑚制成的佛珠经无申报通道入境，构成走私行为。根据《中华人民共和国海关法行政处罚实施细则》第三条第二项、第五条第二项之规定，决定对上述珊瑚佛珠予以没收。

四川省眉山建国汽车有限公司伪造进口证明书进口凌志车案 1998年3月17日，在当事人处查获3辆进口汽车（凌志400，丰田皇冠JZS133，日产公爵3.0）。经查，上述车辆货物进口证明书系伪造，当事人未能提供上述车辆的合法进口证明，根据“国办发〔1993〕55号”文规定，决定没收当事人上述3台车辆。

成都锦兴针织厂有限公司进口旧机器设备案 1999年9月29日，当事人向海关申报免税进口染色机两台，价格9250美元。经查，发现所进口的设备为旧设备，且当事人不能提交准许旧设备进口的国家机审办进口证明。根据《中华人民共和国海关法行政处罚实施细则》第十条规定，决定没收当事人无证进口的染色机两台。

进入2000年后，成都海关一方面不断完善海关监管体制，一方面对走私犯罪活动的责任人追究刑事责任。四川省内走私活动，特别是利用进出口贸易渠道走私牟利的违法犯罪行为基本上被有效防范。而在非贸易渠道

的个人邮递物品、进出境行李物品中藏匿、夹带、瞒报违禁物品和应税物品的走私案件时有发生，特别是走私毒品、武器等违禁品，成为成都海关缉私工作中重点防范、打击的方向。以下是一些典型案例。

曹某走私淫秽光盘案 2001年11月21日，海关在进口快件中查获由香港邮寄给当事人的26张淫秽光盘。经审查，其中24盘系暴力、淫秽、性虐待等内容。根据《中华人民共和国海关法行政处罚实施细则》第三条第二项、第五条第一项的规定，决定对当事人处以没收上述物品，并处罚款800元。

郭某走私毒品摇头丸案 2002年1月9日，成都海关驻邮局办事处在监管现场发现寄往成都石马巷11号6单元2号郭某收的快件邮包，经开箱查验发现包内有绿色颗粒40粒、橘红色颗粒44粒，颗粒上均有L2字样，于当日移送侦查分局侦查处，并送四川省公安厅禁毒总队鉴定。经四川省公安厅禁毒总队鉴定为摇头丸，共计84颗（共计28.3克）。该案为成都海关建立以来查获的第一起走私毒品案件。成都市中院判决被告人杜某犯走私毒品罪，判处有期徒刑十二年，剥夺政治权利二年，并处罚金5000元；被告人马某军犯走私毒品罪，判处有期徒刑十一年，剥夺政治权利一年，并处罚金5000元；被告人郭某犯走私毒品罪，判处有期徒刑十年，剥夺政治权利一年，并处罚金5000元。

2003年8月，成都海关缉私局开展"破案会战"行动。整个行动一共行政立案17起，案值1.2亿元，涉税2000余万元。

华塑建材有限公司转让免税设备案 华塑建材有限公司2004年9月免税进口PVC型材生产线等4台（套）设备，2005年4月该公司未经海关许可，擅自将以上设备转让给华塑股份有限公司，案值2394.44万元，涉嫌偷逃税91.2万元。

"6·27""7·31"毒品海洛因绕关走私进境案 2004年，成都海关缉私局与昆明海关通过情报合作，连续破获从缅甸绕越设关地走私毒品海洛因进境的"6·27""7·31"案件，分别查获毒品海洛因393.6克、457.45克。这两起案件是走私分子从传统毒源地金三角走私海洛因，从陆路边境绕越设关地进入中国内地的典型案件。当事人采取人身、行李藏匿方式，均经由缅甸—云南—四川线路，走私毒品入境。四川省高级人民法院裁定，被告人赵某犯贩卖、运输毒品罪，判处死刑，剥夺政治权利终身，并处没收个人全部财产；被告人李某犯贩卖、运输毒品罪，判处死刑，缓期二年执行，剥夺政治权利终身，并处没收个人全部财产；对本案搜缴的毒品海洛因 393.6 克予以没收。

成都西奥化冶有限责任公司进口固体废物案 2005 年 1 月 25 日立案。2004 年 8 月 23 日至 9 月 30 日，当事人成都西奥化冶有限责任公司以一般贸易方式向海关申报进口两票钼精矿，共计 465.415 吨。抽样鉴定表明，这两票钼精矿系废催化剂。该类含有金属物质的废催化剂大部分属于禁止进口的固体废物，或者需要废物进口许可证才能进口，且该类商品的后续加工生产会对环境造成严重污染。2004 年 11 月 28 日，西奥公司申报进口钴酸锂 8 吨和钴精矿 28 吨。经鉴定，该批货物同样为国家禁止进口的固体废物。该案是成都海关走私犯罪侦查分局侦破的第一起走私废物案，也是西南地区由沿海延伸至内地的第一起固体废物走私案。成都市中院判决被告人王某犯走私废物罪，单处罚金 5 万元。

（龙飞）

内蒙古“万里黄河绕黑山”反走私

岁岁金河复玉关，朝朝马策与刀环。

三春白雪归青冢，万里黄河绕黑山。

这是唐代诗人柳中庸的边塞诗《征人怨》，流传极广。诗中提到的金河（大黑河）、青冢（西汉时王昭君墓）、黑山等地，都在今天的内蒙古自治区境内，在唐朝属于单于都护府。

清代画家倪田的《昭君出塞图》

唐朝自安史之乱以后，国势衰落，边患日益严重，被征调的士兵常年戍守边境而无法归乡与家人团聚，必然会产生怨愤之情。这一首诗就以一个隶属于单于都护府的征人身份，写出了这份怨情。

内蒙古位于我国北部边疆，与蒙古国和俄罗斯接壤，国境线长达4200多公里，东西狭长，幅员辽阔，大兴安岭、阴山与贺兰山从东到西排列，广袤的草原、众多的河流与湖泊分布其上。

这里既是中华民族史前文明的重要发祥地之一，也是中国古代北方草原文化演进的主要区域。在这片神奇的土地上，既有中原王朝修建的长城、障塞，设置的郡县；又有北方游牧民族跃马扬鞭、逐水草迁徙的行国遗痕。

以中原农耕民族为代表的农耕文明和以北方游牧民族为代表的游牧文明在内蒙古这片土地上交相辉映。他们前后承接，创造出了辉煌的、对中国乃至世界历史产生重大影响的草原文明，是中华文明重要的组成部分。

往日的战马嘶鸣，早已无从寻觅；昔日的障塞边关，今日也只剩断壁残垣。不过，结合传世典籍以及流传至今的边塞诗篇，我们总能从中追寻到征人边关岁月、反走私保障下的商贸往来及繁荣景象。

春秋战国时期，活跃在内蒙古地区的古代北方部族主要有林胡、楼烦、东胡和匈奴，他们主要从事畜牧、狩猎等生产活动；而中原诸侯国中史称“战国七雄”中的燕、赵、秦三国，在该地区南部联系密切。

后来，这三个诸侯国将其辖境扩展到蒙古高原的南部边缘地带，筑长城、置郡县，《诗经·小雅·出车》所云“天子命我，城彼朔方”，是中原王朝开疆拓土的真实体现，并由此开始了中原政权对古代内蒙古地区的有效管理。

秦汉时期，称雄于蒙古高原的北方游牧部族主要是匈奴和鲜卑，乌桓也在该地区留下了其历史足迹，他们与汉朝有着千丝万缕的联系，并在西

鸡鹿塞城遗址，位于内蒙古巴彦淖尔市磴口县，为秦汉时期屯垦戍边的重要军事要塞，汉武帝时期修建，是阴山长城的一部分

汉初年，与汉朝实行“和亲”政策。

到汉武帝时期，几十年的休养生息使国力大增，于是汉朝开始北征匈奴，加强对匈奴的防御和边郡的管理。西汉时期修筑内外长城，阴山南北遍筑障塞，增设郡县，迁徙人口，发展农业，对这一地区的开发起到了重要作用。

之后，伴随着中原政权的分裂或统一，内蒙古地区又出现了大辽契丹、女真族建立的金等，以及疆域横跨亚欧大陆的元朝等。这里上演了很多民族融合、经贸往来、走私与反走私的故事。

1949 年新中国成立后，为扩大同苏联等社会主义国家的贸易，我国在内蒙古开始修建集宁至二连浩特的宽轨铁路线（简称“集二线”），1955 年完工，成立集宁关并下设二连分关。

集宁关本着严肃政策、严密监管、便于运输的原则，主要履行货运监管、行李邮递物品监管、查私、经济政治保卫等职责，同时承担检查揭发货运事故任务。

1959 年，二连邮电局开办国际邮件交换业务，进出境邮递物品监管由二连分关负责。从成立到 20 世纪 60 年代初，集宁关监管进出口货运量居全国四大陆路口岸之首，并在 1959 年达到历史高点——266 万吨。

鸡鹿塞城遗址远眺，阴山山脉与河流。汉元帝时期，王昭君嫁与呼韩邪单于，从这里出塞。此后匈奴与汉朝和睦相处长达半个世纪，这里是中原农耕文明与北方草原游牧民族交融的见证后来中苏关系恶化，1965年9月集二线由宽轨更换为准轨；10月，随着换装业务由集宁市迁至二连市，外贸部决定撤销集宁关，成立二连关。

1980年2月，随着全国海关建制收归中央统一管理，二连关更名为二连海关，成为直属海关总署管理的处级关。自1981年起，二连口岸货运量逐年增加，进出口商品种类、贸易方式、运输方式、贸易国别呈现多样化。

20世纪80年代中后期，内蒙古被称为“金三角”的呼和浩特、包头、鄂尔多斯三市外向型经济发展迅速。1991年7月6日，经自治区人民政府报请国务院批准，呼和浩特海关正式成立。

查缉走私是呼和浩特海关的重要职责之一，国家禁止进出境的淫秽反动印刷品和音像制品、珍贵动物制品等行邮渠道走私是查缉的重点。

1996年，呼和浩特海关开展集中行动，为国际空港旅检现场、海关驻邮局办事处及二连海关配备多媒体光盘机等检查设备，查获淫秽、色情录像带4盘，违禁印刷品86件。

邮寄渠道是走私分子常常利用的渠道之一。2003年和2008年，呼和浩特海关驻邮局现场曾陆续查获几起象牙制品邮递入境案件，查扣邮自几内亚和南非的象牙制品155件，共计12340.9克。

在旅检现场，呼和浩特海关缉私局也查获了大量走私行为。例如，2001年，呼和浩特海关缉私局破获一起走私牛胚胎案。当事人赛某未向海关申报，将肉牛胚胎藏于行李中，夹带入境后销售，共走私肉牛胚胎价值234.1万元，偷逃税额30.63万元。

2004年，呼和浩特海关缉私局开展历时四个多月的“猎鼠”专项行动，以打击季节性口岸“蚂蚁搬家”式走私活动为重点，以整顿口岸秩序为目标；受理刑事案件4起，立案3起，查扣涉嫌走私汽车1辆，马枪、短火枪各1支，珍贵动物梅花鹿、马鹿蹄筋15根；行政立案38起，案值581.24万元，偷逃税额11.07万元；审结行政案件27起，案值558.03万元……

在查缉货运渠道走私方面，自二连铁路口岸货运现场走私出现新型贸易后，特别是1992年二连浩特成为沿边开放城市后，开始出现伪报品名、瞒报数量、低报价格等走私活动。

1997年，二连海关集中力量分阶段重点打击货运和行邮渠道香烟等走私违法活动，查获一起假借过境名义走私进口香烟9.85万条的大案。

2001年和2004年，铁路口岸H986系统、ZCU -80Z型电子地磅等科技辅助设施投入使用后，更加有效地震慑了走私违法犯罪活动，至今铁路口岸货运渠道少有大要案件发生。

2000年，二连支局将侦查重点放在打击口岸团伙走私犯罪斗争中，一举侦破涉案21人的走私羊绒案件。该团伙走私进口羊绒11.44吨，案值518.8万元，偷逃税款119.68万元。

呼和浩特海关辖区点多、线长、面广，各公路口岸是打私主战场。针对不断变化的走私形势，他们以加强内部打私整体合力、开展大规模的专项斗争、与相关执法部门密切联系配合等方法打击走私活动。

1993年，汽车走私猖獗，呼和浩特海关深入甘其毛都和策克口岸调查走私动向，组织专门力量伏击查堵，先后查获违规、走私汽车80多辆。截至1994年5月，二连口岸查扣处理无证进口旧小轿车达302辆。

2011年，全国毒品走私呈现从东南沿海向西北边境中转出境趋势，呼和浩特海关组织监管、查验和缉私力量，先后开展“紫光”等打击毒品专项行动，在二连口岸查获蒙古国边民利用行李物品藏匿走私冰毒22.1087克、

海关部门查获的象牙制品

可卡因1.0601克；2014年，在甘其毛都口岸查获安钠咖955.6克；2015年，连续在甘其毛都口岸查获3起蒙古国边民利用车体藏匿走私3.97千克安钠咖案。这一系列毒品走私案件的查获体现了海关在禁毒人民战争中的重要作用。

在后续监管方面，呼和浩特海关缉私部门更是主动作为。加工贸易渠道走私活动因监管时间长、空间跨度大、法律政策性强、处理困难等原因，大要案频发，屡打不绝。

1991—1995年，他们先后查获呼和浩特市对外经济贸易公司等单位利用进料加工合同伪造出口报关单证走私放像机案、某公司伙同境外公司利用来料加工合同伪造出口报关单证走私毛豆油案和某公司伪造出口单证走私原糖案等，总案值高达2亿多元，偷逃税数额巨大。

1998年，全国打击走私工作会议后，呼和浩特海关缉私部门于1999—2007年相继查办内蒙古某公司伙同兰州某公司走私保税氧化铝案件、某公司擅自内销保税货物案件、某公司走私保税料件案件等比较有影响的大要案，海关的打私声势得到有力提振。

2000年，呼和浩特海关缉私部门查获某公司走私普通货物案，首次查获以技术转让费为名支付部分进口设备款，进而偷逃税款101万元的重大走私案件。2003年，呼和浩特缉私局加大对关区货运渠道、加工贸易渠道、利用减免税优惠政策从事走私违法犯罪活动的打击力度，先后侦办涉嫌走私沥青摊铺机案、倒卖玻璃深加工设备案、走私沙棘种子案、走私象牙筷子案等。

呼和浩特海关关区大多数业务现场位于中蒙边境的戈壁和半戈壁地区，工作、生活条件十分艰苦；而且关区边境线漫长，缺乏天然屏障，多数地区荒无人烟，为绕关和偷越境走私提供了便利。因此，他们加强文化建设，发展出“特别能吃苦、特别能忍耐、特别能战斗、特别能团结、特别能奉献”的边关“五特”精神和“坚定、坚韧、坚守，创先、创优、创效”的“胡杨品质”。

（郝军）

济南栽下梧桐树引来全调中心“一站两基地”

“走私危害你我他，铲除祸害靠大家。志愿服务强助力，历史研究已先行。社会治理添虎翼，文化济南来赋能。老骥伏枥志千里，愿以无私付余生。”这是济南海关退休干部、“光荣在党50年”纪念章获得者、泉城反走私志愿服务团团长辛安最近写的一首明志小诗。

勾起辛老诗兴的是2023年6月发生的一件事：全国反走私综合治理调查研究中心（简称“全调中心”）——全国打私办的调研部、宣传部、培训部，在济南建设反走私文化研究基地和志愿服务基地并举行揭牌仪式。联想起2022年2月“全调中心”山东工作站在济南揭牌成立，又结合自己近四年参与反走私志愿服务和文化研究等工作的经历，辛安不禁感慨万千。

全国反走私综合治理调查研究中心山东工作站在济南揭牌

“栽下梧桐树，引得凤凰来。”“全调中心”把“国字号”的两大基地和一个省级工作站放在济南，让山东成为全国唯一设“一站两基地”的省份。这与济南利用新时代文明实践、文化软实力等资源禀赋优势，在全国反走私领域“敢想敢干、先行先试、善作善成”，两年三度被全国打私办点名表扬，在2022年山东省打击走私综合治理考核中位列第一档次第一名，首创“志愿服务＋文化研究”赋能反走私综合治理共同体建设，闯出了一条“党建引领＋政府主导”的内陆城市反走私工作新路径密切相关。

一、前无古人，“志愿服务＋文化研究”赋能反走私创新

“满眼生机转化钧，天工人巧日争新。”一提起走私、缉私、打私、反走私，很多人都认为这是沿边、沿海地区才有的事，内陆地区很少有。殊不知，走私物品入境后，大多都要销往内陆。正如姚明在抵制鱼翅的公益广告中所说，“没有买卖，就没有杀害”，同样的道理，“没有需求，就没有走私”。如果全民都有强烈的反走私意识，自觉抵制走私物品，相信走私行为会因失去市场而大幅减少。

“如此一来，会助力平安建设，形成风清气正的社会环境，推动经济社会全面健康发展，善莫大焉！”济南市口岸和物流办公室（济南市打击走私综合治理办公室）打击走私综合治理处相关负责人说。只是“理想很丰满，现实很骨感”，内陆城市普遍存在的一种现象是，一方面，打私系统力量分散，相比沿边、沿海城市要薄弱得多；另一方面，提高全民反走私意识是一个系统工程，需要借助外力形成合力，方可取得实效。

外力从哪里来？济南市打击走私综合治理办公室在认真分析济南这座活力之城、创新之城后发现，济南还是一座文明之城、文化之城。文明是这座城市最美的底色，文化是这座城市的根和魂。一系列国家级荣誉印证着这座国家历史文化名城的纯正与厚重，如全国文明城市年度测评“四连冠”等。济南正以文兴城、以文塑城，用文化软实力为强省会铸魂。

2019年，习近平总书记在天津考察时强调：“要为志愿服务搭建更多平台，更好发挥志愿服务在社会治理中的积极作用。”2021年，习近平总

济南大明湖

书记在福建考察时指出："要推动中华优秀传统文化创造性转化、创新性发展，以时代精神激活中华优秀传统文化的生命力。"党的二十大报告指出，加快建设法治社会，弘扬社会主义法治精神，传承中华优秀传统法律文化……这些都为济南打私系统创新性发展指明了方向，提供了根本遵循。

"为什么不能把反走私综合治理与新时代文明实践相结合，与文化建设、提升城市软实力相结合？" 济南市打击走私综合治理办公室相关负责人说，抓住志愿者这一重要社会力量，吸引全社会参与，可以弥补打私系统覆盖面相对窄等缺陷，有助于形成打防结合、群防群治、综合施策的良好局面；抓住济南历史悠久、文化研究实力雄厚等优势，开展反走私文化研究，挖掘、诠释、弘扬好不同时期的反走私文化，推动其创造性转化、创新性发展，赋能反走私综合治理。

济南反走私系统这一想法是有底气的：济南市把志愿服务作为精神文明建设的重要内容，不断推进志愿服务制度化、常态化发展，全力打造志愿之城、服务之城、公益之城。济南市政府新闻发布会公布的数据显示，截至 2021 年底，济南市实名注册志愿者 147 万人，占常住人口的 15%，平均每 6 个济南人就有一个志愿者，其中青年志愿者占比超过 60%，可谓基础扎实、特色鲜明。

文润古今，天下泉城。济南作为东亚文化之都，圣贤名士灿若繁星，“曲山艺海”闻名遐迩，文化基因绵延不绝：这里是齐鲁文化的交汇融合之地、龙山文化的发现之地、黄河文化的代表之地、泉水文化的象征之地，承载蕴含着名士文化、“二安”文化、红色文化、家风文化、诚信文化、忠孝文化等丰富的文化符号与文化资源。如果与反走私相结合，济南深厚的文化积淀无疑会成为综合治理治心、正心、强心的动力源泉。

二、覆盖全域，志愿服务“用有影响力的人影响更多人”

心中有方向，行动有力量。经过前期紧张周密的筹备，2020 年 10 月，济南市打击走私综合治理办公室联合济南市新时代文明实践中心，成立泉城反走私志愿服务团，团长是在济南有着广泛影响力和号召力的市民巡访团团长辛安。“有人说‘海水不干，走私不断’，反走私永远在路上，我看提高全民反走私意识才是治本之策。”三年多来，他联合有志之士 1500 余人，开展 150 余场反走私志愿服务活动，让更多群众了解走私危害，从而远离走私。

如果说辛安是在用海关工作时的专业知识宣传反走私，那么副团长房

九曲黄河在济南

泽秋则深入到城市治理“最后一公里”、党委和政府联系群众服务群众的“神经末梢”——社区，来到老百姓身边、耳边，拉家常，讲述反走私故事。房泽秋曾用36年义务照顾毫无血缘关系的孤寡老人，荣登“中国好人榜”，被评选为第五届“全国道德模范”，还成立了以自己名字命名的反走私志愿服务队，赶社区大集，扎根社区，宣传反走私。“看到个别留学生贪图小利参与走私，被抓后留下一生的污点，真是让人痛心。”房泽秋说，“我是在‘惩前毖后、治病救人’。”

为提升反走私覆盖面，济南还依托“泉城义工”——这一中宣部重大典型、拥有30万志愿者的服务组织，聘请各行各业有影响力的人物，担任反走私志愿服务形象大使。山东省“最美公务员”李洪文便是其一。他曾任济南南部山区叶家坡村驻村第一书记，对农村有着深厚感情。“有些人对国外‘异宠’感兴趣，殊不知这些生物传到国内后由于没有天敌，可能造成当地生态失衡。”他经常利用工作之余和自身影响力，深入农村宣传反走私，保护野生动物，防范外来物种入侵，维护生态安全。

再比如济南东方双语实验学校（清华园校区）副校长刘国妍，由于亲身经历了一名性格自卑的学生因做义工而变得自信、自强、阳光、向上，对志愿服务的教化功能深信不疑。她不仅动员丈夫、儿女参与志愿服务，还经常带着学校师生做义工；她结合学校国际化程度相对较高等特点，用实际行动感染身边人，包括学生和家长，参与宣传反走私，提高人们在对外经济交往中的反走私意识；她在学校里打造了全国首个校园反走私文化广场，她的家庭也被评为济南首个反走私家庭，得到“全调中心”高度认可。

又比如济南B52路公交车驾驶员董丹，因智斗持刀歹徒，保护乘客平安出行而备受赞誉，被授予“全国五一劳动奖章”，成为全国岗位学雷锋标兵。她说：“我虽然获得的荣誉很多，但作为一名驾驶员，首要职责是保护乘客安全。我发挥接触普通市民多等优势，志愿宣传反走私知识，以提高市民反走私意识，维护自身合法权益，也是保护乘客安全的一种方式。”她成立了以自己名字命名的志愿服务队，还设了反走私志愿服务岗，一有时间就牵头积极联系学校、社区、企业、养老院、福利院等，开展志愿服务活动。

还有济南文物保护利用中心主任吕智勇，牵头成立文物反走私志愿服务队，这在全国文物保护和打私领域尚属首例；在省级文物保护单位济南市府学文庙设“泉城反走私志愿服务岗”，定期向游客宣传反走私。还有济南志愿服务领域的“扛把子”赵言民、济南“小巷总理”刘云香、18 年志愿服务坚守如一的“爱心奶奶”李爱萍等，都在利用自己的渠道开展反走私志愿服务活动。

“全调中心”主任孙德顺实地考察济南反走私工作后表示，泉城反走私志愿者是“我愿干、我要干、主动参与”，他们将反走私工作中的“要我干”，变为“我要干”，提高了积极性；志愿者身份背景各异，涉及行业广泛，让广大志愿者参与反走私，会让走私分子陷入人民战争的汪洋大海之中，无处遁形，让走私分子不敢走私、不想走私、不愿走私；济南还充分发挥有影响力的人的作用，让他们影响更多人，因为反走私工作最终是为了人民，只有把人民群众发动起来，使其加入反走私工作中，这项工作才有意义。

三、全国首创，一条城市反走私文化中轴线已然成形

文化关乎国之命脉，文化性关乎国民性。以文化之心照前行之路，光明且通畅。是故文化兴则国兴。文化是一个国家、一个民族的灵魂，对于一座城市、一个行业来说亦是如此。千年古城、文化泉城，欲以文铸魂、以文兴城，投射到反走私领域，文化能做什么？“很多很多。”吕智勇说，文物保护也好，反走私宣传也罢，说到底是普法宣传的一种，要做出实效，让大众接受，干巴巴的法律教条宣传肯定是不行的，离不开普适的文化支撑与助力。

文化欣欣向上、创新活力十足的济南给反走私文化生长与研究提供了厚实的土壤。在济南东方双语实验学校，小学生们自导自编反走私快板、情景剧，让孙德顺感慨“祖国的花朵们”毫无拘束的奇思妙想；在山东师范大学、山东第一医科大学等 8 所驻济高校，大学生们参与第一届全国大学生反走私创作大赛的热情，以及提交的形式各样、创意感十足的作品，让“全调中心”的赛事组织者惊叹济南大学生旺盛的创造力和参与反走私综合治理的热情。

清晨，在甸柳新村街道第一社区的新时代文明实践红叶广场，大爷大妈们呼朋引伴，围坐在印有反走私文化、中国反走私标识及吉祥物“那客（NARC）”的石桌前，打牌、下棋、拉家常，在欢声笑语中，品评着“那客”的可爱、年轻时出国的经历、出入境携带物品的禁忌，以及各类新闻中走私的危害，甚至保护野生动物的重要性。反走私的意识不知不觉地印在老人们的脑海和心里，他们回家唠叨着讲给儿女们听，又变成对子女放心不下的叮咛与关爱。

来自全国各地的游客们在欣赏完趵突泉的奇妙和大自然的鬼斧神工之后，来到济南城市会客厅——泉城广场歇歇脚，感受文化泉城的魅力。他们惊讶地发现，在泉标北侧的小木屋里，竟然放置着一台泉城反走私公益AI拍照打印机，只需简单操作便可以将泉城美景、自己得意的照片与反走私元素融为一体，打印出创意满满、独一无二的纸质照片。这一活动新颖而有趣，365天不打烊，他们感叹：“这是济南在用高科技讲述反走私故事，这样的照片是最具济南地标特色的纪念品。”

游客们不知道的是，沿着泉城广场向北，在省府前街上的泉城路街道党群服务中心里，反走私文化宣传已常态化开展；泉城路街道党建服务中心旁边是房泽秋反走私志愿服务工作室；再往北的府学文庙里，济南反走私文化展厅已经投入使用……“济南反走私已构建起城市文化资源开发利用的中轴线。”济南市委党校哲学教研部副主任、副教授魏建国说，这条中轴线把一颗颗反走私文化“珍珠”串起来，集中展现，让人们一到济南，一参观济南，一走在济南的文

济南府学文庙的反走私文化展

化中轴线上，就能感觉到济南反走私文化氛围特别浓厚。

现实中的反走私文化蓬勃生长的同时，济南反走私系统还不忘从历史中寻找文化前行的力量。从2021年开始，他们结合党史学习教育，召集业内专家、学者，开展济南反走私历史文化研究，挖掘、诠释、弘扬好不同时期的反走私文化，推动其创造性转化、创新性发展，取得了丰硕成果：拓展了内陆地区开展反走私历史文化研究的思路和视野，避免钻入认为只有在沿海、沿边等有利于开展进出口贸易的地区才有走私和反走私的“牛角尖”“死胡同”；挖掘出济南“二安文化”代表性人物——辛弃疾查缉打击茶叶走私的经历……

在前期深入研究的基础上，全国反走私领域首部具有史话性质的地域性反走私通史《济南反走私那些事儿》，在2022年11月由济南出版社正式出版发行，总计26.8万字，通过挖掘、整理，以通俗的语言讲述了济南从先秦到现在的反走私故事和历史；2023年，为适应当下年轻人的阅读习惯，济南反走私系统又组织拍摄反走私历史文化故事短视频，在中国反走私微信视频号上连续播出，取得良好效果。中国海关管理干部学院党委书记、院长陈晖认为，历史真正呈现给人们的从来都不是故纸堆，而是前人留下的“百科全书”，在这部“百科全书”中，济南把走私与反走私拎出来，找到了切入点和关键点，是全国反走私领域的一次探索与创新，具有首创性。

2023年，济南又借助“全调中心”反走私文化研究基地这一“国字号”平台，在全国打私办、“全调中心”、山东省打私办支持下，团结沿黄九省（区）打私办及海关缉私局，开展黄河流域反走私历史文化研究，以实际行动深挖黄河文化中的开放文化、反走私文化，助力黄河流域高水平对外开放、生态保护和高质量发展。

四、文化赋能，构建起全民参与的反走私立体防线

“天地不同方觉远，共天无别始知宽。”有了志愿服务助力、文化研究赋能，济南反走私综合治理走出了一条多方借力、化学反应频出的创新发展、跨越式前行之路。他们以党建为引领，与合作单位共建党支部，打

造坚强战斗堡垒，常态化开展互动交流；结合党史学习教育，连续两年在中国海关管理干部学院举办反走私专题培训班，每年组织 80 余个单位参加。济南反走私系统以提升能力为中心，建立起党组织统一领导、政府依法履责、各类组织积极协同、群众广泛参与的反走私治理共同体。

他们利用市、区（县）、街道（镇）、社区（村）等现有反走私系统架构，陆续成立反走私志愿分团、志愿服务队、文化研究小组，实现辖区无死角全覆盖；又协调打击走私综合治理领导小组成员单位同步设立类似组织；再与济南市新时代文明实践中心合作，借助其设在区（县）、街（镇）、社区（村）的实践中心、实践所、实践站，以及各行各业自发设立的实践驿站，形成三方反走私力量融合交叉，由过去单条线编织成一张网发展到反走私志愿服务和文化研究力量实现几何级增长。

阵地是开展志愿服务、进行文化研究的基石，是组织群众、宣传群众、教育群众、服务群众的重要场所，建设好一个阵地往往能起到引领作用。济南市反走私系统广泛发动实现资源共建共享，打造覆盖全面的反走私综

全国反走私综合治理调查研究中心到济南调研反走私工作

合治理阵地体系。这个体系既包括所有海关的办事大厅、机场口岸、海关监管场站、城市候机楼等涉外人员密集的口岸单位，也包括反走私志愿服务队伍体系中所有单位……正是通过这些努力，济南构建起了共建、共治、共享的反走私综合治理立体防线。

于是人们看到，济南的反走私综合治理“从小众走向了大众”，实现了最广泛的参与性。在泉城广场、大明湖畔、超然楼前，在各类学雷锋日活动、“五为”文明实践志愿服务活动中，总少不了反走私志愿服务的身影。2021年，他们在全市反走私系统率先开展“五进”活动（进外向型企业、进涉外旅行社、进校园、进社区、进乡村），建成600余个活动点，并设立“四个一”创建标准（一个统一标识、一支工作队伍、一处工作阵地、一系列特色活动），公布首批146个示范点；以奖促治、以奖促进、以奖促优，举办“辛弃疾杯”泉城反走私优秀示范项目评选活动，评选精品项目、领军人物等。

文化赋能的泉城反走私志愿服务亮点频出。他们将反走私历史研究成果与中华优秀传统文化相结合，融入各类实践活动中，取得良好实效。在府学文庙，他们利用新年祈福会、孔子纪念活动、文庙讲堂、礼伴成长——敬师礼活动、“我爱读经典”公益研学等多项品牌文化活动，让广大民众了解济南反走私的古往今来；他们创新反走私文化，与传统技艺相结合，将中国反走私吉祥物“那客”制作成木雕版画等形式，让游客、学生、家长和社会大众自制“那客”，让他们在感知、体验文化遗产的同时，向他们普及反走私相关法律知识，引导大家自觉抵制走私行为。

他们将反走私文化研究成果应用于反走私培训。在秦皇岛举办的专题培训班上，首届“全国道德模范”、“感动中国”人物、中国第一家以敬老为主题的民间专项公益基金创始人杨怀保，与第五届“全国道德模范”、全国孝亲敬老之星、泉城反走私志愿服务团副团长房泽秋见面了。他们共同探讨忠孝文化与爱国文化、反走私文化的关系，把新时代文明实践与社会实际、行业发展结合起来，比如与反走私结合起来，用志愿者的力量推动反走私走向各行各业、千家万户，助力反走私综合治理走向深入。

他们将反走私文化与生态文明相结合，讲述人民群众“喜欢听、听得

懂、记得住、用得上”的反走私故事。他们邀请各类学生、企业参观莱芜海关建设国门生物安全展厅，让枯燥无味的反走私法律法规变得生动有趣。四年多来，济南已累计举办各类反走私志愿服务和文化研究活动2800余次，平均每天两场。著名经济史研究专家、山东大学历史文化学院副教授谭景玉表示，把反走私与志愿服务、文化研究结合起来，无论在历史研究领域还是经济史研究领域，都具有开创性，从反走私的角度对志愿服务和文化研究价值进行重新审视，非常具有现实意义。

五、使命在肩，反走私既为一域增光又为全局添彩

“千淘万漉虽辛苦，吹尽狂沙始到金。”济南市打私系统全面贯彻落实总体国家安全观，创建反走私综合治理共同体的实际行动，以敢于治本的勇气，实施了一系列创新性举措，实现了一系列突破性进展，取得了一系列标志性成果，不仅助力“平安济南”“文化济南”建设迈向更高水平，还为济南继续开展更大范围、更宽领域、更深层次对外开放营造了良好环境，为全国反走私综合治理工作走向深入开展提供了可资借鉴的济南样板，可以说既为一域增光又为全局添彩。

“全调中心”常务副主任张晓东多次到济南实地考察后表示，济南反走私工作群众基础强大，形成了社会各方多元共治、多方发力的良好局面，真正落实了党的二十大报告提出的“共建共治共享”理念，建设人人有责、人人尽责、人人享有的社会治理共同体。济南把这一理念推而广之，于2021年牵头成立了省会经济圈反走私联盟，在反走私综合治理“信息数据、教育培训、宣传联动、专项治理”四个方面实现共享。

2022年2月，全国海关缉私工作会议暨全国打私办主任会议召开，通报了2021年全国海关缉私及综合治理工作亮点，“山东省济南市积极探索‘党建引领+政府主导+志愿者服务’的内陆城市反走私综合治理新路径”位列其中。同年6月，按照全国打私办工作安排，“全调中心”面向全国各省（区、市）打私办下发《关于组织开展反走私“五进”主题宣传活动的通知》，开展进校园、进社区、进市场、进村屯、进企业主题宣传活动，把济南“五

进”活动先行先试经验推向全国。

2022 年 7 月召开的全国打私办主任年中会议，对济南首创队伍、阵地、支撑、拓展“四位一体”泉城反走私志愿服务体系建设、全国反走私综合治理调查研究中心山东工作站赋能济南新时代文明实践活动给予充分肯定，并作为工作亮点给予表扬。2023 年 2 月，海关打击走私工作会议暨全国打私办主任会议在南宁召开，海关总署副署长、全国打私办主任王令浚在讲话中再次表扬济南探索出内陆城市反走私综合治理新路径。

2023 年 9 月，山东省打私办发出通报称，济南市大力弘扬求真务实、真抓实干工作作风，牢固树立“打私为民”工作思路，突出“宣传也是打私”工作理念，多项工作在全国反走私综合治理领域复制推广，为“平安济南”建设贡献了济南打私力量，在 2022 年全省打击走私综合治理考核中位列第一档次第一名。

这背后靠的是济南成立了 30 余个反走私志愿服务团或服务队，设立 310 个志愿服务岗和 144 个志愿服务站，聘请 20 余名专家顾问成立顾问团，邀请中央及省市主流媒体记者成立宣讲团、宣传队，组建运营“全调中心”山东工作站等。

前期，济南通过深入开展反走私志愿服务和文化研究，已取得良好成效。

全国反走私综合治理调查研究中心反走私文化研究基地和反走私志愿服务基地落户济南并揭牌

济南海关缉私局提供的数据显示，近年来，在全省、全国走私案件持续增长的背景下，济南地区查获的案件数量和案值持续呈下降态势，为省会经济发展，尤其是外向型经济发展营造了良好氛围。济南海关提供的数据显示，近年来，济南外贸进出口保持两位数增长，持续跑赢全省和全国平均增速，为济南打造对外开放新高地、服务省会经济社会发展贡献了反走私力量。

党的二十大报告提出，统筹推动文明培育、文明实践、文明创建，推进城乡精神文明建设融合发展。传承弘扬城市文脉，要把效果体现在城市文化肌理可感可知上。“全调中心”把反走私志愿服务基地和反走私文化研究基地两个“国字号”基地设在济南，对济南来讲“使命在肩”，它们分别是全国反走私领域首个志愿服务基地和文化研究基地，是探索反走私志愿服务和文化研究的创新举措，对于夯实基层反走私工作基础、提升反走私工作文化内涵、助力反走私综合治理走深走实、提升全民反走私意识意义重大。

下一步，济南反走私系统将在“全调中心”统筹协调下，运营好两大基地，组织开展反走私志愿服务、普法宣传教育、反走私文化研究、打造反走私文化品牌、宣扬反走私文化正能量等工作；充分利用自身资源优势，发挥“四位一体”泉城反走私志愿服务体系作用，让志愿服务充分赋能反走私综合治理工作，夯实基层反走私工作基础，打造反走私志愿服务“样板间”；充分发动各方资源力量，深入研究宣传反走私文化，增强泉城反走私底蕴，更好地服务于全国反走私综合治理大局。

济南反走私系统还将切实增强提升城市软实力和新时代文明实践的责任感、使命感，把握好历史传承与时代发展的关系、全面推进与重点突破的关系，深入网格化推进反走私与新时代文明实践相结合、反走私文化研究与提升城市软实力相结合，全面增强全民反走私意识，促进反走私综合治理再上新台阶，为“平安济南”建设和“强新优富美高”新时代社会主义现代化强省会建设贡献反走私力量。

（刘彪 王守华 周湧）

漫话新时期的走私与反走私

走私作为一种违法贸易行为，是一种国际性社会现象，它的产生与贸易限制、关税制度和国家间商品差价的存在相关。只要国家实施对外贸易管理，只要存在国内外市场差价，就必然会有走私现象的发生。

一、走私成因

造成走私犯罪的成因很复杂，从现实维度的我国国情来看，主要可以概括为以下几方面。

（一）管制因素

由于各个国家的自然资源状况、经济发展水平、行业发展速度不同，如果完全实现自由贸易，那么，不平衡的贸易状态就会对该国某个行业、某种经济形态，甚至整个国家经济安全造成伤害，有时甚至是致命的打击，这是自由贸易的缺陷和弊端。因此，自古至今没有哪个国家真正搞自由贸易，而是纷纷出台各种管制措施，保护本国贸易免受伤害，以获取最大经济利益。这种基于利益原则的外贸管制，在各个国家经济建设和交往中确定了一种经济往来关系，这种关系是既有交往也有限制。而这些限制即是走私存在的前提。为此，各国都在寻找外贸管制的适当的度，以既使本国经济平稳健康发展，又最大限度减少走私发生。至于这个度如何把握，就要各国自己在实际中去摸索，既不能太松也不能太紧——因为管制太松了会诱发走私，太紧了会诱发更多的走私。改革开放以来，我国放宽了对外贸易政策，扩大了地方和部门的外贸权限，但我国现行的外贸管理体制仍存在一定的缺陷，缺乏相应的管理和制约监督机制，走私犯罪分子比较容易规避外贸管制，进行走私活动。

（二）经济因素

能获取高额非法利润是走私存在的最根本原因。我国西汉历史学家司马迁在《史记·货殖列传序》中表达过这种心态：“天下熙熙，皆为利来；天下攘攘，皆为利往。”马克思在《资本论》中也对这种心态有过精辟论述：“有 50% 的利润，它就铤而走险；为了 100% 的利润，它就敢践踏一切人间法律；有 300% 的利润，它就敢犯任何罪行，甚至冒绞首的危险。走私……就是证明。”尽管经过改革开放几十年的发展，我国目前已经成为世界第二大经济体，但是由于我国经济特别是科技水平总体上仍欠发达，导致内外商品质量和价格的差异在相当长时间内仍然存在，因此走私犯罪活动依然有暴利可图。特别是受供求关系影响，一些商品走私风险较高，如成品油、电子产品等传统热点商品的持续性走私风险；突发性疫情因素引发的某些医疗用品的阶段性走私风险；在国家出口结构调整和调控政策背景下，稀土等战略资源性商品的出口走私风险；在当前国内食品安全等的大背景下，走私商品范围由农产品、冻水产品向奶粉、药品等大众日用消费品扩散的风险。此外，在世界百年未有之大变局和中美贸易摩擦的形势下，境外敌

海关缉私部门查获的走私红珊瑚

对势力和跨国犯罪集团近年来对我脱钩断链和渗透破坏活动加剧，涉毒、涉稳、涉爆、涉枪、涉非等影响国家安全和社会稳定的走私案件也持续上升。

（三）地理因素

我国陆地边境线长达 2.2 万多公里，有 14 个国家和我国接壤相邻。我国大陆南临港澳，东与日本诸岛、东南与菲律宾等东南亚岛国以及我国台湾岛隔海相望，西南还毗连盛产毒品的“金三角”地区。另外，我国大陆海岸线长约 1.8 万公里，辽阔的海岸线相接的海面又成了船运走私货物的理想水路，其中环珠江口水域、两北水域（北部湾、北仑河）、环渤海等区域是走私犯罪活动的重点区域。走私违法犯罪分子利用这一特殊地理位置，进行走私活动：韩国、日本等国以及我国港澳台地区的走私物品大量流入大陆；我国大陆的文物、珍稀动物及制品、金银及制品等也极易流入我国港澳台地区或通过这些地区流往国外。可见，特殊的地理位置，加之海关监管技术力量的相对落后，刺激了走私分子的冒险性、活跃性，使得海关监管的难度较大。

（四）观念因素

人们对走私违法性质和危害认识不足，是导致走私屡打不止和出现反复的观念原因。由于走私犯罪属于行政犯罪，并不直接侵犯公民个人的切身利益，甚至也不具体侵犯到任何单位的利益，其社会危害性是抽象的，不容易直接感受，好像没有特定的受害人。加之反走私宣传教育培训不到位，因此有些地区和单位的领导干部与群众，对走私行为的危害性普遍缺乏正确的认识，将走私看成抓住机遇加速致富的手段。对于个人来说，不少人认为走私活动能给他们带来不少好处，如能够因此购买到质高价廉的私货，能以可观的价格卖掉自己所持有的古董文物等。正是由于一些人对走私活动的危害性缺乏正确认识，且走私致富的观念使一些社会公众价值判断体系颠倒，放松了对走私犯罪的监督，因而纵容、刺激了走私犯罪的发生，助长了走私风。

（五）执法因素

主要表现在三个方面：一是缉私能力不足。目前走私犯罪活动正日趋现代化、智能化，走私分子大多拥有现代化的交通和通信工具，还有的使用高科技手段对付缉私人员的查私活动。而与一些犯罪组织的先进设备相比，中国的缉私力量明显不足，物质条件尤其落后。二是在走私犯罪的执法活动中，还存在着监督不力、执法不严、有法不依的现象。主要表现为：一方面，走私分子极力拉拢腐蚀围猎查私工作人员；另一方面，少数执法人员素质不高，放纵走私，甚至参与走私。三是刑事打击不力。刑事制裁是对付走私犯罪最严厉也是最后的手段，充分利用这一手段不仅能够在相当程度上威慑其他准备走私的不法分子，使其抑制犯罪心理，终止犯罪行为，而且还能有效惩罚、教育走私分子，使其不再犯罪。但有些查获的走私案件仍存在着以罚代刑的现象，这无疑给走私分子带来一种“雷声大、雨点小”的安全感，助长了他们的侥幸心理。

二、走私方式

古今中外，走私的物品虽然有千万种，但走私行为方式概括起来看，基本上有以下四类。

（一）绕关走私

这是一种较为古老的走私方式，说的是该从海关关卡走的而不走，偏偏翻山越岭，甚至钻地道、架“飞线”、使用无人机等绕过海关进行走私，具体是指不经过国家开放的进出境口岸和准许进出境的国境、孔道而非法携运应税、禁止和限制货物或物品进出境走私的行为。绕关走私在我国常见于陆地边境和海上，走私者一般都具有一定的客观条件，他们在私货目的地或沿海都设有走私基地，熟悉边境两边的情况，并有一定的社会关系以及方便的运输工具。从事陆地边境绕关走私的人，主要是走私集团、少数边民和合伙结帮者；而从事海上绕关走私的人，也主要是走私集团、少数渔民和合伙结帮者。

这里我们介绍一下比较突出的海上绕关走私。它具有数额巨大、行动迅速等特点，一般还都拥有海上运输工具，近年来多发、高发于环珠江口水域、两北水域（北部湾、北仑河）、环渤海等区域，通过海上或非设关地大肆

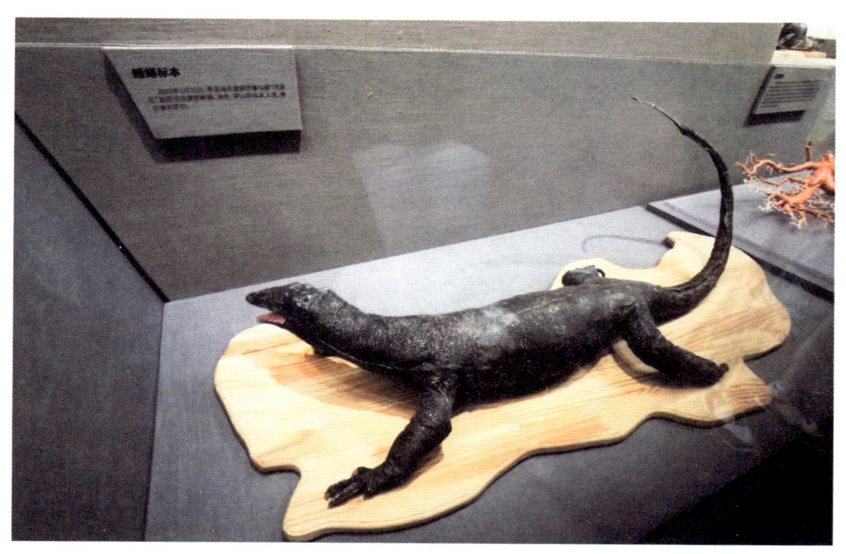

海关缉私部门查获的走私蜥蜴标本

走私成品油、电子产品等涉税物品乃至废物、冻品等禁限物品。常见手法有以下几种。

一是海上接驳。即走私船舶从海上预定地点接驳走私货物，偷运进境。

二是“蚂蚁搬家”。即走私分子采用积少成多的方法逃避打击，如走私成品油。

三是利用改装或特制船舶走私。如使用双层底改装油轮、舱中暗格货船，更先进的还有特制沉箱水下拖带以及橄榄船等。

四是靠岸偷卸。即走私分子从未设关码头、港湾、浅滩偷运私货上岸。

（二）通关走私

这也是一种古老的走私方式，与绕关走私方式相比较，通关走私属于高一级的走私方式，具体指通过设立海关的进出口口岸，以隐蔽的方式逃避海关监管，偷运应税、禁止或限制货物物品进出境的行为。也就是说，货物从海关关卡走了，但是欺骗了海关，该申报的没申报或者假申报；少缴了税或者让不该进出境的货物进出境；让需要许可证的货物没有证就进出境。而要想在通关环节逃避海关监管，以达到走私目的，走私分子采取的方式五花八门，其中一些手法可谓防不胜防，主要有以下几种。

1. 伪报。伪报是指表面上接受海关监管，向海关进行申报，但不如实申报，是一种隐瞒真实情况的申报，具有很大的欺骗性。常见的伪报内容有：货物和物品的名称、价格、数量、规格、原产地、贸易性质等。

2. 瞒报。如利用集装箱夹藏或将实箱报成空箱、价格瞒报。

3. 藏匿。藏匿是将携运的进出境货物或物品隐藏在允许进出境物件的某一个部位，随该物件一同进出境，逃避海关监管。由于藏匿的部位和特点不同，它又分为五种形式。

一是挖空藏匿。它是利用物件某个部位的一定厚度，经过加工挖出一个适当的空位，藏入私货并弥合切口。

二是夹藏。它是指利用物件结构的自然空隙藏入物品的方法。可能出现空隙的情况包括物件结构形成的自然空隙，以及拆除物件结构中某些配件而形成的人为空间。

三是人身人体藏匿。人身藏匿是利用人体外部和服饰隐藏或绑扎物品的方法。人体藏匿一般是利用人体内腔部位隐藏物品，如利用肛门、阴道、肠胃和口腔等进行走私。

四是特制工具藏匿。它是利用经过专用设备加工、专门为走私需要而制成的特别物件隐藏走私物品的方法。特制是指利用一种行业性技能或行业性加工设备，在生产加工过程中将物品藏入物体的专门制造，如在手提箱制作过程中藏入毒品。挖空和人为制造空隙的形式不属于特制。

五是蒙混。它包括变形蒙混和伪装蒙混两种方式。前者是指利用走私物品的可塑性和延展性，改变物品原来的形态，如把黄金加工变形镀色制成日用器皿。后者是指运用同走私物品形状、色泽相似的物品包装掩护走私物品进行蒙混。

4. 闯关。闯关是指行为人既不向海关申报，又未藏匿应申报货物或物品，利用海关监管某些制度或漏洞，乘机携运进出境的一种方法。闯关走私主要发生在旅客进出境过程中，走私者利用海关红绿色通道制度允许旅客选择绿色无申报通道进出境的便利，将国家应税、禁止或限制的货物物品携带进出境。

（三）后续走私

这是一种现代新型的走私方式，指未经海关许可，擅自销售保税货物或特定减免税货物进行牟利的行为。后续走私是海关为适应现代新型贸易方式，监管由口岸向内陆延伸，在其后续监管中出现的逃避海关监管的行为。后续走私的对象主要是保税货物和特定减免税货物，其共同特征是在未办结海关进出境手续前，不得擅自销售或转让。近年来，受宏观经济形势影响，我国加工贸易转型升级过程中，部分低端产业和企业迫于生存压力选择走私，导致违法风险居高不下。常见手法有以下几种。

1.“飞料”走私法。即保税料件进口后不进厂加工而直接内销牟利。

2.骗取核销法。即采取少报多进、多报少出、假出口、串换料件、假单证、假结转等手段骗取海关核销，以达到走私逃税目的。

3.倒卖减免税证明法。

4.假合作“包税”法。指不具备减免税优惠政策企业向享受特定减免税的单位购买减免税设备。

（四）间接走私

通常也称为准走私，主要包括两种情况。一种是直接向走私行为人非法收购国家禁止进口的货物、物品，或直接向走私行为人非法收购走私进口的普通货物、物品的行为。此类行为一般发生在货物、物品进境后的购销活动中，这类走私行为的特点是犯罪主体并非进出境的行为人，而是境内收购走私货物、物品的（第一手）买家。另一种是行为人在内海、领海、内河出海口等水路运输、收购、贩卖国家禁止进出境货物、物品，或运输、收购、贩卖国家限制进出境货物、物品，数量较大，无合法证明的行为。这两种行为或是发生在进出关境、逃避海关监管的预备阶段，或发生在已逃避海关监管、私货已进境正销售处理阶段。准走私并不是直接进出国境进行走私的行为，而是因为其与走私行为存在比较密切的联系而被规定为走私犯罪。准走私对于走私犯罪起着辅助和帮助的作用。

海关缉私部门查获的甘肃陆龟化石

三、走私特点

“海水不干，打私不断。”我国始终保持了打击走私的高压态势，这让走私违法犯罪活动高发的态势得到遏制，形势总体可控，但反走私形势依然复杂严峻，走私高位运行的特点和趋势依然值得我们高度关注。

（一）走私犯罪总体形势依然严峻

据统计，2017 年到 2022 年，全国海关立案侦办的走私犯罪案件数、案值呈增长的趋势，重大、特大案件呈增多的趋势。2017 年侦办走私犯罪案件数 3260 起；2018 年案件数 3601 起，涉税走私犯罪案值 451.2 亿元；2019 年案件数 4198 起，涉税走私犯罪案值 781.6 亿元；2020 年案件数 4061 起，涉税走私犯罪案值 927.3 亿元；2021 年案件数 4259 起，涉税走私犯罪案值

749.4 亿元；2022 年案件数 4509 起，涉税走私犯罪案值 1210 亿元。

（二）走私犯罪涉及面越来越广

据统计，改革开放初期至 21 世纪初，案值 100 万元以上的案件中，约 70%—80% 是单位实施的。近 20 年来，走私犯罪涉及个人以及共同犯罪均呈上升趋势。走私犯罪涉及地域也越来越广，不仅沿海地区走私形势比较严峻，内陆走私形势亦趋于严峻，海上、水上、邮检、旅检、货运、跨境电商渠道走私呈现多头并进态势，快件渠道走私违法活动多发高发，粤港澳海上跨境走私、珠澳口岸“水客”走私、海南离岛免税“套代购”走私突出。

（三）走私对象重点突出，呈现出多样化特点

重点领域、重点渠道、重点商品走私仍大量存在，并呈现多样化特点，且随市场的变化而变化。从近 5 年来公布的走私典型案例中，我们可以看出：走私对象中洋垃圾走私趋势向好转变，但变中有忧；濒危动植物及其制品走私活跃；成品油走私规模依然巨大；冻品、食糖走私规模大幅增长；武器弹药走私源头扩散；毒品走私压力依然较大；重点涉税商品、跨境电商走私持续活跃；等等。

（四）走私活动的组织更加团伙化、专业化，手段更加智能化、隐蔽化

境内走私团伙与境外走私团伙的勾结愈加紧密，组织更严密，分工更专业，手段更加智能化、隐蔽化。走私分子，有的利用信息网络技术手段勾连交易，有的利用“水客”带货、“蚂蚁搬家”逃避打击，有的利用海南离岛免税“套代购”，有的利用跨境电商单证造假、蒙混过关等，实施走私犯罪，手段多种多样，狡猾诡秘，突出地表现在三个方面。

一是以价格瞒骗为主要特征的商业瞒骗走私日益突出。我国加入世贸组织后，对外经济贸易实行了一些新的管理规则，进出口贸易出现了一些新的交易方式，境内外企业出现了一些新的特殊经济关系。走私团伙利用“洗单”“洗货”，实施“价格瞒骗”；利用企业的境内外特殊经济关系，转移支付、转移利润，偷逃海关税收和外汇管制。另外，走私违法活动与虚开增值税发票、洗钱等其他经济违法活动交织在一起，让违法犯罪活动

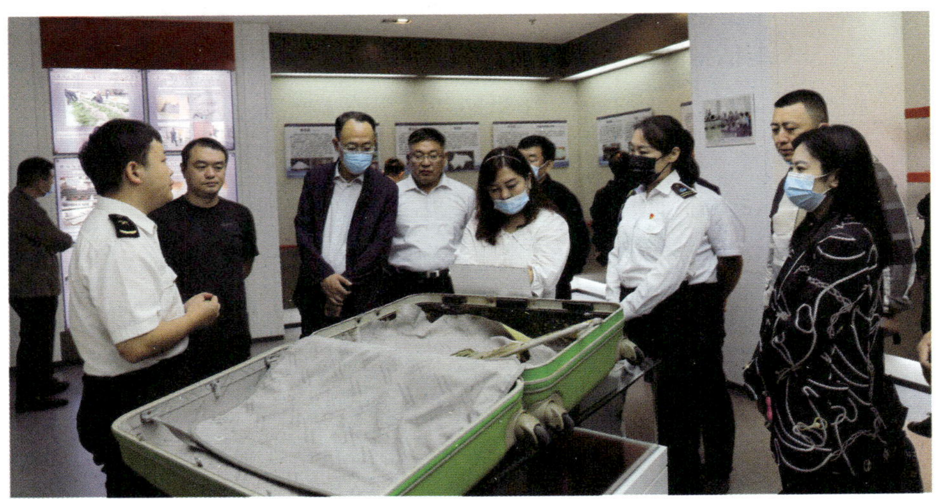

济南组织反走私系统人员到中国海关管理干部学院参观

更加错综复杂。

二是各种形式的“化整为零”走私开始抬头。近年来，走私分子慑于打私高压态势，为规避《中华人民共和国刑法》对自然人走私偷逃税额起刑点的规定，采取“蚂蚁搬家”、“水客带货”、个人行李邮递物品夹藏的方式进行走私。从表面看，这种走私方式是零散的、小批量的，而实质上，“蚂蚁”“水客”的背后往往有走私团伙操纵，走私作业“购、运、储、销”一条龙，有的还实行“股份制”。在重点海域和陆路，绕越偷运走私也屡打不止。珠江口、北部湾等重点海域的海上走私，和中越、中朝边境等重点地区的绕越走私一直没有停止。

三是进出口货运渠道和加工贸易渠道的走私仍很严重。进出口货运渠道采取集装箱藏匿、伪报货物品名规格等手法的走私仍然经常发生；加工贸易假出口真内销以及虚报单耗、转关飞料等手法的走私违法活动屡打不止。另外，一些经营多年、隐藏较深、盘根错节的专业化走私团伙仍然存在并且活动猖獗。

（五）走私犯罪愈加复杂化，尤其容易引发其他相关的刑事犯罪、职务犯罪，滋生司法腐败

从近年来查获的走私犯罪活动的实际情况来看，走私犯罪多易与虚开增值税发票、洗钱等违法犯罪的经济活动交织在一起，诱发其他刑事犯罪。此外，还有少数国家工作人员被走私行为人的“糖衣炮弹”围猎，利用职务之便收受贿赂并放纵他人的走私行为，为走私犯罪活动的顺利实施提供便利，滑入犯罪的深渊。

这些新时期走私犯罪的新特点、新情况和新问题在实践中的出现，给我国司法机关、执法机关打击走私犯罪带来很大的困扰。近年来，在走私与反走私斗争中甚至已经呈现出这样的规律：屡屡打击，但屡打不绝。执法机关对打击走私犯罪稍有松懈，走私活动很快就会出现一波回潮，甚至高潮。

四、走私危害

走私严重破坏社会主义市场秩序，它不仅影响国家税收，冲击本国工商业，破坏社会主义市场经济秩序，而且危害国家总体安全，损害国家主权和尊严，败坏社会风气，滋生腐败现象，因此在经济上和政治上都有极大的危害性。

（一）损害国家主权和尊严、危害国家总体安全

海关是一国国家主权的象征，是国家利益的集中体现。而走私是逃避海关监管的行为，直接损害国家主权、尊严和形象。走私的大肆泛滥，如不能制止，最终将导致海关职能的虚空和海关的虚置，侵蚀国家主权。清代中后期鸦片走私的日益严重，最后导致海关权力的丧失，外国人把持中国海关，国家主权沦丧。走私导致大量未经国家监管的违法货物流入国内，其中就有毒品、枪支、爆炸物、颠覆政权的反动宣传品等；还会导致大量国家财富的流失，国家保护的文物、珍稀动植物及其制品流失海外，不合格的中国制造商品流向国际市场，破坏“中国制造”的声誉口碑，损害“负责任大国”的国家形象，甚至危及国家总体安全。

（二）走私直接影响国家税收

税收是国家最有力的财政工具和调节经济的重要杠杆，走私的主要目的是逃避国家税收，严重损害国家经济利益。以20世纪90年代末走私猖獗时期为例，走私造成国家税收损失之严重最具典型性，如1997年海关共查获走私案件1446起，追缉偷逃税款14.85亿元，而未被查获的偷逃税款，据估计至少在查获数额的一倍以上。湛江走私案涉案案值超百亿，厦门走私案案值超400亿，均给国家税收带来巨大损失。据统计，1999年海关税收超过1000亿元，达1591亿元，2000年海关税收又突破2000亿元，达2242亿元，至2022年海关税收突破2.28万亿元，这都和严厉打击走私犯罪直接相关。走私行为偷逃国家税收，不仅使国家失去重要的财政收入来源，使国家资源落入走私犯罪集团的腰包，损害综合国力，还使国家对进出口物资失控，使关税失去调节对外贸易的功能作用。

（三）严重威胁民族工业的生存和发展

民族工业是国民经济的支柱产业，民族工业的巩固和发展是一个国家政治独立和民族进步的经济基础。走私活动逃避海关监管，大量走私货物物品进入国内，会冲击国内市场，夺去国产工业品市场，使国内工业产品滞销，导致国内民族工业的萎缩，给国家带来直接的经济损失。走私活动的泛滥，将极大地增加民族企业的发展和改革的困难，影响民族企业的生存。20世纪90年代末，严重的走私现象使一些国有大中型企业，如石油、化工、化纤、食用油等行业的国家重点企业饱受痛苦。1996、1997年这两年，走私食品油大举进犯国内市场，每月进入国内市场的走私食品油有1万吨，占正常贸易进口的一半。仅上海，当时从两广、福建、浙江地区走私进来的毛豆油和精制油，每吨比当时的市场低价还低一两百元。特别是1998年上半年，受私货的冲击，上海油脂企业油品大量积压，企业开工不足，销售不畅，由此造成1.5亿元企业资金被占压，随之而来的便是减产、停产，仅两个月企业就减产16000吨。由于停产，大量职工下岗，给企业造成的直接经济损失达400万元。国家加强打私力度以后，全国各类受到影响的企业利润均大面积回升。由此可见，走私对民族工业的危害有多大。

（四）破坏市场经济秩序

公开、公正、公平竞争的市场经济运行秩序，是全面推进社会主义各项建设事业的基础。走私带来的负面效应影响的不仅是企业本身，而且破坏了正常的市场秩序。走私分子通过偷逃国家应缴税额，低价销售走私货物、物品，以不正当竞争压制合法经营企业，不仅会损害其他经营者的利益，而且会严重破坏平等竞争的社会经济环境，破坏国家的宏观调控和市场管理，其本身就是违反经济规律的违法贸易活动。大量走私进口的商品消耗了国内正常的投资和消费需求，严重影响了我国市场供给和需求的平衡关系，国家的宏观经济调控能力受到很大的削弱。以前几年大米走私为例，国内生产的粮食的价格牵动着亿万普通农民的心，同时粮食安全关乎国家安全，粮食的供应与储备直接关乎国家长治久安。国家很早就建立了粮食最低收购价和粮食储备制度，就是为了保证国内种粮农民能够生存，愿意继续种植粮食，保障国家粮食安全。但走私进来的越南、缅甸、泰国大米，价格低廉，甚至一度低于国家最低粮食收购价，导致国内大米市场行情一降再降。农民手里的大米卖不出价，但生产成本却日益提高，导致农民种植入不敷

夹藏毒品走私

出、难以维系，进而越来越多的农民不愿意种植粮食。而一旦国际形势变化，边境管控严格，边境贸易停止，没有国外粮食流入，国内粮食就会供不应求，在极端情况下，国内民众可能就会饿肚子。另外，将国内货物物品走私出境，还会严重影响其他外贸经营者的正当权利，影响我国商品在其他国家的声誉，破坏对外贸易秩序。

（五）腐蚀人们的思想、败坏社会风气、诱发其他犯罪

走私犯罪不是单纯的破坏对外贸易管理制度和海关监管制度的犯罪，而是往往和其他经济犯罪交织在一起，并腐蚀人们的思想，毒化社会风气，诱发其他的刑事犯罪。曾经的湛江、厦门特大走私案说明走私背后是权钱交易，涉案人员不仅有走私人员，还有海关、边防、公安、海警、商检、港务、船务，甚至地方政府官员。涉及的罪名除了走私罪，还包括贪污、贿赂、洗钱、非法经营等。这些案件不仅涉及权钱交易，还涉及钱色交易和权色交易，严重危害了国家经济秩序，损害了政府管理职能，腐蚀了一大批党的干部。走私加剧腐败，腐败保护走私，这一恶性循环给当地群众造成了极坏的影响。走私犯罪往往还形成犯罪集团和组织，犯罪集团为了霸占市场，经常各霸一方，火并事件时有发生。毒品、淫秽物品走私，容易诱发嫖娼、卖淫、吸毒、性犯罪、暴力犯罪等一系列违法犯罪活动。这些违法犯罪活动，由城市发展到农村，由沿海发展到内陆，并波及边远山区，破坏社会稳定，对人们的健康和生命安全造成严重威胁，并严重危害社会治安秩序。

五、反走私对策

在简要了解走私成因、走私方式、走私特点和走私危害后，我们再结合反走私历史经验和近年来反走私实践，就如何做好反走私各项工作进行一些对策研究。

（一）合理确定税率，适当调整外贸管制

前面分析走私成因的时候说过，国家之所以实行对外贸易管制，归根结底是为了维护本国利益，其中最核心的还是经济利益。因此反走私不是取消外贸管制，而是要调整外贸管制，主要内容是因势利导，确定合理税率。

要确定好关税税率，应从有利于减少走私的角度加以考虑，合理的税率对走私才有遏制作用。税率过高，不仅会使国家收不到税，也会使走私分子在高倍率经济利益驱动下，甘愿冒着“杀头”的风险走私。在世界进入百年未有之大变局，我国进入新时代新征程的新形势下，伴随着国内经济的健康发展和对外贸易的放宽，税率调整会越来越合理，虽然走私犯罪不会消失，但逐渐减少将是必然的。

（二）加快国民经济发展，提高国内企业竞争能力

前面已经述及，经济发展不平衡，企业竞争能力不均衡，造成国内外商品差价悬殊，是走私犯罪存在的内在原因之一。国外一些产品通过走私渠道进入我国，有其一定的不可避免的原因，但是，如果我们加快国民经济发展，提高国内企业和商品的竞争力，则能通过缩短商品差价和质量差距，在一定程度上减少走私行为。我国近些年一些国内产品不断增强竞争力的事实，如高铁、家电、手机、汽车等，就已经证实了这一点。而且随着我国经济的发展，产品质量提高、价格降低，会使走私分子“无利可图”，进而也可使其走私行为的减少成为可能。

（三）加强对国内市场的管理，控制走私犯罪“货物流”

在中央提出的“海上抓，岸上堵，口岸查，市场管，处罚严”这五项反走私工作方针中，加强市场管理是一个重要的环节和对策。走私犯罪分子可以轻易地从市场上购买自己所需要的物品运输出境，他们走私进来的物品也能轻易地运输到各地市场售出，这无疑为走私提供了极为便利的市场条件。因此，加强对国内市场的管理，使国内市场规范化、有序化，是断绝走私犯罪分子货物流，从而控制其犯罪实施的一个有效措施。如果犯罪分子走私来的物品根本无处售卖或没有走私工具运输到各地，则走私犯罪一定会越来越少。

（四）加强对外贸易活动监督，削弱、限制地方保护主义

地方保护主义之所以出现，与中央和地方的利益划分有密切的关系。由于中央与地方的利益冲突，又允许展开竞争，地方保护主义也就具有了一定的必然性。某些地方对走私犯罪活动的纵容是当地走私犯罪活动长期

猖獗的主要原因。要消除地方保护主义，一方面，应加强中央对地方的监督管理，建立健全制约机制，尤其是强化外贸活动中的制约机制；另一方面，适当扩大地方自主经营权，缓解地方强烈的自我保护意识，消除其以不正当手段谋取利益的心理，从而减弱地方保护主义。从这两方面入手，将能较大改变走私形势严峻的局面，地方对走私犯罪活动打击不力的情况将不复存在，走私犯罪得以存在的条件也将大大减弱。

（五）加强缉私队伍和装备建设

缉私是反走私最有力的手段之一，缉私警察自组建以来遏制了走私犯罪多发高发的态势，但缉私人员的缉私能力目前还有一些局限性，仍有提高的空间。许多走私案件未被发现、查获，客观上助长了走私犯罪的气焰。加强缉私工作，提高走私案件的查获率，可以有效消除走私分子的侥幸心理，减少走私犯罪。而要提高缉私能力，首先要保证缉私人员具有一定的规模数量，以解决许多口岸缉私力量不足的状况；其次，还必须提高缉私人员的素质，开展缉私战术战法研究，强化发现、经营和侦查办案能力；最后，加强缉私装备现代化建设，加强缉私阵地防线管控，加快提升“网上缉私”“智慧缉私”实战化应用水平。另外，完善管理机制，协调各打私部门的关系，使打私工作进入正规化、法制化、专业化的轨道，改变我国海关、公安、海警、法院、检察院、市场监管、税务、银行、烟草、渔政、民兵等在打私工作

济南在中国海关管理干部学院组织反走私综合治理培训

中各自为战的局面，使我国打私整体协同能力进一步提高，打击走私更加有效、有力。

（六）完善社会治理体系，提升反走私综合治理效能

坚持“预防为主、标本兼治”方针和“联合缉私、统一处理、综合治理”反走私体制机制，努力构建反走私社会治理共同体，从源头上防控和打击走私，从根本上挤压走私空间，始终保持对走私活动的严防严打态势，不断提升反走私综合治理效能。

1. 将反走私综合治理融入社会治理体系。各地党委、政府切实承担起反走私综合治理主体责任，将反走私工作与社会治理各项工作同部署、共推进。各级海关关长要继续履行好关区打私工作第一责任人的职责，认真组织落实关区打私重点任务和重大事项。各级海关缉私局局长要切实落实好关区打私工作直接责任人的职责，抓好缉私专业打击的组织实施。

2. 完善综合治理体制机制建设。不断完善各地打私办机构设置、人员配备、经费保障，继续推进地方反走私立法工作，通过制定、出台相关政策法规，为反走私综合治理工作提供法制保障。不断优化“平安中国”建设考评模式，完善督导检查和奖惩问责机制，激发各地竞相推动反走私工作向好发展。对打私工作落实不到位、措施不力的，要进行责任分析，该通报的通报，该扣分的扣分，该追责的追责。

3. 强化专项整治。加强风险分析研判，及时总结沿海、沿边、内陆打击治理走私成功经验和有效做法，保持海上执法力量，强化沿海、沿边重点区域联防联控，加强境外执法协作，采取强有力措施整治突出问题，持续开展打击治理“水客”、海南离岛免税“套代购”走私活动，持续深入开展流通领域清查整治，始终保持打击走私高压态势，合力斩断走私“购运储销”利益链条。

4. 积极推动反走私基层治理。基层治理是反走私综合治理大格局中的重要一环。充分发挥基层组织职能作用，因地制宜建立符合实际的网格化管控模式，着力提升反走私基层治理水平。继续完善平台建设，打破部门之间、地区之间的数据壁垒，实现反走私基层治理与科技应用双轮驱动。

5. 宣传也是打私。发挥好全国打私办的研究智库和宣传主阵地作用，统筹好各地、各部门资源力量，深入开展调查研究和反走私宣传教育培训工作，服务好全国反走私工作大局，推动全社会形成“人人反走私”的浓厚社会氛围。

（七）加大打击力度，发挥刑罚功能

对犯罪分子的司法处理，离不开刑事制裁。虽然刑事制裁不是对付犯罪的唯一手段，甚至不是主要手段，但其预防、减少犯罪的作用是不能忽视的。尤其对于走私罪，社会公众包括走私分子本人对于走私行为的犯罪感相对薄弱，因此舆论的谴责、社会的监督和教育等许多对其他犯罪具有重要遏制作用的社会因素，在走私犯罪面前显得软弱无力。刑罚既有威慑功能，又有教育功能，通过刑事制裁表明国家和社会对犯罪行为的否定评价，对于在走私犯罪条件和走私犯罪相关因素上采取针对性措施，给走私犯罪的实现制造困难或障碍，压缩走私犯罪分子活动空间，打击他们的走私积极性，从犯罪条件和相关因素上遏制走私犯罪，从根本上预防走私，具有相当重要的意义。

综上所述，走私和反走私作为由来已久的一对矛盾，是一场长期性、艰巨性、复杂性，并且充满反复性的斗争。近年来，由于各执法部门加大对走私犯罪的打击力度，大规模的走私犯罪活动在相当程度上已经被遏制住了，但一些重点地区、重点渠道、重点商品的走私活动仍然十分猖獗。同时，随着世界经济的加速发展，走私犯罪的手段不断推陈出新，并且呈现出隐秘化、智能化、网络化的趋势，致使执法、司法实践中发现、查处、遏止、制裁的难度加大。基于此考虑，我们有必要对走私和反走私这一由来已久而又历久弥新的斗争进行系统性研究，并提出一些建设性意见，以期有利于理论拓展和实践完善。

（张中涛 济南海关缉私局办公室副主任、三级高级警长）

参考资料

[1] 陈晖：《从刑事一体化看十九大以来我国走私犯罪的刑事策略》，《海关法评论》第 10 卷，北京：法律出版社，2021 年。

[2] 郭慧、王坤、阎丽、蔺剑、陈鹿林：《〈打击非设关地成品油走私研讨会会议纪要〉的理解与适用》，《刑事审判参考》总第 124 集，北京：法律出版社，2020 年。

[3] 刘军：《走私犯罪的成因与对策》，《决策与信息·下旬刊》2012 年第 2 期。

[4] 陈磊：《商业瞒骗走私罪研究》，北京：中国海关出版社，2005 年。

[5] 连心豪：《水客走水：近代中国沿海的走私与反走私》，南昌：江西高校出版社，2005 年。

[6] 张大春：《走私罪研究》，北京：中国海关出版社，2004 年。

[7] 莫开勤、颜茂昆主编：《走私犯罪》，北京：中国人民公安大学出版社，2003 年。

[8] 黄利红：《论走私犯罪的危害性及其对策》，《广西社会科学》2003 年第 7 期。

[9] 赵星：《走私犯罪侦查》，北京：中国海关出版社，2002 年。

[10] 陈晖：《走私犯罪论》，北京：法律出版社，2002 年。

[11] 李文健等：《走私罪若干疑难问题的分析与研究》，姜伟主编，《刑事司法指南》2001 年第 1 辑，北京：法律出版社，2001 年。

[12] 黄利红：《走私犯罪的特点、成因和对策》，《公安大学学报》2000 年第 2 期。

[13] 倪德锋、孟昊：《我国走私犯罪的现状分析与对策思考》，《政法学刊》1999 年第 2 期。

[14] 张军强、蔺剑：《走私犯罪侦查》，北京：中国海关出版社，2005 年。

[15] 张国贵主编：《走私犯罪的惩治与预防》，北京：西苑出版社，2003 年。

[16] 广东人民检察院研究室：《当前放纵走私犯罪的现状及对策研究》，《中国刑事法》2003 年第 3 期。

[17] 胡成宏：《反走私，任重道远》，《经济论坛》1999 年第 1 期。

[18] 王福明编著：《海关缉私》，北京：对外经济贸易大学出版社，1997 年。

后 记

宣传也是打私。习近平总书记对宣传思想文化工作作出重要指示，他强调，“坚定文化自信，秉持开放包容，坚持守正创新”，“着力赓续中华文脉、推动中华优秀传统文化创造性转化和创新性发展”，“为全面建设社会主义现代化国家、全面推进中华民族伟大复兴提供坚强思想保证、强大精神力量、有利文化条件”。

黄河文化在整个中华文明体系中具有母体和发端的地位与意义，既是中华民族“魂”之所附，又是中华民族伟大复兴的文化根基。阐发、传承、弘扬黄河文化，可以为文化认同提供坚实基础，为文化强国建设提供精神支撑，为国家治理现代化提供智慧启迪。

深入挖掘黄河文化蕴含的时代价值，将为着力推动中国式现代化建设，实现中华民族伟大复兴注入强大的文化凝聚力、价值引导力和精神推动力，为世界文明刻下鲜明的中国烙印，引领中华文化走向新辉煌。

基于这一认识，我们结合“以反走私文化赋能综合治理走向深入”的初衷，坚持古为今用、推陈出新，开展了黄河流域反走私历史文化研究，深入挖掘黄河文化蕴含的时代价值，着力讲好黄河故事、反走私故事，延续历史文脉，推动中华优秀传统文化创造性转化和创新性发展。

我们深入黄河干支流流经的青海、四川、甘肃、宁夏、内蒙古、山西、陕西、河南、山东9省（区），开展一线调研，与当地专家学者深入交流，获得一手资料；为保持文化保护传承弘扬的关联性，我们还到黄河曾流经的河北、江苏等省调研，以期呈现更加饱满的黄河流域反走私文化。

通过调研，我们深切感受到中华文明的连续性，黄河流域虽屡遭战乱，开放与管制、走私与反走私之间的较量从未停歇，但总有历经千难万险而不断复兴的旺盛生命力。中华文明的创新性在其中更有体现，近代西方海关的很多反走私举措，黄河流域在千百年前早已尝试。

苟日新，日日新，又日新，不断革故鼎新，形成强大的向内凝聚力，让中华文明一直以新的姿态屹立于世。在历史上的各分裂时期，黄河流域各政权即使为维护自身统治，制定了大量阻碍交流的措施，也割不断该地区千丝万缕的经贸交流。

管得住，才能放得开。我们研究汉唐的反走私历史，深刻体会到了中华文明的包容性。这一时期管制之下的交流更稳定、更持久，不同文化可以汇聚成共同文化，化解冲突，凝聚共识。黄河流域反走私，从来都是倡导交通成和，反对隔绝闭塞，中华文明的和平性于此体现得淋漓尽致。

一个国家、一个民族的强盛，总是以文化兴盛为支撑。黄河文化是中华民族的根和魂，我们从开放、反走私的视角去阐释，《黄河流域反走私那些事儿》应运而生，瓜熟蒂落，希望本书对丰富黄河文化、反走私文化的内涵和外延有所贡献。

坦白讲，开展这项研究、编撰这本书，我们是信心不足、诚惶诚恐的。一是没有可参考的范本，因为还没有人从反走私的视角去审视黄河文化；二是没有多少经验，因为还没有人从反走私的角度去研究经济贸易和改革开放，我们只是于 2022 年出了一本《济南反走私那些事儿》，进行了初步探索和尝试。

好在我们在开展课题研究过程中，得到了全国打私办、全国反走私综合治理调查研究中心、山东省打私办、济南海关缉私局的组织指导，得到了沿黄省（区）打私办、海关缉私局的鼎力支持，他们为我们开展细致调研提供了非常大的帮助。山东大学谭景玉教授、山东师范大学刘志鹏教授也为我们提供了的专业指导，在此一并表示感谢。

虽然本书有史话性质，但作者们在研究、写作时，都秉持着严格谨慎的态度，力求最大限度展现历史真实面，以期对现实工作有启迪或指导作用；出版社的编辑们更是严格把关，力求史实准确的同时，突出故事性、可读性。如今书稿即将付梓，我们如释重负。

尽管《黄河流域反走私那些事儿》的编纂委员会成员、课题组成员、

主创人员、编辑人员等勠力同心、不舍昼夜，只为呈现更好的作品，但内容难免有疏漏、不当之处，还请方家指正。

对历史最好的继承就是创造新的历史，对人类文明最大的礼敬就是创造人类文明新形态。下一步，我们还将开展更大范围、更深层次的反走私历史文化研究。如果您感兴趣，可以与我们取得联系，让我们携起手来，共同推动中华优秀传统文化创造性转化、创新性发展，助力全国反走私综合治理走向深入。

编　者

2024 年 4 月